ESV

GRUNDLAGEN UND PRAXIS DES STEUERRECHTS
Band 22

# Die Betriebsaufspaltung

Ein Leitfaden für die Rechts-, Steuer- und Wirtschaftspraxis

von

Dr. jur. Thomas Kaligin

Rechtsanwalt
Fachanwalt für Steuerrecht

3., neubearbeitete und erweiterte Auflage

ERICH SCHMIDT VERLAG

Die Deutsche Bibliothek – CIP-Einheitsaufnahme

**Kaligin, Thomas:**
Die Betriebsaufspaltung : ein Leitfaden für die Rechts-, Steuer- und Wirtschaftspraxis / von Thomas Kaligin. – 3., neubearb. und erw. Aufl. – Bielefeld : Erich Schmidt, 1995
  (Grundlagen und Praxis des Steuerrechts ; Bd. 22)
  ISBN 3-503-03523-0
NE: GT

ISBN 3 503 03523 0

Alle Rechte vorbehalten
© Erich Schmidt Verlag GmbH & Co., Bielefeld 1984
1. Auflage 1984
2., neubearbeitete und erweiterte Auflage 1988
3., neubearbeitete und erweiterte Auflage 1995

Dieses Buch ist aus säurefreiem Papier hergestellt
und entspricht den Frankfurter Forderungen zur Verwendung
alterungsbeständiger Papiere für die Buchherstellung.

Herstellung: Regensberg, Münster

## Vorwort zur 3. Auflage

Die sogenannte Video-Rechtsprechung des Bundesgerichtshofes hat die Möglichkeit der Haftungsbeschränkung bei der Betriebsaufspaltung neben der Rechtsprechung zu § 32a GmbHG (Lagergrundstück-Urteil) verstärkt in Zweifel gezogen. Die Auswirkungen dieser neuen Judikatur auf die Konzeption von Betriebsaufspaltungsgestaltungen wird aufgezeigt.

Die steuerlichen Grundmauern – die personelle und sachliche Verflechtung – zwischen Besitz- und Betriebsgesellschaft sind erneut Gegenstand von neuesten Entscheidungen des Bundesfinanzhofes gewesen. Während sich die Rechtsprechung zur (Nicht-)Beherrschung weitgehend konsolidiert hat, ist der unbestimmte Begriff der wesentlichen Betriebsgrundlage von den BFH-Senaten mit enormen praxisrelevanten Auswirkungen unterschiedlich interpretiert worden. Folglich sind die Grenzbereiche zwischen Betriebsaufspaltung und Betriebsverpachtung in diesem Blickwinkel erneut beleuchtet worden.

Die Auswirkungen von Betriebsaufspaltungen zwischen Unternehmen in den alten und neuen Bundesländern im Hinblick auf die Inanspruchnahme von Investitionszulagen, Investitionszuschüssen und Sonderabschreibungen nach dem Fördergebietsgesetz werden ebenfalls behandelt.

Berlin, im Dezember 1994                                       Der Verfasser

## Vorwort zur 1. Auflage

Die Betriebsaufspaltung hat sich zur betriebswirtschaftlich optimalen Unternehmensform entwickelt. Die Haftungsbeschränkung auf das in der Regel nicht so wesentliche Betriebsvermögen der Betriebskapitalgesellschaft, die Einschränkung der Mitspracherechte Dritter und die Sicherung der Unternehmenskontinuität durch angestellte Geschäftsführer stellen relevante wirtschaftliche Vorzüge der Betriebsaufspaltung dar. Die damit verbundenen schwierigen Rechtsfragen der Konzipierung der Betriebsaufspaltung werden erörtert, um dem Leser eine Hilfe für eine individuelle unternehmensgerechte Entscheidung bieten zu können.

Durch die Abzugsfähigkeit von Gesellschafter-Geschäftsführergehältern (einschl. der Bildung von Pensionsrückstellungen) bei der Betriebsgesellschaft und die mehrfache Inanspruchnahme von Gewerbesteuerfreibeträgen und – seit dem Steuerentlastungsgesetz – auch von Vermögensteuerfreibeträgen können beachtliche Steuervorteile erzielt werden. Hierbei wird das kasuistische Sonderrecht der BFH-Rechtsprechung anschaulich dargestellt, wobei gesicherte Steuerersparnismöglichkeiten herausgearbeitet werden.

Im letzten Teil werden die Vor- und Nachteile der Betriebsaufspaltung in Konkurrenz zu anderen Rechtsformen (GmbH, GmbH & Co. KG, GmbH & Still) analysiert.

Das Buch behandelt in konzentrierter Form die für die Praxis wichtigsten Probleme dieser attraktiven Unternehmensform. Es ist sowohl für die rechts- und steuerberatenden Berufe als auch für Mitarbeiter von Rechts- und Steuerabteilungen als Arbeitsmittel prädestiniert.

Berlin, im Juli 1984                                              Der Verfasser

# Inhaltsverzeichnis

Vorwort zur 3. Auflage ........................................... 5
Vorwort zur 1. Auflage ........................................... 6
Abkürzungsverzeichnis ........................................... 13

### ABSCHNITT I:
### Die Betriebsaufspaltung im Wirtschaftsrecht

1. Definition der Betriebsaufspaltung ............................ 19
2. Erscheinungsformen der Betriebsaufspaltung ................... 19
   - 2.1 Echte Betriebsaufspaltung ................................ 19
     - 2.1.1 Besitz- und Betriebsgesellschaft .................... 19
     - 2.1.2 Produktions- und Vertriebsgesellschaft .............. 20
   - 2.2 Unechte Betriebsaufspaltung .............................. 20
   - 2.3 Umgekehrte Betriebsaufspaltung ........................... 21
   - 2.4 Mischformen (Überblick über die Erscheinungsformen der Betriebsaufspaltung) ......................................... 21
3. Beweggründe bei der Wahl der Betriebsaufspaltung als Rechtsform für ein Unternehmen ............................... 23
   - 3.1 Haftungsbeschränkungen und deren immanente Grenzen ....... 23
     - 3.1.1 Haftung des Besitzunternehmens nach § 32 a GmbHG ..... 23
     - 3.1.2 Haftungsdurchbrechung nach den Grundsätzen des qualifiziert faktischen Konzerns (Auwirkungen des sog. Video-Urteils) ............................................... 33
     - 3.1.3 Sonstige Haftungstatbestände ......................... 41
   - 3.2 Sicherung der Unternehmenskontinuität .................... 43
   - 3.3 Kapitalbeschaffung ....................................... 44
   - 3.4 Standortfragen ........................................... 44
   - 3.5 Betriebsverfassungs- und mitbestimmungsrechtliche Vorteile ... 44
   - 3.6 Publizitätspflichten ..................................... 46
4. Rechtliche Ausgestaltung der Betriebsaufspaltung .............. 50
   - 4.1 Institutionalisierung der Betriebsaufspaltung ............ 50
     - 4.1.1 Konzipierung der Betriebsaufspaltung ................. 50

### 4.1.2 Gründung einer Betriebskapitalgesellschaft .............. 51
### 4.1.3 Modalitäten bei den Gesellschaftsverträgen der Besitz- und Betriebsgesellschaft ................................. 53
### 4.1.4 Firmierung bei der Betriebsaufspaltung ................. 54
### 4.1.5 Kaufmannseigenschaft des Besitzunternehmens .......... 55
## 4.2 Regelungen im Pacht- und Betriebsüberlassungsvertrag ......... 57
### 4.2.1 Vertragsgegenstand ................................. 59
### 4.2.2 Instandhaltungs- und Erneuerungspflichten, Lastentragung, Verkehrssicherungspflichten ......................... 60
### 4.2.3 Pachtzins ......................................... 63
## 4.3 Sonstige notwendige Maßnahmen, insbesondere abzuschließende bzw. überzuleitende Verträge ............................. 67
### 4.3.1 Bereitstellung von Arbeitskräften ..................... 67
### 4.3.2 Eintritt in laufende Verträge ......................... 70

## ABSCHNITT II:
## Die Betriebsaufspaltung im Steuerrecht

# 1. Abgrenzung der Betriebsaufspaltung zu anderen Rechtsinstituten .. 71
## 1.1 Mitunternehmerschaft ................................. 71
## 1.2 Betriebsverpachtung ................................. 73
## 1.3 Betriebsführungsvertrag ................................. 74

# 2. Ertragsteuerliche Behandlung der Betriebsaufspaltung ........... 75
## 2.1 Steuerliche Anerkennung der Betriebsaufspaltung ............. 75
## 2.2 Voraussetzungen der Betriebsaufspaltung .................... 76
### 2.2.1 Personelle Voraussetzungen ......................... 77
#### 2.2.1.1 Mehrheit von Personen bei Besitz- und Betriebsgesellschaft (Bestimmung der erforderlichen Beteiligungsverhältnisse) ......................... 77
#### 2.2.1.2 Besonderheiten bei der Zusammenrechnung von Beteiligungen naher Angehöriger ............... 82
#### 2.2.1.3 Sonstige Beherrschungskriterien ................ 90
##### 2.2.1.3.1 Von der Kapitalbeteiligung abweichende Stimmrechtsregelung ................. 91
##### 2.2.1.3.2 Beherrschung durch stille Gesellschaft, Unterbeteiligung, Nießbrauch, Testamentsvollstreckung, Großgläubigerstellung ................................. 93

2.2.1.3.3 Auswirkungen durch das Mitbestimmungsgesetz .................. 97
2.2.1.4 Gestaltungsvarianten zur Vermeidung der Betriebsaufspaltung ............................ 98
    2.2.1.4.1 Begründung autonomer Rechtsmacht für jeden Ehepartner (insbesondere „Wiesbadener Modell") .................... 98
    2.2.1.4.2 Überlassung der Anteile an der Betriebsgesellschaft an volljährige Kinder ........ 101
    2.2.1.4.3 Torpedierung der personellen Verflechtung durch das gesellschaftsvertragliche Einstimmigkeitsprinzip und die Einräumung von externen Mini-Beteiligungen? .. 102
    2.2.1.4.4 Vermeidung der Betriebsaufspaltung durch unterschiedlich zusammengesetzte Besitzunternehmen ................ 104
    2.2.1.4.5 Kriminelle Treuhandmodelle .......... 105
    2.2.1.4.6 Konsequenzen einer unterlaufenen Betriebsaufspaltung .................. 105
2.2.2 Sachliche Voraussetzungen (Überlassung wesentlicher Betriebsgrundlagen) ............................ 106
2.2.3 Konsequenzen bei Nichtanerkennung der Betriebsaufspaltung ........................................... 115
2.2.4 Nachträgliche Erfassung einer Betriebsaufspaltung ........ 116

2.3 Steuerliche Einzelfragen bei der Durchführung der Betriebsaufspaltung ............................................. 118
  2.3.1 Vollzug der Betriebsaufspaltung (steuerliche Konsequenzen bei rückwirkend vorgenommenen Betriebsaufspaltungen) ... 118
  2.3.2 Problematik der Gewinnrealisierung bei der Begründung der Betriebsaufspaltung .............................. 119
  2.3.3 Wirtschaftsjahr der ausgegliederten Betriebsgesellschaft .... 124
  2.3.4 Bilanzielle Darstellung des Betriebsaufspaltungsvorganges .. 125

2.4 Steuerliche Behandlung während der Dauer der Betriebsaufspaltung ............................................. 125
  2.4.1 Besteuerung des Besitzunternehmens .................. 125
    2.4.1.1 Buchführungs- und Bilanzierungspflicht .......... 125
    2.4.1.2 Gewerbliche Einkünfte des Besitzunternehmens (Abgrenzungsprobleme) ..................... 128

2.4.1.3 Umfang des Betriebsvermögens des Besitzunternehmens (einschl. Sonderbetriebsvermögen der Gesellschafter) ................................. 131
    2.4.1.3.1 Anteile an der Betriebskapitalgesellschaft als notwendiges Betriebsvermögen der Besitzpersonengesellschaft ............. 131
    2.4.1.3.2 Bestimmung des Umfangs des sonstigen Betriebsvermögens des Besitzunternehmens und des Sonderbetriebsvermögens der Gesellschafter .................... 134
    2.4.1.3.3 Betriebsvermögen bei Aufspaltung in zwei Personengesellschaften (mitunternehmerische Betriebsaufspaltung) ....... 138
2.4.1.4 Bilanzsteuerliche Behandlung der der Betriebsgesellschaft überlassenen Wirtschaftsgüter (Prinzip der korrespondierenden Bilanzierung) .............. 142
2.4.1.5 Körperschaftsteuerliche Organschaft ............ 145
2.4.1.6 Gewerbesteuerliche Einzelfragen ............... 148
    2.4.1.6.1 Organschaft-Unternehmenseinheit ...... 148
    2.4.1.6.2 Erweiterte Gewerbeertragskürzung nach § 9 Nr. 1 Satz 2 GewStG .............. 150
    2.4.1.6.3 Gewerbesteuerliches Schachtelprivileg .... 152
2.4.2 Besteuerung der Betriebskapitalgesellschaft .............. 153
    2.4.2.1 Körperschaftsteuer ......................... 153
        2.4.2.1.1 Bilanzielle Behandlung der Pachtgegenstände ........................... 153
        2.4.2.1.2 Gehälter und Pensionszusagen für den Geschäftsführer ..................... 154
        2.4.2.1.3 Verdeckte Gewinnausschüttungen ....... 156
        2.4.2.1.4 Verdecktes Stammkapital/Verdeckte Einlage ............................... 164
    2.4.2.2 Gewerbesteuer ............................ 168
2.4.3 Besteuerung der Vertriebskapitalgesellschaft .............. 170
2.4.4 Betriebsaufspaltung über die Grenze ................... 171
2.5 Beendigung der Betriebsaufspaltung ......................... 176
    2.5.1 Beendigung des Pachtvertrages (Weiterverpachtung an Dritte) ............................................. 176
    2.5.2 Wegfall der personellen oder sachlichen Voraussetzungen ... 179
    2.5.3 Umwandlung der Betriebskapitalgesellschaft auf das Besitzunternehmen ....................................... 183

  2.5.4 Einbringung des Besitzunternehmens in die Betriebskapitalgesellschaft .................................... 184

3. **Umsatzsteuerliche Konsequenzen bei der Betriebsaufspaltung** ..... 185
 3.1 Begründung der Betriebsaufspaltung ....................... 185
 3.2 Unternehmereinheit und Organschaft ...................... 187
 3.3 Besteuerung der Leistungsbeziehungen zwischen Besitzunternehmen und Betriebskapitalgesellschaft (ohne Organschaft) ......... 189

4. **Die Betriebsaufspaltung im Bewertungs- und Vermögensteuerrecht** 190
 4.1 Einheitswert des Besitzunternehmens ...................... 190
  4.1.1 Anteile an der Betriebskapitalgesellschaft ............... 190
  4.1.2 Ansatz des Firmenwerts ............................ 192
  4.1.3 Ansprüche auf Substanzerhaltung und Pachtanlagenerneuerung .......................................... 193
 4.2 Einheitswert der Betriebsgesellschaft ....................... 193
  4.2.1 Verpflichtungen der Betriebsgesellschaft hinsichtlich der überlassenen Wirtschaftsgüter ....................... 193
  4.2.2 Verdecktes Stammkapital ........................... 194

5. **Betriebsaufspaltung und Grunderwerbsteuer** .................. 195

6. **Inanspruchnahme von Investitionszulagen, Investitionszuschüssen und Sonderabschreibungen** ................................ 196
 6.1 Investitionszulagen (InvZulG) ............................ 196
 6.2 Investitionszuschüsse (Gesetz über die Gemeinschaftsaufgabe) .... 197
 6.3 Sonderabschreibungen nach dem Fördergebietsgesetz ........... 199
 6.4 Sonderabschreibungen zur Förderung kleinerer oder mittlerer Betriebe (§ 7 g EStG) ................................... 199
 6.5 Rücklage nach § 6 b EStG ............................... 200

## ABSCHNITT III:
## Betriebswirtschaftliche Vor- und Nachteile der Betriebsaufspaltung in Konkurrenz zu anderen Unternehmensformen

1. **Zusammenfassung der Vor- und Nachteile der Betriebsaufspaltung** 203
 1.1 Vorteile .............................................. 203
  1.1.1 Allgemein-rechtliche und wirtschaftliche ................ 203
  1.1.2 Steuerliche ....................................... 204
   1.1.2.1 Bedeutung der Körperschaftsteuerreform ......... 204

## Inhaltsverzeichnis

|  |  |
|---|---|
| 1.1.2.2 Geschäftsführergehälter, Pensionsverpflichtungen und Direktversicherungen | 206 |
| 1.1.2.3 Ausschöpfung der Gewerbesteuerfreibeträge | 206 |
| 1.1.2.4 Verdoppelung des Abzugsbetrages für Dauerschulden | 206 |
| 1.1.2.5 Doppelte Inanspruchnahme der Vermögensteuerfreibeträge und eingeschränkte Vermögensteuerbelastung | 207 |
| 1.1.2.6 Betriebsaufspaltung über die Grenze | 207 |
| 1.2 Nachteile | 207 |
| 1.2.1 Organisatorische und wirtschaftliche | 207 |
| 1.2.2 Steuerliche | 208 |
| **2. Attraktivität der Betriebsaufspaltung im Vergleich zu anderen Rechtsformen** | **208** |
| 2.1 GmbH | 210 |
| 2.2 GmbH & Co. KG | 213 |
| 2.3 GmbH & Still | 215 |
| **3. Fazit** | **216** |
| Literaturverzeichnis | 217 |
| Sachregister | 241 |

# Abkürzungsverzeichnis

| | |
|---|---|
| a. A. | anderer Ansicht |
| a. a. O. | am angegebenen Ort |
| ABlEG | Amtsblatt der Europäischen Gemeinschaft |
| ABR | Rechtsbeschwerden |
| Abs. | Absatz |
| Abschn. | Abschnitt |
| a. E. | am Ende |
| a. F. | alte(r) Fassung |
| AfA | Absetzung für Abnutzung |
| AFG | Arbeitsförderungsgesetz |
| AG | Aktiengesellschaft |
| AktG | Aktiengesetz |
| Anm. | Anmerkung |
| AO | Abgabenordnung |
| ApotG | Gesetz über das Apothekenwesen |
| ArbG | Arbeitsgericht |
| Art. | Artikel |
| AÜG | Arbeitnehmerüberlassungsgesetz |
| Aufl. | Auflage |
| Az. | Aktenzeichen |
| | |
| b. | beim |
| Bad.-Württ. | Baden-Württemberg |
| BAG | Bundesarbeitsgericht |
| BAnZ | Bundesanzeiger |
| Bayer.Staatsm.d.Fin. | Bayerisches Staatsministerium der Finanzen |
| BayObLG | Bayerisches Oberstes Landesgericht |
| BayVBl | Bayerische Verwaltungsblätter |
| BayVGH | Bayerischer Verwaltungsgerichtshof |
| BB | Betriebs-Berater |
| BdF | Bundesminister der Finanzen |
| Beschl. | Beschluß |
| BetrAVG | Gesetz zur Verbesserung der betrieblichen Altersversorgung |
| BetrVG | Betriebsverfassungsgesetz |
| BewG | Bewertungsgesetz |
| BFH | Bundesfinanzhof |
| BFHE | Amtliche Sammlung von Entscheidungen des Bundesfinanzhofs |
| BFH/NV | Sammlung amtlich nicht veröffentlichter Entscheidungen des Bundesfinanzhofs |
| BGB | Bürgerliches Gesetzbuch |
| BGBl. | Bundesgesetzblatt |
| BGH | Bundesgerichtshof |

Abkürzungssverzeichnis

| | |
|---|---|
| BGHZ | Amtliche Sammlung von Entscheidungen des Bundesgerichtshofs in Zivilsachen |
| BlnFG | Berlinförderungsgesetz |
| BMWF | Bundesminister(ium) für Wirtschaft und Finanzen |
| BR/Drucks. | Bundesratsdrucksache |
| BStBl. | Bundessteuerblatt |
| BT/Drucks. | Bundestagsdrucksache |
| BV | Beschlußverfahren |
| BVerfG | Bundesverfassungsgericht |
| BVerfGE | Amtliche Sammlung von Entscheidungen des Bundesverfassungsgerichts |
| bzw. | beziehungsweise |
| DB | Der Betrieb |
| ders. | derselbe |
| d. h. | das heißt |
| dies. | dieselbe |
| DM | Deutsche Mark |
| DStR | Deutsches Steuerrecht |
| DStZ (A) | Deutsche Steuer-Zeitung (Ausgabe A) |
| EFG | Entscheidungen der Finanzgerichte |
| EG | Europäische Gemeinschaft |
| ErfVO | Verordnung über die einkommensteuerliche Behandlung der freien Erfinder |
| Erl. | Erlaß |
| EStG | Einkommensteuergesetz |
| EStR | Einkommensteuer-Richtlinien |
| EZ | Erhebungszeitraum |
| f. | folgende Seite |
| ff. | folgende Seiten |
| FG | Finanzgericht |
| Fin. Beh. | Finanzbehörde(n) |
| Fin. Min. | Finanzministerium |
| FKPG | Föderales Konsolidierungsprogramm |
| Fn. | Fußnote |
| FörderG | Fördergebietsgesetz |
| FR | Finanz-Rundschau |
| GBO | Grundbuchordnung |
| GbR | Gesellschaft bürgerlichen Rechts |
| GewO | Gewerbeordnung |
| GewStG | Gewerbesteuergesetz |
| GewStR | Gewerbesteuer-Richtlinien |
| GG | Grundgesetz |
| ggfs. | gegebenenfalls |
| GmbH | Gesellschaft mit beschränkter Haftung |
| GmbHG | Gesetz, betreffend die Gesellschaften mit beschränkter Haftung |
| GmbHR | GmbH-Rundschau |
| GmbH & Still | Gesellschaft mit beschränkter Haftung & Stille Gesellschaft |

Abkürzungsverzeichnis

| | |
|---|---|
| GrEStG | Grunderwerbsteuergesetz |
| GrS | Großer Senat |
| GüKG | Güterkraftverkehrsgesetz |
| HFR | Höchstrichterliche Finanzrechtsprechung |
| HGB | Handelsgesetzbuch |
| h. M. | herrschende Meinung |
| Hrsg. | Herausgeber |
| i. d. F. | in der Fassung |
| i. d. R. | in der Regel |
| Inf. | Die Information über Steuer und Wirtschaft |
| InvZulG | Investitionszulagengesetz |
| i. S. d. | im Sinne des |
| i. S. v. | im Sinne von |
| IZ | Investitionszulagen |
| JbFfSt | Jahrbuch der Fachanwälte für Steuerrecht |
| JuS | Juristische Schulung |
| Kamm. | Kammer |
| KfH | Kammer für Handelssachen |
| KG | Kammergericht *oder* Kommanditgesellschaft |
| KGaA | Kommanditgesellschaft auf Aktien |
| KÖSDI | Kölner Steuerdialog |
| KSchG | Kündigungsschutzgesetz |
| KSt | Körperschaftsteuer |
| KStG | Körperschaftsteuergesetz |
| KStR | Körperschaftsteuer-Richtlinien |
| KVStG | Kapitalverkehrsteuergesetz |
| KWG | Gesetz über das Kreditwesen |
| LAG | Landesarbeitsgericht |
| LFZG | Gesetz über die Fortzahlung des Arbeitsentgelts im Krankheitsfalle (Lohnfortzahlungsgesetz) |
| Mio. | Millionen |
| MitbestG | Mitbestimmungsgesetz |
| m. w. Nachw. | mit weiteren Nachweisen |
| Nachw. | Nachweise |
| Nds. | Niedersächsische |
| Nieders. | Niedersächsische |
| NJW | Neue Juristische Wochenschrift |
| Nr. | Nummer |
| NRW | Nordrhein-Westfalen |
| NWB (F.) | Neue Wirtschafts-Briefe für Steuer- und Wirtschaftsrecht (Fach) |
| OECD-MDBA | Organization for Economic Cooperation and Development – Musterdoppelbesteuerungsabkommen |
| OFD | Oberfinanzdirektion |
| OHG | Offene Handelsgesellschaft |

Abkürzungsverzeichnis

| | |
|---|---|
| OLG | Oberlandesgericht |
| o. V. | ohne Verfasser |
| PublG | Gesetz über die Rechnungslegung von bestimmten Unternehmen und Konzernen (Publizitätsgesetz) |
| R | Rechtsspruch oder Richtlinie |
| Rdn. | Randnummer |
| RegE | Regierungsentwurf |
| Rev. | Revision |
| RFH | Reichsfinanzhof |
| RIW/AWD | Recht der Internationalen Wirtschaft/Außenwirtschaftsdienst |
| rkr. | rechtskräftig |
| RStBl. | Reichssteuerblatt |
| Schl.-Holst. | Schleswig-Holsteinisches |
| SchwbG | Schwerbehindertengesetz |
| sog. | sogenannt |
| StandOG | Standortsicherungsgesetz |
| StAnpG | Steueranpassungsgesetz |
| StbJb | Steuerberater-Jahrbuch |
| StBp | Die steuerliche Betriebsprüfung |
| StEK | Steuererlasse in Karteiform |
| str. | streitig |
| StRK | Steuerrechtsprechung in Karteiform |
| StuW | Steuer und Wirtschaft |
| Ta | Allgemeine Beschwerdesache |
| TDM | tausend Deutsche Mark |
| Tz. | Textziffer |
| UmwG | Umwandlungsgesetz |
| UmwStG | Umwandlungssteuergesetz |
| UR | Rundschau für Umsatzsteuer |
| Urt. | Urteil |
| USt | Umsatzsteuer |
| UStG | Umsatzsteuergesetz |
| UStR | Umsatzsteuerrichtlinien |
| u. U. | unter Umständen |
| v. | vom |
| vGA | verdeckte Gewinnausschüttung |
| VGH | Verwaltungsgerichtshof |
| vgl. | vergleiche |
| v. H. | vom Hundert |
| VStG | Vermögensteuergesetz |
| VStR | Vermögensteuer-Richtlinien |
| VVG | Versicherungsvertragsgesetz |
| WährG | Gesetz zur Neuordnung des Geldwesens (Währungsgesetz) |
| WM | Wertpapier-Mitteilungen |

| | |
|---|---|
| z. B. | zum Beispiel |
| ZGR | Zeitschrift für Unternehmens- und Gesellschaftsrecht |
| Ziff. | Ziffer |
| ZIP | Zeitschrift für Wirtschaftsrecht |
| ZonenRFG | Zonenrandförderungsgesetz |
| ZR | Revisionen in Zivilsachen |
| ZRFG | Zonenrandförderungsgesetz |

ABSCHNITT I:

# Die Betriebsaufspaltung im Wirtschaftsrecht

## 1. Definition der Betriebsaufspaltung

Eine Betriebsaufspaltung (auch Betriebsspaltung, Betriebsabspaltung, Betriebsteilung oder Doppelgesellschaft genannt) liegt vor, wenn Funktionen, die grundsätzlich von einem Unternehmen wahrgenommen werden können, auf zwei oder mehrere rechtlich selbständige Unternehmen, an denen in der Regel dieselben Gesellschafter (direkt oder indirekt) beteiligt sind, aufgeteilt werden[1].

## 2. Erscheinungsformen der Betriebsaufspaltung

### 2.1 Echte Betriebsaufspaltung

Die echte Betriebsaufspaltung wird als typische oder eigentliche Betriebsaufspaltung bezeichnet. Hierbei wird zwischen der Aufspaltung in eine *Besitz- und Betriebsgesellschaft* und der Aufspaltung in eine *Produktions- und Vertriebsgesellschaft* unterschieden, die auch miteinander kombiniert werden können.

#### 2.1.1 *Besitz- und Betriebsgesellschaft*

Die Aufspaltung in eine Besitz- und Betriebsgesellschaft ist die klassische Form der Betriebsaufspaltung. Bei dieser Variante wird ein vormals einheitlich betriebenes Unternehmen (Personengesellschaft[2] oder Einzelunternehmen) in eine Besitz- und in eine Betriebskapitalgesellschaft aufgegliedert. Die Anteile an der Betriebsgesellschaft werden von der Besitzgesellschaft selbst oder von ihren Gesellschaftern gehalten. Das wertvolle Anlagevermögen (Grund und Boden, Gebäude, Maschinenpark) verbleibt in der Besitzgesellschaft und wird der Betriebskapitalgesellschaft (zumeist GmbH, selten AG) aufgrund eines *Pacht- und/oder Betriebsüberlassungsvertrages* zur Verfügung gestellt.

Das Umlaufvermögen wird in die Betriebskapitalgesellschaft eingebracht oder dieser darlehensweise überlassen.

---

[1] Zu den Wesensmerkmalen der Betriebsaufspaltung siehe Knoppe, Betriebsverpachtung – Betriebsaufspaltung, S. 38 ff.
[2] OHG, KG (einschl. GmbH & Co. KG), Gesellschaft bürgerlichen Rechts.

### 2.1.2 Produktions- und Vertriebsgesellschaft

Hier wird eine Kapitalgesellschaft ausgegründet, die den *Vertrieb* des bisherigen Unternehmens übernimmt. Die ursprüngliche Gesellschaft ist nur noch Produktionsunternehmen, während Aufgabe des Vertriebsunternehmens der Absatz der vom Produktionsunternehmen hergestellten Erzeugnisse ist.

Neben der Zweiteilung (Besitzgesellschaft-Betriebsgesellschaft; Betriebsgesellschaft-Vertriebsgesellschaft) ist selbstverständlich auch eine Dreiteilung (Besitzgesellschaft-Betriebsgesellschaft-Vertriebsgesellschaft) möglich[3]. Der einzelne Teil kann wiederum unterteilt werden. Der *Vertrieb* kann z.B. *mehreren Gesellschaften* übertragen werden (z.B. für Inland und Ausland oder für bestimmte Waren oder Gebiete im Inland). Das Anlagevermögen kann auf *mehrere Besitzgesellschaften* aufgeteilt werden (z.B. Verpachtung der Grundstücke und Verpachtung des übrigen Anlagevermögens)[4].

## 2.2 Unechte Betriebsaufspaltung

Bei der unechten (= uneigentlichen) Betriebsaufspaltung werden Besitz- und Betriebsunternehmen bzw. Produktions- und Vertriebsgesellschaft *von vornherein* als zwei rechtlich selbständige Unternehmen nebeneinander errichtet und dann durch die Übertragung von Anlage- oder Umlaufvermögen miteinander verbunden. Im Schrifttum wird teilweise auch dann eine unechte Betriebsaufspaltung angenommen, wenn das Besitzunternehmen erst nach Gründung des Betriebsunternehmens entstanden ist, also keine Ausgründung wie bei der *echten Betriebsaufspaltung vorliegt*[5].

Die auf den Gründungsvorgang abstellende Unterscheidung in echte und unechte Betriebsaufspaltung ist *steuerlich ohne Relevanz*[6].

---

[3] Fichtelmann, Betriebsaufspaltung im Steuerrecht, Rdn. 8; Brandmüller, Betriebsaufspaltung, Gruppe 4, S. 100f.; Zartmann, Die Betriebsaufspaltung, S. 41; Bentler, Das Gesellschaftsrecht der Betriebsaufspaltung, S. 28f.

[4] Fichtelmann, Rdn. 8; ders., FR 83, 78ff.

[5] So Birkholz, DStZ/A 71, 158 (159); Brandmüller, Die Betriebsaufspaltung nach Handels- und Steuerrecht, Rdn. A 8; siehe auch Zartmann, S. 42; Dehmer, Die Betriebsaufspaltung, Rdn. 17; Bentler, Das Gesellschaftsrecht der Betriebsaufspaltung, S. 29.

[6] Vgl. dazu BFH Urt. v. 3. 11. 1959 – I 217/58 U BStBl. 60 III, 50; Urt. v. 16. 1. 1962 – I 57/61 S BStBl. 62 III, 104; Urt. v. 24. 6. 1969 – I 201/64 BStBl. 70 II, 17; Beschl. v. 8. 11. 1971 – GrS 2/71 BStBl. 72 II, 63; Urt. v. 20. 9. 1973 – IV R 41/69 BStBl. 73 II, 869; FG Nürnberg, Urt. v. 23. 8. 1974 – III 218/72 EFG 75, 13 (Rev. eingelegt); Knoppe, S. 42; Brandmüller, Rdn. A 9; Zartmann, S. 42.

## 2.3 Umgekehrte Betriebsaufspaltung

Von der umgekehrten Betriebsaufspaltung wird dann gesprochen, wenn anstelle eines Personenunternehmens eine Kapitalgesellschaft aufgespalten wird. Die Gesellschafter einer Kapitalgesellschaft gründen eine Personengesellschaft, der das Anlage- und Umlaufvermögen verpachtet wird. Dabei können sowohl eine Besitzkapitalgesellschaft und eine Betriebspersonengesellschaft als auch eine Produktionskapitalgesellschaft und Vertriebspersonengesellschaft in Betracht kommen.

Die umgekehrte Betriebsaufspaltung hat mit der Einführung der *Publizitätsverpflichtung für GmbHs* an erheblicher Bedeutung gewonnen. Sie ermöglicht ohne Übertragung von Betriebsvermögen (daher ohne Realisierung von stillen Reserven) die Verlagerung des Betriebs auf einen anderen Rechtsträger. Die Besitzkapitalgesellschaft wird in der Regel als kleine GmbH einzustufen sein, weil sie, abgesehen von den Miet- und Pachteinnahmen, keine Umsatzerlöse mehr hat, selbst auch keine Arbeitnehmer mehr beschäftigt und infolgedessen mit diesen beiden Größen die Stufe zur mittleren GmbH nicht mehr überschreitet; die Personengesellschaft, die den Betrieb führt, fällt nicht unter das Bilanzrichtliniengesetz; die Frage, ob die GmbH & Co. KG unter das Bilanzrichtliniengesetz fällt, ist de lege ferenda noch offen[7].

## 2.4 Mischformen (Überblick über die Erscheinungsformen der Betriebsaufspaltung)

Bei der *mitunternehmerischen Betriebsaufspaltung* werden die wesentlichen Betriebsgrundlagen aus einer Personengesellschaft ausgegründet und in eine *neu gegründete* Personengesellschaft eingebracht[8]. Die mitunternehmerische Betriebsaufspaltung scheint deshalb nicht zweckmäßig zu sein, da die mit der Betriebsaufspaltung zumeist angestrebte *Haftungsbeschränkung* – außer im Fall der GmbH & Co. KG – nicht erreicht wird. Ferner kann in der mitunternehmerischen Betriebsaufspaltung – je nach Vertragsgestaltung – eine echte Mitunternehmerschaft i. S. v. § 15 EStG gesehen werden[9]. Selbst wenn im Einzelfall keine Mitunternehmerschaft, sondern eine mitunternehmerische Betriebsaufspaltung

---

[7] Weitere Einzelheiten bei Schulze zur Wiesche, BB 89, 815 ff.; Brandmüller, Rdn. A 70.
[8] Die Ausführungen in diesem Kapitel gelten entsprechend für eine Betriebsaufspaltung in der Gestalt eines Einzelunternehmens als Besitzunternehmen und einer Personengesellschaft als Betriebsunternehmen, an der der Inhaber des Besitzunternehmens als Gesellschafter beteiligt ist.
[9] Hierzu eingehend bei II. 1.1.

Die Betriebsaufspaltung im Wirtschaftsrecht

vorliegt, so treten doch in jedem Falle folgende *steuerliche Nachteile* ein: Gewerbesteuerpflicht der Geschäftsführergehälter, Unzulässigkeit der Pensionsrückstellungen etc.[10] Eingeräumt werden muß jedoch, daß die mitunternehmerische Betriebsaufspaltung wegen der fehlenden Publizitätspflichten nach dem Bilanzrichtliniengesetz[11] für *publizitätsscheue Unternehmen* eine interessante Gestaltungsform ist[12].

Unter einer *kapitalistischen Betriebsaufspaltung* versteht man die Aufspaltung einer bestehenden Kapitalgesellschaft in eine Besitzkapitalgesellschaft und in eine Betriebskapitalgesellschaft.

Die in der Praxis vorzufindenden Erscheinungs- und Variationsformen der Betriebsaufspaltung können folgender Grafik entnommen werden:[13]

| Besitzunternehmen | Betriebsunternehmen | Vertriebsunternehmen |
|---|---|---|
| Besitzpersonenunternehmen (Einzelunternehmen, Personengesellschaft, Miteigentümergemeinschaft) | Betriebskapitalgesellschaft | |
| Besitzpersonenunternehmen | Betriebskapitalgesellschaft | Vertriebskapitalgesellschaft |
| | Betriebskapitalgesellschaft | Vertriebskapitalgesellschaft |
| | Betriebskapitalgesellschaft | Vertriebspersonenunternehmen (Gesellschaft oder Einzelunternehmen) |
| Besitzkapitalgesellschaft | Betriebskapitalgesellschaft | Vertriebskapitalgesellschaft |

---

[10] Brandmüller, Rdn. A 13; Knoppe, S. 44.
[11] Beachte die Ausführungen bei I. 3.6.
[12] Vgl. Brandmüller, Rdn. A 69f.
[13] Fichtelmann, Rdn. 8; Bentler, Das Gesellschaftsrecht der Betriebsaufspaltung, S. 42ff.; siehe auch Heinsius, Die Betriebsaufspaltung, S. 10ff.; Gäbelein, BB 89, 1420ff.; zur fortbestehenden zivilrechtlichen Selbständigkeit jedes an der Betriebsaufspaltung beteiligten Unternehmens vgl. Hessischer VGH Urt. v. 19. 7. 1988 – 4 UE 3154/87 GmbHR 90, 84.

| Besitzunternehmen | Betriebsunternehmen | Vertriebsunternehmen |
|---|---|---|
| Besitzkapitalgesellschaft | Betriebskapitalgesellschaft | |
| Besitzpersonenunternehmen (Einzelunternehmen, Personengesellschaft, Miteigentümergemeinschaft) | Betriebspersonengesellschaft | |

## 3. Beweggründe bei der Wahl der Betriebsaufspaltung als Rechtsform für ein Unternehmen

### 3.1 Haftungsbeschränkungen und deren immanente Grenzen

In der Vergangenheit wurde als herausragender Vorteil der Betriebsaufspaltung die Herausnahme der Grundstücke und des sonstigen wertvollen Anlagevermögens aus der Haftung hervorgehoben. Die Reduzierung des Haftungsvermögens erfährt jedoch aufgrund der neuesten Judikatur immer zahlreichere Durchbrechungen, deren Ausmaß aufgrund der dynamischen Rechtsentwicklung nicht exakt prognostizierbar ist.

Die häufig nur mit dem Mindeststammkapital ausgestattete Betriebsgesellschaft ist nach aller Regel auf die Zuführung weiteren Kapitals angewiesen, so daß einmal bei kapitalersetzenden Gesellschafterdarlehen eine *erweiterte Haftung nach §§ 32a, 32b GmbHG* in Betracht kommen kann. Darüber hinaus muß noch zusätzlich geprüft werden, ob eine *Haftung des Besitzunternehmens* nach den *Grundsätzen des qualifiziert faktischen Konzerns* eingreift.

#### 3.1.1 *Haftung des Besitzunternehmens nach § 32a GmbHG*

Eine exzessive Ausdehnung der Haftung nach § 32a GmbHG würde zur Folge haben, daß die mit der Einschaltung eines Besitzunternehmens beabsichtigte *Haftungsbeschränkung* durch diese Gläubigerschutzvorschriften erheblich eingeschränkt wird. Die Konkretisierung des Haftungsumfangs nach §§ 32a, 32b GmbHG ist außerordentlich komplex und heftig umstritten[14]. Einige Grundsatzurteile haben jedoch in Teilbereichen zur Klärung bereits beigetragen.

---

[14] Hierzu eingehend Bentler, Das Gesellschaftsrecht der Betriebsaufspaltung, S. 92ff.; Lutter/Hommelhoff, ZGR 79, 31 (51f.); Timm, GmbHR 80, 286 (292); Schulze-

Folgende Problemkreise sollen hiermit erwähnt werden:
a) Darlehen in Geld (mit Sicherungsabreden, z. B. Grundschuldbestellung)
b) Darlehensweise Überlassung von Umlaufvermögen (Sachwertdarlehen)
c) (Nicht-)Einbeziehung von Miet- oder Pachtverträgen in den Anwendungsbereich der §§ 32 a, 32 b GmbHG
d) Fortbestehen des Darlehensverhältnisses und/oder Miet-/Pachtvertrages in einer Krisensituation der Betriebs-GmbH (Problematik eines *nachträglichen* kapitalersetzenden Gesellschafterdarlehens)
e) Analoge Anwendung der §§ 32 a, 32 b GmbHG auf eine Betriebs-AG

*Zu a):* Die Gewährung eines Gelddarlehens des Besitzunternehmens an die Betriebs-GmbH fällt eindeutig unter den Gesetzeswortlaut der §§ 32 a, 32 b GmbHG. Aus *Sicherungsgeschäften* mit der Betriebs-GmbH können dann keine Rechte hergeleitet werden, wenn der gesicherte Kredit eigenkapitalersetzenden Charakter hatte[15].

*Zu b):* Nach § 607 Abs. 1 BGB kann ein Darlehen sich nicht nur auf Geld, sondern auch auf andere vertretbare Sachen (§ 91 BGB) erstrecken (= *Sachwertdarlehen*). Somit fällt die darlehensweise Überlassung von Wirtschaftsgütern (insbes. des Umlaufvermögens) von der Besitzgesellschaft an die Betriebs-GmbH unter den Tatbestand der §§ 32 a, 32 b GmbHG.

*Zu c):* Sehr umstritten und von enormer Praxisrelevanz ist die Frage, ob Ansprüche des Besitzunternehmens aus Miet- bzw. Pachtverträgen gegenüber der Betriebs-GmbH der Haftung nach §§ 32 a, 32 b GmbHG unterliegen können. Von der Beantwortung dieser Frage hängt es ab, in welchem Grade überhaupt durch die Rechtskonstruktion der Betriebsaufspaltung eine *Haftungsbeschränkung* erzielt werden kann, da schließlich das wertvolle Anlagevermögen der Betriebs-GmbH nur aufgrund eines Pacht- bzw. Betriebsüberlassungsvertrages

---

Osterloh, ZGR 83, 123ff.; Braun, ZIP 83, 1175ff.; Knobbe-Keuk, BB 84, 1ff.; Heinemann, DStZ 84, 37 (47); Groh, BB 84, 304 (308f.); Ulmer; ZIP 84, 1163ff.; ders., GmbHR 84, 256 (260); Bartl, BB 84, 2154 (2158f.); Kamprad, GmbHR 84, 339ff.; ders., GmbHR 85, 352ff.; v. Gerkan, GmbHR 86, 218ff.; Wiedemann, ZIP 86, 1293ff.; Hueck, ZGR 89, 216ff.; Brandes, ZGR 89, 244ff.; Bork, BB 89, 2181 (2186); Lauber-Nöll/Schick, GmbHR 90, 333 (334f.); ferner K. Schmidt, in: Scholz, GmbHG, §§ 32 a, 32 b Rdn. 87ff.; Fischer/Lutter/Hommelhoff, GmbHG, § 32 a/b Rdn. 67ff.; Baumbach/Hueck, GmbHG, § 32 a Rdn. 32 m. w. N.; Roth, GmbHG, § 32 a Anm. 5.6; Brandmüller, Gruppe 4, S. 143–154; ders., Rdn. A 25ff.; Dehmer, Rdn. 1394ff.; Ziegler, Kapitalersetzende Gebrauchsüberlassungsverhältnisse und Konzernhaftung bei der GmbH (1989); Fichtelmann, S. 20f.

[15] Urt. v. 9. 10. 1986 – II ZR 58/86 BB 87, 80f.

Beweggründe bei der Wahl der Betriebsaufspaltung als Rechtsform für ein Unternehmen zur Verfügung gestellt wird. Die juristische Kernfrage ist hierbei, ob diesbezügliche *Nutzungsüberlassungsverträge* seitens des Besitzunternehmens Rechtshandlungen eines Gesellschafters oder Dritten sind, die der Darlehensgewährung nach Maßgabe des § 32a Abs. 1 oder 2 GmbHG entsprechen (§ 32a Abs. 3 GmbHG).

Gegen eine Anwendung des § 32a Abs. 3 GmbHG könnte sprechen, daß Miet- oder Pachtverträge (§§ 535, 581 ff. BGB) bei weiten nicht mehr der Rechtsnatur eines Darlehensvertrages (§§ 607ff. BGB) wesensähnlich sind. Eine „wahllose" Anwendung des § 32a Abs. 3 GmbHG auf andere Schuldverhältnisse würde die Rechtsunsicherheit auf ein unerträgliches Niveau erhöhen, weil dann jeder Gesellschafter bei sonstigen schuldrechtlichen Verträgen seine Ansprüche im diffusen Sog des § 32a Abs. 3 GmbHG verlieren könnte[16].

Eine Anwendung des § 32a Abs. 3 GmbHG im Rahmen der Betriebsaufspaltung wird auch mit der Begründung abgelehnt, daß dabei lediglich eine Nutzung auf Zeit erfolge und die Überlassung des Anlagevermögens nicht als kapitalersetzende Maßnahme einzustufen sei. Jedoch wird eingeräumt, daß in den Fällen, wo der an den Gesellschafter gezahlte Pachtzins das Stammkapital schuldet, eine verbotene Rückzahlung i.S.v. §§ 30, 31 GmbHG angenommen werden müsse[17].

Hierbei ist jedoch zu beachten, daß § 32a Abs. 3 GmbHG sicherstellen will, daß bei einer Quasi-Eigenkapitalausstattung – in welchem Rechtskleid auch immer – die Haftungsgrundlage gegenüber den Gläubigern automatisch erweitert wird. Für eine Anwendung des § 32a Abs. 3 GmbHG auf die einschlägige Fallkonstellation spricht somit entscheidend, daß bei einer miet- bzw. pachtweisen Überlassung von Wirtschaftsgütern – ähnlich wie bei der „reinen" Darlehensgewährung – die Betriebs-GmbH überhaupt erst in die Lage versetzt wird, wirtschaftliche Aktivitäten zu entwickeln und damit den Gläubigern auf dieser „bewußt geschaffenen erweiterten Vermögensbasis" insbesondere Rechtsgeschäfte in einem erheblichen Umfange zu tätigen. Folglich werden von § 32a Abs. 3 GmbHG auch schuldrechtliche Überlassungsverträge für die Vermietung und Verpachtung von Wirtschaftsgütern erfaßt, die bei der Gründung der Betriebs-GmbH an die Stelle einer vom Standpunkt des „ordentlichen Kauf-

---

[16] So im Ergebnis Brandmüller, Gruppe 4, S. 143–154; ders., Rdn. A 28; Ulmer, ZIP 84, 1163 (1167ff.); ders., GmbHR 84, 256 (260); Dehmer, Rdn. 1395ff.; Knoppe, S. 61; K. Schmidt, in: Scholz, GmbHG, § 32a, 32b Rdn. 89; Baumbach/Hueck, GmbHG, § 32a Rdn. 32; Fichtelmann, S. 20f.; ders., GmbHR 84, 344 (353f.); dahin tendieren auch Bentler, Das Gesellschaftsrecht der Betriebsaufspaltung, S. 104, der jedoch noch weitere Differenzierungen vornimmt.
[17] Knobbe-Keuk, BB 84, 1ff.; Bartl, BB 84, 2154 (2159); Bentler, Das Gesellschaftsrecht der Betriebsaufspaltung, S. 108.

manns" aus gebotenen Sacheinlage treten[18]. Im Hinblick um eine Parallelität der Wertungen im Vergleich auf der für den Grundtatbestand in § 32a Abs. 1 GmbHG maßgeblichen Kreditunwürdigkeit tritt hier das Tatbestandserfordernis der *Überlassungsunwürdigkeit*.

Zu dieser im Schrifttum heftig umstrittenen Problematik hat nunmehr der BGH[19] Stellung genommen. Nach Auffassung des BGH ist bei der Beantwortung der Frage, ob die Gebrauchsüberlassung der Darlehensgewährung i.S.d. § 32a Abs. 3 GmbHG wirtschaftlich entspricht, auf den Zweck dieser Vorschrift abzustellen; dieser entspricht im wesentlichen dem Zweck, von dem sich der BGH bei seiner Rechtsprechung leiten läßt, mit der er Gesellschafterleistungen in die Rückzahlungssperre der §§ 30, 31 GmbHG einbezieht. Nach der Rechtsprechung des BGH soll durch die Umqualifizierung von Gesellschafterleistungen in haftendes Kapital nicht nur verhindert werden, daß sich der Gesellschafter im Falle eines wirtschaftlichen Zusammenbruchs vorrangig vor oder konkurrierend mit den Gläubigern aus dem noch vorhandenen Gesellschaftsvermögen befriedigt; um auszuschließen, daß eine Krise der Gesellschaft durch Gesellschafterleistungen verschleppt und das verbliebene Vermögen zu Lasten der Gläubiger weiter verringert wird, soll zugleich gewährleistet werden, daß der Gesellschafter nur haftendes Eigenkapital einsetzt, wenn er der GmbH den Fortbestand in der Krise ermöglicht und auf diese Weise bei Außenstehenden den Eindruck einer mit genügend Kapital ausgestatteten und deshalb lebensfähigen Gesellschaft hervorruft; wählt der Gesellschafter anstelle von haftendem Eigenkapital eine andere Finanzierungsart, tritt die Bindung kraft Gesetzes ein. Muß der Gesellschafter erkennen, daß die Gesellschaft in Zukunft ohne seine Hilfe nicht mehr lebensfähig ist, hat er ihr entweder seine weitere Unterstützung zu versagen und dadurch die Liquidation herbeizuführen, oder er hat, wenn er sich zur Fortsetzung seiner Hilfe entschließt, diese auf eigene Gefahr der Gesellschaft zu belassen, bis ihr Stammkapital wieder auf andere Weise gedeckt ist.

Nach nunmehriger Auffassung des BGH kann auch eine *Gebrauchsüberlassung* an die konkursreife oder ohne Unterstützung des Gesellschafters nicht mehr lebensfähige Gesellschaft ermöglichen, ihren Geschäftsbetrieb fortzusetzen.

---

[18] Schulze-Osterloh, ZGR 83, 123, (137ff.); Braun, ZIP 83, 1175 (1177ff.); Wiedemann, ZIP 86, 1293ff.; Fischer/Lutter/Hommelhoff, GmbHG, § 32a/b Rdn. 72.

[19] Urt. v. 16. 10. 1989 – II ZR 307/88 NJW 90, 516ff. – Lagergrundstücke; hierzu Timm/Drygala, NWB, Fach 18, 3065ff.; Lauer, WM 90, 1693ff.; Mayer, BB 90, 1935 (1940ff.); Weilbach, GmbHR 91, 56ff.; Belling/Collas, NJW 91, 1919 (1922f.); Drygala BB 92, 80ff.; Fichtelmann, Rdn. 51ff.; Kallmeyer, GmbHR 94, 290ff.; zu Bilanzierungsproblemen bei kapitalersetzender Nutzungsüberlassung Hemmelrath, DStR 91, 626ff.

Zwar beseitigt die Gebrauchsüberlassung nicht eine bereits eingetretene Zahlungsunfähigkeit der GmbH; sie ermöglicht der GmbH aber den Fortbestand in einer Zeit, während der ein außenstehender Dritter ihr weder die Nutzung des Wirtschaftsguts noch einen Kredit zu dessen Ankauf zur Verfügung stellen würde. In einem solchen Falle verhindert der Gesellschafter durch Gebrauchsüberlassung des benötigten Wirtschaftsguts die anderenfalls nicht abzuwendende Liquidation der Gesellschaft ebenso wirkungsvoll, wie wenn er dieser durch die darlehensweise Überlassung der erforderlichen Zahlungsmittel ermöglicht hätte, die Investition selbst durchzuführen. Nach Auffassung des BGH ist somit also von der *wirtschaftlichen Vergleichbarkeit von Darlehen und Gebrauchsüberlassung i.S.d. § 32a Abs. 3 GmbHG* auszugehen[20].

Die unterschiedliche dingliche Zuordnung bei Darlehen und Gebrauchsüberlassung führt zu Problemen erst bei deren Rechtsfolgen. Welche *Rechtsfolge* eingreift, wenn davon auszugehen ist, daß die Gebrauchsüberlassung einem Darlehen i.S.d. § 32a Abs. 3 GmbHG wirtschaftlich entspricht, ist im Schrifttum insbesondere deshalb umstritten, weil der Gebrauchsüberlassung – anders als beim Darlehen – das Eigentum an der zum Gebrauch überlassenen Sache beim Gesellschafter verbleibt. Vertreten wird, die dingliche Zuordnung in der Weise zu durchbrechen, daß im Falle des Zusammenbruchs der Gesellschaft dem Gesellschafter der Anspruch auf Aussonderung versagt und dem Konkursverwalter ein Verwertungsrecht gegeben wird; andere wollen die Substanz der genutzten Sache in der Weise einbeziehen, daß sie der Gesellschaft einen Wertersatzanspruch in Höhe des Substanzwertes und dem Gesellschafter das Recht zuerkennen, sich durch Preisgabe der Sache an die Gesellschaft von dieser Wertersatzpflicht zu befreien. Ferner wird vertreten, die dingliche Zuordnung unangetastet zu lassen und – ähnlich wie bei der Sacheinlage quoad usum zur Aufbringung des Stammkapitals – den Nutzungswert des vom Gesellschafter überlassenen Gegenstands zu erfassen oder – soweit die Einlagefähigkeit von Nutzungsrechten verneint wird – wenigstens die laufenden Nutzungen einzubeziehen. Der BGH hat diese Streitfrage bei den Rechtsfolgen vorerst leider offengelassen, weil sie im konkreten Fall nicht entscheidungserheblich war[21].

Im Schrifttum wird insoweit diskutiert, ob man trotz des *fortbestehenden Eigentums die Sachen* gleichwohl in der einen oder anderen Weise *zur Kon-*

---

[20] BGH, a.a.O., 518; *a.A.:* OLG Düsseldorf, Urt. v. 14. 7. 1988 – 10 U 11/88 WM 88, 1266: „keine Anwendbarkeit von § 32a GmbHG auf die Gebrauchsüberlassung durch Miete"; hierzu Bäcker, ZIP 89, 681 ff.; zur kapitalersetzenden Nutzungsüberlassung aus ökonomischer Sicht instruktiv Klaus, DStR 94, 1059ff. und 1097ff.
[21] BGH, a.a.O., 518.

*kursmasse ziehen* und verwerten kann[22] oder ob stattdessen nur ein *Anspruch der Gesellschaft auf Wertersatz für abgezogene Anlagengegenstände in Betracht kommt*[23], wobei innerhalb dieser Ansicht wiederum streitig ist, ob sich ein solcher *Wertansatz am Substanzwert*[24] oder am geringeren *Nutzungswert*[25] orientiert[26].

Gleichgültig welche der genannten Ansichten sich letztendlich durchsetzen wird: Das *Haftungsrisiko ist auf den Umfang der Nutzungsüberlassung* (= überlassenes Grundstück bzw. dessen Wert) begrenzt; eine wie auch immer geartete unbegrenzte Haftung läßt sich aus § 32a GmbHG nicht herleiten[27]. *Im Falle der Betriebsaufspaltung ist das Haftungsrisiko mithin nicht größer, als wenn die Anlagegegenstände von vornherein in eine einheitliche GmbH eingebracht worden wären.*

Die Bedeutung der Judikatur für die Praxis der Betriebsaufspaltung ist gravierend, da jene in größerem Umfang durch entsprechende Nutzungsüberlassungsverträge gekennzeichnet ist. Hier muß in der Praxis damit gerechnet werden, daß das ursprüngliche Rechtsinstitut „Betriebsaufspaltung" in seinen überkommenen zivilrechtlichen Prämissen und Konsequenzen nicht mehr vollständig akzeptiert wird[28]. Besonders *haftungsgefährdet* sind Gestaltungsformen, bei denen die überlassenen Gegenstände speziell auf die Bedürfnisse der Betriebsgesellschaft zugeschnitten sind, also insbesondere alle Formen des sogenannten *Betriebserhaltungsmodells*[29].

Der Bundesgerichtshof hat seine Rechtsprechung erneut bestätigt und nochmals klargestellt, daß die Gebrauchsüberlassung aufgrund eines Miet- oder Pachtverhältnisses – auch im Rahmen einer Betriebsaufspaltung – den Regeln über

---

[22] So Wiedemann, ZIP 86, 1293 (1300); Schaub, NZA 89, 5 (6); Braun, ZIP 83, 1175 (1180); Schulze-Osterloh, ZGR 83, 123 (142).
[23] So Fischer/Lutter/Hommelhoff, GmbHG, § 32a Rdn. 75; Bäcker, ZIP 89, 681; v. Gerkan, GmbHR 86, 218 (223); G. Hueck, ZGR 89, 216; Ziegler, Kapitalersetzende Gebrauchsüberlassungsverhältnisse und Konzernhaftung (1989), S. 101 ff.; Fabritius, Die Überlassung von Anlagegegenständen an die GmbH durch Gesellschafter (1988), S. 177 ff.
[24] So Fischer/Lutter/Hommelhoff, Bäcker, Gerkan, a.a.O.
[25] So OLG Hamm, Urt. v. 1. 6. 1992 – 8 U 252/91 DB 92, 2233 (nicht rkr.); G. Hueck, a.a.O.; Brandes, ZGR 89, 244 (247); vgl. a. Kallmeyer, GmbHR 94, 290 (292).
[26] Zu weiteren Rechtsauffassungen aufgrund der Gegenmeinung zum BGH siehe Timm/Drygala, NWB, Fach 18, 3065 (3067) m.w.N.
[27] Siehe statt aller Fischer/Lutter/Hommelhoff, GmbHG, § 32a Rdn. 70; Kallmeyer, GmbHR 94, 290 (292).
[28] Siehe Wiedemann, ZIP 86, 1293 (1295); Fischer/Lutter/Hommelhoff, GmbHG, § 32a/b Rdn. 70.
[29] So auch Fischer/Lutter/Hommelhoff, GmbHG, § 32a/b Rdn. 73.

Beweggründe bei der Wahl der Betriebsaufspaltung als Rechtsform für ein Unternehmen

den Ersatz von Eigenkapital unterliegen kann. Im konkreten Fall wurde mangels unzureichender Sachverhaltsfeststellungen lediglich der Zeitpunkt für die Anwendung des § 32a Abs. 3 GmbHG (Beginn der Betriebsaufspaltung oder erst späterer Kriseneintritt) offengelassen. Der BGH[30] hat dies in seinen ersten drei Leitsätzen wie folgt zusammengefaßt:

1. Eine Finanzierungsleistung, die der Gesellschafter der Gesellschaft zu einer Zeit gewährt hat, als diese noch gesund war, wird nach Eintritt der Krise auch dann zu Eigenkapitalersatz, wenn er die Leistung zwar nach allgemeinen schuldrechtlichen Regeln nicht abziehen kann, jedoch von der ihm als Gesellschafter gegebenen Möglichkeit, die Gesellschaft unter Entzug der ihr zur Verfügung gestellten Mittel zu liquidieren, keinen Gebrauch macht.
2. Vermietet oder verpachtet ein Gesellschafter der GmbH das ganze für deren Unternehmen benötigte Anlagevermögen, so liegt darin eine eigenkapitalersetzende Leistung, wenn die Gesellschaft weder selbst über die zur Anschaffung einer solchen Betriebseinrichtung erforderlichen Mittel verfügt noch sich diese aus eigener Kraft auf dem Kapitalmarkt zu üblichen Bedingungen beschaffen konnte und ein vernünftig handelnder Vermieter oder Verpächter, der nicht an der Gesellschaft beteiligt ist und sich auch nicht an ihr beteiligen will, mit dieser einen entsprechenden Nutzungsüberlassungsvertrag über die komplette Betriebseinrichtung unter den gegebenen Umständen nicht schließen würde.
3. Ersetzt die Gebrauchsüberlassung von vornherein Eigenkapital, dann darf entsprechend den §§ 30, 31 GmbHG der Anspruch auf Zahlung des Miet- oder Pachtzinses nicht aus dem zur Deckung des Stammkapitals erforderlichen Vermögen erfüllt werden. Für die Geltendmachung von solchen Ansprüchen im Konkurs und für die Rückforderung von Miet- und Pachtzahlungen aus dem letzten Jahr vor Konkurseröffnung gelten die §§ 32a GmbHG, 32a KO, ohne daß es insoweit auf die Beeinträchtigung des Stammkapitals ankommt.

In einem weiteren Judikat hat der BGH folgende ergänzende Grundsätze aufgestellt[31]:

1. Ist die Gesellschaft überschuldet, kommt es für die Frage, ob eine Gebrauchsüberlassung durch den Gesellschafter kapitalersetzend wirkt, nicht darauf an, ob ein außenstehender Dritter der Gesellschaft das Wirtschaftsgut ebenfalls überlassen hätte.

---

[30] Urt. v. 14. 12. 1992 – II ZR 298/91 NJW 93, 392; hierzu Welkamp, DB 93, 1759 ff.; Ebenroth/Wilken, BB 93, 305 ff.; Mayer, DStR 93, 206 ff.; Oppenländer, DStR 93, 1523 ff.; Keßler, GmbHR 93, 541 (545 f.).
[31] BGH Urt. v. 14. 6. 1993 – II ZR 252/92 NJW 93, 2179; ebenso OLG Düsseldorf Urt. v. 30. 9. 1993 – 10 U 80/92 GmbHR 94, 52.

2. Das laufende Nutzungsentgelt für eine kapitalersetzend wirkende Gebrauchsüberlassung kann der Gesellschafter auch nach Eröffnung des Konkursverfahrens nicht fordern.

Aus der Judikatur wird folgendes Fazit gezogen. Das Haftungsrisiko aus den Kapitalersatzvorschriften der §§ 30–32b GmbHG ist bei der Betriebsaufspaltung dergestalt gegenständlich begrenzt, daß lediglich bei „Standardgütern" des Anlagevermögens sich der Haftungsumfang auf den „kapitalisierten Nutzungswert" der vertraglichen Restlaufzeit beschränkt. Handelt es sich um Wirtschaftsgüter, die auf die besonderen Bedingungen der Besitzgesellschaft zugeschnitten sind oder um die Verpachtung des betrieblichen Anlagevermögens in seiner Gesamtheit, so erfaßt die Kapitalbildung regelmäßig den „Substanzwert" der Vermögensgegenstände[32]. Deshalb wird empfohlen, die Betriebsaufspaltung in der Form des sogenannten „Steuerberater-Modells" zu konzipieren, bei dem beim Besitzunternehmen lediglich die Grundstücke und Gebäude verbleiben und das übrige Vermögen von der Betriebsgesellschaft übernommen wird. Dadurch wird wegen der anderweitigen Verwertbarkeit der Wirtschaftsgüter regelmäßig eine Umqualifizierung der Nutzungsüberlassung als Eigenkapitalersatz wegen fehlender Überlassungsunwürdigkeit ausscheiden und der Haftungsfolge auch bei Nichtwahrnehmung des Abzugs der überlassenen Wirtschaftsgüter in der Krise auf eine übliche Vertragslaufzeit beschränkt[33].

Für eigenkapitalersetzende Nutzungsüberlassungen gelten grundsätzlich die im Überlassungsvertrag vereinbarten zeitlichen Grenzen. Wäre jedoch ein inhaltsgleicher Vertrag mit einem außenstehenden Dritten und unter Vereinbarung einer längeren Überlassungsdauer oder längerer Kündigungsfristen geschlossen worden, dann hat der Gesellschafter der Gesellschaft das Nutzungsrecht für den sich daraus ergebenden Mindestzeitraum zu überlassen.

Im Konkurs ist der Konkursverwalter befugt, das Nutzungsrecht, solange es besteht, durch eigene Nutzung, durch Überlassung an Dritte zur Ausübung oder durch Weiterübertragung (zusammen mit dem Betrieb oder einzeln) zu verwerten. Eine Verwertung der Sachsubstanz ist ihm nicht gestattet.

Der Gesellschafter ist grundsätzlich nicht verpflichtet, anstelle der weiteren Überlassung der Gegenstände den Wert des Nutzungsrechts in Geld zu ersetzen. Ein Anspruch auf Wertersatz besteht jedoch dann, wenn die weitere Nutzungsüberlassung dadurch unmöglich wird, daß der Gesellschafter die Gegenstände

---

[32] So das Fazit von Keßler, GmbHR 93, 541 (549).
[33] So die Empfehlung von Oppenländer, DStR 93, 1523 (1527f.); Mayer, DStR 93, 206 (211).

gegen den Willen der Gesellschaft oder des Konkursverwalters veräußert oder wenn diese einverständlich veräußert werden und zwischen den Beteiligten Einigkeit darüber besteht, daß der Erlös in Höhe des Restwerts des Nutzungsrechts der Gesellschaft oder der Konkursmasse zufließen soll[34].

Nach langem Zögern hat die höchstrichterliche Rechtsprechung im Hinblick auf die *Rechtsfolgen* zur Anwendung der §§ 32a, 32b GmHG bei Betriebsaufspaltungsverhältnissen nunmehr neuerdings wie folgt Stellung genommen.

Für eigenkapitalersetzende Nutzungsüberlassungen gelten grundsätzlich die im Überlassungsvertrag vereinbarten zeitlichen Grenzen. Wäre jedoch ein inhaltsgleicher Vertrag mit einem außenstehenden Dritten und unter Vereinbarung einer längeren Überlassungsdauer oder längerer Kündigungsfristen geschlossen worden, dann hat der Gesellschafter der Gesellschaft das Nutzungsrecht für den sich daraus ergebenden Mindestzeitraum zu überlassen. Im Konkurs ist der Konkursverwalter befugt, das Nutzungsrecht, solange es besteht, durch eigene Nutzung oder Überlassung an Dritte zur Ausübung oder durch Weiterübertragung (zusammen mit dem Betrieb oder einzeln) zu verwerten. *Eine Verwertung der Sachsubstanz ist ihm nicht gestattet.* Der Gesellschafter ist grundsätzlich nicht verpflichtet, anstelle der weiteren Überlassung der Gegenstände den Wert des Nutzungsrechts in Geld zu ersetzen. Ein Anspruch auf Wertersatz besteht jedoch dann, wenn die weitere Nutzungsüberlassung dadurch ermöglicht wird, daß der Gesellschafter die Gegenstände gegen den Willen der Gesellschaft oder des Konkursverwalters veräußert oder wenn diese einverständlich veräußert werden und zwischen den Beteiligten Einigkeit darüber besteht, daß der Erlös in Höhe des Restwertes des Nutzungsrechts der Gesellschaft oder der Konkursmasse zufließen soll[34a].

Die eigenkapitalersetzende Nutzungsüberlassung eines Betriebsgrundstücks begründet im Konkurs der Gesellschaft keinen Anspruch der Konkursmasse auf Übertragung des Eigentums an dem Grundstück oder auf dessen Herausgabe an den Konkursverwalter zum Zwecke der Verwertung durch Veräußerung. Ebensowenig besteht grundsätzlich zu dem vorgenannten Senatsurteil ein Anspruch der Masse auf Ersatz des Verkehrswertes oder des kapitalisierten Wertes der weiteren Nutzung des Grundstücks. Der Konkursverwalter ist jedoch berechtigt, daß der Gemeinschuldnerin in eigenkapitalersetzender Weise überlassene oder belassene Grundstück zugunsten der Konkursmasse durch Weiternutzung inner-

---

[34] BFH Urt. v. 11. 7. 1994 – II ZR 146/92 WM 94, 1530 ff.
[34a] BGH Urt. v. 11. 7. 1994 – II ZR 146/92 WM 94, 1530 ff. mit Anm. Goette, DStR 94, 1658 ff.

halb des Gesellschaftsunternehmens durch anderweitige Vermietung oder Verpachtung weiter zu verwerten[34b].

Besondere Probleme ergeben sich – außerhalb des Anwendungsbereichs der Betriebsaufspaltung –, wenn dem Gesellschafter nahestehende Dritte an die Gesellschaft Wirtschaftsgüter vermieten bzw. verpachten. Die praktische Relevanz zeigt sich am Beispiel des sog. *Wiesbadener Modells* (dazu II.2.2.1.4.1), bei dem der eine Ehegatte sein Grundstück an eine dem anderen Ehegatten gehörende GmbH verpachtet. Hat der verpachtende Ehegatte das Grundstück mit eigenen Mitteln angeschafft, sind die Voraussetzungen einer kapitalersetzenden Gebrauchsüberlassung von vornherein nicht gegeben. Problematisch sind aber die Fälle, in denen der vermietende Ehegatte die Mittel zum Erwerb oder zur Bebauung des Grundstücks ganz oder teilweise vom Gesellschafter-Ehegatten erhalten hat. Hier muß zwischen den einzelnen Phasen der Gebrauchsüberlassung unterschieden werden[35].

Eine Gebrauchsüberlassung an eine konkursreife oder überlassungsunwürdige Gesellschaft führt stets zu einer kapitalersetzenden Leistung. Hat der überlassende Ehegatte aber in Zeiten, als es der Gesellschaft noch gut ging, die Mittel zum Erwerb vom Gesellschafterehegatten erhalten und vermietet bzw. verpachtet er anschließend das Grundstück an die GmbH, kann bei späterem Eintritt der Krise eine kapitalersetzende Gebrauchsüberlassung nur noch dann bejaht werden, wenn der überlassende Ehegatte den Gegenstand nicht aufgrund eigener freier Entscheidung, sondern auf Veranlassung und für Rechnung des Gesellschafterehegatten „stehenläßt". Ein Indiz hierfür ist, daß der überlassende Ehegatte für längere Zeit von der Gesellschaft keine Vergütung erhält oder von einem Dritten eine wesentlich höhere Vergütung bezahlt bekäme bzw. das Objekt ohne weiteres anderweitig vermieten könnte. Anders ist zu entscheiden, wenn die GmbH weiterhin eine orts- bzw. branchenübliche Vergütung für die Überlassung der Gegenstände bezahlt[36].

*Zu d):* Höchstrichterlich ist entschieden, daß die Grundsätze der kapitalersetzenden Gesellschafterdarlehen auch dann eingreifen, wenn der Gesellschafter das

---

[34b] BGH Urt v. 11. 7. 1994 – II ZR 162/92 WM 94, 1663 ff. mit Anm. Goette, a.a.O.; siehe auch OLG Karlsruhe Urt v. 17. 6. 1994 – 15 U 90/94 WM 94, 1983 (rkr.) zur Frage, wann die Überlassung einer Betriebseinrichtung durch den Gesellschafter an die Gesellschaft zur Nutzung eigenkapitalersetzenden Charakter und zur Anwendbarkeit der Kapitalerhaltungsvorschriften der §§ 30, 31 GmbHG führen kann, mit der Folge, daß der Gesellschafter an der Ausübung seines Rechts auf Kündigung des Pachtverhältnisses beeinträchtigt ist.

[35] So Mayer, DStR 93, 206 (209 f.).

[36] Mayer, a.a.O.; vgl. auch Weber, GmbHR 92, 354 (358).

Beweggründe bei der Wahl der Betriebsaufspaltung als Rechtsform für ein Unternehmen

unter gesunden wirtschaftlichen Verhältnissen gegebene Darlehen der Gesellschaft in der Krise beläßt, ohne sich insoweit der GmbH gegenüber rechtsgeschäftlich festzulegen (sog. stehengelassenes kapitalersetzendes Darlehen des GmbH-Gesellschafters)[37]. Diese Judikatur muß konsequenterweise auch für Nutzungsüberlassungsverträge gelten[38].

*Zu e):* Der BGH hält eine analoge Anwendung der §§ 32a, 32b GmbHG auf Aktiengesellschaften unter bestimmten Voraussetzungen für möglich, weil hierdurch verhindert werden kann, daß die Schutzvorschriften zur Kapitalerhaltung durch die Hingabe von Gesellschafterdarlehen anstelle fehlenden Eigenkapitals unterlaufen werden[39]. Denkbar ist auch die *Wahl der Rechtsform der AG* für die *Betriebsgesellschaft,* da bei dieser Aktionärskredite nur dann als eigenkapitalersetzend qualifiziert werden, wenn der überlassende Aktionär an der Gesellschaft unternehmerisch beteiligt ist, wovon regelmäßig bei einem Aktienbesitz von mehr als 25% des Grundkapitals auszugehen ist[40].

### 3.1.2 *Haftungsdurchbrechung nach den Grundsätzen des qualifiziert faktischen Konzerns (Auswirkungen des sog. Video-Urteils)*

Die Grundsätze des qualifiziert faktischen Konzerns ließen sich bis zur „Video-Entscheidung" wie folgt zusammenfassen:

Das herrschende Unternehmen, das die Geschäfte der abhängigen, mehrgliedrigen GmbH dauernd und umfassend führt, ist entsprechend § 302 AktG zum Verlustausgleich verpflichtet. Eine derart umfassende und dauernde Leitung liegt insbesondere vor, wenn das herrschende Unternehmen im finanziellen Bereich die Leitung der abhängigen GmbH vollständig an sich gezogen hat. Eine personelle

---

[37] BGH Urt. v. 6. 5. 1985 – II ZR 132/84 BB 85, 1813; dahin tendieren schon vorher BGH Urt. v. 26. 11. 1979 – II ZR 104/77 BGHZ 75; 334 (336f.); Urt. v. 13. 7. 1981 – II ZR 256/79 BGHZ 81, 252 (257); hierzu v. Gerkan, GmbHR 86, 218 (220f.).
[38] A.A. OLG München Urt. v. 10. 7. 1991 – 27 U 94/91 [nicht rkr.; Az. BGH II ZR 298/91] DStR 92, 825: „Ist die Betriebsgesellschaft zum Zeitpunkt des Abschlusses des Mietvertrages mit der (gesellschafteridentischen) Besitzgesellschaft weder überschuldet noch kredit- oder überlassungswürdig, so kommt der Vermietung von Anlagevermögen keine Eigenkapitalersatzfunktion zu. Auch das Belassen der Mietgegenstände nach Eintritt der Krise bei der Betriebsgesellschaft hat keinen Eigenkapitalersatzcharakter, wenn eine Kündigung der Mietverträge nicht durchsetzbar gewesen wäre bzw. das Entstehen der Verträge nicht durchsetzbar gewesen wäre bzw. das Entstehen der eingeklagten Mietrückstände nicht verhindert hätte"; hierzu kritisch Knobbe-Keuk, DStR 92, 823 ff.
[39] BGH Urt. v. 26. 3. 1984 – II ZR 171/83 BGHZ 90, 381 (386).
[40] Oppenländer, DStR 93, 1523 (1528) unter Hinweis auf BGH Urt. v. 26. 3. 1984 – II ZR 171/83 BGHZ 90, 381 ff.

Verflechtung (etwa die Bestellung von Vertrauensleuten des herrschenden Unternehmens zu Geschäftsführern der abhängigen GmbH) reicht für sich allein nicht aus, um den Verlustausgleich zu rechtfertigen. Auch das Vorliegen schädigender Eingriffe des herrschenden Unternehmens ist nicht Voraussetzung für eine solche Verlustübernahmepflicht, kann aber bei der Feststellung des Ausmaßes der ausgeübten Leitungsmacht ein bedeutsames Indiz sein. Die Verlustübernahmepflicht entsprechend § 302 AktG ist damit im Ausgangspunkt eine verschuldensunabhängige „Zustandshaftung" für die qualifizierte Ausübung von Konzernleitungsmacht; sie besteht indes nur für Verluste, die auf Umständen beruhen, die auf die Ausübung der Leitungsmacht kausal zurückzuführen sind. Dem herrschenden Unternehmen kommt insoweit deshalb die Möglichkeit zu, sich zu entlasten. Die Beweislast obliegt hierbei dem herrschenden Unternehmen[41].

Diese Grundsätze hat der BGH in dem spektakulären *„Video-Urteil"* nicht nur bestätigt, sondern darüber hinaus erheblich erweitert. Er hat entschieden, daß der *Allein- oder Mehrheitsgesellschafter einer GmbH*, der *gleichzeitig* deren *alleiniger Geschäftsführer* ist und sich außerdem als *Einzelkaufmann* unternehmerisch betätigt, grundsätzlich nach den Haftungsregeln im qualifiziert faktischen Konzern haftet. Die Gesellschaft hat analog § 302 Abs. 1 AktG gegen den Gesellschafter einen Anspruch auf Ausgleich ihrer Verluste[42].

Der Gläubiger der Gesellschaft kann analog § 303 Abs. 1 Satz 1 AktG gegen den Gesellschafter einen unmittelbaren Zahlungsanspruch haben, wenn feststeht, daß er mit seiner Forderung gegen die Gesellschaft ausfällt, wenn dann eine Sicherheitsleistung des Gesellschafters für den Gläubiger (§ 303 Abs. 1 Satz 1 AktG)

---

[41] Urt. v. 16. 9. 1985 – II ZR 275/84 BGHZ 95, 330 (344) – Autokran; Urt. v. 20. 2. 1989 – II ZR 167/88 BGHZ 107, 7 (27) – Tiefbau; instruktiv Bork, BB 89, 2181 (2186 f.); Lauber-Nöll/Schick, GmbHR 90, 333 (335 f.); Belling/Collas, NJW 91; 1919 (1923 ff.); Timm, NJW 92; 2185 (2187 f.); Orth, DStR 94, 250 ff.

[42] BGH Urt. v. 23. 9. 1991 – II ZR 135/90 NJW 91, 3142 ff. mit Anm. Mertens, Die AG 91, 434; hierzu Schmidt, K., ZIP 91, 1325 ff.; hierzu Flume, DB 92, 25 ff.; Hommelhoff, DB 92, 309 ff.; Knobbe-Keuk, DB 92, 1461 ff.; Schwarz/Fischer-Zernin, DB 92, 1742 f.; Bauder, BB 92, 1009 ff.; Mayer, DStR 92, 756 ff. und 791 ff.; Gäbelein, GmbHR 92, 273 ff.; Timm, NJW 92, 2185 (2187 ff.); Wiedemann, DB 93, 141 (142); Geck, NWB, Fach 18, 3333 (3335 f.); zu den Steuerschulden der GmbH im qualifiziert faktischen Konzern siehe Welzel, DStZ 94, 132 ff.; zu den steuerschädlichen Konsequenzen aus der Verlustausgleichsverpflichtung des beherrschenden GmbH-Gesellschafters, Kraft/Kraft, BB 92, 2465 ff.; zur Übertragung dieser Haftungsgrundsätze auf den Personengesellschaftskonzern siehe BAG Urt. v. 15. 1. 1991 – 1 a ZR 94/90, GmbHR 91, 413 (415); hierzu Limmer, GmbHR 92, 265 ff.; ferner BAG Urt. v. 28. 4. 1992 – 3 AZR 244/91 GmbHR 93, 221; Urt. v. 6. 10. 1992 – 3 AZR 242/91 NJW 93, 954 mit Anm. Nägele, BB 93, 2383 f.; bestätigt durch BVerfG Beschl. v. 26. 4. 1994 – 1 BvR 422/93 GmbH-Report 94, R 41.

sinnlos ist⁴³. Liegt ein qualifizierter faktischer Konzern vor und steht der Forderungsausfall fest, so wird als Ursache der Verluste der Gesellschaft vermutet, daß ihre eigenen Belange zugunsten des Konzerninteresses nicht ausreichend berücksichtigt wurden. Der in Anspruch genommene Gesellschafter kann die Vermutung durch den Nachweis widerlegen, daß die Verluste der Gesellschaft auf Umständen beruhen, die mit der Ausübung von Leitungsmacht nichts zu tun haben, wenn also das Konzerninteresse für ihre Entstehung keine Rolle spielte⁴⁴.

Neu an dem Video-Urteil ist vor allem, daß auch eine *natürliche Person* unter bestimmten Voraussetzungen nach den Haftungsregeln im *qualifiziert faktischen Konzern* haften kann. Bisher galt dies nur für Kapitalgesellschaften als Mehrheitsgesellschafter einer abhängigen Gesellschaft.

Die dadurch faktisch eintretende Auflösung der Haftungsbegrenzung führt dazu, daß eine Ausgliederung besonders risikobehafteter Geschäfte zum Schutze eines Unternehmens mit dem Ziel einer Risikobegrenzung nicht mehr möglich erscheint. Das Urteil wird sich deshalb insbesondere negativ für die mittelständische Wirtschaft auswirken. Ferner wird befürchtet, daß diese neue Entwicklung des GmbH-Konzernrechts zur Abwanderung oder zum Fernhalten von Unternehmen vom Industriestandort Deutschland beitragen wird⁴⁵.

Diese exzessive Haftungsausweitung ist im Schrifttum auf heftigste Kritik gestoßen. Die Durchbrechung des Trennungsprinzips wird als Verstoß gegen § 13 Abs. 2 GmbHG qualifiziert⁴⁶. Wegen der Evidenz des Bruches des GmbH-Rechts wird auch ein Verstoß gegen Art. 20 Abs. 3 GG angenommen⁴⁷. Ferner wird behauptet, daß die Video-Rechtsprechung des BGH mit der 12. EG-Richtlinie⁴⁸ zur Koordinierung des Gesellschaftsrechts nicht vereinbar ist⁴⁹.

Im Schrifttum wird darauf hingewiesen, daß der BGH in seinen *nach* dem Video-Urteil ergangenen Entscheidungen⁵⁰ die Rechtsfigur des qualifiziert faktischen Konzerns nicht erwähnt hat, obwohl dies nahe gelegen hätte. Ein Anlaß zur „Entwarnung" besteht deshalb aber nicht. Die Einführung des qualifiziert

---

⁴³ BGH a.a.O.
⁴⁴ BGH a.a.O.
⁴⁵ Zu den Auswirkungen siehe Gäbelein, GmbHR 92, 273; Bauder, BB 92, 1009.
⁴⁶ Flume, DB 92, 25 ff.; Knobbe-Keuk, DB 92, 1461 (1462); Gäbelein, GmbHR 92, 273 ff.
⁴⁷ Insbesondere Flume, DB 92, 25 (27 ff.); Knobbe-Keuk, DB 92, 1461 (1463).
⁴⁸ 12. EGRL v. 21. 2. 1989, ABl. EG Nr. L 315/40 v. 30. 12. 1989.
⁴⁹ So Meilicke, DB 92, 1867 ff.; Knobbe-Keuk, DB 92, 1461 (1464 f.); Kindler, NJW 93, 3120 f.
⁵⁰ BGH Urt. v. 11. 11. 1991 – II ZR 287/90 BB 92, 14 f. – Stromlieferung; Urt. v. 16. 12. 1991 – II ZR 294/90 BB 92, 305 f. – Steinhart; Urt. v. 9. 1. 1992 – IX ZR 165/91 BB 92, 1028 f.; Urt. v. 16. 3. 1992 – II ZR 152/91 BB 92, 872 f.

faktischen GmbH-Konzerns als Zurechnungstatbestand und gewisse andere Ausführungen des BGH lassen eine Ausdehnung des Anwendungsbereichs dieser Rechtsfigur zu. Neue Entwicklungen im Sinne einer Ab- oder Begrenzung der Haftungstatbestände sind derzeit nicht festzustellen. Die Praxis wird sich darauf einzustellen haben[51].

Die gegen das Video-Urteil eingelegte Verfassungsbeschwerde ist inzwischen vom Bundesverfassungsgericht verworfen worden. Die Entwicklung einer persönlichen Ausfallhaftung des Gesellschafters/Geschäftsführers analog § 303 AktG (Haftung im qualifizierten faktischen GmbH-Konzern) durch den BGH ist verfassungsrechtlich nicht zu beanstanden. Insbesondere hat sich der BGH durch die Begründung dieses Haftungskonzepts nicht aus der Rolle des Normanwenders in die einer normsetzenden Instanz begeben. Die Ausgestaltung dieser Rechtsfortbildung durch den BGH, die die Wertung des geltenden GmbH- und Aktiengesetzes respektiert und umsetzt, entzieht sich als Anwendung und Auslegung des einfachen Rechts verfassungsrechtlicher Überprüfung[52].

In einer weiteren Entscheidung zum qualifiziert faktischen Konzern (TBB) hat der Bundesgerichtshof – wohl unter Rücksichtnahme auf die harsche Kritik – die Ausführungen zur externen Haftungserweiterung in seiner Video-Entscheidung eingeschränkt. Er hat hierzu folgende Leitsätze aufgestellt:

1. Der eine GmbH beherrschende Unternehmensgesellschafter haftet entsprechend den §§ 302, 303 AktG, wenn er die Konzernleitungsmacht in einer Weise ausübt, die keine angemessene Rücksicht auf die eigenen Belange der abhängigen Gesellschaft nimmt, ohne daß sich der ihr insgesamt zugefügte Nachteil des Einzelausgleichs kompensieren ließe.

2. Die dauernde und umfassende Ausübung der Leitungsmacht durch das herrschende Unternehmen begründet nicht die Vermutung, daß keine angemessene Rücksicht auf die Belange der abhängigen Gesellschaft genommen worden ist. Der Kläger hat vielmehr Umstände darzulegen und zu beweisen, die eine solche Annahme nahelegen. Dabei können ihm entsprechend den von der Rechtsprechung entwickelten Grundsätzen Erleichterungen hinsichtlich seiner Substantiierungslast eingeräumt werden, soweit das herrschende Unternehmen im Gegensatz zum Kläger die maßgebenden Tatsachen kennt und ihm die Darlegung des Sachverhalts zumutbar ist[53].

---

[51] So das Fazit von Bauder, BB 92, 1797 (1801).
[52] BVerfG (1. Kammer des 2. Senats), Beschl. v. 20. 8. 1993 – 2 BvR 1610/91 NJW 93, 2600; mit kritischer Anmerkung Kindler, NJW 93, 3120f.
[53] BGH Urt. v. 29. 3. 1993 – II ZR 265/91 NJW 93, 1200ff. (mit Anm. Kübler, a.a.O., 1204f.); BAG Urt. v. 14. 12. 1993 – 3 AZR 519/93 GmbHR 94, 315ff; Urt. v. 8. 3. 1994

Der BGH hat nunmehr klargestellt, daß die persönliche Haftung eines solchen Gesellschafters nur dann in Betracht komme, wenn er bei der Verfolgung seiner außerhalb der Gesellschaft bestehenden geschäftlichen Interessen keine angemessene Rücksicht auf die eigenen Belange der von ihm abhängigen Gesellschaft nehme und insbesondere nicht dafür sorge, daß diese ihre Schulden bezahlen könne; denn darin liege ein objektiver Mißbrauch der beherrschenden Gesellschafterstellung zugunsten der anderweitigen unternehmerischen Interessen. Läßt sich der der GmbH – und damit vor allem ihren Gläubigern – zugefügte Nachteil nicht im einzelnen ermitteln, dann ist es nicht möglich, der beherrschten Gesellschaft einzelne bezifferte Ansprüche gegen ihren Gesellschafter auf Ausgleich bestimmter Kapitalflüsse oder – bei der Mehrpersonengesellschaft – darüber hinausgehender Schäden zu geben. In einem solchen Fall muß der Gesellschafter für den seiner Gesellschaft entstandenen Nachteil in der Weise persönlich einstehen, daß er den gesamten bei ihr eingetretenen Verlust übernimmt und u. U., z. B. bei massenlosem Konkurs, die offengebliebenen Forderungen der Gesellschaftsgläubiger begleicht.

Die Voraussetzungen für eine solche Haftung sind, zumal für einen mit den inneren Verhältnissen der Gesellschaft nicht vertrauten Gläubiger, oft schwer zu beweisen. Der BGH hat deshalb früher gemeint, der herrschende Gesellschafter, der die Geschäfte „seiner" Gesellschaft allein geführt habe, müsse ohne weiteres zahlen, wenn er nicht seinerseits beweise, daß die bei der GmbH entstandenen Verluste nichts mit einer Benachteiligung zugunsten seiner anderen Unternehmen zu tun hätten, sondern z. B. auf einen allgemeinen Konjunktureinbruch in der betreffenden Branche zurückzuführen sei. Es hat sich aber gezeigt, daß ein solcher „Gegenbeweis" ebenfalls sehr schwierig sein kann. Damit der Gesellschafter nicht haften muß, weil er diesen Beweis nicht führen kann, hat der BGH jetzt ausgesprochen, daß der Kläger Umstände darlegen und beweisen müsse, die die Annahme nahelegen, daß es tatsächlich zu einer Beeinträchtigung der Belange der abhängigen Gesellschaft gekommen ist. Der jedenfalls für den außenstehenden

---

– 9 AZR 179/92 DB 94, 1780; hierzu Drygala, GmbHR 93, 317 ff.; Schüppen, DB 93, 969 ff.; Uwe H. Schneider, WM 93, 782 ff.; Burgard, WM 93, 925 ff.; Kowalski, GmbHR 93, 253 ff.; Limmer, DStR 93, 765 ff.; K. Schmidt, ZIP 93, 549 ff.; H.P. Westermann, ZIP 93, 554 ff.; Kohl, MDR 93, 715 ff.; Versteegen, DB 93, 1225 ff.; Goette, DStR 93, 568 ff.; Greifenhagen, WPg 93, 525 ff.; Schanze, Die AG 93, 376 ff.; Kropff, Die AG 93, 485 ff.; Bauder, BB 93, 1103 ff.; Mutter, JuS 93, 999 ff., Schulze-Osterloh, ZIP 93, 1838 ff.; Oser, WPg 94, 312 ff.; Krieger, ZGR 94, 375 ff.; Hommelhoff, ZGR 94, 395 ff.; Altmeppen, DB 94, 1912 ff.; ebenfalls einschränkend zur *Haftung im GmbH & Co. KG-Vertragskonzern* OLG Karlsruhe Urt. v. 7. 8. 1992 – 15 U 123/91 DStR 93, 486 (Annahme der Revision abgelehnt BGH Beschl. v. 12. 7. 1993 – II ZR 179/92 DStR 93, 1753).

Gläubiger mißlichen Lage, nicht in die internen Verhältnisse der beherrschten Gesellschaft hineinschauen zu können, wird dadurch Rechnung getragen, daß zunächst der Gesellschafter, der weiß, wie die Dinge abgelaufen sind, den Sachverhalt offenlegen muß, soweit der Kläger dazu nicht in der Lage ist. Beweisen, wie es wirklich war, muß dann aber im Ernstfall doch der Kläger[54].

Diese Entscheidung wird von Bundesrichter Goette wie folgt interpretiert. TBB bestätigt die Notwendigkeit eines eigenen GmbH-Konzernhaftungsrechts und das in den bisherigen Leitentscheidungen zum Ausdruck gekommene Grundprinzip einer Analogie zu den §§ 302, 303 AktG. Die Entscheidung bringt eine deutliche Klarstellung des Haftungsgrundes: Nicht an die umfassende und dauernde Ausübung der Leitungsmacht, sondern an den objektiven Mißbrauch der Stellung des herrschenden Gesellschafters, der auf die Belange der abhängigen Gesellschaft keine angemessene Rücksicht nimmt und dessen für die GmbH nachteiligen Einwirkungen nicht durch Einzelausgleichsmaßnahmen kompensiert werden, knüpft die Haftung an. Deutlich entschärft ist das Darlegungs- und Beweislastproblem: Die dauernde und umfassende Ausübung der Leitungsmacht begründet keine Vermutung dafür, daß sie zum Nachteil der abhängigen Gesellschaft ausschlägt; vielmehr ist es grundsätzlich Sache des Klägers, die tatsächlichen Voraussetzungen des Konzernhaftungstatbestandes darzulegen und zu beweisen[55].

Den Begriff des herrschenden Unternehmens hat der BGH neuerdings wie folgt konkretisiert:

– „Herrschendes Unternehmen i.S. der Haftungsgrundsätze im qualifiziert faktischen Konzern kann auch eine natürliche Person sein, deren anderweitig unternehmerische Betätigung sich in der Einflußnahme auf andere Gesellschaften erschöpft, an denen sie maßgeblich beteiligt ist[56]."

– Die die Unternehmenseigenschaft begründende anderweitige unternehmerische Betätigung kann auch in der Ausübung einer freiberuflichen Tätigkeit bestehen[56a].

---

[54] BGH, a.a.O. (Ergänzungen laut Mitteilung der Pressestelle des BGH, abgedruckt DStR 93, Heft 14/93, S. IV).

[55] DStR 93, 568 (572); zur Darlegungs- und Beweislast für die Haftung im qualifiziert faktischen Konzern Kiethe/Groeschke, BB 94, 2149 ff.

[56] BGH Urt. v. 13. 12. 1993 – II ZR 89/93 NJW 94, 446 mit Anm. Goette, DStR 94, 181; ebenso BAG Urt. v. 8. 3. 1994 – 9 AZR 197/92 DB 94, 1780; ferner AG Düsseldorf Urt. v. 11. 3. 1993 – 51 C 11687/92 Die AG 94, 87; hierzu Geck, NWB, Fach 18, 3333 (3335f.).

[56a] BGH Urt. v. 19. 9. 1994 – II ZR 237/93 WM 94, 2016 mit Anm. Goette, DStR 94, 1819; siehe auch OLG München, Urt. v. 21. 4. 1994 – 29 U 3177/93 NfW 94, 2900 (nicht

Nunmehr sollen die Auswirkungen der *erweiterten Haftung* im Rahmen eines *qualifiziert faktischen Konzerns* auf das *Rechtsinstitut der Betriebsaufspaltung* näher untersucht werden. Bei der rechtlichen Beurteilung sollte zunächst beachtet werden, daß es die Betriebsaufspaltung im Sinne eines einheitlichen Tatbestandes nicht gibt, sondern sich diese vielmehr durch eine Vielzahl von Gestaltungsmöglichkeiten realisieren läßt, von denen die *Differenzierung nach den Beteiligungsverhältnissen* am relevantesten ist, denn die konzernrechtliche Haftung knüpft an den Begriff der Abhängigkeit an. Es muß deshalb zumindest zwischen dem Betriebsaufspaltungsvorgang in der Form der *Doppelgesellschaft* und der *Einheitsbetriebsaufspaltung* unterschieden werden[57].

*Definition der Doppelgesellschaft:* Hier ist die Besitzgesellschaft selbst nicht oder nicht wesentlich an der Betriebsgesellschaft beteiligt; die Anteile an beiden Gesellschaften werden vielmehr von einem oder mehreren Gesellschaftern gehalten.

*Definition der Einheitsbetriebsaufspaltung:* Hier werden die Anteile an der Betriebsgesellschaft von der Besitzgesellschaft gehalten, so daß die Gesellschafter der Besitzgesellschaft an der Betriebsgesellschaft nur mittelbar beteiligt sind.

*Betriebsaufspaltung in der Form der Doppelgesellschaft*

Das Vorliegen eines qualifiziert faktischen Konzerns wird man bei der Doppelgesellschaft kaum vermeiden können, denn die Besitzgesellschafter lenken und leiten meist als Geschäftsführer die Geschicke der Betriebs-GmbH in eigener Person oder zumindest über ihre entsprechende Mehrheitsbeteiligung in der Gesellschafterversammlung, ziehen dadurch die Geschäftsleitung der Betriebs-GmbH dauernd und umfassend an sich und konzentrieren aufgrund ihrer Entscheidungskompetenz sämtliche betriebswirtschaftlichen Grundfunktionen und finanzstrategischen Entscheidungen in ihrer Person[58].

---

rkr.), wonach ein qualifiziert faktischer Konzern dann vorliegen kann, wenn die beiden Gesellschafter-Geschäftsführer einer Bauträger-GmbH zugleich ein Architekturbüro in der Rechtsform der BGB-Gesellschaft betreiben.

[57] Ebenso Ulmer, NJW 86, 1579 (1586); Wiedemann ZIP 86, 1293 (1300f.); Mayer, DStR 92, 791 ff.; Dehmer, Die Betriebsaufspaltung, Rdn. 1412; Bentler, Das Gesellschaftsrecht der Betriebsaufspaltung, S. 110ff.

[58] Mayer, DStR 92, 791 (792); Drygala, Der Gläubigerschutz bei der typischen Betriebsaufspaltung, S. 103.

Aus diesem Grund wird im Schrifttum nahezu selbstverständlich von der Einbeziehung der Betriebsaufspaltung in das konzernrechtliche Haftungsmodell ausgegangen[59].

Wenn man im Einzelfall vom Vorliegen einer *qualifiziert faktischen Konzernverbindung* ausgehen muß, so kann zumindest davon ausgegangen werden, daß die *Haftung des herrschenden Unternehmens (= Gesellschafter) auf das Vermögen der Besitzgesellschaft beschränkt bleibt*[60].

Erkennt man nämlich, daß bei der Betriebsaufspaltung die konzernrechtliche Haftung und die Eigenschaft der Gesellschafter als „herrschendes Unternehmen" nur deshalb bejaht werden können, weil *ein* Unternehmen künstlich in zwei Gesellschaften aufgespalten wird, so erscheint es zwingend, im Haftungsfall Betriebs- und Besitzgesellschaft als ein einziges Unternehmen, bei dem ggfs. das Vermögen beider Gesellschaften – aber auch nur dieses – den Gläubigern zur Verfügung steht. Ein Zugriff auf das unternehmerisch nicht gebundene Privatvermögen der Besitzgesellschafter ist ausgeschlossen[61].

*Betriebsaufspaltung in der Form der Einheitsbetriebsaufspaltung*

Befinden sich sämtliche Anteile der Betriebs-GmbH in der Hand der Besitzgesellschaft, so kommt eine Konzernhaftung nur für diese als herrschendes Unternehmen in Betracht[62]. Die Annahme einer Unternehmereigenschaft der an der Besitzgesellschaft beteiligten Gesellschafter scheitert schon daran, daß eine natürliche Person nur dann als herrschendes Unternehmen eingestuft werden kann, wenn eine maßgebliche Beteiligung an mehr als einer Gesellschaft vorhanden ist, während hier die Beteiligung allein an der Besitzgesellschaft besteht. Verneint man nicht schon unter dem Gesichtspunkt „Holding mit einer Unterge-

---

[59] Weimar, ZIP 88, 1525 (1527); Schulze/Osterloh, ZGR 83, 123 (149); Mayer DStR 92, 791 (792); Stimpel, in: Festschrift für Goerdeler, S. 611, der davon spricht, daß bei der Betriebsaufspaltung „selbstverständlich" die konzernrechtliche Haftung eingreifen könne; ähnlich Baumbach/Hueck/Zöllner, GmbHG, Anh. Konzernrecht Rdn. 25, wonach bei der Betriebsaufspaltung „in aller Regel" ein qualifizierter faktischer Konzern anzunehmen sei.
[60] Ebenso Ulmer, NJW 86, 1579 (1586); Priester, ZIP 86, 137 (143); Ehlke, DB 86, 523 (524); Rehbinder, Die AG 86, 85 (99); Mayer, DStR 92, 791 (792); Drygala, Der Gläubigerschutz bei der typischen Betriebsaufspaltung, S. 102; Ziegler, Kapitalersetzende Gebrauchsüberlassungsverträge und Konzernhaftung bei der GmbH, S. 284 ff.; a. A. Kort, DB 86, 1909 (1913 f.).
[61] Überzeugend Mayer, DStR 92, 791 (792); Drygala, Der Gläubigerschutz bei der typischen Betriebsaufspaltung, S. 102 m.w.N.; dahin tendierend K. Schmidt, BB 85, 2074 f.; Ulmer, NJW 86, 1579 (1586).
[62] Ulmer, NJW 86, 1579 (1586); Mayer, DStR 92, 791 (792).

sellschaft"[63] die Unternehmenseigenschaft des Besitzunternehmens – was zumindest zweifelhaft ist – so kommt es für die Haftung der Besitzgesellschafter entscheidend darauf an, ob man eine Beschränkung der Haftung der Besitzgesellschafter auf das Vermögen der Besitzgesellschaft akzeptiert. Andernfalls bestimmt die Wahl der Unternehmensform bei der Besitzgesellschaft die haftungsrechtlichen Folgen. Bei einer GbR, OHG oder „reinen" KG (mit natürlicher Person als Komplementär) läßt sich eine Haftung der Besitzpersonengesellschafter auch mit ihrem Privatvermögen nicht vermeiden. Handelt es sich bei dem Besitzunternehmen um eine Kapitalgesellschaft, die unmittelbar als Gesellschafter an der Betriebskapitalgesellschaft beteiligt ist (= kapitalistische Betriebsaufspaltung) oder ist die Besitzgesellschaft als GmbH & Co. KG organisiert, so scheidet ein Haftungsdurchgriff auf die dahinter stehenden Anteilseigner grundsätzlich aus[64]. Gleiches gilt für das sogenannte Wiesbadener Modell (dazu bei II 2.2.1.4.1), bei dem ein Ehegatte Alleininhaber der Anteile des Besitzunternehmens ist und der andere als Alleininhaber aller Anteile an der Betriebskapitalgesellschaft fungiert. Hier fehlt es an einer anderweitigen unternehmerischen Betätigung des einzelnen Ehegatten, und auch unter konzernrechtlichen Gesichtspunkten kommt eine Zusammenrechnung der einzelnen Anteile nicht in Betracht[65].

### 3.1.3 Sonstige Haftungstatbestände

Darüber hinaus kennt das Gesetz einen Haftungsdurchgriff nicht. Eine Durchgriffshaftung läßt die Rechtsprechung in extremen Fällen dann zu, wenn ein *Rechtsmißbrauch* vorliegt. Dies ist der Fall, wenn in der Begründung der Betriebsaufspaltung eine unerlaubte Handlung i. S. d. § 826 BGB gesehen werden kann[66]. Ein solcher extremer Ausnahmefall kann dann u. U. angenommen werden, wenn auf eine Betriebs-GmbH mit unzureichender Kapitalausstattung vorsätzlich riskante Geschäfte verlagert werden[67].

Bei der Aufspaltung in eine Produktions- und Vertriebsgesellschaft kann der Produktionsbetrieb für größere Vertriebsrisiken freigestellt werden, wobei aller-

---

[63] Hierzu Lutter/Hommelhof/Fischer, GmbHG, Anh. zu § 13 Rdn. 4 m.w.N.
[64] Überzeugend Mayer, DStR 92, 791 (793).
[65] Vgl. BVerfG Beschl. v. 12. 3. 1985 – 1 BvR 571/81, 1 BvR 494/82, 1 BvR 47/83 BStBl. 85 II, 475.
[66] Carlé, in: Kölner Handbuch, Tz. 142–145; Schulze-Osterloh, ZGR 83, 123 (143 ff.); G. Hueck, ZGR 89, 216 (243). Bentler; Das Gesellschaftsrecht der Betriebsaufspaltung, S. 90 ff.
[67] Brandmüller, Gruppe 7, S. 132; G. Hueck, ZGR 89, 216 (243).

dings die von der Rechtsprechung entwickelte Produzentenhaftung[68] nicht übersehen werden darf[69].

Bei einer Dreiteilung des Unternehmens („reine" Besitz-, Produktions- und Vertriebsgesellschaft) kann aber das bei der Besitzgesellschaft verbleibende Anlagevermögen nicht dem Zugriff von produktgeschädigten Gläubigern unterliegen[70].

Weitere Einschränkungen bei der Haftungsbegrenzung ergeben sich aus den steuerlichen Haftungsnormen. Nach § 74 AO haftet die Besitzgesellschaft für sämtliche Betriebsteuern[71] der Betriebsgesellschaft mit den ihr zur pachtweisen Nutzung überlassenen Wirtschaftsgütern, wenn die Besitzgesellschaft oder die Gesellschafter des Besitzunternehmens auch am Betriebsunternehmen wesentlich – also zu mehr als 25% – beteiligt sind oder in sonstiger Weise einen beherrschenden Einfluß auf die Betriebsgesellschaft ausüben[72].

Eine Haftung des Betriebsübernehmers nach § 75 AO greift bei der Betriebsaufspaltung anerkanntermaßen *nicht* ein, da bei der Besitzgesellschaft zumindest eine wesentliche Betriebsgrundlage verbleibt[73]. Bei einer (umsatzsteuerlichen) Organschaft zwischen Besitz- und Betriebsunternehmen ist Schuldner der Steuer die Besitzgesellschaft als Organträger. Es liegt somit eine gesetzlich vorgegebene erhebliche Einschränkung der Haftungsbeschränkung vor. Um eine Gefährdung des Vermögens des Besitzunternehmens zu vermeiden, wird deshalb eine Vereinbarung zwischen den Gesellschaften empfohlen, nach der die Betriebsgesellschaft der Besitzgesellschaft die Umsatzsteuer regelmäßig zu erstatten hat. Ferner sollte gewährleistet werden, daß die Betriebsgesellschaft zur Sicherung dieses

---

[68] BGH Urt. v. 3. 6. 1975 – VI ZR 192/73 BB 75, 1031 mit Anm. Schmidt-Salzer, BB 75, 1032; von Westphalen, BB 75, 1033; Kullmann, BB 76, 1085; ders., WM 78, 210; ders., WM 81, 1322.
[69] Hierauf weisen Brandmüller, Rdn. A 23; Zartmann, S. 43, Heinsius, Die Betriebsaufspaltung, S. 15, und Zartmann/Litfin, Unternehmensform nach Maß, S. 268 mit Recht hin; instruktiv Staib, Betriebsaufspaltung – steuerrechtlich und haftungsrechtlich, insbesondere produktionshaftungsrechtlich (1988).
[70] Siehe auch Brandmüller, Rdn. A 23; Zartmann, S. 43.
[71] Hierunter fallen die Umsatzsteuer, Gewerbesteuer, Verbrauchsteuern, Versicherungsteuer und Beförderungsteuer; *nicht* jedoch: Einkommen-, Körperschaft-, Vermögen-, Grund- und Grunderwerbsteuer, Zölle und andere Eingangsabgaben.
[72] Carlé, in: Kölner Handbuch, Tz. 169–173; Knoppe, S. 60; Dehmer, Rdn. 1553; zu weiteren Einzelheiten Fichtelmann, Rdn. 312; Bentler, Das Gesellschaftsrecht der Betriebsaufspaltung, S. 88 f.; Strategien zur Vermeidung der Haftungsrisiken erörtert Jestädt, DStR 89, 243 (246).
[73] Carlé, in: Kölner Handbuch, Tz. 174; Dehmer, Rdn. 1554; Knoppe, S. 60; Brandmüller, Rdn. A 30; Bentler, Das Gesellschaftsrecht der Betriebsaufspaltung, S. 81 f.

Anspruchs der Besitzgesellschaft Teile ihres Vermögens übereignet oder Forderungen abtritt[74].

Die Betriebskapitalgesellschaft haftet jedoch nach § 73 AO für solche Steuern des Organträgers, für welche die Organgesellschaft zwischen ihnen steuerlich von Bedeutung ist[75]. Die Haftung erstreckt sich auf die gesamte Steuer (z.B. Umsatzsteuer bei Bestehen einer umsatzsteuerlichen Organschaft), nicht nur auf den Teil, der für die Betriebskapitalgesellschaft bei Nichtbestehen der Organschaft angefallen wäre. Es ist eine Frage des Ermessens (§ 5 AO), in welchem Umfange die Betriebskapitalgesellschaft zur Haftung herangezogen wird[76].

### 3.2 Sicherung der Unternehmenskontinuität

Unter dem Aspekt der Unternehmenskontinuität ist die Betriebsaufspaltung insbesondere für Familiengesellschaften zumeist die interessengerechteste Unternehmensform. Hierbei bietet es sich an, bei der Betriebskapitalgesellschaft gesellschaftsfremde Manager zu engagieren, falls aus der Familie keine adäquaten Führungskräfte rekrutiert werden können. Neben der Gesellschafterstellung in der Betriebsgesellschaft sind die Familienmitglieder zu 100% an dem Besitzunternehmen ohne betriebliches Risiko beteiligt und verschaffen sich durch die laufenden Pachteinnahmen eine Einkommensquelle, die auch als Alters- und Familienversorgung fungieren kann.

Die Betriebsaufspaltung stellt auch eine – im Vergleich zu den Personengesellschaften – Erleichterung des Übergangs des Unternehmens auf die nächste Generation dar[77]. Die Betriebskapitalgesellschaft wird durch das Ausscheiden von Gesellschaftern und die Geltendmachung von Abfindungsansprüchen in ihrer rechtlichen Existenz nicht tangiert. Durch eine sinnvolle Aufteilung der Vermögenskomplexe sollte sichergestellt werden, daß die Betriebskapitalgesellschaft von jeglichen Erbauseinandersetzungsstreitigkeiten verschont bleibt und jene auf der Ebene des Besitzunternehmens ausgetragen werden[78] Bei Erbregelungen und vorweggenommenen Erbteilungen muß darauf geachtet werden, daß die personelle Verflechtung zwischen der Besitz- und Betriebsgesellschaft dadurch erhalten

---

[74] Hierzu Carlé, in: Kölner Handbuch, Tz. 175.
[75] Fichtelmann, Rdn. 313; Dehmer, Rdn. 1552; Bentler, Das Gesellschaftsrecht der Betriebsaufspaltung, S. 86f.
[76] Fichtelmann, Rdn. 313; vgl. auch Kühn/Kutter/Hofmann, AO, § 73 Anm. 3f.
[77] Siehe auch Zartmann/Litfin, S. 270f.
[78] Zur Problematik der Abstimmung und Verzahnung zwischen Besitzunternehmen und Betriebsgesellschaft Bentler, Das Gesellschaftsrecht der Betriebsaufspaltung, S. 119ff.

bleibt, daß der einheitliche Betätigungswille bei beiden Gesellschaften durch die gleichen Gesellschaftsgruppen gewährleistet wird[79].

### 3.3 Kapitalbeschaffung

Ein weiterer Vorteil der Betriebsaufspaltung gegenüber (Familien-)Personengesellschaften liegt in der *leichteren Kapitalbeschaffung*.

Dieser Vorrang ist beim Vorhandensein einer Betriebskapitalgesellschaft in der Rechtsform der AG, der der Kapitalmarkt offensteht, in jedem Fall gegeben. Bei einer Betriebs-GmbH kann diesem Faktor infolge der schwerfälligen Fungibilität von GmbH-Anteilen keine so große Bedeutung beigemessen werden.

### 3.4 Standortfragen

Auch Standortfragen stellen – insbesondere bei internationalen geschäftlichen Aktivitäten – ein Auswahlkriterium zugunsten der Betriebsaufspaltung dar. Die Gründung von Betriebsgesellschaften im Ausland kann aufgrund von geringeren Lohnkosten, einer günstigeren Rohstoffversorgung, eines niedrigen Steuerniveaus und zolltechnischer Vorteile geboten sein. Durch die Gründung von auswärtigen Vertriebsgesellschaften können zusätzliche Vorteile beim Marketing erzielt werden[80].

### 3.5 Betriebsverfassungs- und mitbestimmungsrechtliche Vorteile

Durch Betriebsaufspaltungen können die den Arbeitnehmern oder ihren Vertretern nach dem Betriebsverfassungs- und dem Mitbestimmungsgesetz zustehenden Kompetenzen eingeschränkt oder sogar ausgeschaltet werden. Ab 5 Arbeitnehmern sind zwingend ein Betriebsrat (§ 1 BetrVG) und ab 100 Arbeitnehmern ein mit umfassenden Befugnissen ausgestatteter Wirtschaftsausschuß (§ 106 ff. BetrVG) zu bilden.

Da das verpachtende Besitzunternehmen in der Regel keine oder nur wenige Arbeitnehmer beschäftigt, ist bei ihm nur selten ein Betriebsrat zu institutionalisieren und die Errichtung eines Wirtschaftsausschusses nahezu ausgeschlossen.

---

[79] Hierzu Brandmüller, Gruppe 4, S. 82 ff. anhand eines praktischen Beispiels; sehr eingehend Bentler, Das Gesellschaftsrecht der Betriebsaufspaltung, S. 275 ff.; zu den korrespondierenden einkommensteuerlichen Konsequenzen siehe Felix, GmbHR 92, 517 f.

[80] Siehe auch Knoppe, S. 62 f.; zur Betriebsaufspaltung über die Grenze beachte die Ausführungen bei II. 2.4.4.

Ferner soll nicht unerwähnt bleiben, daß das Kündigungsschutzgesetz bei 5 oder weniger Arbeitnehmern ausschließlich der Lehrlinge (§ 23 Abs. 1 Satz 2 KSchG), die Beschäftigungspflicht von Schwerbehinderten oder die Zahlung einer Ausgleichsabgabe nach dem Schwerbehindertengesetz bei 15 und weniger Arbeitsplätzen (§ 4 Abs. 1 SchwbG) sowie der Erstattungsanspruch der Arbeitgeber gegen die Krankenkasse für einen Teil der Lohnfortzahlung an Arbeitnehmer bei mehr als 20 Arbeitnehmern keine Anwendung finden (§ 10 Abs. 1 LFZG), was durch entsprechende personelle Maßnahmen erreicht werden kann.

Das MitbestG 1976[81] erfaßt Unternehmen mit eigener Rechtspersönlichkeit sowie Kommanditgesellschaften, an denen Unternehmen mit eigener Rechtspersönlichkeit beteiligt sind, z.B. GmbH & Co. KG, die in der Regel *mehr als 2000 Arbeitnehmer* beschäftigen (§§ 1,4 MitbestG). Ferner ist zu beachten, daß bei (Betriebs-)Unternehmen in der Rechtsform der GmbH mit mehr als 500 Arbeitnehmern ein Pflichtaufsichtsrat gem. § 77 BetrVG 1952 (vgl. § 129 BetrVG) zu bilden ist, der zu einem Drittel aus Vertretern der Arbeitnehmer bestehen muß.

Bei den meisten Unternehmen dürfte diese Schwelle nicht erreicht werden. Bei Großbetrieben kann durch mehrfache Betriebsaufspaltungen (ein Besitzunternehmen und die Gründung einer Vielzahl von Produktions- und Vertriebsgesellschaften) die Anwendung des Mitbestimmungsgesetzes häufig vermieden werden. Selbst wenn dies aus organisatorischen Gründen nicht möglich ist[82], bewirkt eine Betriebsaufspaltung, daß sich das Mitspracherecht der Arbeitnehmer(vertreter) nur auf einen Teilausschnitt des gesamten Unternehmensverbundes beschränkt[83].

Die Rechtsauffassung, daß die Begründung einer Betriebsaufspaltung eine Betriebsänderung i.S.d. § 111 BetrVG darstellt mit der Konsequenz, daß mit dem Betriebsrat eine Beratung sowie eine Verhandlung über einen Sozialplan zu erfolgen hat[84], ist vom Bundesarbeitsgericht zuerst verworfen worden. Es stellt klar, daß die Betriebsaufspaltung ein rechtsgeschäftlicher Vorgang i.S.d. § 613a BGB ist, der für sich allein nicht als Betriebsänderung qualifiziert werden kann[85].

---

[81] v. 4. 5. 1976 BGBl. I, S. 1153.
[82] Zur Problematik, daß die vom MitbestG betroffenen Unternehmen infolge der paritätischen Besetzung des Aufsichtsrates der Betriebsgesellschaft nicht mehr vom Besitzunternehmen beherrscht werden können und damit die Voraussetzungen der Betriebsaufspaltung entfallen können, siehe bei II. 2.2.1.3.3.
[83] Siehe auch Weimar/Alfes, BB 93, 783 (787f.).
[84] So das LAG Bad.-Württ. (Kamm. Freiburg/Br.) Beschl. v. 11. 10. 1978 – 9 Ta BV 4/78 DB 79, 114.
[85] BAG Beschl. v. 17. 2. 1981 – 1 ABR 101/78 NJW 81, 2716 = BB 81, 1214; Beschl. v. 16. 6. 1987 – 1 ABR 41/85 BB 87, 1737ff.; ebenso Brandmüller, Rdn. A 39 und B 42; ders., Gruppe 3, S. 69; Knoppe, S. 63f.; Binz, GmbH & Co., S. 526; Kölner Handbuch,

Nach der neueren Judikatur des Bundesarbeitsgerichts ist jedoch dargelegt worden, daß eine Betriebsaufspaltung dann zu einer Betriebsänderung i. S. v. § 111 BetrVG qualifiziert werden kann, wenn sie sich nicht in einem bloßen Rechtsinhaberwechsel erschöpft, sondern darüber hinaus mitbestimmungspflichtige Tatbestände des Betriebsrates erfüllt. Dies ist dann der Fall, wenn der Betriebsaufspaltungsvorgang eine *grundlegende Änderung der Betriebsorganisation* und des *Betriebszwecks* mit sich bringt. Der Übergang eines Betriebsteils auf einen neuen Betriebsinhaber (§ 613a Abs. 1 Satz 1 BGB) kann verbunden sein mit weiteren Maßnahmen des Arbeitgebers, die Organisation und Zweck des ursprünglichen Betriebs grundlegend ändern und deshalb eine Betriebsänderung i. S. v. § 111 Satz 2 Nr. 4 BetrVG darstellen. Die Anwendung des § 111 BetrVG wird insoweit nicht durch § 613a BGB ausgeschlossen. Von einer Betriebsänderung in Form einer Betriebsaufspaltung sind alle Arbeitnehmer des ursprünglich einheitlichen Betriebs betroffen[86].

Werden nach der Wahl des Betriebsrats Teile des Betriebes in ein oder mehrere selbständige Unternehmen überführt (Betriebsaufspaltung), so bleibt bei einem Streit über das weitere Vorliegen eines einheitlichen Betriebes der gewählte Betriebsrat für die Dauer der Amtszeit für die ursprüngliche Betriebseinheit zuständig, es sei denn, ein einheitlicher Betrieb kommt offensichtlich nicht mehr in Betracht. Ist nicht offensichtlich, daß ein einheitlicher Betrieb nicht mehr gegeben ist, so ist für die Dauer der Amtszeit des gewählten Betriebsrats diese Frage nicht als bloße Vorfrage in einem anderweitigen Verfahren zu klären. Vielmehr muß derjenige, der sich hierauf berufen will, das Feststellungsverfahren nach § 18 Abs. 2 BetrVG durchführen. Die rechtskräftige arbeitsgerichtliche Entscheidung ist verbindlich[87].

### 3.6 Publizitätspflichten

Nach geltendem Recht unterliegen lediglich Aktiengesellschaften bzw. Kommanditgesellschaften auf Aktien und sonstige Unternehmen, die unter das Publizitätsgesetz[88] fallen, einer Pflichtprüfung. Ein Unternehmen hat nach dem

---

Tz. 861a–861e; differenzierend Dehmer, Rdn. 1627; Birk, ZGR 84, 23 (36ff.); Jaeger, BB 88, 1036ff.; Weimar/Alfes, BB 93, 783 (786f.); Sowka, DB 88, 1318 (1319 und 1322).
[86] BAG Beschl. v. 16. 6. 1987 – 1 ABR 41/85 DB 87, 1842ff.; hierzu o.V., GmbH-Report 87, R 87f.; Bork, BB 89, 2181 (2185f.); Lauber-Nöll/Schick, GmbHR 90, 333 (338).
[87] ArbG Bochum, Beschl. v. 14. 10. 1986 – 3 BV 27/86 BB 87, 960. Diese Entscheidung ist durch unanfechtbaren Beschluß des LAG Hamm v. 11. 3. 1987 – 12 Ta BV 9/87 bestätigt worden.
[88] Gesetz über die Rechnungslegung von bestimmten Unternehmen und Konzernen v. 15. 8. 1969 BGBl. I, S. 1189.

Publizitätsgesetz Rechnung zu legen, wenn für den Tag des Ablaufs eines Geschäftsjahres (Abschlußstichtag) und für die zwei darauf folgenden Abschlußstichtage jeweils mindestens zwei der drei nachstehenden Merkmale zutreffen (§ 1 Abs. 1 PublG):
- die Bilanzsumme einer auf den Abschlußstichtag aufgestellten Jahresbilanz übersteigt 125 Mio DM,
- die Umsatzerlöse des Unternehmens in den zwölf Monaten vor dem Abschlußstichtag übersteigen 250 Mio. DM,
- das Unternehmen hat in den zwölf Monaten vor dem Abschlußstichtag durchschnittlich mehr als 5000 Arbeitnehmer beschäftigt.

Durch eine Betriebsaufspaltung können die Schwellengrenzen des Publizitätsgesetzes unterschritten werden. Die Einzelunternehmenspublizitätspflicht nach § 1 PublG kann bei entsprechender Ausgestaltung somit vermieden werden. Jedoch kann je nach gesellschaftsrechtlicher Konstruktion der Betriebsaufspaltung eine *Konzernpublizität gemäß § 11 PublG* in Betracht kommen[89].

Die Publizitätspflicht ist seit dem *Bilanzrichtliniengesetz* auf *GmbH's* ausgedehnt worden. Hinsichtlich der Ausgestaltung der Publizitätspflichten wird eine *größenabhängige Differenzierung* vorgenommen, wobei deren Einstufung an der Erfüllung von mindestens *zwei* Merkmalen an zwei aufeinander folgenden Abschlußstichtagen orientiert ist (§ 267 HGB)[90]:
- kleine Kapitalgesellschaften:
Bilanzsumme 3,9 Mio DM
Umsatz 8,0 Mio. DM
Beschäftigtenzahl 50
- mittelgroße Kapitalgesellschaften:
Bilanzsumme 15,5 Mio. DM
Umsatz 32,0 Mio. DM
Beschäftigtenzahl 250
- große Kapitalgesellschaften:
Kriterien liegen darüber.

Kleine Kapitalgesellschaften i. o. S. brauchen nur eine *verkürzte Bilanz* aufzustellen. Die mit der Prüfungs-(und Publizitäts-)pflicht verbundenen Kosten

---

[89] Zu diesem praxisrelevanten Spezialproblem Hommelhoff, WPg 84, 629 (639); Plagemann, BB 86, 1122 (1127f.); von Hoyningen-Huene, BB 87, 999 (1005f.).
[90] Zum Spezialproblem der verbundenen Unternehmen im HGB bei der Betriebsaufspaltung siehe von Hoyningen-Huene, BB 87, 999ff.; Dehmer, Rdn. 1400ff.; zu neuen Plänen hinsichtlich der Einschränkung der Publizitätspflicht bei mittelständischen Kapitalgesellschaften, Barth, BB 87, 2135ff.

können durch eine Aufspaltung des Unternehmens in zwei oder mehr Unternehmen eingeschränkt oder gar verhindert werden.

Die EG-Kommission hat dem EG-Ministerrat vorgeschlagen, durch eine Änderung der 4. EG-Richtlinie die Schwellenwerte, die insbesondere für die Abgrenzung von kleineren und mittleren Unternehemen von Bedeutung sind, wie folgt zu erhöhen[91]:

*Schwellenwerte für kleine Gesellschaften*
Bilanzsumme 2,5 Mio. ECU = 5,31 Mio. DM
Nettoumsatzerlöse 5,0 Mio. ECU = 10,62 Mio. DM
Anzahl der Beschäftigten: unverändert 50

*Schwellenwerte für mittlere Gesellschaften*
Bilanzsumme 10,0 Mio. ECU = 21,24 Mio. DM
Nettoumsatzerlöse 20,0 Mio. ECU = 42,48 Mio. DM
Anzahl der Beschäftigten: unverändert 250

Umrechnungsfaktor: 1 ECU = 1,93083 DM zzgl. erlaubter Abweichungen von 10% bei Umrechnung von ECU in DM.

Die neuen Schwellenwerte sind durch eine Änderung des HGB zwischenzeitlich ins nationale Recht transformiert worden. Die neuen Größenmerkmale sind für Jahres- und Konzernabschlüsse rückwirkend auf Geschäftsjahre anzuwenden, die *nach dem 31. 12. 1990* beginnen[91a].

Zur Minderung der Prüfungs- und Offenlegungspflichten sind in letzter Zeit auch unterschiedliche Modelle zur Aufspaltung eines bisher einheitlichen Unternehmens diskutiert worden. Aus der Fülle möglicher Maßnahmen werden folgende Gestaltungserwägungen favorisiert, weil sie am besten geeignet sind, die Nachteile der GmbH zu mindern und gleichzeitig andere Nachteile zu vermeiden bzw. möglichst gering zu halten[92]:

– Übertragung des Umlaufvermögens von der GmbH auf eine KG oder eine andere GmbH bei gleichzeitiger Verpachtung des Anlagevermögens der GmbH oder Teilen hiervon an diese andere Gesellschaft (umgekehrte Betriebsaufspaltung) und

– Einbringung eines Betriebs oder Teilbetriebs der GmbH in eine KG oder in eine andere GmbH.

---

[91] EG-Dokument 8533/93 v. 9. 9. 1993; hierzu Driesen, GmbH-Report 93, R 90f.; ders., GmbH-Report 94, R 26; BMJ, GmbHR 94, 306f.
[91a] Gesetz v. 25. 7. 1994 (BGBl. I, S. 1682); hierzu Pfilzer/Wirth, DB 94, 1937ff.
[92] Weitere Einzelheiten bei Schneeloch, DStR 86, 807 (812f.).

Beweggründe bei der Wahl der Betriebsaufspaltung als Rechtsform für ein Unternehmen

Nach (noch) geltendem Recht ist die *GmbH & Co. KG* von der Publizitätspflicht ausgenommen[93]. Deshalb wird im Schrifttum die Etablierung einer *Betriebs-GmbH & Co. KG* empfohlen, die nicht prüfungs- und veröffentlichungspflichtig ist. Hierbei würde die Haftungsbeschränkung gewährleistet sein. Diese Auffanggestaltung hat jedoch den gewerbesteuerlichen Nachteil, daß Gehälter von Gesellschafter-Geschäftsführern nicht geltend gemacht und zu ihren Gunsten keine Pensionsrückstellungen gebildet werden können. Jedoch ist darauf hinzuweisen, daß nach der verabschiedeten *GmbH & Co.-Richtlinie* diese Gesellschaftsform, wie alle Kapitalgesellschaften, in den Anwendungsbereich der 4. EG-Richtlinie einbezogen werden. Nach Verabschiedung des künftigen deutschen Durchführungsgesetzes, daß eigentlich vor dem 1. 1. 1993 erfolgen sollte, sollte eigentlich für die *nach dem 1. 1. 1995* beginnenden Wirtschaftsjahre Publizitätszwang für *mittlere und große GmbH & Co. KGs* entstehen. *Das entsprechende Transformationsgesetz ist jedoch entgegen den EG-Vorgaben immer noch nicht verabschiedet worden* (!)[94]. Diese EG-GmbH & Co.-Richtlinie bietet jedoch folgende vielfältige „Umgehungsmöglichkeiten" an[95]:

– Hauspublizität, wenn der unbeschränkt haftende Gesellschafter seinen Sitz in einem Mitgliedstaat hat bzw. wenn es sich um eine Kapitalgesellschaft aus einem Drittland handelt, die mit den von der 4. EG-Richtlinie erfaßten Rechtsformen vergleichbar ist (z. B. schweizerische AG);

– Befreiung der Personenhandelsgesellschaft von der Offenlegungspflicht, wenn der persönlich Haftende die Hinterlegungspflicht mit übernimmt bzw. wenn ein konsolidierter Abschluß erstellt wird;

– Befreiung von der Offenlegungspflicht bei Hinzunahme von Komplementären, die nicht von der 4. EG-Richtlinie erfaßte Rechtsformen sind, wie z. B. Stiftung („Stiftung & Co. KG"), Einzelkaufmann mit beschränkter Haftung nach portugiesischem Recht etc.;

– Befreiung von der Offenlegungspflicht bei Rückkehr zur „normalen" KG, d. h. wenn eine weitere natürliche Person neben der GmbH als persönlich haftender Gesellschafter eingestellt wird;

---

[93] Hierzu kritisch Lutter/Mertens/Ulmer, BB 83, 1737ff.; Kübler, NJW 84, 1857 (1864); weitere Einzelheiten bei v. Wysocki, GmbHR 84, 284 (290f.).
[94] Hierzu Hahn, GmbH-Report 90, R 89f.; ders. GmbH-Report 90, R 49f.; o.V. DB 90, 1431; GmbH-Centrale, GmbHR 90, 353f.; Bundessteuerberaterkammer, DStR 90, 646; Verbandsstellungnahme GmbHR 90, R 73f.; GmbH-Centrale, GmbHR 90, 164; Weilbach, BB 92, 955ff.; zur Vorgeschichte Schwierz, BB 84, 703ff.; o.V. GmbHR 86, 236; o.V. GmbHR 87, 311; o.V. DB 87, 2114; Barth, BB 87, 1045ff.; ders. BB 87, 2135ff.; ders. BB 88, 2343f.; Volk, BB 87, 1638; Streim/Klaus, BB 94, 1109ff.; Bundessteuerberaterkammer, DB 94, 1435.
[95] Hahn, GmbH-Report 90, R 89f.; GmbH-Centrale, GmbHR 90, 353 (354).

– keine Einbeziehung in die Offenlegungspflicht der EWIV & Co. KG: Die EG-Kommission hat nämlich davon abgesehen, die EWIV – vielleicht weil sie die erste europäische Rechtsform ist – in die Publizitätspflicht einzubeziehen, was auch gilt, wenn zwei GmbHs Träger der EWIV sind (dabei genügt als Mitgesellschafter z. B. auch die von einem Deutschen gegründete Einmann-SARL nach französischem Recht).

Vorsichtige Berater haben deshalb ihre Umwandlungspläne (GmbH → GmbH & Co. KG) erst einmal zurückgestellt, um die weitere Rechtsentwicklung abzuwarten[96]. Als *Auffanggestaltung* für ein „publizitätsfreies Unternehmen" wird zur Zeit auch die *„reine KG"* (d. h. mit einer natürlichen Person als Komplementär) favorisiert.

## 4. Rechtliche Ausgestaltung der Betriebsaufspaltung

### 4.1 Institutionalisierung der Betriebsaufspaltung

*4.1.1 Konzipierung der Betriebsaufspaltung*

Eine zeitlich abgestimmte Planung bei der Betriebsaufspaltung ist von größter Bedeutung. In der Praxis wird vielfach die erforderliche Koordinierung bei den abzuschließenden Gesellschaftsverträgen (besonders hinsichtlich der Wahrung der einheitlichen Willensbildung bei der Besitz- und Betriebsgesellschaft), Pachtverträgen etc. nicht genügend beachtet, so daß die Voraussetzungen für die steuerliche Anerkennung der Betriebsaufspaltung nicht erfüllt werden.

Ferner muß zur Kenntnis genommen werden, daß die Betriebsaufspaltung aufgrund von *öffentlich-rechtlichen Vorschriften* nicht oder nur unter bestimmten Voraussetzungen praktiziert werden kann.

*Kreditinstitute*, die Bankgeschäfte i. S. d. § 1 des Gesetzes über das Kreditwesen durchführen wollen, dürfen nicht in der Rechtsform eines Einzelkaufmanns betrieben werden (§§ 2a, 32 KWG). Ferner dürfen nach § 2 Hypothekenbankgesetz *Hypotheken*banken nur in der Rechtsform der AG oder der KGaA geführt werden.

Die Betriebsaufspaltung einer bisher als Einzelunternehmen geführten *Apotheke* ist nicht möglich, da § 9 ApotG die Verpachtung einer Apotheke grundsätzlich untersagt[97].

---

[96] Zu diesbezüglichen Umwandlungsstrategien eingehend Felix/Stahl, DStR 86, Beihefter zu Heft 3.
[97] Gesetz über das Apothekenwesen v. 20. 8. 1960 BGBl. I, S. 697; hierzu Heinemann, in: Kölner Handbuch, Tz. 702 m. w. Nachw.

Ein *Güterkraftverkehrsunternehmen* kann nach § 12 Abs. 1 Nr. 1 GüKG[98] nur verpachtet werden, wenn die Fahrzeuge der Betriebs-GmbH *übereignet* werden. Gleiches gilt für den Werkfernverkehr (§ 48 Abs. 1 Nr. 4 GüKG). Wird nur Güternahverkehr und/oder nur Werknahverkehr betrieben, so ist eine Übereignung der Fahrzeuge nicht erforderlich[99].

Ferner muß beachtet werden, daß das Besitzunternehmen der Zugehörigkeit zur Industrie- und Handelskammer unterliegt[100].

### 4.1.2 Gründung einer Betriebskapitalgesellschaft

Eine Betriebsaufspaltung erfordert zumeist die Gründung einer GmbH. Hierbei ist zu beachten, daß der Gesellschaftsvertrag der notariellen Form bedarf (§ 2 Abs. 1 S. 1 GmbHG). Die Stammeinlagen werden von den Gesellschaftern der Besitzpersonengesellschaft oder von der Personengesellschaft selbst übernommen[101]. Die GmbH-Gründung kann sich als Bargründung oder als Sachgründung vollziehen. Eine Bargründung mit Kapitalerhöhung durch Sacheinlage (Sachübernahme) ist ebenfalls möglich[102].

Bei einer Sachgründung müssen der Gegenstand der Sacheinlage und der Betrag der Stammeinlage, auf die sich die Sacheinlage bezieht, im Gesellschaftsvertrag festgesetzt werden. Dabei haben die Gesellschafter in einem *Sachgründungsbericht* die für die Angemessenheit der Leistungen für Sacheinlagen wesentlichen Umstände darzulegen (§ 5 Abs. 4 GmbHG)[103]. Werden die Sacheinlagen überbewertet, so hat das Gericht die Eintragung der GmbH abzulehnen (§ 9 c S. 2

---

[98] I.d.F. der Bekanntmachung v. 10. 3. 1983 BGBl. I, S. 256 (mehrfach geändert) BGBl. III 9241-1.
[99] Zu weiteren Einzelheiten Brandmüller, Gruppe 7, S. 108 ff.; Heinemann, in: Kölner Handbuch, Tz. 883–887; Dehmer, Rdn. 1634–1636.
[100] BayVGH v. 3. 11. 1980 – 22 B 80 A 1150 BB 81, 1911; hierzu Brandmüller, Gruppe 7, S. 97 ff., ders., Rdn. C 44.
[101] Eine weitere Gründungsvariante findet sich bei Brandmüller, Rdn. C 33: „Die Personengesellschaft schließt mit der GmbH einen Vertrag zugunsten Dritter, nämlich zugunsten ihrer Gesellschafter, indem sie sich verpflichtet, das in die GmbH einzubringende Vermögen dieser direkt aus dem Gesamthandseigentum zu übertragen, ohne dieses vorher in ein Bruchteilseigentum nach § 1008 BGB zu zerlegen. Die GmbH ihrerseits verpflichtet sich, die das Entgelt darstellenden Geschäftsanteile den Gesellschaftern der Personengesellschaft zuzuerkennen."
[102] Weitere Gestaltungsmöglichkeiten bei Carlé, in: Kölner Handbuch, Tz. 66–93; Brandmüller, Gruppe 4, S. 27–63; Dehmer, Rdn. 1380–1385; siehe auch Happ, BB 85, 1927 ff.
[103] Bei einer Betriebs-AG hat in solchen Fällen eine Gründungsprüfung nach § 33 Abs. 2 Nr. 4 AktG stattzufinden.

GmbHG). Im Falle einer dennoch erfolgten Eintragung muß der Gesellschafter den fehlenden Betrag in Geld nachschießen (Differenzhaftung nach § 9 GmbHG).

Zudem haften die Gesellschafter und Geschäftsführer gegenüber der GmbH als Gesamtschuldner für fehlende Einzahlungen, falls falsche Angaben zum Zwecke der Errichtung der Gesellschaft gemacht worden sind (§ 9a GmbHG).

Nicht selten findet man bei Betriebsaufspaltungen die sogenannte *verschleierte Sachgründung* vor. Hierbei wird zwar die Geldeinlage zuerst erbracht. Anschließend wird sie jedoch als Kaufpreis für die von der GmbH übernommenen Wirtschaftsgüter wieder an die Gesellschafter oder an die Besitzgesellschaft zurückgezahlt, ohne daß ein Sachgründungsbericht i.S.v. § 5 Abs. 4 GmbHG erstellt worden ist[104]. Dies hat zur Konsequenz, daß die Gesellschafter ihre Einlage noch schulden und im Konkursfall den Verlust des doppelten Betrages der Stammeinlage zu beklagen haben (arg. § 19 Abs. 5 GmbHG)[105]. Diese unangenehme Rechtsfolge kann nur vermieden werden, wenn die Kaufpreisschulden der GmbH so lange als verzinsliche Dahrlehensschulden überlassen werden, bis die GmbH diese Verbindlichkeiten aus selbst erwirtschafteten Gewinnen begleichen kann, so daß keine haftungsschädliche Verrechnung mit noch ausstehendem Stammkapital erfolgt[106].

Ergänzend ist anzumerken, daß das *Auskunftsrecht nach § 51a GmbHG* durch die Betriebsaufspaltung nicht tangiert wird. Es steht nur dem Gesellschafter zu. Ist die Besitzgesellschaft als solche Gesellschafterin, so steht nur dieser das Auskunfts- und Einsichtsrecht zu[107].

---

[104] Gestaltungsvorschläge finden sich bei Brandmüller, Rdn. C 13ff.; siehe auch Kutzer, GmbHR 87, 297 (299ff.).

[105] Knoppe, S. 48f.; Carlé, in: Kölner Handbuch, Tz. 67; Lutter/Hommelhoff, GmbHG, § 19 Rdn. 35; Ulmer, GmbHR 84, 256 (257f.); ferner OLG Frankfurt Beschl. v. 17. 2. 1983 – 20 W 823/83 GmbHR 83, 272; OLG Köln Urt. v. 2. 2. 1984 – 25 U 11/83 BB 84, 1636ff.; Hanseatisches OLG Hamburg Urt. v. 9. 10. 1987 – 11 U 125/87 BB 88, 504.

[106] Hierzu auch Knoppe, S. 48; zur Anwendbarkeit des § 19 Abs. 5 GmbHG auf (eigenkapitalersetzende) Gesellschafterdarlehen, die für eine Kapitalerhöhung verwendet werden siehe BGH Urt. v. 20. 9. 1982 – II ZR 236/81 GmbHR 83, 194; ferner BGH Urt. v. 26. 3. 1984 – II ZR 14/84 WM 84, 652; zur Durchführung einer Kapitalerhöhung im Rahmen des sog. „Schütt-aus-Hol-zurück-Verfahrens" nur unter Beachtung der Sacheinlagevorschriften siehe BGH Urt. v. 18. 2. 1991 – II ZR 104/90, NJW 91, 1754; hierzu Roth, NJW 91, 1913; zu Heilungsmöglichkeiten bei verdeckten Sacheinlagen siehe Kiethe/Irmbeck, DStR 94, 209ff.

[107] OLG Karlsruhe Beschl. v. 26. 7. 1984 – 4 W 70/84 BB 84, 2016; Bentler, Das Gesellschaftsrecht der Betriebsaufspaltung, S. 216; ferner Biermeier/Bongen/Renaud, GmbHR 88, 169ff.

### 4.1.3 Modalitäten bei den Gesellschaftsverträgen der Besitz- und Betriebsgesellschaft

Durch die Ausgliederung von Aufgaben bei der Besitzpersonengesellschaft ändert sich folglich deren Gesellschaftszweck. Unternehmensgegenstand ist nicht mehr der Betrieb eines Produktionsunternehmens, sondern die Verpachtung von Grundstücken und/oder maschinellen Anlagen sowie die Vermögensverwaltung. Im Gesellschaftsvertrag der neu zu gründenden Betriebs-GmbH ist sowohl die Fortführung des bisher von der Personengesellschaft geführten Betriebes anzugeben als auch die Herstellung und/oder der Vertrieb bestimmter Produkte.

Partizipieren beim Betriebsaufspaltungsvorgang Minderjährige, so ist bei der GmbH-Gründung die Genehmigung des Vormundschaftsgerichts erforderlich (§§ 1822 Nr. 3, 1643 BGB). Die Änderung des Unternehmensgegenstandes bei der zukünftigen Besitzpersonengesellschaft ist jedoch genehmigungsfrei[108]. Sind auch die Eltern beteiligt, so muß jeweils ein Ergänzungspfleger nach § 1909 BGB bestellt werden. Obwohl sich bei der Betriebsaufspaltung zwei rechtlich selbständige Gesellschaften gegenüberstehen, entspricht es ihrem Wesen, daß sich beide Gesellschaften gegenseitig ergänzen.

Damit die auch steuerlich in der Regel unbedingt notwendige *einheitliche Willensbildung beim Besitz- und Betriebsunternehmen* gewährleistet wird, sollte die Personen-, Beteiligungs- und Stimmrechtsidentität in beiden Gesellschaften vereinbart werden.

Um die personelle Beteiligungsidentität auch in Zukunft zu erhalten, empfiehlt es sich, in den Verträgen festzulegen, daß eine Kündigung der Beteiligung am Besitzunternehmen automatisch zur Einziehung oder Zwangsabtretung des Geschäftsanteils an der Betriebsgesellschaft führt und umgekehrt.

Zudem muß der Ausschluß aus der Besitzgesellschaft die Einziehung des Geschäftsanteils an der Betriebsgesellschaft nach sich ziehen und umgekehrt. Hinsichtlich etwaiger Abtretungen, Vererbungen von Gesellschaftsanteilen ist ebenfalls vorzusehen, daß dies bei beiden Gesellschaften nur gleichzeitig und im gleichen prozentualen Verhältnis erfolgen kann. Bei auf Dauer konzipierten Familienunternehmen sollten Verkäufe bzw. Abtretungen von Gesellschaftsanteilen an Nichtgesellschafter durch ein Übernahmerecht der übrigen Gesellschaf-

---

[108] BGH Urt. v. 20. 9. 1962 – II ZR 209/61 BGHZ 38, 26 (27 ff.); Urt. v. 25. 9. 1972 – II ZR 5/71 WM 72, 1368 (1370); differenzierend Palandt-Diederichsen, BGB, § 1822 Rdn. 14 m. w. Nachw.

ter ausgeschlossen werden, falls es sich nicht um Rechtsnachfolger oder Familienangehörige des betreffenden Gesellschafters handelt[109].

### 4.1.4 Firmierung bei der Betriebsaufspaltung

Im Rahmen der Betriebsaufspaltung sollte sichergestellt werden, daß die neu gegründete Betriebskapitalgesellschaft die ideellen Werte des bisherigen Unternehmens nutzen kann. Dem für den Publikumsverkehr relevanten *Firmennamen* kommt hierbei eine besondere Bedeutung zu. In diesem Zusammenhang ist jedoch § 30 HGB zu beachten, wonach sich jede Firma von allen an demselben Ort oder in derselben Gemeinde bereits bestehenden und in das Handelsregister eingetragenen Firmen deutlich unterscheiden muß. Eine diesbezügliche deutliche Unterscheidung wird nicht bereits dadurch herbeigeführt, daß bloße Gesellschaftszusätze wie OHG, KG, GmbH oder AG benutzt werden[110]. Es ist also nicht zulässig, daß beispielsweise die Besitzgesellschaft weiter mit „Schulze & Müller KG" firmiert und die neu gegründete Betriebsgesellschaft mit „Schulze & Müller GmbH".

Da aufgrund eines Pachtvertrages ein Firmenname weitergeführt werden kann (§ 22 Abs. 2 HGB), löst die Praxis dieses Problem zumeist dadurch, daß die neu gegründete Betriebsgesellschaft die alte Firma fortführt (also Schulze & Müller GmbH) und die Besitzgesellschaft einen anderen Firmennamen annimmt. Dieser wäre schon dann gegeben, wenn die Besitzgesellschaft als „Schulze & Müller Verwaltungs-KG" oder als „Verwaltungsgesellschaft Schulze & Müller KG" firmieren würde. In diesem Falle haftet die Betriebs-GmbH für alle Altverbindlichkeiten, sofern eine abweichende Vereinbarung nicht gemäß § 25 Abs. 2 HGB im Handelsregister eingetragen und bekannt gemacht oder dem Gläubiger mitgeteilt wird. Eintragungen, Bekanntgabe oder Mitteilung sind nur wirksam, wenn sie *unmittelbar* nach der Verpachtung erfolgen, sonst gehen sie ins Leere[111].

Als weitere Ausweichmöglichkeit bietet sich an, daß die Besitzgesellschaft ihren bisherigen Firmennamen im vollen Umfang beibehält (Schulze & Müller KG) und die Betriebsgesellschaft einen unterscheidungskräftigen auf einem unternehmensspezifischen Charakteristikum basierenden Zusatz aufnimmt (z.B. Schulze & Müller Apparatebau GmbH).

---

[109] Weitere Gestaltungsmöglichkeiten für Betriebsaufspaltungen, bei denen aus bestimmten Gründen *keine* Beteiligungsidentität gewünscht wird, bei Knoppe, S. 52.
[110] Siehe statt aller Baumbach/Duden/Hopt, HGB, § 30 Anm. 2.
[111] BGH Urt. v. 1. 12. 1958 – II ZR 238/57 BGHZ 29, 1 (4); OLG Frankfurt Beschl. v. 1. 6. 1977 – 20 W 231/77, DB 77, 1889; hierzu Carlé, in: Kölner Handbuch, Tz. 132; Brandmüller, Gruppe 4, S. 34.

## 4.1.5 Kaufmannseigenschaft des Besitzunternehmens

Da die Besitzgesellschaft ihr gesamtes Anlagevermögen der Betriebsgesellschaft verpachtet und ihr darlehensweise oder gegen Gewährung von Gesellschaftsrechten auch das Umlaufvermögen überläßt, stellt sich das Problem, ob die Verpächterin weiterhin ein Handelsgewerbe betreibt[112]. Die Vermietung und Verpachtung erfüllt nicht die in § 1 Abs. 2 HGB genannten Kriterien für ein Handelsgewerbe. Deshalb wird die Meinung vertreten, daß das Besitzunternehmen mit der Betriebsaufspaltung aufhöre, als Personenhandelsgesellschaft zu existieren (arg. §§ 6 Abs. 1, 105, 161 Abs. 2 HGB) und eine automatische Umwandlung in eine BGB-Gesellschaft erfolge[113]. Diese Auffassung wird auch durch die Rechtsprechung des BGH bestärkt, wonach durch eine Änderung des Gesellschaftszwecks (Betriebsverpachtung) die KG kraft Gesetzes in eine BGB-Gesellschaft umgewandelt wird[114]. Die in diesem Sachzusammenhang möglicherweise entstehende Umwandlung einer KG oder einer OHG in eine Gesellschaft bürgerlichen Rechts führt *nicht* in jedem Fall zum *Verlust der selbständigen Konkursfähigkeit*[115].

Dem ist insofern beizupflichten, als die Handelsregistereintragung einer Besitzgesellschaft in der Rechtsform eines Einzelunternehmens bzw. einer Personenhandelsgesellschaft nicht aufrecht erhalten werden kann, wenn die Tätigkeit des Besitzunternehmens sich beispielsweise auf die bloße Verpachtung des Betriebsgrundstücks beschränkt. In den meisten Betriebsaufspaltungsfällen kann die Charakterisierung der Besitzgesellschaft als Personenhandelsgesellschaft jedoch dadurch gewahrt werden, indem ihre Tätigkeit „nach Art und Umfang einen in kaufmännischer Weise eingerichteten Geschäftsbetrieb erfordert" (§ 2 HGB). Schließlich wird das Besitzunternehmen eines in kaufmännischer Weise eingerichteten Geschäftsbetriebs bedürfen, wenn außer Grundbesitz noch sonstige Werksanlagen und bewegliches Anlagevermögen verpachtet werden. Dann muß die Verpächterin jährlich Abschreibungen berechnen, Bestände erfassen, in Höhe der Substanzerhaltungsrückstellungen Ansprüche aktivieren etc., so daß die Annahme eines Handelsgewerbes gerechtfertigt werden kann[116].

---

[112] Zum Problemstand Brandmüller, BB 76, 641 ff.
[113] Gössner, BB 67, 1274 f.; K. Schmidt, DB 71, 2345 (2346).
[114] Urt. v. 10. 5. 1971 – II ZR 177/68 WM 71, 1198 = NJW 71, 1698 = BB 71, 973. Da das Besitzunternehmen steuerlich weiterhin Einkünfte aus Gewerbebetrieb bezieht, wird neuerdings in verstärktem Maße dafür plädiert, auch handelsrechtlich weiterhin ein Handelsgewerbe anzunehmen, so Zartmann, S. 47; ferner Wessel, BB 77, 1226 ff. mit entsprechenden Vorschlägen zu einer Neufassung der §§ 1, 2 HGB.
[115] OLG München, Beschl. v. 14. 9. 1987 – 19 W 2932/86 NJW 88, 1036 (1037); hierzu K. Schmidt, DB 88, 897 ff.; Weilbach, BB 90, 829 (832 f.).
[116] LG Nürnberg-Fürth Beschl. v. 30. 9. 1980 – 4 HK T 4541/80 BB 80, 1549; LG Heidelberg Beschl. v. 28. 10. 1981 – T 3/81 KfH II BB 82, 142 mit Anm. Theil; Knoppe,

Aus Rechtssicherheitsgründen ist zu empfehlen, daß das Besitzunternehmen im geringen Umfang weiterhin gewerblich i. S. d. § 1 Abs. 2 HGB tätig ist (z. B. durch Produktion eines Zusatzartikels, Beibehaltung eines kleinen Teilbereichs des Vertriebs)[117] und dessen Art und Umfang den Status eines Minderkaufmanns übersteigt[118].

Klarstellend ist anzumerken, daß bei einem Besitzunternehmen in der Rechtsform der *GmbH & Co. KG* die KG selbst die Kaufmannseigenschaft haben muß. Es genügt nicht, daß die Komplementär-GmbH Kaufmann ist[119].

Beteiligt sich die Besitzgesellschaft selbst direkt an der Betriebsgesellschaft und nicht die Gesellschafter der Besitzgesellschaft, so wird sie auch als Gesellschafterin der Betriebsgesellschaft im Handelsregister eingetragen. Unabhängig von § 2 HGB wird die Besitzgesellschaft im Schrifttum dann als Scheinkaufmann (§ 5 HGB) qualifiziert, solange sie als OHG oder KG eingetragen bleibt[120]. Diese Rechtsauffassung steht jedoch im Widerspruch zur Rechtsprechung des BGH, der die Scheinkaufmannseigenschaft nur bejaht, wenn die Gesellschaft zumindest ein Gewerbe betreibt; das Vorliegen eines Unternehmens genügt nicht[121].

Sollte das Besitzunternehmen infolge der Betriebsaufspaltung dennoch seine Kaufmannseigenschaft verlieren, so tritt die Frage auf, welche Auswirkungen dies auf die Haftung der bisherigen Kommanditisten und die Geschäftsführungs- und Vertretungskompetenzen hat.

Der BGH versucht trotz der Umwandlung in eine BGB-Gesellschaft, die ursprünglichen gesellschaftsvertraglichen Vereinbarungen auch im Rahmen der GbR so weitgehend wie möglich zur Geltung kommen zu lassen, um der Interessenlage der Gesellschafter Rechnung zu tragen. Die erweiterte Haftung der Kommanditisten soll dadurch faktisch auf das vereinbarte Beteiligungsrisiko reduziert werden, daß der geschäftsführende Gesellschafter im Rahmen der

---

S. 50; Brandmüller, BB 76, 641 (643); ders., BB 79, 465 (466); Zartmann, S. 47; Dehmer, Rdn. 1460; Fichtelmann, Rdn. 16; differenzierend Bentler, Das Gesellschaftsrecht der Betriebsaufspaltung, S. 55f.; *a. A.* OLG Hamm Beschl. v. 21. 6. 1993 – 15 W 75/93 NJW 94, 392: „Eine Personengesellschaft, die sich ausschließlich auf die Verpachtung eines Betriebs oder einzelner Betriebsgegenstände beschränkt, betreibt kein Handelsgewerbe".

[117] So auch Knoppe, S. 50; Carlé, in: Kölner Handbuch, Tz. 162.
[118] Bentler, Das Gesellschaftsrecht der Betriebsaufspaltung, S. 50.
[119] BayObLG Beschl. v. 13. 11. 1984 – BReg. 3 Z 60/83 und BReg. 3 Z 119/83 BB 85, 78 mit Anm. George, BB 85, 544f.
[120] Knoppe, S. 51; Zartmann, S. 47; Fichtelmann, Rdn. 19; zur *fortbestehenden Konkursfähigkeit* siehe OLG München Beschl. v. 14. 9. 1987 – 19 W 2932/86 NJW 88, 1036 (1037); hierzu K. Schmidt, DB 88, 897ff.
[121] BGH Urt. v. 19. 5. 1960 – II ZR 72/59 BGHZ 32, 307 (313f.)

geänderten Zweckbestimmung des Gesellschaftsverhältnisses verpflichtet sein soll, keine Verbindlichkeiten einzugehen, die über das Vermögen des Besitzunternehmens bzw. die Summe der früheren Hafteinlagen der Kommanditisten hinausgehen. Die ehemaligen Kommanditisten können verlangen, daß der geschäftsführende Gesellschafter diese Beschränkung der Vertretungsmacht nach außen kundtut[122]. Ferner sei davon auszugehen, daß ein früherer Kommanditist im Zweifel von der Führung der Geschäfte und der Vertretung in der GbR ebenso wie in der KG(§§ 164, 170 HGB) ausgeschlossen bleibe[123].

Wird die bisherige Personenhandelsgesellschaft in eine BGB-Gesellschaft umgewandelt, so ist das Grundbuch nach § 47 GBO dahingehend zu berichtigen, daß die BGB-Gesellschafter nunmehr Eigentümer des Grundstückes zur gesamten Hand sind[124]. Hierzu muß die Vorlage des beglaubigten Handelsregisterauszuges dem Grundbuchamt vorgelegt werden[125].

Ferner ist nach § 31 Abs. 2 HGB das Erlöschen der Firma zum Handelsregister anzumelden und die Betriebsaufgabe gem. § 14 Abs. 1 Nr. 3 GewO beim Gewerbeamt anzeigepflichtig[126].

Zudem verbietet sich die Möglichkeit, ein vom Kalenderjahr abweichendes Wirtschaftsjahr zu wählen (arg. § 4a Abs. 1 Nr. 2 EStG)[127].

## 4.2 Regelungen im Pacht- und Betriebsüberlassungsvertrag

Das wichtigste Bindeglied für die aus der Betriebsaufspaltung hervorgegangenen Gesellschaften ist ein Pacht- und Betriebsüberlassungsvertrag.

---

[122] BGH Urt. v. 10. 5. 1971 – II ZR 177/68 WM 71, 1198 (1199); Urt. v. 6. 4. 1987 – II ZR 101/86 WM 87, 689 (690); hierzu Carlé, in: Kölner Handbuch, Tz. 165–168; Fichtelmann, Rdn. 18; *a.A.:* Kornblum, BB 72, 1032 (1034 ff.); Brandmüller, Rdn. B 8 f.; Hopt, ZGR 87, 145 (167); zur Haftungsproblematik o. V., GmbH-Report 87, R 59 f.
[123] BGH Urt. v. 10. 5. 1971 – II ZR 177/68 WM 71, 1198, ebenso Brandmüller, Rdn. B 9; Bentler, Das Gesellschaftsrecht der Betriebsaufspaltung, S. 60 f.; Hopt, ZGR 87, 145 (164 ff.); *a.A.:* Kornblum, BB 72, 1032 (1035 f.); Beyerle, BB 73, 1376 ff.; K. Schmidt, BB 73, 1612 ff., die dem ex-Kommanditisten nunmehr die Geschäftsführungs- und Vertretungsrechte nach §§ 709, 714 BGB zubilligen.
[124] Knoppe, S. 51 f.; Brandmüller, Rdn. B 10; Fichtelmann, Rdn. 19; Bentler, Das Gesellschaftsrecht der Betriebsaufspaltung, S. 59 f.; zu den anfallenden Gebühren bei Berichtigung der Eigentümerbezeichnung einer in eine BGB-Gesellschaft umgewandelten Kommanditgesellschaft im Grundbuch, BayObLG Beschl. v. 21. 10. 1982 – BReg. 3 Z 8/82 DB 83, 40.
[125] Hofmann, NJW 74, 448 (449); Brandmüller, Rdn. B 10.
[126] Weitere Einzelheiten bei Bentler, Das Gesellschaftsrecht der Betriebsaufspaltung, S. 59.
[127] Weitere Erläuterungen bei Brandmüller, Rdn. B 12; Bentler, Das Gesellschaftsrecht der Betriebsaufspaltung, S. 65.

Im Schrifttum wird teilweise postuliert, zwei gesonderte Verträge abzuschließen; und zwar einen Pachtvertrag über das Betriebsvermögen (= Betriebsüberlassungsvertrag) und einen weiteren Pachtvertrag über die betrieblich genutzten Grundstücke nebst Gebäude und Anlagen[128]. Diese Aufspaltung in zwei Verträge ist nicht für die mit der Betriebsaufspaltung verfolgten Zwecke erforderlich und bringt unnötige steuerliche Risiken mit sich[129].

Die überwiegende Praxis beschränkt sich deshalb auf ein *einziges Vertragswerk*. Umstritten ist lediglich, ob dieser Vertrag nun als „Pachtvertrag" oder als „Pacht- und Betriebsüberlassungsvertrag" bezeichnet werden soll.

*Knoppe* ist der Auffassung, daß die Vereinbarung, der Betriebsgesellschaft zu gestatten, den bisherigen Betrieb der Besitzgesellschaft im eigenen Namen und für eigene Rechnung fortzuführen, ein bloßer Unterpunkt des Pachtvertrages darstellt, der nicht die Annahme eines neben dem Pachtvertrag bestehenden Vertrages rechtfertigt[130].

Im Hinblick auf die steuerlichen Voraussetzungen der Betriebsaufspaltung – die Übertragung einer wesentlichen Betriebsgrundlage – ist es empfehlenswert, von einem „Pacht- und Betriebsüberlassungsvertrag" zu sprechen. Durch diese Bezeichnung wird nämlich plastisch zum Ausdruck gebracht, daß nicht nur einzelne Gegenstände verpachtet werden, sondern daß der gesamte Betrieb von der Betriebsgesellschaft übernommen und fortgeführt wird[131]. Als Alternative wird auch die Kurzformel „Betriebspachtvertrag" vorgeschlagen[132].

Eine besondere *Form* ist für den Pacht- und Betriebsüberlassungsvertrag nicht vorgesehen. Gehört zu dem Pachtobjekt ein Grundstück, was der Regelfall ist, so bedarf der Pachtvertrag der Schriftform, wenn der Vertrag für längere Zeit als ein Jahr gelten soll (§§ 581 Abs. 2, 566 S. 1. BGB). Auch Nebenabreden über wesentliche Punkte, die Bestandteile des Vertrages werden sollen, unterliegen dem Formzwang. Das gilt auch für nachträgliche Zusätze und Änderungen. Bei der Nichtaufnahme solcher Abreden entbehrt der ganze Vertrag der gesetzlichen Form mit der Folge, daß der mündliche, geänderte Vertrag als für unbestimmte Zeit geschlossen gilt und der Kündigung unterliegt[133].

---

[128] Walther, Besitzfirma-Betriebsfirma, S. 2.
[129] Beispiel: Ist ein Gesellschafter Eigentümer des Grundstücks und wird ein neuer Pachtvertrag zwischen ihm und der Betriebsgesellschaft abgeschlossen, so besteht die Gefahr der Entnahme des Grundstücks aus dem Betriebsvermögen (Folge: Auflösung der stillen Reserven).
[130] Knoppe, S. 53; siehe auch Fichtelmann, Rdn. 25; Brandmüller, Rdn. B 83.
[131] Brandmüller, Gruppe 4, S. 115; ders., Rdn. B 83.
[132] Knoppe, S. 53.
[133] Heinemann, in: Kölner Handbuch, Tz. 720; Dehmer, Rdn. 1258; Palandt-Putzo, BGB, § 566 Rdn. 10–12; vgl. BGH Urt. v. 23. 12. 1953 – VI ZR 57/53 NJW 54, 425.

### 4.2.1 Vertragsgegenstand

Die Ausgestaltung des Pacht- und Betriebsüberlassungsvertrages muß darauf gerichtet sein, die Betriebsgesellschaft in die Lage zu versetzen, das bisherige Besitzunternehmen auf eigene Rechnung fortzuführen.

Vertragliche Pauschalvereinbarungen dergestalt, daß das gesamte Unternehmen an die Betriebsgesellschaft verpachtet wird, bergen zum einen spätere Auslegungsschwierigkeiten in sich und können zum anderen Beanstandungsprobleme seitens der Finanzverwaltung ergeben, da die Kontrolle der Berechnung der Angemessenheit der Pachtfestsetzung wegen der fehlenden Transparenz der übernommenen Wirtschaftsgüter erschwert wird. Deshalb ist dringend anzuraten, in einem Pacht- und Betriebsüberlassungsvertrag mit größter Genauigkeit und Vollständigkeit die einzelnen Pachtgegenstände aufzuzählen und dabei auch bei der Bemessung der Pacht die Maßstäbe ihrer Berechnung hinsichtlich der einzelnen Positionen aufzuzeigen[134].

Der Betriebsgesellschaft muß in der Regel das gesamte Anlagevermögen überlassen werden, soweit es der Produktion und dem Vertrieb dient. Die verpachteten Gegenstände sollten in einem Verzeichnis genauestens aufgelistet werden, welches als Anlage Bestandteil des Pacht- und Betriebsüberlassungsvertrages ist. Hierbei sind die Wirtschaftsgüter mit dem Anschaffungsjahr und den -kosten, der betriebsgewöhnlichen Nutzungsdauer, den Wiederbeschaffungskosten und dem Verkehrswert einzeln aufzuführen. Unbenommen bleibt es natürlich der Besitzgesellschaft ein Teil des Anlagevermögens als Sacheinlage gegen Gewährung von Gesellschaftsrechten einzubringen.

Werden der Betriebsgesellschaft Patente, Warenzeichen, Gebrauchs- und Geschmacksmuster, Know-how etc. übertragen, bedarf es einer genauen Bezeichnung dieser immateriellen Wirtschaftsgüter, ebenso der Bemessung der hierauf entfallenden Pacht (meist in Form einer umsatzbezogenen Provision) im Vertrag. Der Ansatz eines Firmenwertes sollte unterbleiben, da dieses Wirtschaftsgut grundsätzlich nicht abgeschrieben werden kann (arg. § 6 Abs. 1 Nr. 2 EStG)[135].

Sind überlassene Erfindungen von Bedeutung, so sollten die betreffenden Erfindungen sowie das hierfür gewährte Entgelt (Lizenzgebühr) im Pachtvertrag (oder als Anlage zu diesem) angeführt werden[136].

---

[134] Übersichten finden sich bei Heinemann, in: Kölner Handbuch, Tz. 836 und Dehmer, Rdn. 1233–1235 und Rdn. 1279 ff.
[135] Ebenso Brandmüller, Rdn. B 79; zur Problematik der Mitverpachtung des Geschäftswerts an die Betriebs-GmbH o.V., GmbH-Report 86, R 93 f.
[136] Hierzu bei II. 7.5 in der Vorauflage.

Ferner stellt sich das Problem, ob es sinnvoll ist, das gesamte Umlaufvermögen (Roh-, Hilfs- und Betriebsstoffe sowie die Halb- und Fertigfabrikate) mitzuverpachten. Da diese Wirtschaftsgüter nicht nur genutzt, sondern zumeist weiterverarbeitet, verbraucht oder verkauft werden, dürfte ein Pachtverhältnis kein den wirtschaftlichen Gegebenheiten adäquates Rechtsverhältnis sein. Die gleichen Bedenken gelten sinngemäß für die darlehensweise Überlassung des Umlaufvermögens[137]. Zweckmäßig ist es, das gesamte Umlaufvermögen in die Betriebsgesellschaft gegen Gewährung von Gesellschaftsrechten einzubringen. Auch der Verkauf von Umlaufvermögen an die Betriebsgesellschaft ist eine brauchbare Alternative. Als Gegenleistung werden von der Betriebsgesellschaft entsprechende Verbindlichkeiten übernommen, so daß bei Abschluß des Vertrages ggfs. keine direkten Zahlungen nötig sind[138]. Zudem ist die Übernahme von laufenden Verträgen der Besitzgesellschaft mit Dritten eine essentielle Voraussetzung für die Betriebsfortführung (dazu unter 4.3).

### 4.2.2 Instandhaltungs- und Erneuerungspflichten, Lastentragung, Verkehrssicherungspflichten

Ein wichtiger Vertragsbestandteil des Pacht- und Betriebsüberlassungsvertrages sind die Bestimmungen, die vorsehen, ob die notwendigen Ersatzbeschaffungen und Neuinvestitionen während des Bestehens des Vertragsverhältnisses von der Besitz- oder der Betriebsgesellschaft finanziell getragen werden sollen und zu wessen Lasten die notwendigen Reparaturen, Instandsetzungen und Erneuerungen gehen.

Bei der Verpachtung eines Grundstücks mit Inventar[139] hat der Pächter nicht nur die gewöhnlichen Ausbesserungen des Inventars zu übernehmen, sondern er muß vielmehr auch die einzelnen Inventarstücke ergänzen und ersetzen, wenn der Verlust von ihm zu vertreten ist. Andererseits hat der Verpächter Inventarstücke zu ersetzen, die infolge eines von dem Pächter nicht zu vertretenden Umstandes in Abgang gekommen sind (§ 586 BGB).

---

[137] Steuerschädlich kommt noch hinzu, daß eine Hinzurechnung der Schuldzinsen beim Gewerbeertrag (§ 8 Nr. 1 GewStG) und eine Hinzurechnung des Gesamtwertes des Umlaufvermögens beim Gewerbekapital (§ 12 Abs. 2 Nr. 1 GewStG) erfolgt; zu weiteren Einzelheiten BFH Urt. v. 5. 5. 1976 – I R 166/74 BStBl. 76 II, 717; siehe auch Brandmüller, Rdn. B 80.
[138] Brandmüller, Rdn. B 80.
[139] Inventar ist die Gesamtheit der beweglichen Sachen, die zur Betriebsfortführung eines bestimmten Grundstücks entsprechend dem wirtschaftlichem Zweck bestimmt sind; siehe die Auflistung in § 98 BGB.

Übernimmt jedoch der Pächter eines Grundstücks das Inventar zum *Schätzungswerte* mit der Verpflichtung, es bei der Beendigung der Pacht zum Schätzungswerte zurückzugewähren, so gilt insoweit die Spezialvorschrift des § 582 a BGB. Bei Beendigung des Vertragsverhältnisses wird dann das vorhandene Inventar bewertet und eine eingetretene Wertdifferenz ist auszugleichen (§ 582 a Abs. 3 BGB)[140].

Bei dieser Vertragskonstellation trägt die Betriebsgesellschaft die Gefahr des zufälligen Untergangs und muß abhanden gekommene Gegenstände ersetzen. Das Besitzunternehmen erwirbt dann kraft Gesetzes Eigentum an den Ersatzstücken, sobald die Betriebsgesellschaft die angeschafften Gegenstände dem Inventar einverleibt (dingliche Surrogation nach § 582 a Abs. 2 Satz 2 BGB).

Die Bestimmungen der §§ 581 ff. BGB sind *dispositives* Recht. Aus organisatorischen, betriebswirtschaftlichen und steuerlichen Gründen werden – insbesondere bei Pachtverträgen im Rahmen von Betriebsaufspaltungen – vom gesetzlichen Grundmodell abweichende Vereinbarungen getroffen.

Insbesondere kann die Substanzerhaltung, Ersatzbeschaffung und die Vornahme und Finanzierung von Neuinvestitionen durch vertragliche Abmachungen sowohl durch den Verpächter als auch durch den Pächter erfolgen.

Hierbei ist anzuraten, daß der Pächter – über die Pflichten nach § 582 BGB hinaus – auch die *außergewöhnlichen* Instandhaltungen zu tragen hat, weil der Verpächter nach der Betriebsaufspaltung kaum noch über die qualifizierten Arbeitskräfte verfügen dürfte. Ansonsten müßte das Besitzunternehmen mit Arbeitskräften der Betriebsgesellschaft die Instandhaltung für eigene Rechnung ausführen lassen[141].

Da die laufende Inflation und der Innovationsprozeß die Substanz des Betriebs nachhaltig beeinträchtigt, wird dem Pächter nicht selten eine betriebswirtschaftlich durchaus einleuchtende *qualifizierte Substanzerhaltungspflicht* (= Pachtanlagenerneuerungspflicht) auferlegt. Danach verpflichtet sich der Pächter, die Pachtgegenstände nicht nur laufend instand zu halten, sondern auch durch entsprechende Ersatzbeschaffungen zu erneuern und darüber hinaus durch zusätzliche Investitionen technisch und wirtschaftlich auf dem neuesten Stand zu halten. Hat der Pächter im Rahmen einer solchen Erneuerungsverpflichtung lediglich den bei

---

[140] Hierzu weitere Einzelheiten bei Knoppe, S. 28; Heinemann, in: Kölner Handbuch, Tz. 764; Brandmüller, Gruppe 4, S. 126f. (zu den entsprechenden Vorschriften §§ 587–589 BGB a.F.).
[141] Brandmüller, Rdn. D 34.

Pachtbeginn vorhandenen Wertigkeitsgrad der Einrichtungsgegenstände zu erhalten, dann ist es notwendig, den Wertigkeitsgrad der Pachtgegenstände in einer besonderen Anlage zum Pachtvertrag festzuhalten. Für den Fall, daß bei Pachtende Unterschiede in der Wertigkeit zwischen den zurückzugebenden und den bei Pachtbeginn übernommenen Wirtschaftsgütern bestehen sollten, wird zumeist ein Ausgleich des Mehr- oder Minderwerts durch Zahlung vereinbart[142].

Die dadurch bedingte Möglichkeit für die Betriebsgesellschaft, Rückstellungen für höhere Wiederbeschaffungskosten zu bilden und die die Besitzgesellschaft treffende korrespondierende Pflicht, Ersatzbeschaffungsansprüche aktivieren zu müssen, hat zur Folge, daß nicht realisierte Gewinne ausgewiesen werden. Somit ist aus *steuerlichen Gründen* von einer Ersatzbeschaffung durch die Betriebsgesellschaft Abstand zu nehmen[143].

Eigentlich ist es Angelegenheit der Betriebsgesellschaft, die erforderlichen Neuinvestitionen vorzunehmen. Zwecks Vermeidung des Ausweises nicht verwirklichter Gewinne sollten die Neuinvestitionen – ähnlich wie bei den Ersatzbeschaffungen – vom Besitzunternehmen vorgenommen werden. Zudem wird eine für die Kaufmannseigenschaft nach § 2 HGB schädliche Auszehrung des Betriebsvermögens der Besitzgesellschaft vermieden[144].

Alle auf den verpachteten Sachen ruhenden öffentlichen und privaten Lasten hat grundsätzlich der Verpächter zu tragen (§§ 581 Abs. 2, 546, 586a BGB). Abweichend hierzu wird in der Praxis zumeist vereinbart, daß der Pächter die für den Gewerbebetrieb und das Grundstück zu entrichtenden Steuern, Abgaben und sonstigen Lasten zu tragen hat. Hierzu gehören vor allem die Grundsteuer, Kanalgebühren, Straßenreinigungs-, Müllabfuhr- und Schornsteinfegergebühren. Nicht dazu zählen die Vermögensteuer bzw. die Gewerbesteuer, die der Verpächter für die Pachtgegenstände bzw. für seine Verpachtungstätigkeit zu zahlen hat. Der Verpächter hat auch für die Hypotheken- und Grundschuldzinsen aufzukommen, es sei denn, daß der Pächter diese Leistungsverpflichtungen in Anrechnung auf den Pachtzins übernimmt[145].

Ferner sollte im Pacht- und Betriebsüberlassungsvertrag die *Verkehrssicherungspflicht* hinsichtlich des Pachtobjekts geregelt werden. Zwar trifft grundsätzlich die Verkehrssicherungspflicht den Betriebsinhaber (= Betriebsunternehmen)

---

[142] Knoppe, S. 35.
[143] Zur steuerlichen Problematik noch eingehend bei II. 2.4.1.4.
[144] Vgl. die Ausführungen bei I 4.1.5.
[145] Hierzu Knoppe, S. 27 und 34; Heinemann, in: Kölner Handbuch, Tz. 775 und Tz. 906–911; Dehmer, Rdn. 1337–1339.

für die von dem Betrieb und den zu ihm gehörenden Gegenständen ausgehenden Gefahren, deren Verletzung zu unabsehbaren Schadensersatzansprüchen führen kann. Der Verpächter wird aber trotz des Übergangs der Verkehrssicherungspflicht nicht von *seiner* Verkehrssicherungspflicht befreit.

Für ihn wandelt sich vielmehr die allgemeine Verkehrssicherungspflicht in eine *allgemeine Überwachungs- und Aufsichtspflicht* um[146]. Es sollte daher vertraglich vereinbart werden, daß der Verpächter, falls er von Dritten auf Schadensersatz in Anspruch genommen werden sollte, vom Pächter von der Haftung freigestellt wird. Es empfiehlt sich, den Pächter vertraglich zu verpflichten, sich und den Verpächter gegen derartige Haftungsfälle in ausreichender Höhe zu versichern[147].

Darüber hinaus ist die Sicherstellung eines ausreichenden *Versicherungsschutzes* für die Besitzgesellschaft hinsichtlich der in ihrem Eigentum verbleibenden Gegenstände eine unabdingbare Notwendigkeit, die vertraglich eingehend geregelt werden sollte.

### 4.2.3 Pachtzins

Die Bestimmung des angemessenen Pachtzinses für die Überlassung des Betriebes gehört zu den schwierigsten Regelungsmaterien des Pachtvertrages.

Bei Betriebsverpachtungen ist in einigen Branchen (Abbaubetriebe, Handelsunternehmen, Gastronomiegewerbe) ein umsatzbezogener Pachtzins üblich, der monatlich oder vierteljährlich zu zahlen ist. Im Interesse des Verpächters ist es empfehlenswert, die Vereinbarung einer Mindestpacht durchzusetzen, damit er die Gewißheit hat, wenigstens seinen vorher bekannten festen Satz zu erhalten[148].

Diese pauschale, ausschließlich umsatzbezogene Pachtzinsvereinbarung ist – insbesondere bei Produktionsbetrieben – zu grobschlächtig und bedarf einer differenzierten Aufschlüsselung, zumal bei einer Betriebsaufspaltung infolge der personellen Verflechtungen zumeist Interessenidentität herrscht und die Vertragsparteien schon aus *steuerlichen Gründen* gezwungen sind, die Angemessenheit des Pachtzinses in umfassender Weise darzulegen[149].

---

[146] Knoppe, S. 34; Heinemann, in: Kölner Handbuch, Tz. 914; Dehmer, Rdn. 1341; Medicus, Bürgerliches Recht, Rdn. 656; Palandt-Thomas, BGB, § 823 Rdn. 60 m.w.Nachw.
[147] Knoppe, S. 34; Dehmer, Rdn. 1342.
[148] Knoppe, S. 280f.
[149] Zur Auffassung des BFH siehe bei II. 2.4.2.1.3 (Fn. 397ff.).

Als angemessen und steuerlich anzuerkennen ist ein Pachtzins, der auch unter fremden Vertragspartnern üblich ist und grundsätzlich drei Faktoren berücksichtigt:[150]
- Abschreibungsvergütung und Aufwendungsersatz (Wertverzehr)
- Kapitalverzinsung
- Vergütung für die Überlassung immaterieller Werte

Ob eine *Vergütung für den Wertverzehr* überhaupt in Frage kommt, richtet sich nach den vertraglichen Pflichten des Besitzunternehmens hinsichtlich der Erhaltung und Modernisierung der gepachteten Wirtschaftsgüter. Eine Vergütung für den Wertverzehr kommt nämlich nicht in Betracht, wenn vertraglich vereinbart wurde, daß die Wirtschaftsgüter bei Pachtende aufgrund einer qualifizierten Substanzerhaltungspflicht im gleichen Zustand zurückzugeben sind. Ist hinsichtlich der Ersatzbeschaffung und der Vornahme von Neuinvestitionen vertraglich nichts vereinbart worden, dann kann der Verpächter für den Wertverzehr der verpachteten Gegenstände einen Pachtzins in Höhe der handelsrechtlichen üblichen Abschreibungen oder auch eine Umsatzpacht verlangen[151].

Durch die *Kapitalverzinsung* soll die Besitzgesellschaft eine *angemessene Rendite* für die pachtweise überlassenen Wirtschaftsgüter erhalten. Damit sollen die Zinsen vergütet werden, die dieses Kapital bei anderweitigem Einsatz erzielen würde. Über die Höhe des angemessenen Zinsfußes bestehen teilweise unterschiedlichste Auffassungen. Unstreitig ist jedoch, daß ein Zinssatz immer dann angemessen ist, wenn er entsprechend der durchschnittlichen Effektivrendite für langfristige risikolose Kapitalanlagen angesetzt wird. Nach den derzeitigen Verhältnissen wird der angemessene Zinssatz bei ca. 7–7,5% liegen. Je nach Entwicklung des Kapitalmarktes können sich hier zukünftig hinsichtlich der Höhe des Zinsfußes Änderungen nach oben und unten ergeben[152].

Neben dem genannten Richtwert ist noch eine *Risiko*prämie zuzuschlagen, damit den erhöhten Risiken, die eine ungesicherte Kapitalanlage in einem Gewerbebetrieb mit sich bringt, Rechnung getragen wird[153]. Zu eng ist die

---

[150] So Brandmüller, Rdn. D 43; Zartmann/Litfin, S. 549f.; Schuhmann, StBp 81, 265 (273); zu den unterschiedlichen Methoden, den angemessenen Pachtzins zu bestimmen, besonders instruktiv Knoppe, S. 250ff.; Brandmüller, Gruppe 3, S. 133ff.; Dehmer, Rdn. 764ff.

[151] Brandmüller, Gruppe 4, S. 135; ders., Rdn. D 45; Zartmann, S. 104ff.; Zartmann/Litfin, S. 549.

[152] Siehe auch Knoppe, S. 261 m.w.Nach. in Fn. 37; Korn, in: Kölner Handbuch, Tz. 407–411; Brandmüller, Gruppe 4, S. 136 (6–12%, u.U. sogar 15%).

[153] Knoppe, S. 262 mit eingehender Begründung; hierzu Korn, in: Kölner Handbuch, Tz. 408.

Auffassung, die nur dann einen Wagniszuschlag zubilligen will, wenn die Besitzgesellschaft ohne ausreichenden Versicherungsschutz das Risiko des zufälligen Untergangs der Pachtgegenstände zu tragen hat[154].

Nach einer Meinung im Schrifttum sollen auch die Preisbildungsvorschriften für öffentliche Aufträge einen gewissen Anhaltspunkt für die Angemessenheit des Zinssatzes abgeben. Danach erhält der Auftragnehmer in der Regel eine Verzinsung des betriebsnotwendigen Vermögens von 6,5% (dazu einen Gewinn von 1,5% des Vermögens und 1,5% des Selbstkostenumsatzes). Wenn man bedenkt, daß die Selbstkostenumsätze bei Industriebetrieben mindestens die Höhe des Kapitals erreichen, dann ergibt sich eine Verzinsung von 9,5%[155]. Hiergegen wird mit Recht kritisch eingewendet, daß die Unternehmensverpachtung nicht mit der Preiskalkulation einzelner Produktionsgüter gleichgesetzt werden kann[156].

Eine zusätzliche Vergütung *für immaterielle Werte* ist gerechtfertigt, wenn der Betriebsgesellschaft nicht nur körperliche Wirtschaftsgüter, sondern auch Geschäftswerte, Patente, Kundenstamm, Know-how etc. zur pachtweisen Nutzung überlassen werden. Bei der Bemessung des darauf entfallenden Pachtzinses muß berücksichtigt werden, daß die Hauptbedeutung des Pacht- und Betriebsüberlassungsvertrages in der Zurverfügungstellung des Anlagevermögens liegt. Das Pachtentgelt für die Überlassung der immateriellen Werte muß deshalb erheblich unter dem Pachtzins für die Anlagegüter liegen. In der Praxis pflegt man hierfür eine vom Umsatz abhängige Provision in Höhe von 0,5–2% anzusetzen[157]. Teilweise wird behauptet, daß der ursprüngliche Provisionssatz im Hinblick auf eine „Verflüchtigung der immateriellen Werte" jährlich um ca. 0,5% abzuschreiben sei, um schließlich ganz zu entfallen[158].

Hiergegen wird eingewendet, daß dieser immaterielle mit dem Unternehmen permanent verbundene Wert dem Pächter nur zur Nutzung überlassen und von ihm weiter gepflegt werde und nach Ablauf oder Kündigung des Pachtvertrages an den Verpächter zurückzugeben sei, so daß dieser den Pachtwert erhöhende Faktor keiner Abschreibung im Hinblick auf den anteiligen Pachtzins unterliegen könne[159]. Interessengerecht scheint jedoch die Mittelmeinung zu sein, die

---

[154] So aber Zartmann, S. 109.
[155] Brandmüller, Rdn. D 46.
[156] Ebenfalls ablehnend Knoppe, S. 263.
[157] Knoppe, S. 277; Zartmann, S. 109f.; vgl. Brandmüller, Gruppe 4, S. 136 (0,5–1,5%).
[158] Zartmann-Litfin, S. 550; ebenso Korn, in: Kölner Handbuch, Tz. 406, der von einer 5- bis 8jährigen Nutzungsdauer des Geschäftswertes ausgeht; ferner Dehmer, Rdn. 781; Brandmüller, Gruppe 3, S. 108.
[159] So Knoppe, S. 277ff. mit weit ausholender Begründung.

zwischen abnutzungsfähigen immateriellen Wirtschaftsgütern und dem Verbleib eines gewissen Grundbestandes an Geschäftswert, Kundenstamm, technischen Know-how differenziert, so daß man von einem jährlich gleichmäßigen abfallenden umsatzbezogenen Vom-Hundert-Satz ausgeht, diesen aber nach Ablauf von ein paar Jahren (z.B. 3–5 Jahren) als festen Prozentsatz (z.B. 0,75–1,0%) beibehält[160].

Ferner ist zu überlegen, ob der Pachtzins bei einem in der Regel auf längere Zeit abgeschlossenen Pacht- und Betriebsüberlassungsvertrag durch eine *Wertsicherungsklausel* (z.B. Anpassungen des Lebenshaltungskostenindexes) oder einem genehmigungsfreien Leistungsvorbehalt jeweils den veränderten wirtschaftlichen Bedingungen angepaßt werden sollte[161]. Dies kann zumindest dann geboten sein, wenn die Besitzgesellschaft ihre Interessen im Hinblick auf eine spätere Anhebung des Pachtzinses (z.B. infolge Beteiligung mehrerer Familienstämme) nicht durchsetzen kann und/oder die Gesellschafter des Besitzunternehmens von dem Pachtzins ihren Lebensunterhalt bestreiten sollen. Eine echte Wertsicherungsklausel bedarf allerdings nach § 3 WährG der Genehmigung durch die zuständige Landeszentralbank[162].

Um steuerliche Beanstandungen zu vermeiden, muß der Pachtzins grundsätzlich *mit Abschluß* des Pacht- und Betriebsüberlassungsvertrages vereinbart werden. Eine spätere Nachholung – insbesondere eine Erhöhung des Pachtzinses – führt zur Annahme einer verdeckten Gewinnausschüttung[163]. Ein Verstoß gegen das sog. *Nachholungsverbot*[164] liegt nicht vor, wenn der Pachtzins aufgrund eines Sachverständigengutachtens (möglichst auf einem vorher vereinbarten Bewer-

---

[160] So zutreffend Zartmann, S. 110f.
[161] Über Wertsicherungsklauseln und Leistungsvorbehalte gibt Dürkes, Wertsicherungsklauseln, 10. Aufl. (1992), einen umfassenden Überblick; zur Frage der Wertsicherungsklauseln in Pachtverträgen Bulla, DB 75, 965ff.; zur Auslegung einer Wertsicherungsklausel, in der die automatische Anpassung des Pachtzinses bei Änderung des Lebenshaltungskostenindexes vorgesehen ist, BGH Urt. v. 10. 10. 1979 – VIII ZR 277/78 BB 79, 1790.
[162] Dehmer, Rdn. 1309–1314; Brandmüller, Gruppe 4, S. 138; ders., Rdn. D 50; Knoppe, S. 32; ferner Heinemann, in: Kölner Handbuch, Tz. 890/891; zu den Grundsätzen bei der Entscheidung über Genehmigungsanträge nach § 3 des Währungsgesetzes siehe BAnZ Nr. 109 v. 15. 6. 1978 (abgedruckt bei Brandmüller, Gruppe 2/F3–F6) und Pressenotiz der Deutschen Bundesbank v. 6. 4. 1992 BAnZ 1992, 3219 (ebenfalls abgedruckt bei Brandmüller, Gruppe 2/F7) betr. neue Genehmigungsfähigkeit bei Bindung an einen für die neuen Bundesländer berechneten Preisindex.
[163] Hierzu noch bei II. 2.4.2.1.3 (Fn. 394).
[164] Zu den zivilrechtlichen Konsequenzen o.V., GmbHR 84, 215f.

tungsschlüssel basierend) oder einer Wertsicherungs- oder Gleitklausel[165] nachträglich festgelegt wird[166].

## 4.3 Sonstige notwendige Maßnahmen, insbesondere abzuschließende bzw. überzuleitende Verträge

*4.3.1 Bereitstellung von Arbeitskräften*

Die Einrichtung einer Betriebsgesellschaft im Rahmen einer echten Betriebsaufspaltung stellt einen Betriebsübergang i. S. d. § 613 a BGB dar mit der Folge, daß die Betriebsgesellschaft von Gesetzes wegen als neuer Arbeitgeber in die Rechte und Pflichten des im Zeitpunkt des Übergangs bestehenden Arbeitsverhältnisses eintritt[167]. Hierbei ist jedoch zu beachten, daß trotz des Fortbestandes der Arbeitsverhältnisse die handelsrechtlichen Vollmachten (z. B. Prokura) erlöschen[168].

Die betroffenen Arbeitnehmer können dem Übergang ihres Arbeitsverhältnisses widersprechen[169]. In der Regel muß der Widerspruch spätestens innerhalb von drei Wochen erklärt werden[170]. Ein Arbeitnehmer, der in Kenntnis des Betriebsüberganges die Arbeit bei der Betriebsgesellschaft fortsetzt, stimmt dem Übergang seines Arbeitsverhältnisses zu[171]. Macht der Arbeitnehmer von seinem Widerspruchsrecht Gebrauch, so kann dies die Kündigung durch seinen bisherigen Arbeitgeber (Besitzgesellschaft) zur Folge haben[172]. Die Zustimmungspflicht des Arbeitnehmers kann auch dadurch unterlaufen werden, daß der widersprechende Arbeitnehmer zwar weiterhin Angestellter des Besitzunternehmens

---

[165] Hierzu Henninger, DB 69, 195; o. V., DB 71, 1744.
[166] Brandmüller, Rdn. D 51; Knoppe, S. 256 und S. 286 f.
[167] Nachw. bei Fn. 85; hierzu eingehend Birk, ZGR 84, 23 (29 ff.); Sowka, DB 88, 1318 ff; Bork, BB 89, 2181 ff.; Bentler, Das Gesellschaftsrecht der Betriebsaufspaltung, S. 75 ff.
[168] Köhler, BB 79, 912 ff. m. w. Nachw.; Dehmer, Rdn. 1566; Brandmüller, Rdn. B 38; zu zivilrechtlichen Überlegungen bei der *Beteiligung von Mitarbeitern* im Rahmen einer Betriebsaufspaltung Tillmann, GmbHR 92, 30.
[169] Vgl. BAG Urt. v. 30. 10. 1986 – 2 AZR 101/85 DB 87, 942; zu *europarechtlichen Bedenken* hinsichtlich des Widerspruchsrechts des Arbeitnehmers bei Betriebsübergang Meilicke, DB 91, 1326 ff.; Eckert, DStR 92, 1028.
[170] BAG Urt. v. 22. 4. 1993 – 2 AZR 313/92 NJW 94, 2170.
[171] BAG Urt. v. 17. 11. 1977 – 5 AZR 618/76 NJW 78, 1653; Urt. v. 6. 2. 1980 – 5 AZR 275/78 NJW 80, 2149; siehe auch BAG Urt. v. 15. 2. 1984 – 5 AZR 123/82 DB 84, 1403; LAG Nürnberg Urt. v. 4. 12. 1985 – 8 Sa 65/85 BB 86, 941 f. (Rev. nicht zugelassen); ferner Dehmer, Rdn. 1562; Brandmüller, Rdn. C 49; Weimar/Alfes, BB 93, 783 (785).
[172] Auf dieses Druckmittel weist Zartmann, S. 50 hin; vgl. auch Bork, BB 89, 2181 (2183); Lauber-Nöll/Schick, GmbHR 90, 333 (338 f.); Belling/Collas, NJW 91, 1919 (1921).

Die Betriebsaufspaltung im Wirtschaftsrecht

bleibt, jenes jedoch dessen Arbeitskraft gegen Vergütung der Betriebsgesellschaft überläßt. Die Überlassung der Arbeitnehmer ist weder als verbotene Arbeitsvermittlung nach §§ 13, 228 AFG noch als erlaubnispflichtige Arbeitnehmerüberlassung i.S.v. § 1 AÜG mangels Gewerbsmäßigkeit zu qualifizieren, da der Besitzgesellschaft in der Regel nur ihre Kosten ersetzt werden (letzteres str.)[173]. Jedoch ist darauf hinzuweisen, daß die Rechtsfolgen des § 613a BGB nicht dadurch ausgeschlossen werden können, daß die Besitzgesellschaft den Arbeitnehmern kündigt, damit sie anschließend von der Betriebsgesellschaft wieder „neu" eingestellt werden[174].

Ist ein Übergang der Arbeitsverhältnisse erfolgt, dann entsteht für das Besitzunternehmen insoweit ein Vorteil, daß es nur noch für rückständige Leistungen, die innerhalb eines Jahres nach dem Übergang fällig werden (und dies nur zeitanteilig), haftungsmäßig herangezogen werden kann (§ 613a Abs. 2 BGB). Die Enthaftung gilt jedoch nicht für bereits *laufende Versorgungsansprüche* sowie für Ansprüche bereits ausgeschiedener Arbeitnehmer mit unverfallbarer Anwartschaft (streitig)[175]. Die Enthaftung könnte jedoch beim Vorliegen von bloßen verfallbaren Versorgungs*anwartschaften* entfallen, da vor der Betriebsaufspaltung noch kein fälliger Versorgungsanspruch i.S.v. § 613a Abs. 2 BGB entstanden war[176]. In diesem Sachzusammenhang ist darauf hinzuweisen, daß das Bundesarbeitsgericht einen Ausschluß der Nachhaftung (§§ 159, 26 HGB) zwecks Sicher-

---

[173] Dehmer, Rdn. 1567/1568; *a.A.:* Birk, BB 76, 1227 (1229); zum problematischen Tatbestandsmerkmal Gewerbsmäßigkeit BayObLG Beschl. v. 24. 6. 1977 – RReg. 4 St 93/76 BayVBl. 77, 772 und Beschl. v. 31. 3. 1978 – RReg. 4 St 187/77 NJW 78, 1869; OLG Düsseldorf Beschl. v. 11. 12. 1978 – 5 Ss (OWi) 52/78 – 200/78 I NJW 79, 1313; zum Vorruhestand ohne § 128 AFG bei der Betriebsaufspaltung siehe Bauer/Diller, BB 94, 1085 ff.
[174] BAG Urt. v. 20. 7. 1982 – 3 AZR 261/80 DB 83, 50; vgl. a. LAG Düsseldorf Urt. v. 13. 12. 1985 – 9 Sa 781/85 DB 86, 918 f. (Rev. zugelassen).
[175] So ausdrücklich Brandmüller, Gruppe 3, S. 53; Zartmann, S. 50f. und Binz, Die GmbH & Co., S. 527; vgl. BAG Urt. v. 24. 3. 1977 – 3 AZR 649/76 NJW 77, 1791; *a.A.:* Dehmer, Rdn. 1596 (keine Nachhaftung für unverfallbare Versorgungsanwartschaften); ferner Binz/Rauser, BB 80, 897 (900f.); kritisch zur Rechtsprechung Hennerkes/Binz/Rauser, BB 82, 930 (931 ff.); Zartmann und Böttcher/Beinert/Hennerkes/Binz, a.a.O. und Dehmer, Rdn. 865 mit Vorschlägen, durch eine Übernahmevereinbarung zwischen Besitz- und Betriebsgesellschaft und den betroffenen Arbeitnehmern das Besitzunternehmen von der Haftung freizustellen; Zweifel hinsichtlich der Gültigkeit einer solchen Abmachung ergeben sich aus der bei Fn. 180 zitierten BAG-Entscheidung; so auch Brandmüller, Gruppe 3, S. 53.
[176] BAG Urt. v. 19. 1. 1988 – 3 AZR 263/86 DB 88, 1166 für einie Enthaftung bei *bestehenden Versorgungsanwartschaften;* gegen eine Enthaftung LAG Hamm, Urt. v. 16. 1. 1990 – 6 Sa 2384/87 DB 90, 939 (rkr.); Bentler, Das Gesellschaftsrecht der Betriebsaufspaltung, S. 79.

stellung des Zahlungsanspruchs der Arbeitnehmer (insbes. bei Betriebsrenten) abgelehnt hat[177]. Hervorhebenswert ist aber, daß das auf die Besitzgesellschaft verlagerte Anlagevermögen der Haftung der Ansprüche der Arbeitnehmer aus einem evtl. später einmal aufzustellenden Sozialplan entzogen wird[178].

Andererseits haftet die Betriebsgesellschaft für die bereits aus dem Arbeitsverhältnis erwachsenen und vor Betriebsübergang fällig gewordenen Ansprüche der einzelnen Arbeitnehmer. Ferner tritt sie auch in die *unverfallbaren und verfallbaren Versorgungsanwartschaften* aus bei Betriebsübergang *bestehenden* Arbeitsverhältnissen ein[179]. Eine Vereinbarung, wonach der Veräußerer eines Betriebes gegenüber der Belegschaft allein Schuldner bleibt, verstößt gegen § 613a BGB i.V.m. § 4 BetrAVG und ist auch dann nichtig, wenn die versorgungsberechtigten Arbeitnehmer zustimmen[180].

Bei *Handelsvertretern* greift § 613a BGB nicht ein. Durch die Betriebsaufspaltung wird ihr Vertragsverhältnis beendet, so daß ihr Ausgleichsanspruch nach § 89b HGB entsteht. Deshalb ist vor der Betriebsaufspaltung mit Zustimmung des Handelsvertreters eine Überleitung auf die Betriebsgesellschaft erforderlich[181].

Im Schrifttum wird vielfach diskutiert, ob es sinnvoll ist, daß das von der Betriebsgesellschaft übernommene Personal nunmehr auch zusätzlich die laufende Verwaltungsarbeit bei der Besitzgesellschaft tätigt[182].

In einem solchen Fall muß für die Überlassung der Arbeitskräfte ein angemessenes Entgelt der Besitzgesellschaft berechnet werden, da ansonsten von der Finanzverwaltung eine verdeckte Gewinnausschüttung unterstellt wird. In die-

---

[177] BAG Urt. v. 24. 3. 1987 – 3 AZR 384/85 DB 88, 123; hierzu Renaud/Markert, DB 88, 2358 ff.; dies., BB 88, 1060 ff.; Kapp/Ottmanns/Bezler, BB 88, 1897 ff., Reichold, ZIP 88, 551 ff.; Lauber-Nöll/Schick, GmbHR 90, 333 (339); zu den nunmehr zu beachtenden gesetzlichen Einschränkungen bezüglich der zeitlichen Begrenzung der Nachhaftung von Gesellschaftern ist nunmehr vorrangig das *Nachhaftungsbegrenzungsgesetz* zu beachten (v. 18. 3. 1994, BGBl. I S. 560).
[178] Binz, Die GmbH & Co., S. 526; Zartmann, S. 51; vgl. a. Belling/Collas, NJW 91, 1919 (1920).
[179] BAG Urt. v. 24. 3. 1977 – 3 AZR 649/76 NJW 77, 1791; Urt. v. 15. 3. 1979 – 3 AZR 859/77 NJW 79, 2533; Bentler, Das Gesellschaftsrecht der Betriebsaufspaltung, S. 78; Brandmüller, Rdn. B 43; Binz/Rauser, BB 80, 897 (900); Hennerkes/Binz/Rauser, BB 82, 930; Dehmer, Rdn. 1594.
[180] BAG Urt. v. 14. 7. 1981 – 3 AZR 517/80 NJW 82, 1607.
[181] Brandmüller, Gruppe 3, S. 92; Knoppe, S. 33; weitere Einzelheiten bei Heinemann, in: Kölner Handbuch, Tz. 874–879; Dehmer, Rdn. 1485.
[182] Zu diesem Problemkomplex Knoppe, S. 47; Brandmüller, Gruppe 4, S. 138 ff.; Zartmann, S. 38.

sem Zusammenhang ist nochmals zu betonen, daß es im Hinblick auf die Wahrung der Kaufmannseigenschaft des Besitzunternehmens (4.1.5) zumeist besser ist, wenn jenes die Verwaltungstätigkeit in eigener Regie, d.h. ohne Zuhilfenahme von Personal der Betriebsgesellschaft durchführt.

### 4.3.2 Eintritt in laufende Verträge

Damit die Betriebsgesellschaft den übernommenen Betrieb reibungslos fortführen kann, wird es zumeist notwendig sein, daß sie mit Beginn des Pacht- und Betriebsüberlassungsvertrages in alle laufenden, sich auf den Betrieb beziehenden Verträge eintreten kann. Hierbei ist bei jedem Vertrag gesondert zu prüfen, ob diese Verträge überhaupt *übertragbar* sind oder ob die Übertragung von der *Zustimmung des Vertragspartners* abhängig ist.

In der Regel läßt sich die Übertragung eines Vertrages durch Forderungsübertragung und Schuldübernahme gem. §§ 414, 415 BGB in einem einzigen Akt durchführen, sofern der Vertragspartner zustimmt. Ansonsten muß statt der befreienden Schuldübernahme ein nicht der Zustimmung des Dritten unterliegender Schuldbeitritt vereinbart werden, bei dem die Haftung der Besitzgesellschaft bestehen bleibt.

Bei der Überlassung von vermieteten und verpachteten Gegenständen oder Grundstücken an die Betriebsgesellschaft bedarf es zwingend einer Zustimmung des Vermieters bzw. Verpächters (arg. § 549 BGB). Wird die Erlaubnis zur Weitervermietung verweigert, so hat die Besitzgesellschaft ein Kündigungsrecht (§ 549 Abs. 1 S. 2 BGB). Obige Ausführungen gelten für Leasingverträge entsprechend, da jene als ausgestaltete Mietverträge qualifiziert werden[183].

Problemlos ist der Eintritt in die laufenden Versicherungsverträge, die nach §§ 69 Abs. 1 und 151 Abs. 2 VVG kraft Gesetzes auf die Betriebsgesellschaft übergehen[184].

---

[183] Siehe statt aller Palandt-Putzo, BGB, vor § 535 Rdn. 32–38 m.w.Nachw.; weitere Einzelheiten bei Brandmüller, Rdn. C 72/73; ders., Gruppe 3, S. 88; Dehmer, Rdn. 1499–1500.
[184] Hierzu eingehend Dehmer, Rdn. 1481–1484.

ABSCHNITT II:

## Die Betriebsaufspaltung im Steuerrecht

### 1. Abgrenzung der Betriebsaufspaltung zu anderen Rechtsinstituten

#### 1.1 Mitunternehmerschaft

Das Konkurrenzverhältnis zwischen der Mitunternehmerschaft (§ 15 Abs. 1 Nr. 2 EStG) und der Betriebsaufspaltung wird nach h. M. dahingehend gelöst, daß die gesetzlich geregelte Mitunternehmerschaft dem von der Rechtsprechung kreierten Institut der Betriebsaufspaltung im Wege der Spezialität vorgeht[1]. Dies bedeutet, daß der (die) Besitzunternehmer Mitunternehmer der Betriebsgesellschaft sein kann (können), wobei letztere zwangsläufig Mitglied der Mitunternehmerschaft sein wird. Dies hätte die steuerschädliche Folge, daß sämtliche Tätigkeitsvergütungen des Mitunternehmers der Gewerbesteuer unterliegen.

Hierbei muß jedoch hervorgehoben werden, daß der klassische Prototyp der Betriebsaufspaltung nicht die Mitunternehmerschaftskriterien erfüllt. Die Ursache liegt darin, daß sich das Institut der Betriebsaufspaltung als „Rechtsform" mit seinen allseitig akzeptierten Rechtsfolgen anerkanntermaßen verselbständigt hat[2].

Für die Praxis stellt sich somit das Problem der Abgrenzung der Betriebsaufspaltung von der Mitunternehmerschaft nur bei *atypischen Gestaltungen*[3]. Folgende Faustformel kann hierzu vorweggenommen werden: Je enger die vertragliche wirtschaftliche Bindung des Besitzunternehmens an die Betriebsgesellschaft ist, desto mehr wird die Konstruktion in die Nähe der Mitunternehmerschaft gerückt[4]. Beherrscht der Besitzunternehmer also nicht nur die Betriebsgesellschaft, sondern erfüllt er darüber hinaus in bezug auf den Betrieb der Besitzgesell-

---

[1] So zuletzt BFH Urteil v. 3. 2. 1994 – III R 23/89 DB 94, 1602 (1603); L. Schmidt, DStR 79, 699 (705); Brandmüller, Rdn. C 142; Schulze zur Wiesche, GmbHR 82, 260 (264); Lucas, FR 83, 389 (393); *a. A.:* Beckschäfer, BB 83, 630 (631) aufgrund einer Analyse der BFH-Rechtsprechung; differenzierend Dehmer, Rdn. 502–525; zur Abgrenzung mittelbarer Mitunternehmerschaft und Betriebsaufspaltung kraft mittelbarer Beherrschung (dazu bei Fn. 51 ff.) siehe Märkle, WPg 87, 68 (76).
[2] Streck, in: Kölner Handbuch, Tz. 360; Dehmer, Rdn. 524.
[3] Zum Wiesbadener Modell siehe bei 2.2.1.4 (Fn. 124 ff.).
[4] Vgl. Fichtelmann, Rdn. 82.

schaft die Mitunternehmerschaftskriterien, dann liegt in toto eine Mitunternehmerschaft vor[5].

Bei der Kumulation von folgenden Faktoren wird von der Rechtsprechung keine Betriebsaufspaltung, sondern eine Mitunternehmerschaft angenommen[6]:
– abgesicherte Geschäftsführung des Besitzunternehmers mit erfolgsabhängigen Bezügen (Unternehmerrisiko). Eine Mitunternehmerschaft zwischen Besitzgesellschaft, Betriebsgesellschaft und geschäftsführendem Gesellschafter wird dann für möglich gehalten, wenn diesem eine *Tantieme in erheblichem Umfange* (z.B. mehr als 10%) zugestanden wird[7].
– aufgrund der Vertragsgestaltung ist der Besitzunternehmer in der Lage, *alle* unternehmerischen Entscheidungen allein zu treffen (komplexe Unternehmerinitiative)
– kurzfristig kündbarer Pachtvertrag[8]
– starke finanzielle Abhängigkeit der Betriebsgesellschaft von dem Besitzunternehmer (Unternehmerrisiko)

---

[5] Streck, in: Kölner Handbuch, Tz. 365; Söffing, FR 91, 253 (258f.); ders., FR 92, 185 (190f.).

[6] BFH Urt. v. 29. 1. 1976 – IV R 97/74 BStBl. 76 II, 332; FG Bad.-Württ. Urt. v. 29. 9. 1983 – I 319/80 (Rev. eingelegt) EFG 84, 281 f.; hierzu Streck, in: Kölner Handbuch, Tz. 365; ders., FR 80, 83 (85); Wolf/Hinke, 06/2, S. 3; L. Schmidt, DStR 79, 671 (676); weitere Fallgestaltungen bei Schulze zur Wiesche, GmbHR 82, 260 ff.
Wie widersprüchlich die Rechtsprechung die Mitunternehmerschaft bei der Betriebsaufspaltung behandelt, zeigt das Urteil des FG Bremen vom 23. 11. 1979 – I 76, 79/78 (rkr.) EFG 80, 180:
„Ein Gewerbetreibender, der sein bisheriges Einzelunternehmen auf eine Familien-GmbH & Co. KG in der Weise überträgt, daß er ihr das Anlagevermögen verpachtet und das Umlaufvermögen verkauft, wobei er den Kaufpreis als Darlehensforderung stehen läßt, kann, auch wenn er Geschäftsführer der Komplementär-GmbH ist, nicht Mitunternehmer des von der KG betriebenen Unternehmens sein, wenn er zivilrechtlich weder Gesellschafter der KG noch der GmbH ist. Die Zahlungen, die er als Geschäftsführer, Verpächter und Darlehensgläubiger von der KG erhält, sind für ihn nicht Einkünfte aus Gewerbebetrieb i.S.d. § 15 Abs. 1 Nr. 2 EStG (gegen BFH-Urteil vom 29. 1. 1976 IV R 97/74, BFHE 118, 198, BStBl. II 1976, 332)."

[7] So Heinemann, DStZ 84, 37 (42); Fichtelmann, Rdn. 82; zu den Voraussetzungen einer *verdeckten Mitunternehmerschaft* BFH Urt. v. 5. 6. 1986 – IV R 272/84 BStBl. 86 II, 802; Urt. v. 22. 10. 1987 – IV R 17/84 BStBl. 88 II, 62; Urt. v. 6. 12. 1988 – VIII R 362/83 BStBl. 89 II, 705; Urt. v. 13. 7. 1993 – VIII R 50/92 BStBl. 94 II, 282; siehe auch Schulze zur Wiesche, WPg 89, 329 (332).

[8] Offen ist, ob die Rechtsprechung eine Mitunternehmerschaft bei einem langfristigen Pachtvertrag bejaht hätte, hierzu L. Schmidt, FR 76, 260 (261); ders., DStR 79, 671 (676).

Ist die Betriebs-GmbH *gleichzeitig* Komplementärin der Besitz-GmbH & Co. KG, dann besteht die Gefahr, daß von der Finanzverwaltung eine einheitliche Mitunternehmerschaft angenommen wird[9].

Beherrscht der Besitzunternehmer dagegen *nur* die Betriebsgesellschaft (begrenzte Unternehmerinitiative), so ist selbst beim Vorliegen der sonstigen Merkmale ausschließlich eine Betriebsaufspaltung anzunehmen[10]. Die logisch nicht zwingenden und im Einzelfall auslegungsbedürftigen vagen Abgrenzungskriterien bringen für die Beratungspraxis erhebliche Risiken bei geplanten Betriebsaufspaltungen mit sich[11].

## 1.2 Betriebsverpachtung

Das Rechtsinstitut der Betriebsverpachtung ist der Betriebsaufspaltung und der Mitunternehmerschaft *nachgeordnet*[12]. Liegen also die Voraussetzungen einer Betriebsaufspaltung oder Mitunternehmerschaft vor, dann treten die Grundsätze der Betriebsverpachtung im Wege der Subsidiarität zurück. Hierbei muß hervorgehoben werden, daß die steuerlichen Voraussetzungen der Betriebsaufspaltung und der Mitunternehmerschaft so weit gezogen werden, daß der Anwendungsbereich der reinen Betriebsverpachtung nur sehr begrenzt ist.

Beim Beginn der Betriebsverpachtung wird dem Verpächter ein Wahlrecht eingeräumt[13]. Er kann seinen Betrieb aufgeben und die stillen Reserven realisieren (§§ 16, 34 EStG); zukünftig erzielt er dann Einkünfte aus Vermietung und Verpachtung. Er kann stattdessen seinen Betrieb fortsetzen – was von der Finanzverwaltung bei fehlender Betriebsaufgabeerklärung unterstellt wird – mit der Folge, daß die Pachtzinsen Einkünfte aus Gewerbebetrieb darstellen, *ohne* jedoch der Gewerbesteuer zu unterliegen[14].

---

[9] Darauf weist Streck, in: Kölner Handbuch, Tz. 363 mit Recht hin; zur anderweitigen Abgrenzung beachte BFH Urt. v. 28. 1. 1986 – VIII R 335/82 BStBl. 86 II, 599: „Werden die Geschäfte einer GmbH & Co. KG kraft Anstellungsvertrag von beiden Alleingesellschaftern und Geschäftsführern der GmbH geführt, die nicht zugleich Gesellschafter der KG sind, so sind die Geschäftsführer schon mangels eines Unternehmerrisikos *nicht* Mitunternehmer der KG."

[10] Streck, in: Kölner Handbuch, Tz. 367; ders., FR 80, 83 (85); vgl. BFH Urt. v. 29. 7. 1976 – IV R 145/72 BStBl. 76 II, 750.

[11] Kritisch zur Rechtsprechung auch Streck, in: Kölner Handbuch, Tz. 368/369.

[12] L. Schmidt, DStR 79, 671 (675); Brandmüller, Gruppe 4, S. 20.

[13] Hierzu R 139 Abs. 5 EStR 1993; BdF Schr. v. 17. 10. 1994 – IV B22 – S 2242 – 47/94 BStBl. 94 I, 771; Fin. Min. NRW v. 28. 12. 1964 S 2150 bzw. S 2151 – 10 V B 1 BStBl. 65 II, 5; ferner Knoppe, S. 73 ff.; Dehmer, Rdn. 562.

[14] Abschn. 15 Abs. 2 GewStR 1990.

## 1.3 Betriebsführungsvertrag

Eine weitere Variante der Betriebsüberlassungsverträge ist der sog. Betriebsführungsvertrag. Im Anschluß an § 292 Abs. 1 Nr. 3 AktG wird unter einem Betriebsführungsvertrag der Fall verstanden, daß eine Gesellschaft eine andere Gesellschaft beauftragt, den Betrieb der erstgenannten Gesellschaft für deren Rechnung zu führen, und zwar entweder im Namen des Auftraggebers oder im eigenen Namen des Beauftragten. Hier liegt in der Regel eine entgeltliche Geschäftsbesorgung (§ 675 BGB) vor[15].

Der BFH unterscheidet zwischen dem nach außen in Erscheinung tretenden Pachtvertrag und dem nur im *Innenverhältnis* wirksamen Betriebsführungsvertrag, wobei beide steuerlich gleich behandelt werden. An den Nachweis eines Betriebsführungsvertrages werden jedoch strenge Anforderungen gestellt[16]. Folglich kann eine Betriebsaufspaltung – ohne Verpachtung der wesentlichen Betriebsgrundlagen – auch durch einen Betriebsführungsvertrag verwirklicht werden[17].

Der Auftraggeber, auf dessen Rechnung und Gefahr das Unternehmen weiterhin von der Betriebsgesellschaft geführt wird, bleibt Unternehmer. Er bleibt weiterhin Gewerbebetreibender i.S.d. § 15 Abs. 1 EStG. Im Gegensatz zur gewerblichen Betriebsverpachtung hat die überlassende Personengesellschaft keine Möglichkeit, durch eine Betriebsaufgabeerklärung das Betriebsvermögen in das Privatvermögen zu überführen. Die an die Betriebsführungsgesellschaft gezahlten Vergütungen stellen bei der überlassenden Gesellschaft grundsätzlich Betriebsausgaben dar, soweit sie betrieblich veranlaßt sind. Bei der Betriebsführungsgesellschaft sind der Auslagenersatz und die gewährten Vergütungen grundsätzlich als Betriebseinnahmen zu behandeln[18].

---

[15] Schulze zur Wiesche, BB 83, 1026f.; Burhoff, NWB, Fach 18, S. 2613ff.; U. H. Schneider, JbFfSt 82/83, 387 (401ff.); Huber, ZHR 88, 1ff.; ders., ZHR 88, 123ff.; Keller, DB 94, 2097ff.; Baumbach/Hueck, AktG, § 292 Anm. 14; Heinemann, in: Kölner Handbuch, Tz. 705 und Tz. 870; ferner BGH Urt. v. 5. 10. 1981 – II ZR 203/80 WM 82, 394ff.; hierzu Löffler, NJW 83, 2920ff.

[16] BFH Urt. v. 8. 11. 1960 – I 131/59 S BStBl. 60 III, 513; Schulze zur Wiesche, BB 83, 1026 (1028f.); Korn, in: Kölner Handbuch, Tz. 671; Fichtelmann, S. 8; Brandmüller, Gruppe 4, S. 124.

[17] Wolf/Hinke, 06/2, S. 6; Brandmüller, Gruppe 4, S. 124; vgl. BFH Urt. v. 8. 11. 1960 – I 131/59 S BStBl. 60 III, 513; ferner Schulze zur Wiesche, BB 83, 1026 (1028) hinsichtlich der Parallelen bei der Behandlung der Gesellschaftsanteile als Betriebsvermögen.

[18] Schulze zur Wiesche, BB 83, 1026 (1028).

## 2. Ertragsteuerliche Behandlung der Betriebsaufspaltung

### 2.1 Steuerliche Anerkennung der Betriebsaufspaltung

Die steuerliche Anerkennung der Betriebsaufspaltung ist inzwischen Allgemeingut der Verwaltungspraxis und der Steuerrechtsprechung geworden[19]. Die Betriebsaufspaltung ist ein fester Bestandteil steuerlich möglicher Gestaltungsformen und gibt damit ein Beispiel dafür, daß die zivilrechtlich gewählte Rechtsform, auch wenn neben sachlich wirtschaftlichen und personellen Gründen das Kriterium der Steuereinsparung eine Rolle spielt, auch steuerliche Anerkennung finden kann. Nur in gravierenden Ausnahmefällen kann im Hinblick auf § 42 AO die Anerkennung verweigert werden. Ein solcher Ausnahmefall liegt *nicht* schon dann vor, wenn die Weiterführung in Gestalt einer Besitzgesellschaft nur der Vermeidung der Aufdeckung der stillen Reserven dient[20]. Eine Nichtanerkennung kann aber dann in Betracht kommen, wenn an deren Ernsthaftigkeit Zweifel bestehen, z. B. bei Ungewöhnlichkeit des Pachtvertrages oder einzelner Teile[21].

Obwohl das Steuerrecht die Aufteilung eines wirtschaftlich einheitlichen Unternehmens unter Funktionsteilung in mehrere rechtlich selbständige Unternehmen akzeptiert, so können dennoch in verfassungsrechtlich nicht zu beanstandender Weise Konsequenzen gezogen werden, die der besonderen Gestaltung Rechnung tragen. Die Folgerungen sind insbesondere die Gewerbesteuerpflicht des Besitzunternehmens trotz vermögensverwaltender Tätigkeit (Fiktion einer fortgeführten gewerblichen Tätigkeit und damit Buchwertfortführung) und die Qualifizierung der Anteile an der Betriebsgesellschaft in der Hand des Besitzunternehmens als notwendiges Betriebsvermögen[22].

Die Aufgabe der Geprägerechtsprechung durch den Großen Senat des BFH[23] hat auch vorübergehend neue Akzente in der Betriebsaufspaltungsdiskussion gesetzt. Prompt nach der Verkündung des o. a. BFH-Beschlusses ist im Schrifttum die Behauptung aufgestellt worden, daß aufgrund dieser *isolierenden Betrachtungsweise* das Besitzunternehmen nur noch Einkünfte aus Vermietung und Verpachtung erzielen kann. Die Argumentation, die Gewerblichkeit der

---

[19] Einen Überblick über die Entwicklung und Anerkennung der Betriebsaufspaltung in der höchstrichterlichen Steuerrechtsprechung gibt Knoppe, S. 176 ff.
[20] BFH Urt. v. 14. 11. 1969 – III 218/65 BStBl. 70 II, 302 (303).
[21] BFH Urt. v. 8. 11. 1960 – I 131/59 S BStBl. 60 III, 513 (514).
[22] BVerfG Beschl. v. 14. 1. 1969 – 1 BvR 136/62 BStBl. 69 II, 389 mit Anm. Labus, BB 69, 351 f; BVerfG Beschl. v. 12. 3. 1985 – 1 BvR 571/81, 1 BvR 494/82 u. 1 BvR 47/83 BStBl. 85 II, 475 (480).
[23] Beschl. v. 25. 6. 1984 – GrS 4/82 BStBl. 84 II, 751.

Einkünfte (der Besitzgesellschaft) über die Aktivitäten des Betriebsunternehmens zu begründen (= prägen), sei nunmehr angeblich obsolet[24]. Aufgrund einer ursprünglich geplanten Gesetzesänderung des § 15 EStG sollte klargestellt werden, daß es sich bei der Vermietung und Verpachtung betrieblicher Wirtschaftsgüter im Rahmen einer Betriebsaufspaltung um eine gewerbliche Tätigkeit handelt[25]. Von einer Kodifizierung dieses Rechtsinstituts ist jedoch Abstand genommen worden[26]. Die *Judikatur* hat nunmehr klargestellt, daß trotz der *Aufgabe der Geprägerechtsprechung weiterhin am Rechtsinstitut der Betriebsaufspaltung festgehalten* wird[27].

## 2.2 Voraussetzungen der Betriebsaufspaltung

Die Gewerbesteuerpflicht ist das zentrale Problem bei der Betriebsaufspaltung. Hieraus leiten sich alle anderen, die besonderen Fragen der Betriebsaufspaltung betreffenden Konsequenzen ab. Für die Frage, ob sich das Besitzunternehmen gewerblich betätigt, ist es nicht entscheidend, ob es mit dem Betrieb der Betriebsgesellschaft ein einheitliches Unternehmen bildet. Die gewerbesteuerliche Behandlung hat an sich von zwei Unternehmen auszugehen. Die Gewerbesteuerpflicht des Besitzunternehmens ist gegeben, wenn die *personelle* und *sachliche* Verflechtung der Besitzgesellschaft mit der Betriebsgesellschaft dergestalt ist, daß das Besitzunternehmen durch die Verpachtungstätigkeit über die Betriebskapitalgesellschaft am allgemeinen wirtschaftlichen Verkehr teilnimmt[28].

---

[24] So besonders prononciert Felix, DStZ 84, 575 ff., ders., BB 85, 1970 f.; ebenso Jurkat, GmbHR 85, 86 ff.; Barth, BB 85, 648 (649); Irmler, BB 85, 1127 f.; Dornfeld, Die neuen Grundsätze für die Besteuerung von Personengesellschaften (1985), S. 91 f.; Streck, DStR 86, 3 (4); differenzierend Herzig/Kessler, DB 85, 2528 (2530 f.); hierzu List, GmbHR 85, 401 f.; Schulze zur Wiesche, WPg 85, 65 (73 f.); Bordewin, FR 85, 98; Dehmer, Rdn. 5; Kaligin, Das neue Gepräge-Gesetz (1986), S. 40 ff.; ders., DStZ 86, 131 f.; zur Folgeproblematik der Zwangsrealisierung von stillen Reserven durch die Aufgabe der Geprägerechtsprechung siehe Knobbe-Keuk, BB 85, 473 (477).

[25] BR/Drucks. 165/85 und BT/Drucks. 10/3663 (RegE eines Gesetzes zur vordringlichen Regelung von Fragen der Besteuerung von Personengesellschaften); hierzu Bordewin, BB 85, 1548 (1555 f.); Schulze zur Wiesche, WPg 85, 579; Woerner, BB 85, 1609; Dehmer, Rdn. 6; zu den Auswirkungen auf die erweiterte Kürzungsvorschrift des § 9 Nr. 1 Satz 2 GewStG Garny, DStZ 85, 515.

[26] Zu den dadurch zwischenzeitlich aufgetretenen Zweifelsfragen siehe Kaligin, Das neue Gepräge-Gesetz, S. 40 ff.; ders., DStZ 86, 131 (134); Dehmer, Rdn. 6.

[27] BFH Urt. v. 12. 11. 1985 – VIII R 240/81 BStBl. 86 II, 296; Urt. v. 23. 10. 1986 – IV R 214/84 BStBl. 87 II, 120 (121); hierzu Sack, GmbHR 86, 352 (257); Schilling, BB 86, 1548 (1550 f.); Döllerer, GmbHR 86, 165 (169 f.); Mahrenholtz FR 86, 185; Meyer-Arndt, BB 87, 942; Döllerer, ZGR 87, 443 (463); Ranft, DStZ 88, 79 ff.; Autenrieth, DStZ 89, 280; Tiedtke/Gareiss, GmbHR 91, 202 (205 f.); Dehmer, Rdn. 6.

[28] Hierzu grundlegend BFH Beschl. v. 8. 11. 1971 GrS 2/71 BStBl 72 II, 63.

Die Gewerbesteuerpflicht des Besitzunternehmens kann nur einheitlich beurteilt werden. Sie erstreckt sich auf den Ertrag des gesamten Unternehmens, auch wenn nicht alle Gesellschafter zusätzlich an der Betriebsgesellschaft beteiligt sind. Auch diese Gesellschafter der Besitzgesellschaft sind Mitunternehmer[29].

### 2.2.1 Personelle Voraussetzungen

#### 2.2.1.1 Mehrheit von Personen bei Besitz- und Betriebsgesellschaft (Bestimmung der erforderlichen Beteiligungsverhältnisse)

Ein essentielles Kriterium für die Anerkennung der Betriebsaufspaltung ist die personelle Verflechtung der Besitz- und Betriebsgesellschaft. Die Anwendung dieses Postulats bereitet jedoch der Praxis auch heute noch beträchtliche Schwierigkeiten. Lange Zeit blieb umstritten, ob beim Besitzunternehmen und bei der Betriebsgesellschaft Personen- und Beteiligungsidentität bestehen muß[30] oder ob die Beherrschung der beiden Gesellschaften durch dieselben Personen auch bei jeweils unterschiedlichen Beteiligungsquoten genügt[31]. Der daraufhin angerufene Große Senat des BFH[32] gibt in seiner Entscheidung die Theorie vom „wirtschaftlich einheitlichen Unternenmen" auf (Idealfall der Betriebsaufspaltung). Dem Gebot personeller Verflechtung ist bereits Genüge getan, wenn die hinter den beiden rechtlich selbständigen Unternehmen stehenden Personen einen *einheitlichen geschäftlichen Betätigungswillen* haben. Dieser ist zu bejahen, wenn die Person oder Personengruppe, die das Besitzunternehmen tatsächlich beherrscht, in der Lage ist, auch in der Betriebsgesellschaft ihren Willen durchzusetzen. Maßgebend sind hierbei die Verhältnisse des Einzelfalles. An den Nachweis des einheitlichen geschäftlichen Betätigungswillens sind *strenge Anforderungen* zu stellen[33].

---

[29] BFH Urt. v. 2. 8. 1972 – IV 87/65 BStBl. 72 II, 796; verfassungsrechtlich gebilligt durch BVerfG Beschl. v. 15. 7. 1974 – 1 BvR 500/72 HFR 74, 459; Herrmann/Heuer/Raupach, EStG, § 15 Anm. 13e (3); Streck, in: Kölner Handbuch, Tz. 276; Dehmer, Rdn. 39; kritisch o. V., DB 72, 2089 f.; zu weiteren Einzelheiten zum Umfang der Gewerbesteuerpflicht beim Besitzunternehmen Zartmann, S. 77 f.; Wendt, GmbHR 83, 20 (25); a.A. Söffing, KÖSDI 84, 5763 ff.; Herzig/Kessler, DB 85, 2528 (2531) und zweifelnd Knoppe, S. 213 im Hinblick auf die Aufgabe der Geprägerechtsprechung (vgl. die Ausführungen bei Fn. 23 ff.); im Ergebnis ebenso Schulze zur Wiesche, BB 87, 1301 f.

[30] So in der Tat die damalige Auffassung des I. BFH-Senats, siehe Urt. v. 3. 12. 1969 – I 231/63 BStBl. 70 II, 223 und Urt. v. 12. 3. 1970 – I R 108/66 BStBl. 70 II, 439.

[31] Dafür der IV. Senat des BFH Urt. v. 25. 7. 1968 – IV R 261/66 BStBl. 68 II, 677; Urt. v. 9. 7. 1970 – IV R 16/69 BStBl. 70 II, 722 (723).

[32] BFH Vorlagebeschluß v. 16. 7. 1970 – IV 87/65 BStBl. 71 II, 182.

[33] BFH Beschl. v. 8. 11. 1971 – Gr S 2/71 BStBl. 72 II, 63; FG München Urt. v. 5. 7. 1990 – 6 K 6066/85 EFG 91, 416 (rkr.); FG München Urt. v. 15. 11. 1990 – 6 K 6118/80 EFG 91, 417 (Rev. eingelegt).

Für das Vorliegen eines einheitlichen geschäftlichen Betätigungswillens kommt es nicht darauf an, ob durch besondere Bestimmungen in den Gesellschaftsverträgen oder durch andere besondere Vereinbarungen über Stimmrecht und Geschäftsführung das einheitliche Handeln der hinter den beiden Unternehmen stehenden Personen nachgewiesen ist; entscheidend und ausreichend ist allein die Identität dieser Personen bei beiden Unternehmen und deren Anteilsbesitz. Es ist daher grundsätzlich davon auszugehen, daß die Personen, die an beiden Gesellschaften beteiligt sind, eine durch *gleichgerichtete Interessen* zusammengeschlossene Personengruppe darstellen, die die enge wirtschaftliche Verflechtung der beiden Unternehmen begründet und durch ihre Einheit und ihre Doppelstellung befähigt ist, beide Gesellschaften faktisch zu beherrschen (sog. *Gruppentheorie*)[34]. Die Anwendung der sog. Personengruppentheorie ist nicht ausgeschlossen, wenn die Beteiligung durch Erbgang erworben wird[35]. Das Vorliegen eines einheitlichen geschäftlichen Betätigungswillens (= Addition von Gesellschaftsanteilen) muß jedoch zwingend aufgrund einer Analyse sämtlicher Beherrschungskriterien (dazu bei 2.2.1.3) anhand aller Umstände des Einzelfalles festgestellt werden.

Die Auslegung des unbestimmten Rechtsbegriffs „einheitlicher geschäftlicher Betätigungswille" hat in der Folgezeit erneut zu Divergenzen zwischen den BFH-Senaten geführt. So forderte der I. Senat, daß die herrschende Person oder die herrschende Gruppe von Personen in der Betriebsgesellschaft im Hinblick auf § 53 Abs. 2 GmbHG mindestens 75% der Stimmen auf sich vereinigen müsse[36]. Er hielt sogar eine Sperrminorität von 10% im Einzelfall für ausreichend, um eine Betriebsaufspaltung zu verneinen[37]. Dieser Senat ließ bereits allein die Möglichkeit eines Interessengegensatzes genügen, um eine beherrschende Gruppe zu negieren. Anders als der I. Senat sah es der IV. Senat für die Annahme einer Betriebsaufspaltung als ausreichend an, wenn eine Person oder eine Gruppe von Personen in beiden Unternehmen über 50% der Stimmen verfügt[38]. Die abweichende Ansicht des I. Senats des BFH, wonach eine Mehrheit der Anteile von

---

[34] BFH Urt. v. 2. 8. 1972 – IV 87/65 BStBl. 72 II, 796; zuletzt bestätigt BFH Urt. v. 24. 2. 1994 – IV R 8–9/93, BStBl. 94 II, 466; Schmidt, EStG, § 15 Anm. 144 a m. w. N.; Schulze zur Wiesche, GmbHR 94 (98); Märkle, BB 94, 831 ff.; Fichtelmann, Rdn. 101; Zartmann, S. 67 f.; Woerner, DStR 86, 735 (736 u. 738); Döllerer, GmbHR 86, 165 (167 f.).
[35] BFH-Urt. v. 28. 1. 1993 – IV R 39/92 BFH/NV 93, 528 (529).
[36] BFH Urt. v. 18. 10. 1972 – I R 184/70 BStBl. 73 II, 27.
[37] BFH Urt. v. 19. 4. 1972 – I R 15/70 BStBl. 72 II, 634 (635).
[38] BFH Urt. v. 2. 8. 1972 – IV 87/65 BStBl. 72 II, 796; vgl. auch Urt. v. 20. 9. 1973 – IV R 41/69 BStBl. 73 II, 869 (871).

## Ertragsteuerliche Behandlung der Betriebsaufspaltung

75% zu fordern sei, hat dieser durch seine Entscheidung vom 28. 11. 1979[39] aufgegeben. In diesem Fall wurde die GmbH-Beteiligung von 95,3% nur zu 63,06% von den Gesellschaftern der Besitzpersonengesellschaft gehalten, und es gehörten der Besitzpersonengesellschaft auch Personen an, die an der GmbH nicht beteiligt waren. Entscheidend ist lediglich, daß die Personen, die die Betriebsgesellschaft beherrschen, ihren Willen auch in der Besitzgesellschaft durchsetzen können[40]. Die nunmehr gefestigte Rechtsprechung entspricht der Auffassung der Finanzverwaltung, die stets von dem Erfordernis einer nur *einfachen Mehrheit* ausging[41].

Nach alledem genügt somit, daß die gleichen Personen jeweils zu mehr als die Hälfte an dem Besitzunternehmen und der Betriebsgesellschaft beteiligt sind (sog. Gruppentheorie)[42]. Die Anwendung der sog. Gruppentheorie ist nicht dadurch ausgeschlossen, wenn die Beteiligung durch *Erbgang* erworben wurde[43]. Die unterschiedliche Beteiligung der einzelnen Mitglieder der Personengruppe in den beiden Gesellschaften ist grundsätzlich unschädlich. Dies soll an folgenden Beispielsfällen veranschaulicht werden[44]:

*Fall 1*[45]:
Besitzgesellschaft: 20 : 30 : 30 = 80,00%
Betriebsgesellschaft: 20 : 15 : 50 = 85,00%

*Fall 2*[46]:
Besitzgesellschaft: 50 : 50 = 100,00%
Betriebsgesellschaft: 88 : 12 bzw. 98 : 2[47] = 100,00%

---

[39] I R 141/75 BStBl. 80 II, 162.
[40] BFH a.a.O.
[41] Fin.Min. Nds. Erl. v. 26. 3. 1973 – G 1400-24-31 3 BB 73, 511; Fin.Min. Nds. Erl. v. 21. 2. 1974 – G 1400-24-31 2 BB 74, 360 (koordinierter Ländererlaß) mit Anm. Labus; zur Anwendbarkeit der Grundsätze der Betriebsaufspaltung bei gemeinnützigen Einrichtungen siehe Fin.Min. Nds. Erl. v. 29. 12. 1981 – S 2729-35-31 2a DB 82, 153; ferner Sadrinna/Meier, DStR 88, 737 ff.; Herbert, FR 89, 298 f.
[42] Nachw. in Fn. 34.
[43] BFH Urt. v. 28. 1. 1993 – IV R 39/92 BFH/NV 93, 528.
[44] Hierzu Knoppe, S. 182; Wolf/Hinke, 06/3.1; Streck, in: Kölner Handbuch, Tz. 205–208; o.V., GmbHR 94, 608.
[45] BFH Urt. v. 2. 8. 1972 – IV 87/65 BStBl. 72 II, 796 (798).
[46] BFH Urt. v. 23. 11. 1972 – IV R 63/71 BStBl. 73 II, 247; Urt. v. 11. 12. 1974 – I R 260/72 BStBl. 75 II, 266 (268); Urt. v. 18. 3. 1993 – IV R 96/92 BFH/NV 94, 15.
[47] BFH Urt. v. 18. 3. 1993 – IV R 96/92 BFH/NV 94, 15; Urt. v. 24. 2. 1994 – IV R 8–9/93 DStR 94, 856; a.A. FG Düsseldorf Urt. v. 25. 11. 1993 – 8 K 319/90 F EFG 94, 482 (Rev. eingelegt; Az. b. BFH: IV R 21/94).

*Fall 3*[48]:
Besitzgesellschaft: 12,5 : 37,5 : 4,34 = 54,34 %
Betriebsgesellschaft: 12,5 : 37,5 : 50 = 100,00 %

*Fall 4*[49]:
Besitzgesellschaft: 30 : 10 : 15 = 55,00 %
Betriebsgesellschaft: 25 : 15 : 20 = 60,00 %

Eine Beherrschung kann bei Betriebsaufspaltungen auch durch eine *mittelbare* Beteiligung erfolgen[50]. Bei der Entscheidung über das Vorliegen einer Betriebsaufspaltung ist auch hier darauf abzustellen, ob auf Grund der mittelbaren Beteiligung eine einheitliche Willensbildung gewährleistet und eine gleichgerichtete Interessenlage vorhanden ist oder nicht[51].

Da es bei der mittelbaren Beteiligung darauf ankommt, daß *durch* die vermittelnde Gesellschaft die Beherrschung erfolgt, liegt keine mittelbare Beherrschung zwischen Schwestergesellschaften über die Muttergesellschaft vor[52].

Bei der (Nicht-)Annahme einer personellen Verflechtung ist die höchstrichterliche Rechtsprechung insbesondere bei der *Zwischenschaltung von juristischen Personen* recht inkonsequent. In diesem Fall hat der BFH mit angreifbarer

---

[48] BFH Urt. v. 15. 5. 1975 – IV R 89/73 BStBl. 75 II, 781.
[49] Fichtelmann, Rdn. 101.
[50] Zur Abgrenzung Betriebsaufspaltung kraft mittelbarer Beherrschung und mittelbarer Mitunternehmerschaft (II.1.1) siehe Märkle, WPg 87, 68 (76).
[51] Herrmann/Heuer/Raupach, EStG, § 15 Anm. 13e (3); Knoppe, S. 190; Streck, in: Kölner Handbuch Tz. 216/217; Wolf/Hinke, 06/3.2; Dehmer, Rdn. 122 ff.; Fichtelmann, Rdn. 117–117b; Henninger FR 70, 369 (370); aus der Rechtsprechung: BFH Urt. v. 14. 8. 1974 – I R 136/70 BStBl. 75 II, 112 (Beherrschung durch mittelbare Beteiligung über eine ausländische Kapitalgesellschaft, dazu Freudling, RIW/AWD 75, 532); BFH Urt. v. 28. 1. 1982 – IV R 100/78 BStBl. 82 II, 479 (Im Regelfall ist davon auszugehen, daß eine AG und ihr Mehrheitsaktionär einen einheitlichen geschäftlichen Betätigungswillen haben und demgemäß im Verhältnis zwischen dem Mehrheitsaktionär bzw. einer von diesem beherrschten Besitzpersonengesellschaft und einer GmbH, deren sämtliche Geschäftsanteile der AG gehören, die personellen Voraussetzungen einer Betriebsaufspaltung erfüllt sind); BFH Urt. v. 16. 6. 1982 – I R 118/80 BStBl. 82 II, 662 (Betriebsaufspaltung durch Beherrschung über eine zwischengeschaltete rechtsfähige Stiftung); BFH Urt. v. 10. 11. 1982 – I R 178/77 BStBl. 83 II, 136 (Beherrschung der Betriebs-GmbH & Co. KG durch eine dominierende Gesellschafterstellung in der Komplementär-GmbH); FG Münster Urt. v. 14. 1. 1972 – VII 1696/69 G (Rev. eingelegt) EFG 72, 303 (Einschaltung einer ausländischen Holding); FG Nürnberg Urt. v. 27. 4. 1978 – III 102/77 (Rev. eingelegt) EFG 78, 453 (Beherrschung der Betriebsgesellschaft über eine zwischengeschaltete AG: Betriebsaufspaltung im konkreten Fall abgelehnt infolge einer nur 52,07 %igen AG-Beteiligung).
[52] Streck, in: Kölner Handbuch, Tz. 217; Brandmüller, Rdn. C 107.

Begründung eine personelle Verflechtung abgelehnt, weil der Steuerpflichtige als beherrschender Gesellschafter der Betriebs-KG nicht Gesellschafter der Besitz-KG sei. Er sei zwar alleiniger Anteilseigner der mehrheitlich an der Besitz-KG beteiligten A-GmbH gewesen. Da es sich bei dieser um eine Kapitalgesellschaft handelte, sei diese und nicht der Steuerpflichtige Unternehmer gewesen[53].

Eine personelle Verflechtung kann auch gegeben sein, wenn das Besitzunternehmen dem Betriebsunternehmen Wirtschaftsgüter zur Nutzung überläßt, die ihm selbst von Dritten zur Nutzung überlassen worden sind[54].

Der Grundsatz, daß unterschiedliche Beteiligungsverhältnisse innerhalb der beherrschenden Gruppe den einheitlichen geschäftlichen Betätigungswillen nicht ausschließen, gilt jedoch dann *nicht*, wenn die Beteiligungen in extremer Weise entgegengesetzt sind. Ein solcher extremer Unterschied ist in folgender Konstellation gegeben:[55]

Besitzgesellschaft: A 90% : B 10%

Betriebsgesellschaft: A 10% : B 90%

Dies wird damit begründet, daß bei derartig konträren Beteiligungsverhältnissen von einer personellen Verflechtung nicht mehr gesprochen werden kann und daß hier eine Addition der Beteiligungen zu einer herrschenden Personengruppe nicht vertretbar ist. Die Unterstellung einer gleichgerichteten Interessenlage, wie es sonst bei abweichenden Beteiligungsquoten der beherrschenden Gruppe

---

[53] BFH-Urt. v. 27. 8. 1992 – IV R 13/91 BStBl. 93 II, 134 (135): „Ist Betriebsgesellschaft eine GmbH & Co. KG, bei der die Kommanditisten über die Mehrheit des Kapitals und der Stimmen in der Gesellschaftsversammlung verfügen, so übt der Alleingesellschafter der Komplementär-GmbH nicht ohne weiteres die Herrschaft in der KG aus; hierzu kritisch auch Söffing, FR 93, 61 f.; auf ähnlich gelagerter Linie FG des Saarlandes Urt. v. 15. 6. 1988 – 1 K 7/86 EFG 88, 526 (Rev. eingelegt): „Vermietet ein Verein sein gesamtes Anlagevermögen (...) an eine GmbH, an der sämtliche Vereinsmitglieder beteiligt sind, so liegt keine für die Annahme einer Betriebsaufspaltung notwendige persönliche Verflechtung zweier Steuersubjekte vor"; hierzu kritisch Söffing, FR 93, 61; Wienands, DStZ 94, 623 (624); Schmdit, EStG, § 15 Anm. 144 e.

[54] BFH-Urt. v. 17. 9. 1992 – IV R 49/91 BFH/NV 93, 95 (96) im Anschluß an Urt. v. 11. 8. 1966 – IV 219/64 BStBl. 66 II, 601 und Urt. v. 24. 8. 1989 – IV R 135/86 BStBl. 89 II, 1014.

[55] Vgl. BFH Urt. v. 2. 8. 1972 – IV 87/65 BStBl. 72 II, 796 (798); Urt. v. 23. 11. 1972 – IV R 63/71 BStBl. 73 II, 247 (249); ebenso Dehmer, Rdn. 325 ff.; Knoppe, S. 182 f.; Streck, in: Kölner Handbuch, Tz. 219; Wolf/Hinke, 06/3.1, S. 5 f.; Herrmann/Heuer/Raupach, EStG, § 15 Anm. 13 e (3); Wendt, GmbHR 73, 33 (35); Woerner, BB 85, 1609 (1613); a. A. Littmann, Inf. 72, 49 (51); kritisch Fichtelmann, Rdn. 101.

geschieht, ist hier nicht möglich, da praktisch das Besitzunternehmen von A bzw. die Betriebsgesellschaft von B geleitet und beherrscht wird[56].

Ein solcher *konträrer Unterschied* soll jedoch dann *nicht* vorliegen, wenn zwei Personen, die über 50% der Stimmen in der Besitzgemeinschaft verfügen, auch dann in der Lage sind, ihren einheitlichen geschäftlichen Betätigungswillen im Besitz- und Betriebsunternehmen durchzusetzen, wenn sie an der Betriebs-GmbH zu 98% und 2% beteiligt sind[57].

Eine Zusammenrechnung der Beteiligungen zu einer herrschenden Personengruppe ist ferner *nicht* möglich, wenn *Interessengegensätze* zwischen den an der Besitzgesellschaft und den an der Betriebsgesellschaft beteiligten Gesellschaftern vorliegen. Hierbei ist nochmals zu betonen, daß die Verfolgung gleichgerichteter Interessen unterstellt wird, soweit die Beteiligten nicht selbst gegensätzliche Interessen nachgewiesen haben. Interessenkollisionen sind jedoch nur dann von Relevanz, wenn sie ihre Ursache sowohl in der Gestaltung des Gesellschaftsvertrages (insbesondere der Stimmrechte) als auch in unterschiedlichen wirtschaftlichen Interessen der einzelnen Gesellschafter haben. Es müssen aber konkrete Tatsachen (z. B. Rechtsstreitigkeiten) vorliegen, um das Vorhandensein eines einheitlichen geschäftlichen Betätigungswillens negieren zu können[58]. Auch konkret nachweisbare Interessengegensätze, die erst nach Vollziehung der Betriebsaufspaltung eintreten, können zur Beendigung der Betriebsaufspaltung führen[59].

### 2.2.1.2 Besonderheiten bei der Zusammenrechnung von Beteiligungen naher Angehöriger

Besonderheiten hinsichtlich der Bestimmung des einheitlichen geschäftlichen Betätigungswillens ergeben sich, wenn die an den Besitz- und Betriebsgesellschaften beteiligten Personen durch verwandtschaftliche Beziehungen miteinander verbunden sind. *Nach der – inzwischen überholten – ständigen Rechtsprechung des BFH waren die Beteiligungen naher Angehöriger bei der beherrschenden Gruppe zusammenzurechnen.*

---

[56] BFH-Urt. v. 12. 10. 1988 – X R 5/86 BStBl. 89 II, 152 (153); Schmidt, EStG, § 15 Anm. 144a; Dehmer, Rdn. 325–330 und Knoppe, S. 183.
[57] BFH-Urt. v. 24. 2. 1994 – IV R 8–9/93 BStBl. 94 II, 466; mit Anm. Söffing, FR 94, 471 f.; *a.A.* FG Düsseldorf Urt. v. 25. 11. 1993 – 8 K 319/90 F EFG 94, 482 (Rev. eingelegt; Az. b. BFH: IV R 21/94).
[58] BFH Urt. v. 15. 5. 1975 – IV R 89/73 BStBl. 75 II, 781 (782 f.); Urt. v. 16. 6. 1982 – I R 118/80 BStBl. 82 II, 662 (665); Fichtelmann, Rdn. 135; Streck, in: Kölner Handbuch, Tz. 218; Dehmer, Rdn. 347 ff.; Knoppe, S. 183; Wolf/Hinke, 06/3.4.
[59] Knoppe, S. 183; Wolf/Hinke, 06/3.4, S. 5 f.

Diese Praxis der Zusammenrechnung von Ehegattenanteilen wurde vom BFH wie folgt begründet[60]:

„Nach der Lebenserfahrung besteht die – widerlegbare – Vermutung, daß der Gesellschafter einer GmbH die Rechte seiner Ehefrau und seiner minderjährigen Kinder, die ebenfalls an der Gesellschaft beteiligt sind, in Gleichrichtung mit seinen eigenen Interessen wahrnimmt ..."

Der BFH hat in dem o. g. Urteil ferner ausgeführt, daß eine *Zusammenrechnung bei der Beteiligung volljähriger Kinder*, anderer *Verwandter* und *Verschwägerter* der Gesellschafter entfällt[61]. Gleiches muß konsequenterweise auch dann gelten, wenn die Wahrnehmung der Beteiligungsrechte eines *minderjährigen Kindes* auf einen Pfleger oder einen fremden Bevollmächtigten übertragen worden ist. Auch hier besteht, ebenso wie bei einem volljährigen Kind keine Vermutung dahin, daß die verschiedenen Beteiligungsrechte einheitlich ausgeübt werden[62].

Nach Auffassung der Finanzverwaltung rechtfertigt die *elterliche Vermögenssorge* (§ 1626 BGB) eine Zusammenrechnung grundsätzlich nur, wenn an einem der beiden Unternehmen beide Elternteile mehrheitlich und am anderen ebenfalls beide Elternteile und das Kind (zusammen mehrheitlich) beteiligt sind, sofern beide Elternteile sorgeberechtigt sind[63].

Die Finanzverwaltung rechtfertigte diese Verfahrenspraxis damit, daß die Interessen der Gesellschafter nicht wegen ihrer familiären Bindung, sondern wegen ihrer Beteiligung an den Gesellschaften zusammengerechnet werden. Damit würden sie (angeblich) nicht anders als Fremde behandelt, die an den Gesellschaften kapitalmäßig beteiligt sind[64].

---

[60] Urt. v. 18. 10. 1972 – I R 184/70 BStBl. 73 II, 27 st. Rspr.; kritisch Barth, BB 85, 648 (650 ff.).
[61] A. a. O.; siehe auch BFH Urt. v. 13. 12. 1983 – VIII R 90/81 BStBl. 84 II, 474 (477) mit Anm. Woerner, BB 84, 1213; BFH Urt. v. 26. 7. 1984 – IV R 11/81 BStBl. 84 II, 714 mit Anm. Offerhaus, StBp 84, 262 f. und Söffing, FR 85, 24; BFH Urt. v. 22. 1. 1985 – III R 174/80 BFH/NV 85, 49 (50); List GmbHR 85, 401 (405); Barth, BB 85, 648 (652 f.); zuletzt auch FG Nürnberg Urt. v. 10. 7. 1985 – V 329/80 (rkr.) EFG 86, 135.
[62] Streck, in: Kölner Handbuch, Tz. 222/223; Knoppe S. 185; Dehmer, Rdn. 227; Herrmann/Heuer/Raupach, EStG, § 15 Anm. 13 e (4); siehe auch Littmann, DStR 73, 391 (398); Brandmüller, Rdn. C 114; Wolf/Hinke, 06/3.6.2, S. 5 f.; ferner Dehmer, Rdn. 225–250; Stakemann, DStZ 85, 615 (619); vgl. auch Brandis, FR 86, 9 (10); Tiedtke/Gareiss, GmbHR 91, 202 (210).
[63] R 137 Abs. 8 EStR 1993; hierzu Schmidt, EStG, § 15 Anm. 145 c; Ranft, DStZ 88, 79 (84); Janssen, DStZ 91, 13 (19 f.); Tiedtke/Gareiss, GmbHR 91, 202 (210).
[64] Siehe statt aller Wendt, GmbHR 83, 20 (22).

Die pauschale Addition von Beteiligungen diesbezüglich naher Angehöriger wurde damals wie folgt praktiziert[65].

*Beispiel:*
Die Ehefrau ist Alleineigentümerin des Besitzunternehmens. An der Betriebs-GmbH ist die Ehefrau mit 25% und der Ehemann mit 75% beteiligt. In dieser Konstellation wurde die Beherrschung der Betriebsgesellschaft durch die Ehefrau durch die Zusammenrechnung mit der Beteiligung des Ehemannes fingiert.

Die Zusammenrechnung von Beteiligungen naher Angehöriger wurde im Schrifttum zu Recht heftig kritisiert[66]. Die vom BFH kreierte widerlegbare Vermutung eines einheitlichen geschäftlichen Betätigungswillens mag vor einigen Jahrzehnten berechtigt gewesen sein. Die Rolle der Ehefrau und die Bedeutung der Ehe als lebenslanger Lebensbund heben jedoch in den letzten Jahren einen drastischen Wandel erfahren. Aus dieser Sicht heraus wurde auch bereits durch das Steueränderungsgesetz vom 14. 5. 1965[67] die Zusammenrechnung von Anteilen naher Angehöriger abgeschafft, weil die Lebenserfahrung nicht mehr auf die Gegenwart und das moderne Wirtschaftsleben mit seiner weitgehenden Lockerung früherer Bindungen und Vorstellungen zutrifft[68].

Nach dem Beschluß des BVerfG v. 12. 3. 1985[69] ist es jedoch *mit Art. 3 Abs. 1 GG i.V.m. Art. 6 Abs. 1 GG unvereinbar,* wenn bei der Beurteilung der personellen Verflechtung zwischen Besitz- und Betriebsunternehmen als Voraussetzung für die Annahme einer Betriebsaufspaltung von der – wenn auch *widerlegbaren – Vermutung* auszugehen ist, *Ehegatten verfolgten gleichgerichtete wirtschaftliche Interessen.* Das Aufstellen eines solchen Vermutungstatbestandes

---

[65] FG Bad.-Württ. Urt. v. 11. 5. 1977 – VII 225/74 EFG 77, 447; bestätigt durch BFH Urt. v. 18. 6. 1980 – I R 17/77 BStBl. 81 II, 39.

[66] Hierzu Herrmann/Heuer/Raupach, EStG, § 15 Anm. 13e (4) mit weiteren Nachweisen; Knoppe, S. 186ff.; Streck, in: Kölner Handbuch, Tz. 224; Brandmüller, Rdn. C. 108ff.; Zartmann, S. 73; Fichtelmann, Rdn. 119ff.; Risse, GmbHR 70, 178; Eckhardt, StbJb 71/72, 115 (133ff.); Felix/Korn, DStR 71, 135 (136); Schuhmann, StBp 81, 265 (270).

[67] BStBl. 65 I, 217.

[68] BT/Drucks. IV Nr. 2400, S. 69; IV Nr. 3189, S. 7 (jeweils zu § 17 EStG).

[69] 1 BvR 571/81, 1 BvR 494/82 u. 1 BvR 47/83 BStBl. 85 II, 475; hierzu Dehmer, Rdn. 168ff.; Felix, KÖSDI 85, 5976ff.; o.V. GmbH-Report 85, R 60f.; Tillmann, GmbH-Report 85, R 83; Beul, DStR 85, 539f.; List GmbHR 85, 401 (405f.); Barth, BB 85, 648 (653f.); Schulze zur Wiesche, WPg 85, 579 (581ff.); Woerner, BB 85, 1609 (1616f.); ders, DStR 86, 735 (738ff.); Döllerer, GmbHR 86, 165 (170f.); ders., ZGR 87, 443 (463f.); Winter, GmbHR 87, 281 (282f.); Fabry, DStZ 90, 10 (11f.); zu dieser Problematik aus *haftungsrechtlicher Sicht* (Gewerbesteuermehrbelastung durch Annahme einer Betriebsaufspaltung infolge einer Addition von Ehegattenanteilen) siehe BGH Urt. v. 24. 9. 1986 – IVa ZR 236/84 DB 87, 217; hierzu o.V., GmbHR 87, 327.

stelle eine verfassungswidrige Schlechterstellung von Ehegatten gegenüber Nichtverheirateten dar. Das BVerfG hat jedoch hervorgehoben, daß es von Verfassungs wegen allerdings nicht geboten sei, bei der Feststellung der engen personellen Verflechtung zwischen Besitz- und Betriebsunternehmen die Tatsache der ehelichen Verbindung der Beteiligten völlig außer acht zu lassen. *So können es die konkreten Umstände des Einzelfalles durchaus rechtfertigen, Anteile der Ehefrau an einem Unternehmen denen des Ehemannes wie eigene Anteile zuzurechnen (oder umgekehrt).* Dem Gedanken der ehelichen Wirtschaftsgemeinschaft, wie er in den Instituten des Versorgungsausgleichs, des Zugewinnausgleichs und im Bereich des Steuerrechts dem Splittingverfahren zugrunde liegt, würde es widersprechen, bei Ehegatten schlechthin davon auszugehen, ihre Eheschließung erleichtere keine steuerliche günstige Gestaltung ihrer wirtschaftlichen Verhältnisse und deshalb seien sie ausnahmslos wie Ledige zu behandeln. Wenn aber *zusätzlich zur ehelichen Lebensgemeinschaft Beweisanzeichen vorliegen, die für die Annahme einer personellen Verflechtung durch gleichgerichtete wirtschaftliche Interessen sprechen,* wäre der Einwand unbegründet, Verheiratete seien gegenüber Ledigen schlechtergestellt; denn insoweit folgt die Differenzierung der Verheirateten im Verhältnis zu Ledigen nicht aus einer Lebenserfahrung, die an die Ehe anknüpft, sondern ergibt sich aufgrund von *konkreten Anhaltspunkten, die für eine enge Wirtschaftsgemeinschaft der Ehegatten im Einzelfall sprechen*[70].

In einem sog. Abwarteerlaß hat der Bundesminister für Finanzen angeordnet, daß in Fällen, in denen sich die Annahme einer Betriebsaufspaltung nur aus der früheren Vermutungsregel entsprechend der überholten Rechtsprechung des BFH ergab und in denen die Steuerpflichtigen bisher für die Besitzgesellschaft Einkünfte aus Vermietung und Verpachtung erklärt hatten oder in denen sie jetzt unter Berufung auf die BVerfG-Entscheidung v. 12. 3. 1985 Einkünfte aus Vermietung und Verpachtung erklären, danach vorerst bis zur weiteren Klärung durch den BFH in den o. a. Verfahren von dem Erlaß von Gewerbesteuermeßbescheiden abzusehen ist bzw. Steuerfestsetzungen nach § 165 Abs. 1 Satz 3 AO ohne Sicherheitsleistung auszusetzen sind. Bei Rechtsbehelfen, die in derartigen Fällen anhängig sind, ist Aussetzung der Vollziehung von Amts wegen zu gewähren und mit dem Einverständnis des Steuerpflichtigen das Verfahren nach § 363 Abs. 2 AO ruhen zu lassen. Für Zwecke der Gewerbesteuervorauszahlung ist der einheitliche Steuermeßbetrag in den o.a. Fällen auf Null DM festzusetzen[71].

---

[70] BVerfG, a.a.O.; ebenso BFH Urt. v. 23. 10. 1985 – I R 230/82 BFH/NV 86, 490; Urt. v. 1. 2. 1989 – I R 73/85 DB 89, 1114.
[71] BdF Schr. v. 15. 8. 1985 – IV B 2 – S 2240 – 11/85 II BStBl. 85 I, 537.

Aufgrund des o.g. BVerfG Beschl. v. 12. 3. 1985[72] hat dann der BFH mit Urt. v. 27. 11. 1985[73] bestimmte Umstände im Hinblick auf eine Addition von Ehegattenanteilen für irrelevant erachtet. Daraufhin hat der Bundesminister der Finanzen folgende verbindliche Richtlinie für eine Zusammenrechnung von Ehegattenanteilen erlassen:[74]

„... Eine personelle Verflechtung im Sinne der Betriebsaufspaltung ist allgemein und ebenso in Ehegattenfällen gegeben, wenn die hinter dem Besitz- und Betriebsunternehmen stehenden Personen einen einheitlichen geschäftlichen Betätigungswillen haben. Sind an beiden Unternehmen *nicht* dieselben Personen im gleichen Verhältnis beteiligt (sog. Beteiligungsidentität), wird ein einheitlicher geschäftlicher Betätigungswille dadurch dokumentiert, daß die Personen, die das Besitzunternehmen beherrschen, in der Lage sind, auch im Betriebsunternehmen ihren Willen durchzusetzen (sog. Beherrschungsidentität). Für die Beurteilung der Frage, ob eine sog. Beherrschungsidentität vorliegt, darf bei Ehegatten entsprechend dem Beschluß des BVerfG vom 12. 3. 1985[75] nicht mehr von der – wenn auch widerlegbaren – Vermutung ausgegangen werden, sie verfolgten gleichgerichtete wirtschaftliche Interessen. Nach dem Beschluß des BVerfG vom 12. 3. 1985[76] ist eine Zusammenrechnung von Anteilen der Eheleute nur gerechtfertigt, wenn hierfür konkrete Umstände vorliegen. Es müssen zusätzlich zur ehelichen Lebensgemeinschaft Beweisanzeichen gegeben sein, die für die Annahme einer personellen Verflechtung durch gleichgerichtete wirtschaftliche Interessen sprechen.

Sind beide Eheleute jeweils an beiden Unternehmen in dem Maße beteiligt, daß ihnen zusammen die Mehrheit der Anteile gehört, stellen sie – wie bei vergleichbaren Verhältnissen zwischen fremden Dritten – eine durch gleichgerichtete Interessen geschlossene Personengruppe dar, die in der Lage sind, beide Unternehmen zu beherrschen. Damit ist die personelle Verflechtung nach der *Gruppentheorie*

---

[72] Nachw. in Fn. 61.
[73] I R 115/85 BStBl. 86 II, 362 mit Anm. Bitz, DB 86, 412 u. Barth, BB 86, 378f.; ferner Winter, GmbHR 87, 281 (283); ebenso BFH Urt. v. 18. 2. 1986 – VIII R 125/85 BStBl. 86 II, 611; Urt. v. 17. 3. 1987 – VIII R 36/84 DB 87, 1919 (1921). Der diesbezügliche Nichtanwendungs-Erlaß der OFD Nürnberg Vfg. v. 9. 5. 1986 – G 1400 – 95/St 21 DStR 86, 564 ist inzwischen obsolet.
[74] BdF Schr. v. 18. 11. 1986 – IV B 2 – S 2240 – 25/86 II BStBl. 86 I, 537f. mit Anm. Kröller BB 86, 2398f.; zur Verfassungskonformität dieses Erlasses siehe BVerfG Beschl. v. 7. 9. 1987 – 1 BvR 1159/86, DStR 88, 288.
[75] Nachw. in Fn. 69. Lehmann/Marx, FR 89, 506 (509ff.); Schneeloch, DStR 91, 804 (809).
[76] Nachw. in Fn. 69.

gegeben⁷⁷. Sie ist auch dann erfüllt, wenn sowohl das Betriebsgrundstück als auch die Mehrheit der Anteile an der Betriebs-GmbH zum *Gesamtgut* einer *ehelichen Gütergemeinschaft* gehören⁷⁸. Das gilt dann nicht, wenn die Geschlossenheit der Personengruppe durch nachweisbar schwerwiegende Interessenkollisionen gestört oder aufgehoben ist⁷⁹.

Ist dagegen an einem der beiden Unternehmen nur ein Ehegatte mehrheitlich beteiligt und gehören diesem Ehegatten an dem anderen Unternehmen lediglich zusammen mit dem anderen Ehegatten die Mehrheit der Anteile, so müssen besondere Umstände vorliegen, damit die Anteile der Ehegatten an dem anderen Unternehmen für die Beurteilung der Beherrschungsidentität zusammengerechnet werden dürfen. Konkrete Umstände im Sinne der Entscheidung des BVerfG vom 12. 3. 1985⁸⁰ können z. B. in dem Abschluß von sog. Stimmrechtsbindungsverträgen gesehen werden. Der Entscheidung des BFH vom 27. 11. 1985⁸¹ zufolge genügen dagegen folgende Umstände *nicht*, um die Anteile eines Ehegatten an einem Unternehmen denen des anderen Ehegatten zuzurechnen:

a) Jahrelanges konfliktfreies Zusammenwirken der Eheleute innerhalb der Gesellschaft,

b) Herkunft der Mittel für die Beteiligung eines Ehegatten an der Betriebsgesellschaft vom anderen Ehegatten,

c) „Gepräge" der Betriebsgesellschaft durch den Ehegatten,

d) Erbeinsetzung des Ehegatten durch den anderen Ehegatten als Alleinerbe, gesetzlicher Güterstand der Zugewinngemeinschaft, beabsichtigte Alterssicherung des anderen Ehegatten.

Bei der Abwicklung der o. a. Fälle ist auch zu prüfen, ob die an die Betriebsgesellschaft vermieteten Wirtschaftsgüter bei Fehlen der Voraussetzungen für die Annahme einer Betriebsaufspaltung wegen der vom BVerfG beanstandeten Zusammenrechnung von Ehegattenanteilen aus anderen Gründen Betriebsvermögen sind. Dies kann insbesondere der Fall sein

– bei der Verpachtung eines Gewerbebetriebs im Ganzen (R 139 Abs. 5 EStR 1993),

---

⁷⁷ Nochmals klarstellend BFH Beschl. v. 28. 5. 1991 – IV B 28/90 BStBl. 91 II, 801.
⁷⁸ BFH Urt. v. 26. 11. 1992 – IV R 15/91 BStBl. 93 II, 876 (877f.).
⁷⁹ Vgl. die Ausführungen bei Fn. 58/59; zur spezifischen Problematik bei der *Erbauseinandersetzung* siehe Fichtelmann, GmbHR 94, 583 ff.
⁸⁰ Nachw. in Fn. 69.
⁸¹ Nachw. in Fn. 73; hierzu Ranft, DStZ 88, 79 (83).

- bei Personengesellschaften, die neben der vermögensverwaltenden Tätigkeit als Besitzgesellschaft noch in geringem Umfang gewerblich tätig sind und deren Tätigkeit somit insgesamt als Gewerbebetrieb gilt (§ 15 Abs. 3 Nr. 1 EStG),
- bei Personengesellschaften, die wegen ihrer Rechtsform als Gewerbebetriebe anzusehen sind (§ 15 Abs. 3 Nr. 2 EStG),
- in Betriebsaufspaltungsfällen, die nicht auf der vom BVerfG beanstandeten Zusammenrechnung von Ehegattenanteilen beruhen, und zwar
  - wenn die Ehegatten – als Personengruppe an beiden Unternehmen beteiligt – in der Lage sind, beide Unternehmen zu beherrschen und
  - bei der sog. mitunternehmerischen Betriebsaufspaltung[82].

Können die an der Betriebsgesellschaft vermieteten Wirtschaftsgüter unter keinem rechtlichen Gesichtspunkt als Betriebsvermögen behandelt werden, sind sie in Fällen, in denen bis zum Ergehen der BVerfG-Entscheidung vom 12. 3. 1985 eine sog. echte Betriebsaufspaltung angenommen wurde (R 137 Abs. 4ff. EStR 1993), zu dem Zeitpunkt als entnommen anzusehen, in dem die Betriebsaufspaltung begründet worden ist. R 15 Abs. 1 EStR 1993 ist anzuwenden. In Fällen, in denen eine sog. unechte Betriebsaufspaltung angenommen worden ist, sind die an die Betriebsgesellschaft vermieteten Wirtschaftsgüter ggf. zu keinem Zeitpunkt Betriebsvermögen geworden."

Der nordrhein-westfälische Minister hat in seinem Erlaß v. 20. 11. 1986[83] zu Recht herausgestellt, daß es ein schutzwürdiges *Vertrauen des Steuerpflichtigen* in solchen Fällen gegeben sein kann, in denen sich die Annahme einer Betriebsaufspaltung nur aus der früheren Vermutungsregel für die Zusammenrechnung von Ehegattenanteilen entsprechend der aufgegebenen Rechtsprechung ergibt und in denen die hierfür maßgebenden Voraussetzungen vor der Veröffentlichung der Entscheidung des BVerfG v. 12. 3. 1985[84] gelegt worden sind. Sofern in derartigen Fällen dem Vertrauensschutz der Steuerpflichtigen nicht bereits im Rahmen des § 176 Abs. 1 Nr. 3 AO in ausreichendem Maße Rechnung getragen werden kann, ist zu berichten. Zu den Folgen für die Abwicklung von sog. Altfällen hat nunmehr eine Vfg. der OFD Stuttgart v. 13. 1. 1987[85] eingehend Stellung genommen.

---

[82] Dazu später bei 2.4.1.3.3.
[83] S 2240 – 33 – V B 1 – DB 87, 24; zum Erfordernis einer diesbezüglichen Übergangsregelung Woerner, BB 85, 1609 (1617); Schneeloch, DStR 91, 804 (809f.).
[84] Nachw. in Fn. 69.
[85] S 2240 A – 9 – St 31 BB 87, 318f. = GmbHR 87, 290f.; zu den spezifischen Problemen bei der Übergangsregelung zum Wohneigentumsförderungsgesetz OFD Münster Vfg. v. 17. 8. 1987 – S 2196-55-St 11-31 BB 87, 1791.

Danach kann der Wegfall der Betriebsaufspaltung wegen des Verbots der Zusammenrechnung von Ehegatten-Beteiligungen dadurch verhindert werden, daß die Ehegatten einen *Stimmrechtsbindungsvertrag* schließen.

Heftig umstritten ist zur Zeit folgende (vereinfacht wiedergegebene) Fallgestaltung:

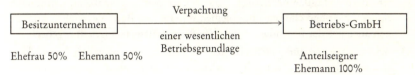

Diese Gestaltungsform ist bei mehreren Unternehmen durch eine Neustrukturierung der Gesellschaftsverhältnisse gewählt worden. Der BFH hat die Beherrschung des Besitzunternehmens durch den Ehegatten auf die unwiderlegbare Vermutung der gleichgelagerten Interessen von Ehegatten gestützt[86]. Diese Entscheidung hat das BVerfG in dem schon mehrfach erwähnten Beschluß v. 12. 3. 1985[87] im Hinblick auf einen Verstoß gegen Art. 3 Abs. 1 i.V.m. Art. 6 Abs. 1 GG aufgehoben. Im neuen Revisionsverfahren hat nunmehr der BFH mit folgender Begründung erneut eine Betriebsaufspaltung angenommen:

„Bei der Beurteilung der personellen Verflechtung zwischen Besitz- und Betriebsunternehmen als Voraussetzung für die Annahme einer Betriebsaufspaltung ist die Zusammenrechnung der Anteile der Ehegatten am Besitzunternehmen mit Art. 3 Abs. 1 i.V.m. Art. 6 Abs. 1 GG vereinbar, *wenn die Eheleute durch die mehrere Unternehmen umfassende, planmäßige, gemeinsame Gestaltung der wirtschaftlichen Verhältnisses den Beweis dafür liefern, daß sie aufgrund ihrer gleichgerichteten wirtschaftlichen Interessen zusätzlich zur ehelichen Lebensgemeinschaft eine Zweck- und Wirtschaftsgemeinschaft eingegangen sind*[88].

Die gegen dieses BFH-Urteil eingelegte Verfassungsbeschwerde ist zurückgewiesen worden[89]. Die Rechtspraxis wird daher abwarten müssen, welche verfassungskonformen Kriterien eine Zusammenrechnung von Ehegattenanteilen rechtfertigen können.

---

[86] BFH Urt. v. 5. 2. 1981 – IV R 165 – 166/77 BStBl. 81 II, 376.
[87] Nachw. in Fn. 69.
[88] BFH Urt. v. 24. 7. 1986 – IV R 98–99/85 BStBl. 86 II, 913 mit Anm. von Barth und Woerner, BB 86, 2045ff. und Söffing, FR 87, 598; ferner Woerner, DStR 86, 735 (740f.); Herzig/Kessler, DB 86, 2402ff.; dies., DB 88, 15 (17); Barth, DStR 87, 211ff.; Lothmann, BB 87, 1014 (1017); Dehmer, Rdn. 183/184; Tiedtke/Gareiss, GmbHR 91, 202 (209).
[89] BVerfG Beschl. v. 7. 9. 1987 – 1 BvR 1159/86 DStR 88, 288.

Bundesrichter Woerner hat folgende bemerkenswerte Thesen für eine Addition von Ehegattenanteilen aufgestellt:[90]

1. Das jahrelange konfliktfreie Zusammenleben der Eheleute in der Gesellschaft reicht als solches nicht aus.
2. Beweisanzeichen für gleichgerichtete wirtschaftliche Interessen von Ehegatten erfordern nicht, daß bei Ledigen unter im übrigen vergleichbaren Umständen eine Zusammenrechnung unterbleiben müßte. Die Beweisanzeichen können sich auch aus der besonderen ehelichen Wirtschaftsgemeinschaft ergeben.
3. Beweisanzeichen für gleichgerichtete wirtschaftliche Interessen liegen dann vor, wenn auch bei Dritten in vergleichbarer Lage eine Zusammenrechnung vorzunehmen wäre (Gruppentheorie).
4. Im übrigen wird man Beweisanzeichen für gleichgerichtete wirtschaftliche Interessen darin sehen dürfen, daß Eheleute diese gleichgerichteten Interessen selbst begründet haben. Das ist der Fall,
    a) bei auf Dauer angelegten Stimmrechtsvereinbarungen,
    b) bei einem unternehmerischen Engagement von Ehegatten in mehreren Unternehmen, das nur unter der Voraussetzung sinnvoll ist, daß die Ehegatten ihr Stimmverhalten aufeinander abstimmen.

Besondere Umstände, die es für die Beurteilung der personellen Verflechtung von Besitz- und Betriebsunternehmen ausnahmsweise rechtfertigen, den Ehemännern die Geschäftsanteile ihrer Ehefrauen an der Betriebs-GmbH zuzurechnen, sind beispielsweise bei Vorliegen eines *Stimmrechtsbindungsvertrages* oder einer *unwiderruflichen Stimmrechtsvollmacht* anzunehmen[91].

### 2.2.1.3 Sonstige Beherrschungskriterien

Die Beherrschung des Betriebsunternehmens durch das Besitzunternehmen (oder deren Gesellschafter) braucht nicht nur auf eine Mehrheitsbeteiligung zurückzuführen sein. Es kommen auch andere Faktoren in Betracht, die zu einer Beherrschung der Betriebsgesellschaft führen können oder sogar ausschließen. Bei der Prüfung, ob eine Beherrschung und damit eine Betriebsaufspaltung vorliegt, sind alle zivilrechtlichen Rechtsbeziehungen und schriftlichen Nebenab-

---

[90] DStR 86, 735 (740); beachte auch den beispielhaften Kriterienkatalog von Schulze zur Wiesche, WPg 85, 579 (582f.); ferner Tiedtke/Gareiss, GmbHR 91, 202 (209); Unvericht, DB 89, 995 ff.; zur Problematik der beherrschenden Stellung und Zurechnung von familieneigenen Anteilen Brandis, FR 86, 9ff.
[91] BFH Urt. v. 11. 7. 1989 – VIII R 151/85 BFH/NV 90, 99; Schmidt, EStG, § 15 Anm. 145b.

sprachen in der Beurteilung miteinzubeziehen. Folgende „Beherrschungsparameter" sollen nunmehr im einzelnen erörtert werden.

### 2.2.1.3.1 Von der Kapitalbeteiligung abweichende Stimmrechtsregelung

Aus unternehmensinternen Gründen findet man bei Betriebsaufspaltungen auch solche Konstellationen vor, bei denen Kapitalbeteiligungen und Stimmrechtsregelungen voneinander abweichen. Durch eine diesbezügliche abweichende Regelung soll zumeist eine einheitliche Geschäftspolitik bei beiden Gesellschaften durch einen bestimmten Gesellschafter bzw. Gesellschaftergruppe sichergestellt werden. Insbesondere findet man bei Familienunternehmen dieses Phänomen vor, um durch die Einräumung von Mehrstimmrechten dem Seniorunternehmer bei der Betriebsgesellschaft eine unbeschränkte Herrschaftsmacht einzuräumen.

Für die Prüfung der Tatbestandsvoraussetzung des einheitlichen geschäftlichen Betätigungswillens stellt sich deshalb das Problem, ob es bei solchen Divergenzen auf die Kapitalbeteiligung oder auf die Stimmrechte ankommt. Nach allgemeiner Meinung ist für die Frage der Beherrschung *allein auf die Stimmrechte abzustellen*[92]. Somit kann durch eine von der Kapitalbeteiligung abweichende Stimmrechtsregelung ein Beherrschungsverhältnis begründet oder zerstört werden[93]. Letzteres kann trotz Vorliegens der Mehrheitsverhältnisse durch eine vertragliche oder gesetzliche Stimmrechtsbeschränkung passieren[94].

Der BFH hat im Urteil v. 9. 11. 1983 folgenden Leitsatz aufgestellt:[95]

„Die personellen Voraussetzungen einer Betriebsaufspaltung sind jedoch dann *nicht* gegeben, wenn die Gesellschafter, die in der Lage sind, in den Betriebsgesellschaften ihren Willen durchzusetzen, an der Besitzgesellschaft, einer Gesellschaft bürgerlichen Rechts, zu zwei Dritteln beteiligt sind, aber nach dem Gesellschaftsvertrag der Besitzgesellschaft Gesellschaftsbeschlüsse *einstimmig* gefaßt werden müssen."

---

[92] Knoppe, S. 184; Streck, in: Kölner Handbuch, Tz. 214; Zartmann, S. 71 f.; Wolf/Hinke, 06/3.3., S. 1; Dehmer, Rdn. 74.
[93] Streck, in: Kölner Handbuch, Tz. 214; Knoppe, S. 184; Zartmann, S. 71; hierzu ausführlich Heidner, DB 90, 73 ff.; Fichtelmann, DStZ 90, 371 ff.
[94] Hierzu BFH Urt. v. 21. 5. 1974 – VIII R 57/70 BStBl. 74 II, 613 (616); Urt. v. 12. 11. 1985 – VIII R 240/81 BStBl. 86 II, 296 mit Anm. o. V., DStR 86, 308; Döllerer, ZGR 87, 443 (465); Fichtelmann, Rdn. 114; Zartmann, S. 70.
[95] I R 174/79 BStBl. 84 II, 212 mit Anm. L. Schmidt, FR 84, 122; ebenso die Vorinstanz Nieders. FG Urt. v. 5. 9. 1979 – IV 10/76 EFG 79, 614.
Beachte in diesem Zusammenhang auch Nieders. FG Urt. v. 2. 7. 1981 – IV (V) 152/79 (rkr.) EFG 82, 257: „Eine Betriebsaufspaltung liegt i. d. R. *nicht* vor, wenn das

Das eben erwähnte BFH-Urteil enthält im übrigen bemerkenswerte Ausführungen in Bezug auf einen Stimmrechtsausschuß wegen Interessenkollision. Der BFH vertritt hier die Auffassung, daß die Gesellschafter des Besitzunternehmens, die zugleich auch an der Betriebsgesellschaft beteiligt sind, in allen Fragen, die sowohl Interessen des Besitz- als auch des Betriebsunternehmens berühren, an der Ausübung ihrer Stimmrechte gehindert sind, sofern am Besitzunternehmen noch ein Dritter beteiligt ist. Damit ist eine Beherrschung des Besitzunternehmens nur denkbar, wenn alle Gesellschafter des Besitzunternehmens zugleich auch am Betriebsunternehmen beteiligt sind. Ist dies nicht der Fall, kann nämlich nur der am Besitzunternehmen beteiligte Gesellschafter allein entscheiden, auch wenn er z. B. nur mit einem Prozent beteiligt ist. Die anderen Gesellschafter sind, obwohl sie am Besitzunternehmen mehrheitlich beteiligt sind, an der Stimmabgabe gehindert; eine gleichwohl abgegebene Stimme wäre unwirksam. Danach dürfte in vielen Fällen, ohne daß eine Einstimmigkeitsvereinbarung vorliegt, eine Betriebsaufspaltung zu verneinen sein. Die Rechtsprechung ist jedoch mit Urteil v. 29. 10. 1987 wie folgt bestätigt worden:

„Ist der Ehemann Alleinanteilseigner einer GmbH und hat die GmbH von einer Bruchteilsgemeinschaft, an der der Ehemann mit ⅔ und die Ehefrau mit ⅓ beteiligt ist, Grundbesitz gemietet oder gepachtet, so liegt keine personelle Verflechtung im Sinne der Betriebsaufspaltung vor, wenn die Ehegatten vereinbart haben, daß sie über die Nutzung des ihnen gemeinsam gehörenden Grundbesitzes nur einvernehmlich (einstimmig) entscheiden wollen"[96].

Diese obig genannte Rechtsprechung wird von der Finanzverwaltung nur sehr eingeschränkt angewandt. In einem bundeseinheitlichen Erlaß wird klargestellt, daß die Einstimmigkeit als Voraussetzung für Gesellschafter-Gemeinschafterbeschlüsse des Besitzunternehmens der Annahme einer Betriebsaufspaltung dann nicht entgegenstehen, wenn es den das Besitzunternehmen beherrschenden

---

Besitzunternehmen eine Grundstücksgemeinschaft ist, an der je zur Hälfte eine natürliche Person und eine Erbengemeinschaft beteiligt ist, bei der die Hälfte der Erbteile einer Person zusteht, die am Betriebsunternehmen nicht beteiligt ist"; ferner Weber-Grellet, DStR 84, 618f.; Fichtelmann, GmbHR 84, 344 (350f.); Henry, Steuerberaterkongreß-Report 84, 319 (323f.); Bitz, DB 84, 1492; ders., DB 84, 2484; Beckermann/Jarosch, DB 84, 2483; Knobbe-Keuk, StbJb 84/85, 81 (92ff.); Barth, BB 85, 645 (650); ders. DB 85, 510 (516f.); Märkle/Kröller, BB 84, 2118ff.; Lothmann, DStR 85, 135 (137); Woerner, BB 85, 1609 (1614 und 1619); List, GmbHR 85, 401 (403f.); Knoppe, S. 183f.; Schoor, NSt, Betriebsaufspaltung, Einzelfragen 1, S. 1ff.; Herzig/Kessler, DB 88, 15 (18).

[96] VIII R 5/87 BStBl. 89 II, 96; hierzu Schmidt, FR 88, 108f.; Ranft, DStZ 88, 79 (84); o.V., DStR 88, 211f.; Salje, GmbHR 88, 196 (200); Söffing, DStR 88, 335 (336ff.);

Gesellschafter möglich ist, ihren unternehmerischen Willen im Besitzunternehmen trotz der Einstimmigkeitsabrede *tatsächlich* zu verwirklichen[97].

Hingegen hat die Rechtsprechung in einem anderen Judikat klargestellt, daß für die Frage der personellen Verflechtung im Rahmen einer Betriebsaufspaltung nicht ausschlaggebend ist, ob der beherrschende Gesellschafter der Betriebskapitalgesellschaft bei Beschlüssen über Geschäfte mit dem ihm zustehenden Besitzunternehmen vom Stimmrecht (z.B. im Hinblick auf die Regelung in § 47 Abs. 4 GmbHG) ausgeschlossen ist[98].

Klarstellend ist anzumerken, daß durch eine Einräumung eines bloßen *Vetorechtes* für einen Gesellschafter bzw. eine Gesellschaftergruppe eine Beherrschungsmacht nicht erreicht werden kann[99]. Auch ein etwaiger von der Kapitalbeteiligung abweichender *Gewinnverteilungsschlüssel* ist für die Frage der Beherrschung normalerweise ohne Relevanz[100]. Nur eine extrem abweichende Gewinnverteilungsabrede kann im Einzelfall zu einem Interessengegensatz zwischen den Gesellschaftern führen, der die beherrschende Gruppe aufhebt[101].

### 2.2.1.3.2 Beherrschung durch stille Gesellschaft, Unterbeteiligung, Nießbrauch, Testamentsvollstreckung, Großgläubigerstellung

Der Vollständigkeit halber muß noch angefügt werden, daß in Ausnahmefällen auch eine stille Gesellschaft, Unterbeteiligung und Nießbrauch eine Beherrschung vermitteln und zu einer personellen Verflechtung bei Betriebsaufspaltungen

---

Wolff-Diepenbrock, StuW 88, 376 (379f.); Tiedtke/Gareiss, GmbHR 91, 202 (210f.); Schmidt, EStG, § 15 Anm. 144 b bb; ebenso Schleswig-Holsteinisches FG Urt. v. 21. 10. 1992 – IV 284/89 EFG 93, 331 (rkr.); FG Hamburg Urt. v. 14. 12. 1992 – I 211/88 EFG 93, 595 (Rev. eingelegt, Az. b BFH: X R 25/93).

[97] BdF Schr. v. 29. 3. 1985 – IV B 2 – S 2241 – 22/85 BStBl. 85 I, 121; ergänzend Schr. v. 23. 1. 1989 – IV B 2 – S 2241 – 1/89 BStBl. 89 I, 39; hierzu Kaligin, DStZ 86, 131 (136f.); Schmidt, EStG, § 15 Anm. 144 b bb.

[98] Urt. v. 26. 1. 1989 – IV R 151/86 BStBl. 89 II, 455; hierzu Söffing, FR 89, 448ff.; Tiedtke/Gareiss, GmbHR 91, 202 (211); Schmidt, EStG, § 15 Anm. 144 c aa; zur spezifischen Problematik bei der *Bruchteilsgemeinschaft* siehe BFH Urt. v. 12. 11. 1985 – VIII R 240/81 BStBl. 86 II, 296 (298f.).

[99] So ausdrücklich BFH Urt. v. 12. 10. 1988 – XR 5/86 BB 89, 196 (197); ferner Streck, in: Kölner Handbuch, Tz. 213; Knoppe, S. 184; Zartmann, S. 72; vgl. auch BFH Urt. v. 14. 1. 1982 – IV R 77/79 BStBl. 82 II, 476 (477); Dehmer, Rdn. 391.

[100] Streck, in: Kölner Handbuch, Tz. 215; Knoppe, S. 184; Zartmann, S. 72.

[101] Streck, in: Kölner Handbuch, Tz. 215; Knoppe, S. 184f.; siehe auch Jurkat, JbFfSt 72/73, 265.

führen kann. Nach dem Beschluß des Großen Senats vom 8. 11. 1971[102] setzt der einheitliche geschäftliche Betätigungswille eine tatsächliche Beherrschungsmöglichkeit voraus. Bei der stillen Gesellschaft in der Form der §§ 335 ff. HGB ist eine solche Beherrschungsmöglichkeit nicht gegeben[103]. Die stille Beteiligung kann allenfalls dann zur Beherrschungsmöglichkeit führen, wenn dem Stillen weitgehende Einflußmöglichkeiten gegeben werden (atypische stille Gesellschaft)[104].

Unterbeteiligungen begründen dagegen grundsätzlich nur Rechtsbeziehungen zwischen dem Unterbeteiligten und dem Gesellschafter, der die Unterbeteiligung einräumt. Rechtsbeziehungen des Unterbeteiligten zu den übrigen Gesellschaftern der Gesellschaft bzw. der Gesellschaft selbst bestehen daher in der Regel nicht. Das wird nur bei sog. atypischen Unterbeteiligungsverhältnissen möglich sein, so wenn beispielsweise der Stimmrechtseinfluß des Unterbeteiligten erheblich ist[105].

Für die Frage, ob ein Nießbrauch eine Beherrschung vermittelt, ist maßgebend, wem das Stimmrecht zusteht. Hat der Eigentümer des Besitzunternehmens den Nießbrauch an den Anteilen der Betriebs-GmbH, so ist eine Betriebsaufspaltung nur dann anzunehmen, wenn dem Besitzunternehmer auch das mit den GmbH-Anteilen verbundene Stimmrecht zusteht. Umstritten ist, wem das Stimmrecht an dem mit einem Nießbrauch belasteten GmbH-Anteil zukommt[106]. Aufgrund der stärkeren Betonung des GmbH-Rechts auf die Persönlichkeit des Anteilseigners dürfte das Stimmrecht grundsätzlich bei ihm verbleiben (so auch die h.M.)[107]. Aus Rechtssicherheitsgründen empfiehlt es sich, hinsichtlich der Stimmrechtsfrage eine Regelung zu treffen. Entsprechendes gilt bei Übertragung eines Nießbrauchs an dem Besitzunternehmen bzw. an Anteilen am Besitzunternehmen[108].

---

[102] GrS 2/71 BStBl. 72 II, 63.
[103] Hierzu Brandmüller, Rdn. C 125; Streck, in: Kölner Handbuch, Tz. 237; Wolf/Hinke, 06/3.7., S. 3.
[104] Dann kann sogar eine Mitunternehmerschaft vorliegen, hierzu Brandmüller, Rdn. C 127; Streck, in: Kölner Handbuch, Tz. 237; vgl. BFH Urt. v. 28. 1. 1982 – IV R 197/79 BStBl. 82 II, 389.
[105] Knoppe, S. 191; Zartmann, S. 75; Streck, in: Kölner Handbuch, Tz. 238; Brandmüller, Rdn. C 129; Henninger, FR 70, 369 (370); o.V., DB 70, 1105.
[106] Zum Streitstand siehe Schilling/Zutt, in: Hachenburg, GmbH, Anhang zu § 15 Rdn. 61; Baumbach/Hueck, GmbHG; § 15 Rdn. 52.
[107] Schilling/Zutt, in: Hachenburg, GmbHG, Anhang zu § 15 Rdn. 61; Baumbach/Hueck, GmbHG, § 15 Rdn. 52; teilweise differenzierend Lutter/Hommelhoff, GmbHG, § 15 Rdn. 36.
[108] Weitere Einzelheiten bei Dehmer, Rdn. 142/143.

## Ertragsteuerliche Behandlung der Betriebsaufspaltung

Der für die Annahme einer Betriebsaufspaltung erforderliche einheitliche Betätigungswille der hinter beiden Unternehmen (Betriebsgesellschaft und Besitzunternehmen) stehenden Personen kann *nicht* durch einen *Testamentsvollstrecker ersetzt* werden[109]. Diese BFH-These wird jedoch im Schrifttum differenzierter betrachtet.

Eine Testamentsvollstreckung kann in Erbfällen u.U. zur Aufhebung der Betriebsaufspaltung führen. Dies gilt jedoch dann nicht, wenn es sich um eine zeitlich kurzfristige Testamentsvollstreckung handelt. Hiervon abgesehen, kommt es ausschlaggebend auf den im Einzelfall bestehenden Aufgabenkreis des Testamentsvollstreckers wie z.B. darauf an, ob sich die Testamentsvollstreckung auf den Nachlaß im ganzen oder nur auf einzelne Nachlaßgegenstände erstreckt. Im ersten Fall kann die Möglichkeit einer beiderseitigen Willensdurchsetzung zu bejahen sein, z.B. wenn es sich um eine für viele Jahre geltende Dauertestamentsvollstreckung (vgl. §§ 2209, 2210 BGB) handelt, zumal dann der Nachlaß vom Testamentsvollstrecker verwaltet wird und der Erbe über die Nachlaßgegenstände nicht verfügen kann (§§ 2205, 2211 BGB). Eine einheitliche Willensbildung ist dagegen zu verneinen, wenn sich die Testamentsvollstreckung nur auf die Verwaltung der Anteile an der Betriebs-GmbH, also nicht auf die Mietgegenstände bezieht, weil dann der Testamentsvollstrecker nur das Stimmrecht aus den GmbH-Anteilen unter Ausschluß der Erben ausübt. Ebenso entfällt die Annahme eines Besitzunternehmens, wenn der Testamentsvollstrecker umgekehrt nur hinsichtlich der Mietgegenstände, also nicht für die GmbH-Anteile eingesetzt ist. Ferner ist eine einheitliche Willensbildung zu verneinen, wenn mehrere Testamentsvollstrecker (s. § 2197 BGB) mit getrennten Aufgabenbereichen tätig sind[110].

Ferner ist auch noch auf ein spektakuläres Urteil des BFH vom 29. 7. 1976[111] hinzuweisen, wonach die Beherrschung der Betriebsgesellschaft auch *ohne Anteilsbesitz* allein aufgrund einer durch die Besonderheiten des Einzelfalles bedingten *tatsächlichen Machtstellung* (z.B. durch die Position als Großgläubiger) in der Betriebsgesellschaft gegeben sein kann[112]. In diesem Falle handelte es sich um eine Aufspaltung in eine Besitz-BGB-Gesellschaft und eine Betriebs-KG.

---

[109] BFH Urt. v. 13. 12. 1984 – VIII R 237/81 BStBl. 85 II, 657; hierzu List, GmbHR 85, 401 (404 f.).
[110] Siehe o. V., DB 73, 28; Knoppe, S. 192.
[111] IV R 145/72 BStBl. 76 II, 750; hierzu Ranft, DStZ 88, 79 (84); Schulze zur Wiesche, WPg 89, 329 (330 f.); Tiedtke/Gareiss, GmbHR 91, 202 (211 f.).
[112] Ferner BFH Urt. v. 24. 2. 1981 – VIII R 159/78 BStBl. 81 II, 379; Urt. v. 16. 6. 1982 – I R 118/80 BStBl. 82 II, 662 (664); Urt. v. 10. 11. 1982 – I R 178/77 BStBl. 83 II, 136; Urt. v.

Die Betriebsaufspaltung im Steuerrecht

Gesellschafter der Besitzgesellschaft waren die beiden Ehemänner der Gesellschafterin der KG, von denen eine Komplementärin und eine Kommanditistin waren. Die Ehemänner waren zugleich als Prokuristen in der KG leitend tätig. Ohne auf die verfassungsrechtliche Zusammenrechnung der Ehegattenanteile zu rekurrieren, sieht der BFH eine die Betriebsaufspaltung rechtfertigende Machtstellung darin, daß es für die Gesellschafter der Betriebsgesellschaft im eigenen wohl verstandenen Interesse zwingend naheliegt, sich bei Ausübung ihrer Rechte als Gesellschafter weiterhin den Vorstellungen der ihnen nahestehenden Gesellschafter der Besitzgesellschaft unterzuordnen.

Diese BFH-Entscheidung ist im Schrifttum teilweise heftig kritisiert worden[113]. Der konturlose Rechtsbegriff „tatsächliche Machtstellung in der Betriebsgesellschaft" ist als Surrogat für Anteilsbesitz oder Stimmrechte kein brauchbares Kriterium zur Begründung einer Betriebsaufspaltung. Zudem wird dadurch die Rechtssicherheit in einem unzumutbaren Ausmaß beeinträchtigt. Inzwischen hat der BFH allerdings klargestellt, daß ein beherrschender Einfluß bei der Betriebsgesellschaft auch ohne gesellschaftliche Beteiligung aufgrund einer tatsächlichen Machtstellung nur *ausnahmsweise* angenommen werden kann. Die gesicherte Anstellung der Besitzunternehmer als Prokuristen der Betriebs-KG, deren Ehegatten Kommanditisten sind und deren Vater Komplementär ist, soll für die Annahme eines einheitlichen geschäftlichen Betätigungswillens nicht genügen[114].

Die neuere Judikatur hat nunmehr klargestellt, daß eine Betriebsaufspaltung aufgrund *fachlicher Beherrschung* nur (in *extremsten Ausnahmefällen*) gegeben

---

11. 11. 1982 – IV R 117/80 BStBl. 83 II, 299 (300); ebenso FG Bad.-Württ. Urt. v. 3. 7. 1980 – III 44/78 (vorläufig nicht rkr.) EFG 80, 556:
„Verpachtet eine (Besitz-)KG, an welcher der Vater als Komplementär zu 51 v. H. und die Mutter sowie die beiden Söhne als Kommanditisten zu 19 v. H., 15 v. H. und 15 v. H. beteiligt sind, ihr gesamtes körperliches Betriebsvermögen an eine neu gegründete (Betriebs-)KG, deren Kommanditisten zu gleichen Teilen die beiden Söhne und deren Komplementär eine von den beiden Söhnen mit gleichen Anteilen neu gegründete GmbH sind, so können die personellen Voraussetzungen für die Betriebsaufspaltung gegeben sein, wenn der Vater – neben den gemeinsam vertretungsberechtigten Söhnen – als alleinvertretungsberechtigter Geschäftsführer der Komplementär-GmbH und damit der (Betriebs-)KG bestellt ist."

[113] Neuerdings auch Söffing, DStZ 83, 443 f.; Döllerer, GmbHR 86, 165 (168); ferner Fichtelmann, Rdn. 132; ders., StRK-Anm. R 332 zu § 2 Abs. 1 GewStG; Streck, in: Kölner Handbuch, Tz. 241; Dehmer, Rdn. 291 ff.; Knoppe, S. 192; Zartmann S. 74; Mannhold, BB 79, 1813 (1815); L. Schmidt, DStR 79, 699 (701); Streck, FR 80, 83 (87); hierzu differenzierend Winter, GmbHR 87, 281 f.; Herzig/Kessler, DB 88, 15 (17).

[114] BFH Urt. v. 14. 1. 1982 – IV R 77/79 BStBl. 82 II, 476 (477); hierzu Dehmer, Rdn. 297/298; Herzig/Kessler, DB 88, 15 (17).

ist, wenn der gesellschaftlich Beteiligte nach den Umständen des Einzelfalles darauf angewiesen ist, sich dem Willen eines anderen so unterzuordnen, daß er keinen eigenen geschäftlichen Willen entfalten kann. Die faktische Beherrschung eines Nichtgesellschafters verdrängt die gesellschaftsrechtliche Beteiligung. Daher können der faktisch Herrschende und der gesellschaftsrechtlich Beteiligte keine Personengruppe im Sinne der sog. Gruppentheorie bilden[115].

### 2.2.1.3.3 Auswirkungen durch das Mitbestimmungsgesetz

*Seithel*[116] vertritt die Auffassung, daß bei unter das Mitbestimmungsgesetz fallenden Gesellschaften ein einheitlicher geschäftlicher Betätigungswille *nicht* mehr angenommen werden kann. Nach seiner Ansicht hat der Arbeitnehmerflügel über den paritätisch besetzten Aufsichtsrat einen solchen Einfluß, daß die Kapitalseite ihren Willen in der Betriebsgesellschaft nicht mehr durchsetzen kann. Die Konsequenz wäre, daß bei mitbestimmten Unternehmen eine Betriebsaufspaltung nicht vorgenommen werden könnte.

Diese exponierte Rechtsauffassung ist jedoch im Schrifttum widerlegt worden[117]. Als entscheidendes Gegenargument muß hervorgehoben werden, daß die Vertreter der Anteilseigner selbst bei Pattsituationen bei Abstimmungen im Aufsichtsrat durch die Zweitstimme des Aufsichtsratsvorsitzenden als ihren Repräsentanten ihren Willen in entscheidender Weise durchsetzen können. Auch das *BVerfG*[118] hat im Normenkontrollverfahren hinsichtlich der Verfassungsmäßigkeit des Mitbestimmungsgesetzes expressis verbis festgestellt, daß „der Einfluß der Mitwirkung der Arbeitnehmer im Aufsichtsrat auf die Unternehmensführung ... grundsätzlich kein ausschlaggebender (ist)."

Danach dürfte sich eindeutig ergeben, daß auch bei Gesellschaften, die unter das Mitbestimmungsgesetz fallen, ein einheitlicher geschäftlicher Betätigungswille sichergestellt werden kann.

---

[115] BFH Urt. v. 12. 10. 1988 – X R 5/86 BB 89, 196 mit Anm. Schmidt, FR 89, 83; o.V., DStR 89, 78; Urt. v. 26. 10. 1988 – I R 228/84 BStBl. 89 II, 155; Urt. v. 1. 12. 1989 – III R 94/87 BStBl. 90 II, 506; Urt. v. 27. 2. 1991 – XI R 25/88 BFH/NV 91, 454 (455); Hess. FG, Urt. v. 14. 3. 1991 – 8 K 8169/85 EFG 92, 25 (rkr.); Schleswig-Holsteinisches FG, Urt. v. 16. 9. 1987 – IV 43/82 (I), EFG 88, 249 (Rev. eingelegt); zu der Nutzbarmachung dieser Judikatur innerhalb des sog. *Wiesbadener Modells* beachte die Ausführungen in 2.2.1.4.1.
[116] GmbHR 79, 113ff; vgl. auch Tillmann, GmbHR 92, 98f. zur Auswirkung der Mitarbeiterbeteiligung auf die personelle Verflechtung bei der Betriebsaufspaltung.
[117] Zartmann, S. 129ff.; Theisen, GmbHR 79, 186f.; Knoppe, S. 193; Dehmer, Rdn. 257/258.
[118] Urt. v. 1. 3. 1979 – 1 BvR 532, 533/77, 419/78 und 1 BvL 21/78 BVerfGE 50, 290 (365).

### 2.2.1.4 Gestaltungsvarianten zur Vermeidung der Betriebsaufspaltung

In den letzten Jahrzehnten wurde das Rechtsinstitut der Betriebsaufspaltung von der Finanzverwaltung und der höchstrichterlichen Rechtsprechung immer exzessiver ausgedehnt. Der steuerliche Hintergrund war die *Gewerbesteuerbelastung* und die *Erfassung der stillen Reserven beim Besitzunternehmen*. Um dieses Ziel zu erreichen, schreckte man auch nicht davor zurück, die erforderliche Beherrschung aufgrund faktischen Anteilsbesitzes[119] oder durch die Zusammenrechnung von Ehegattenanteilen aufgrund von widerlegbaren Vermutungen[120] zu konstruieren. Die neuesten Rechtsprechungstendenzen haben jedoch deutlich gezeigt, daß die Ausweitung des Instituts der Betriebsaufspaltung auf *verfassungsrechtliche* und *gesellschaftsrechtliche Schranken* stößt, die nicht mehr durch Fiktionen überwunden werden können. Die folgenden Ausführungen sollen Lösungsmöglichkeiten aufzeigen, durch welche Gestaltungen eine *steuerunschädliche Quasi-Beherrschung* der Betriebsgesellschaft zu erzielen ist.

#### 2.2.1.4.1 Begründung autonomer Rechtsmacht für jeden Ehepartner (insbesondere „Wiesbadener Modell")

Um bei künftigen Auseinandersetzungen mit der Finanzverwaltung eine einheitliche Wirtschaftsgemeinschaft zwischen den Eheleuten (Folge: Zusammenrechnung der Ehegattenanteile) leugnen zu können, empfiehlt es sich, solche Gestaltungen zu bevorzugen, bei denen deutlich wird, daß der Ehegatte – auch gegenüber seinem Ehepartner – egoistische Ziele bei seiner Unternehmensbeteiligung verfolgt[121]:
- autonomes Wahrnehmen von Gesellschafterrechten, d.h. kein Abschluß von Stimmbindungsverträgen bzw. keine Erteilung von Dauervollmachten unter Eheleuten[122]
- getrennte Erfassung der Vermögenskontingente der Ehegatten; empfehlenswert ist eine *Gütertrennung*.

Insbesondere bei der Überlassung von wesentlichen, dem einen Ehegatten gehörenden wesentlichen Betriebsgrundlagen (z.B. betrieblich genutzte Grundstücke) an dem dem anderen Ehepartner gehörenden Betrieb werden – bei Beachtung obiger Kriterien – *Einkünfte aus Vermietung und Verpachtung* erzielt[123].

---

[119] Nachw. in Fn. 111 ff.
[120] Nachw. in Fn. 60 ff.
[121] Siehe Kaligin, DStZ 86, 131 (135).
[122] Ebenso Schulze zur Wiesche, WPg 85, 579 (582 f.).
[123] L. Schmidt, EStG, § 15 Anm. 145b; Felix, KÖSDI 85, 5976 (5983); a.A. Leineweber, NWB, Fach 18, 2671 (2673); Schulze zur Wiesche, DB 82, 1689; ders., DB 83, 413.

Ertragsteuerliche Behandlung der Betriebsaufspaltung

In diesem Zusammenhang ist auf das sog. *Wiesbadener Modell*[124] hinzuweisen. Diese Gestaltung knüpfte ursprünglich an die Überlegung an, daß eine Zusammenrechnung von Beteiligungen naher Angehöriger voraussetzt, daß das Familienmitglied, dem die Anteile des nahen Angehörigen zugerechnet werden sollen, an *beiden* Unternehmen beteiligt ist[125]. Danach würde eine Zusammenrechnung beispielsweise dann entfallen, wenn dem Ehemann die Betriebsgesellschaft und der Ehefrau das Besitzunternehmen gehört (oder umgekehrt).

Schaubildartig sieht diese Gestaltung wie folgt aus:

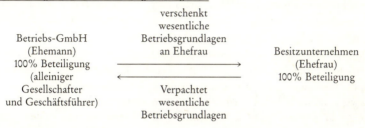

Der BFH hat nunmehr dieses Steuersparmodell wie folgt anerkannt[126]:

„Eine Betriebsaufspaltung entfällt, wenn Besitzunternehmen und Betriebsunternehmen keine gemeinsamen Gesellschafter (Unternehmer) haben (Wiesbadener Modell). Das gilt auch für Ehegatten, bei denen aufgrund besonderer Beweisanzeichen gleichgerichtete wirtschaftliche Interessen anzunehmen sind."

---

[124] Dieses Konzept geht auf die Wiesbadener Tagungen des Deutschen wissenschaftlichen Steuerinstituts für Steuerberater und Steuerbevollmächtigte zurück. Hierzu eingehend KÖSDI Heft 8/1978; Streck, in: Kölner Handbuch, Tz. 225 ff. und N 50 – N 50c; Zartmann, S. 78 ff.; Leineweber, NWB, Fach 18, S. 2671 ff.; Fichtelmann, Rdn. 9; Wolf/Hinke, 05/8.2.1 und 06/3.6.4; L. Schmidt, EStG, § 15 Anm. 145 b; Dehmer, Rdn. 166/167; Knoppe, S. 189; Lothmann, DStR 85, 135 (137); zur Einkünftequalifikation des Nur-Besitzgesellschafters siehe Felix, BB 85, 1970 f.; ders., DStZ 86, 621 ff.; weitere *Gestaltungsvarianten* finden sich bei Schulze zur Wiesche, DB 86, 1090 f.; Pelka, FR 87, 321 ff.; einschränkend Unvericht, DB 89, 995 (996 f.).
[125] Herrmann/Heuer/Raupach, EStG, § 15 Anm. 13 e (4); Felix, GmbHR 73, 184; Woerner, DStR 86, 735 (738).
[126] BFH Urt. v. 30. 7. 1985 – VIII R 263/81 BStBl. 86 II, 359; Urt. v. 9. 9. 1986 – VIII R 198/84 BStBl. 87 II, 28 mit Anm. Woerner, BB 86, 2322 f.; Urt. v. 12. 10. 1988 – X R 5/86 BB 89, 196 mit Anm. L. Schmidt, FR 89, 83; o. V., DStR 89, 78; Urt. v. 26. 10. 1988 – I R 228/84 BStBl. 89 II, 155; Urt. v. 1. 12. 1989 – III R 94/87 BStBl. 90 II, 500; Schleswig-Holsteinisches FG, Urt. v. 16. 9. 1987 – IV 43/82 (I) EFG 88/249 (Rev. eingelegt); Hess. FG, Urt. v. 14. 3. 1991 – 8 K 8169/85 EFG 92, 25 (rkr.); Söffing, NWB, Fach 18, S. 2841 ff. und o. V., DStR 86, 837; Winter, GmbHR 87, 281 (283); Herzig/Kessler, DB 88, 15 (17); ebenso L. Schmidt, EStG, § 15 Anm. 145 b; Dehmer, Rdn. 182; auf gleicher Linie Hess. FG Urt. v. 3. 2. 1981 – VIII 307/77 EFG 81, 516.

Durch das verfassungsrechtliche Verbot der Annahme einer widerlegbaren Vermutung hinsichtlich gleichgerichteter wirtschaftlicher Interessen zwecks Addition von Ehegattenanteilen dürfte sich nunmehr endgültig das o. a. „Wiesbadener Modell" zum „Gewerbesteuersparknaller" institutionalisieren[127]. Dem vorsichtig operierenden Berater ist jedoch anzuraten, die bereits empfohlene *Trennung der Vermögenssphären* auch bei dieser Gestaltungsvariante aufrecht zu erhalten, um der Finanzverwaltung keinerlei Angriffspunkte im Hinblick auf die Annahme einer etwaig faktischen Beherrschung des Ehemannes hinsichtlich des Besitzunternehmens zu bieten[128]. Insbesondere sollte deshalb vermieden werden, daß dem Ehemann beim Besitzunternehmen keine unwiderruflichen oder sonstigen qualifizierten Geschäftsführerkompetenzen eingeräumt werden[129].

Hingegen hat der BFH klargestellt, daß die Einräumung einer selbst alleinvertretungsberechtigten Geschäftsführerposition des Ehemannes an der Betriebs-GmbH selbst dann noch keine steuerschädliche faktische Beherrschung begründet, wenn dieser aufgrund seiner beruflichen Ausbildung und Erfahrung das Gepräge in der Betriebs-GmbH gibt. In den Entscheidungsgründen wurde klargestellt, daß es für die personelle Verflechtung nicht auf den Aufgabenbereich als Geschäftsführer, sondern auf die Fähigkeit ankommt, einen bestimmten Betätigungswillen als Gesellschafter durchzusetzen. Diese Fähigkeit wird in der Regel nur durch den Anteilsbesitz vermittelt, weshalb sich im Falle der faktischen Betriebsaufspaltung die tatsächliche Machtstellung auf die Ausübung der Mehrheit der Gesellschafterrechte beziehen muß. Mit der Mehrheit der Gesellschafterrechte kann der Geschäftsführer abberufen oder bestellt werden. Soweit dies in der Satzung oder im Anstellungsvertrag vorgesehen ist, können mit der Mehrheit der Gesellschafterrechte dem Geschäftsführer Einzelweisungen erteilt werden. Umgekehrt kann der Geschäftsführer selbst nur innerhalb des Aufgabenbereichs tätig werden, der durch den Anstellungsvertrag festgelegt ist. Deshalb begründet die Geschäftsführerstellung regelmäßig noch keine faktische Machtstellung im Sinne einer personellen Verflechtung[130].

---

[127] So triumphierend Felix, KÖSDI 85, 5976 (5982 f.); ebenso grundsätzlich Lothmann DStR 85, 135 (137); Schulze zur Wiesche, WPg 85, 579 (583); Kaligin, DStZ 86, 131 (135); Woerner, DStR 86, 735 (738); L. Schmidt, FR 89, 83.
[128] Vgl. die Ausführungen des BFH Urt. v. 9. 9. 1986 – VIII R 198/84 BStBl. 87 II, 28 (29 f.), wonach beim Wiesbadener Modell eine Betriebsaufspaltung auch nicht unter dem Gesichtspunkt einer sog. faktischen Beherrschung bejaht werden kann.
[129] So die Empfehlung von Kaligin, DStZ 86, 131 (136).
[130] BFH Urt. v. 26. 10. 1988 – I R 228/84 BStBl. 89 II, 155 ( 156 f.); Urt. v. 27. 2. 1991 – XI R 25/88 BFH/NV 91, 454 (455); auf gleicher Linie Schmidt, FR 89, 83; o. V., DStR, 89, 78; differenzierend Schulze zur Wiesche, WPg 89, 329 (331 f.); beachte auch die weiteren Ausführungen zur neuerdings restriktiven Anwendung des Instituts der faktischen Beherrschung bei 2.2.1.3.2 (Fn. 111 ff.).

Der BFH hat ferner zu einer ähnlich gelagerten Gestaltung entschieden, daß besondere Umstände, die Anteile von Ehegatten an einem Unternehmen zusammenzurechnen, *nicht* vorliegen, wenn der mit 90% an der Betriebs-GmbH beteiligte Ehemann die 10%-Beteiligung seiner Ehefrau an der Betriebs-GmbH erwirbt und ihr gleichzeitig einen Teil seiner Beteiligung an der Besitzgesellschaft schenkt[131].

Im Schrifttum wird jedoch die Ansicht vertreten, daß eine diesbezügliche Schenkung von wesentlichen Betriebsgrundlagen durch einen Ehegatten an den anderen zur Begründung für einen einheitlichen geschäftlichen Betätigungswillen führen kann[132]. Dem ist entgegenzuhalten, daß aus der Vornahme der Schenkung grundsätzlich keine Verpflichtung des beschenkten Ehegatten abzuleiten ist, seine Gesellschafterrechte nach den Interessen des Schenkers auszuüben. Ein Widerrufsrecht steht dem Schenker nach § 530 BGB nur bei grobem Undank zu[133]. Die Ausübung der Gesellschafterrechte gegen die Interessen des Schenkers reicht für die Annahme groben Undanks nicht aus[134]. Auch ist es in jeder Gesellschaft so, daß Meinungsverschiedenheiten nur in einer geringen Zahl der Fälle zur offenen Konfrontation führen. So werden Ehegatten versuchen, sich bei Meinungsverschiedenheiten gütlich zu einigen. Dabei muß der Beschenkte seine Interessen gegen die des Schenkers vertreten können, sonst wäre der Sinn der Schenkung, den Anteil ganz aus der Hand zu geben, konterkariert. Nur wenn die Schenkung unter der ausdrücklichen Bedingung erfolgt, daß der Schenker ein Recht zum Widerruf haben soll, wenn der Beschenkte die Gesellschafterrechte nicht in seinem Sinne ausübt, kann dies eine Zusammenrechnung der Anteile rechtfertigen[135].

### 2.2.1.4.2 Überlassung der Anteile an der Betriebsgesellschaft an volljährige Kinder

Nach der Judikatur *entfällt* eine Zusammenrechnung bei der Beteiligung volljähriger Kinder, anderer Verwandter und Verschwägerter der Gesellschafter[136]. Hieraus läßt sich folgender praxisrelevanter Gestaltungsvorschlag ableiten:

---

[131] BFH Urt. v. 17. 3. 1987 – VIII R 36/84 BStBl. 87 II, 858.
[132] Schulze zur Wiesche, WPg 85, 579 (583); L. Schmidt, DStR 79, 699 (702); zu den schenkungsteuerlichen Auswirkungen instruktiv Gebel, DStR 92, 1341 ff.
[133] Zur Durchsetzung eines Anspruchs auf Widerruf der Schenkung in Anbetracht gesellschaftsrechtlicher Sachzwänge Hueck, DB 66, 1043 (1046f.).
[134] Auf die jeweiligen Umstände abstellend Kollhosser, in: Münchener Kommentar, BGB, § 530 Rdn. 3/3a.
[135] So zutreffend Beul, DStR 85, 539 (540); Tillmann, GmbH-Report 85, R 83; L. Schmidt, FR 86, 391; ders., EStG, § 15 Anm. 145b.
[136] BFH Urt. v. 18. 10. 1972 – I R 184/70 BStBl. 73 II, 27.

Den Eltern gehören die Anteile an dem Besitzunternehmen. Anteilseigner und Geschäftsführer der Betriebsgesellschaft sind die erwachsenen Kinder, die aufgrund ihrer fachlichen Kenntnisse zur Unternehmensführung befähigt sind. Dem Familienvater (Ex-Seniorchef) wird lediglich die Stellung des beratenden Mitgeschäftsführers eingeräumt.

Die Finanzverwaltung qualifizierte die mitwirkende Geschäftsführungskompetenz als ausreichenden Beherrschungstatbestand hinsichtlich der Betriebsgesellschaft. Der BFH lehnte diese Betrachtungsweise ab und führte im Leitsatz aus:[137]

„Verpachtet der Vater seinen Betrieb an eine GmbH, deren Anteilseigner ausschließlich erwachsene und teilweise fachlich entsprechend vorgebildete Kinder sind, so fehlt es in der Regel an dem für eine Betriebsaufspaltung erforderlichen einheitlichen geschäftlichen Betätigungswillen zwischen Verpächter und Pächter, und zwar auch dann, wenn der Vater einer der Geschäftsführer der GmbH ist."

Nach wohl einhelliger Auffassung im Schrifttum müssen obige Grundsätze konsequenterweise auch dann gelten, wenn die *Wahrnehmung der Beteiligungsrechte eines minderjährigen Kindes auf einen Pfleger oder einen fremden Bevollmächtigten übertragen worden ist*[138].

2.2.1.4.3 Torpedierung der personellen Verflechtung durch das gesellschaftsvertragliche Einstimmigkeitsprinzip und die Einräumung von externen Mini-Beteiligungen?

Zur Veranschaulichung der Problematik soll von folgendem Beispiel ausgegangen werden:

Ein Ehepaar (oder der Ehemann) beherrscht zu 100% die Betriebsgesellschaft. An dem Besitzunternehmen sind die Ehegatten zu zwei Dritteln beteiligt. Das andere Drittel der Anteile soll der erwachsene Sohn, die Schwiegermutter oder eine sonstige Vertrauensperson (Prokurist, Notar etc.) halten. Um aus steuerlichen Gründen den einheitlichen geschäftlichen Betätigungswillen formal zu torpedieren, wird im Gesellschaftsvertrag des Besitzunternehmens das *strikte Einstimmigkeitsprinzip bei Gesellschafterbeschlüssen* vereinbart.

---

[137] Urt. v. 26. 7. 1984 – IV R 11/81 BStBl. 84 II, 714 mit Anm. Offerhaus, StBp 84, 262f. und Söffing, FR 85, 24; List GmbHR 85, 401 (405); siehe auch FG Nürnberg Urt. v. 10. 7. 1985 – V 329/80 (rkr.) EFG 86, 135.
[138] Nachw. in Fn. 62.

Nach der BFH-Rechtsprechung kann bei dieser Fallgestaltung keine Betriebsaufspaltung angenommen werden[139]. Die Finanzverwaltung wird jedoch versuchen, aus fiskalischen Gründen eine faktische Beherrschung der Betriebsgesellschaft zu fingieren[140].

Einer solchen Betrachtungsweise kann nunmehr entgegengehalten werden, daß der BFH die *faktische Mitunternehmerschaft weitgehend abgelehnt* hat[141]. Eine konsequente Ausdehnung dieser Judikatur dürfte zur Folge haben, daß die Begründung einer Betriebsaufspaltung kraft faktischem Anteilsbesitz[142] nur noch in extrem gelagerten Ausnahmefällen angewendet werden kann[143].

Zur Bekämpfung von Trickgestaltungen zur Vermeidung der Betriebsaufspaltung wird auch § 42 AO ins Feld geführt. Schließlich müsse das Vetorecht des Minderheitsgesellschafters dann unbeachtlich sein, wenn es allein zu dem Zweck vereinbart worden ist, die steuerlichen Konsequenzen einer Betriebsaufspaltung zu vermeiden. Die Voraussetzungen des § 42 AO sollen dann vorliegen, wenn sich nach den objektiven Gegebenheiten ein Mehrheitsgesellschafter nicht auf das Vetorecht des Minderheitsgesellschafters eingelassen hätte oder – mit anderen Worten – wenn sich für die Vereinbarung eines Vetorechts kein sachlicher Grund finden läßt[144].

Diese fiskalisch orientierte Argumentation vermag jedoch nicht zu überzeugen. Schließlich bringt die Einschaltung eines solchen Minderheitengesellschafters erhebliche gesellschaftsrechtliche Konsequenzen mit sich. Ein solcher Gesellschafter ist schließlich am Gewinn des Besitzunternehmens beteiligt und kann mit der Ausübung seines Vetorechtes die gewünschte Beherrschung des Betriebsunternehmens torpedieren. Diese gesellschaftsrechtlichen Risiken müssen folglich auf die steuerrechtliche Beurteilung in vollem Umfang durchschlagen (= Zerstö-

---

[139] BFH Urt. v. 9. 11. 1983 – I R 174/79 BStBl. 84 II, 212; weitere Nachw. in Fn. 95.
[140] So eindeutig BMF-Schr. v. 29. 3. 1985 – IV B 2 – S 2241 – 22/85 BStBl. 85 I, 121 (siehe auch Fn. 97).
[141] BFH Urt. v. 22. 1. 1985 – VIII R 303/81 BStBl. 85 II, 363 mit Anm. Söffing, NWB, Fach 3, S. 5971 ff.; zur Problematik eingehend Märkle/Müller, BB 85, Beilage 1 zu Heft 1, S. 1 ff.; ferner Horn, BB 85, 2036 ff.; zur Begründung einer Mitunternehmerschaft aufgrund eines „zivilrechtlichen Gemeinschaftsverhältnisses" BFH Beschl. v. 2. 9. 1985 – IV B 51/85 BStBl. 86 II, 10 mit Anm. Woerner, BB 85, 2298; zur verdeckten Mitunternehmerschaft BFH Urt. v. 5. 6. 1986 – IV R 272/84 BStBl. 86 II, 802; Urt. v. 22. 10. 1987 – IV R 17/84 DB 88, 157; kritisch zur diesbezüglichen Begriffsverwirrung Schwichtenberg, DStZ 87, 230 f.
[142] Beachte nochmals die Nachw. in Fn. 111 ff.
[143] Ebenso Felix, KÖSDI 85, 5976 (5983).
[144] So in der Tat Weber-Grellet, DStR 84, 618 (619).

rung der Beherrschung). Barth[145] kommt mit einer anderen Begründung zum selben Ergebnis. Er ist der Auffassung, daß § 42 AO nur auf Steuergesetze (arg. § 4 AO), nicht aber bei bloßem sich ständig ändernden Richterrecht Anwendung finden könne.

Die Expertenmeinungen zu den BFH Urteilen v. 9. 11. 1983[146] bzw. 29. 10. 1987[147] sind geteilt. Einige qualifizieren diese Entscheidungen als „öffentliche Hinrichtung der Betriebsaufspaltung"[148]. Andere meinten voreilig, daß es sich – insbesondere bezogen auf die Entscheidungsgründe – um einen kaum wiederholbaren „Ausrutscher" handelt[149]. Der Vorsitzende des VIII. Senats Dr. Dr. Döllerer[150] wertet die Entscheidung als neuen Rechtsprechungstrend dahingehend, die Tatbestandsvoraussetzungen für die Annahme einer Betriebsaufspaltung zu verschärfen. Sollte die zuletzt genannte Auffassung in künftigen Entscheidungen ihren Niederschlag finden, so wäre eine Welle von *betriebsaufspaltungsähnlichen Neukonstruktionen – ohne Gewerblichkeit des Besitzunternehmens –* unvermeidbar.

2.2.1.4.4 Vermeidung der Betriebsaufspaltung durch unterschiedlich zusammengesetzte Besitzunternehmen

*Söffing*[151] nimmt in folgender Fallkonstellation *keine personelle Verflechtung* an.

„An einer Betriebs-GmbH sind A, B und C jeweils mit ⅓ beteiligt. Die Hälfte des von der Betriebs-GmbH genutzten Grundbesitzes hat diese von der X-GbR, die andere Hälfte von der Y-GbR gepachtet. An der X-GbR sind A und B, an der Y-GbR B und C jeweils mit 50 v. H. beteiligt.

In diesem Fall beherrschen beide Personengruppen A/B und B/C je eine Besitzgesellschaft und mit Mehrheit auch die Betriebs-GmbH (A/B ⅔ und B/C ⅔). Doch kommt die Mehrheitsbeteiligung beider Personengruppen an der Betriebs-GmbH nur dadurch zustande, daß B beiden Personengruppen angehört.

---

[145] BB 85, 648 (650).
[146] Nachw. in Fn. 139.
[147] Nachw. in Fn. 96.
[148] So L. Schmidt, FR 84, 122; siehe auch Fichtelmann GmbHR 84, 344 (350f.); Barth, DB 85, 510 (516f.).
[149] Dahin tendierend Knobbe-Keuk, StbJb 84/85, 81 (92ff.); Weber-Grellet, DStR 84, 618f.; Märkle/Kröller, BB 84, 2118 (2121); Dehmer, Rdn. 362ff.
[150] ZGR 85, 386 (409f.); ähnlich das Fazit von Woerner, BB 85, 1609 (1618f.); ders., DStR 85, 735 (737); List, GmbHR 85, 401 (405); Felix, GmbHR 86, 202ff.
[151] FR 86, 214f. unter Bezugnahme auf das BFH Urt. v. 7. 11. 1985 – IV R 65/83 BStBl. 86 II, 364, welcher in einer ähnlich gelagerten, erheblich komplizierteren Sachverhaltsgestaltung eine Betriebsaufspaltung ablehnte.

In einem solchen Fall kann man m.E. weder hinsichtlich der Personengruppe A/B in bezug auf das Besitzunternehmen X-GbR und die Betriebs-GmbH noch hinsichtlich der Personengruppe B/C in bezug auf die Besitzgesellschaft Y-GbR und Betriebs-GmbH von einem einheitlichen geschäftlichen Betätigungswillen sprechen, weil nicht vorhersehbar ist, welcher Personengruppe der beiden Personengruppen angehörende B im Konfliktfall seine Stimme geben wird. Auch für den hier erörterten Fall gilt der in dem vorstehenden BFH-Urteil enthaltene und auf unseren Fall abgewandelte Satz: „Es mag zutreffen, daß A, B und C durch gemeinsame geschäftliche Interessen verbunden sind. Diese geschäftlichen Interessen müssen aber im Hinblick darauf, daß die GmbH zwei Grundstücke betrieblich nutzt und an diesen Grundstücken und an der GmbH unterschiedliche Beteiligungsverhältnisse bestehen, nicht schlechthin und ausnahmslos gleichlaufend sein."

### 2.2.1.4.5 Kriminelle Treuhandmodelle

Um den Finanzbehörden nicht den Hauch einer Chance für die Annahme einer (steuerlichen) Betriebsaufspaltung zu bieten, wird in der „grauen Beratungspraxis" beispielsweise folgende *totsichere Variante* praktiziert.

Der Unternehmer hält zu 100% die Anteile an der Betriebsgesellschaft. Am Besitzunternehmen ist er nur noch zu 40% beteiligt; die restlichen 60% werden an eine Vertrauensperson „verkauft". Eine Beherrschung der Betriebsgesellschaft scheidet infolge der Minderheitsposition des Unternehmers aus. Hierbei wird dann gegenüber der Finanzverwaltung verschwiegen, daß die 60%-Beteiligung dieser Vertrauensperson treuhänderisch für den Unternehmer gehalten wird, um eine Zusammenrechnung der Beteiligung für die Annahme eines einheitlichen geschäftlichen Betätigungswillens zu vermeiden. Hierbei ist klarstellend anzumerken, daß das *Nichtoffenlegen solcher Treuhandverträge etc. zwecks Vermeidung der Gewerbesteuerpflicht eine Steuerhinterziehung (§ 370 AO) darstellt.*

### 2.2.1.4.6 Konsequenzen einer unterlaufenden Betriebsaufspaltung

In diesen Fällen einer *„unterlaufenden Betriebsaufspaltung"* liegt eine Betriebsverpachtung vor. Die Verpachtungseinnahmen stellen Einkünfte aus Vermietung und Verpachtung dar, die nicht der Gewerbesteuer unterliegen. Für eine Nachversteuerung der sich ansammelnden stillen Reserven und sich im Privatvermögen des Besitzunternehmens befindenden Wirtschaftsgüter existiert keine Rechtsgrundlage[152].

---

[152] Vgl. Felix, KÖSDI 85, 5976 (5984).

## 2.2.2 Sachliche Voraussetzungen
### (Überlassung wesentlicher Betriebsgrundlagen)

Die von der Rechtsprechung als zweite Voraussetzung für die steuerliche Anerkennung postulierte sachliche Verflechtung erfordert, daß die von dem Besitzunternehmen an die Betriebskapitalgesellschaft verpachteten Wirtschaftsgüter eine wesentliche Betriebsgrundlage für den Betrieb der Betriebskapitalgesellschaft bilden. Daneben müssen die verpachteten Wirtschaftsgüter ebenso wesentliche Betriebsgrundlage des Besitzunternehmens sein[153]. Die verpachteten Wirtschaftsgüter müssen nicht „die" wesentliche Betriebsgrundlage der Betriebskapitalgesellschaft darstellen; es genügt „*eine*" wesentliche Betriebsgrundlage[154]. Die Annahme einer wesentlichen Betriebsgrundlage wird deshalb nicht dadurch ausgeschlossen, daß der Betrieb, der mit den gepachteten Wirtschaftsgütern geführt wird, im Gesamtbetrieb der Betriebsgesellschaft gewinn- und vermögensmäßig nur einen geringen Teil ausmacht[155]. Es ist also nicht erforderlich, daß die Betriebsgesellschaft ihr Anlagevermögen ganz oder größtenteils von ihren Gesellschaftern gepachtet hat. Deshalb kann eine Betriebsaufspaltung auch zwischen einem Besitzunternehmen und mehreren Betriebskapitalgesellschaften entstehen[156]. Umgekehrt können mehrere Besitzunternehmen einer Betriebsgesellschaft gegenüberstehen[157]. Mehrere Besitzunternehmen bringen den gewerbesteuerlichen Vorteil, daß der Freibetrag für Personenunternehmen (§ 11 Abs. 1 GewStG) und der Freibetrag nach § 13 Abs. 1 GewStG (unabhängig von der Rechtsform) *mehrfach* in Anspruch genommen werden kann. Wird eine Kapitalgesellschaft zusätzlich als Besitzgesellschaft eingeschaltet, dann kann insoweit die erweiterte Kürzung nach § 9 Nr. 1 Satz 2 GewStG in Anspruch genommen werden[158].

---

[153] Knoppe, S. 193; Brandmüller, Rdn. C 136; *a.A.* Dehmer, Rdn. 417 m.w.Nachw., der es für alleinentscheidend erachtet, ob die Wirtschaftsgüter für die *Betriebsgesellschaft* wirtschaftlich von Gewicht sind; dahin tendierend auch BFH Urt. v. 12. 11. 1985 – VIII R 342/82 BStBl. 68 II, 299 mit Anm. L. Schmidt, FR 86, 189 u. Paus, DStZ 86, 593 ff.; zum Aspekt wesentliche Betriebsgrundlage und quantitative Betrachtungsweise Hörger, DB 87, 349 ff.

[154] BFH Urt. v. 24. 6. 1969 – I 201/64 BStBl. 70 II, 17 (19 f.); Urt. v. 20. 9. 1973 – IV R 41/69 BStBl. 73 II, 869 (870 f.); Urt. v. 21. 5. 1974 – VIII R 57/70 BStBl. 74 II, 613; Urt. v. 1. 6. 1978 – IV R 152/73 BStBl. 78 II, 545 (547); Fichtelmann, Rdn. 92; Knoppe, S. 193 f.; Dehmer, Rdn. 416 u. 435; Brandmüller, Rdn. C 136.

[155] BFH Urt. v. 21. 5. 1974 – VIII R 57/70 BStBl. 74 II, 613 (615).

[156] BFH Urt. v. 11. 11. 1982 – IV R 117/80 BStBl. 83 II, 299; Streck, in: Kölner Handbuch, Tz. 247; Brandmüller, Rdn. C 136; Knoppe, S. 190 f.; Dehmer, Rdn. 435.

[157] Fichtelmann, FR 83, 78 ff.; Streck, in: Kölner Handbuch, Tz. 253; Brandmüller, Rdn. C 136; Dehmer, Rdn. 435.

[158] Fichtelmann, FR 83, 78; siehe auch bei 2.4.1.6.2 (Fn. 360 ff.).

Im Schrifttum wird die stark angreifbare These vertreten, daß im *Großkonzern* wegen der Vielzahl von überlassenen Wirtschaftsgütern eine Betriebsaufspaltung im Zweifel nicht mehr angenommen werden könne[159].

Die unentgeltliche (= leihweise) Überlassung von Wirtschaftsgütern an eine Betriebsgesellschaft schließt die Annahme einer Betriebsaufspaltung nicht aus. Schließlich kann es für die Frage, ob wesentliche Betriebsgrundlagen überlassen werden oder nicht, keine Rolle spielen, ob die Wirtschaftsgüter gegen Entgelt oder unentgeltlich (auf Leihbasis) überlassen werden[160]. Auf die Eigentumsverhältnisse an den verpachteten Wirtschaftsgütern kommt es ebenfalls nicht an. Irrelevant ist auch, ob die verpachteten Wirtschaftsgüter der Besitzgesellschaft selbst oder einem ihrer Gesellschafter gehören[161].

Eine wesentliche Betriebsgrundlage ist anzunehmen, wenn die Wirtschaftsgüter nach dem Gesamtbild der Verhältnisse für die Betriebsführung wirtschaftliches Gewicht besitzen, und bei denen es einen deutlichen Unterschied macht, ob sie sich im Eigenbesitz befinden oder von fremden Eigentümern gemietet oder gepachtet sind[162]. Andererseits ist zu beachten, daß Wirtschaftsgüter nicht schon deshalb als nicht wesentlich anzusehen sind, weil sie auch von fremden Eigentümern gemietet oder gepachtet werden können[163]. Das Abstellen der Gestaltung der Wirtschaftsgüter auf die besonderen Anforderungen des Pächters wird im allgemeinen ein Indiz für eine notwendige Betriebsgrundlage sein[164].

Die Feststellung, ob eine wesentliche Betriebsgrundlage gegeben ist, ist Tatfrage, die im finanzgerichtlichen Verfahren das Finanzgericht zu treffen hat und vom BFH im Revisionsverfahren bei ordnungsgemäßer Feststellung nicht nachgeprüft werden kann[165]. Aus der reichen Kasuistik der zu dieser Frage ergangenen

---

[159] Hierzu Autenrieth, DStZ 89, 99 ff.
[160] So ausdrücklich BFH Urt. v. 24. 4. 1991 – X R 84/88 BStBl. 91 II, 713; hierzu kritisch Fichtelmann, GmbHR 92, 442 ff. wegen der fehlenden Gewinnerzielungsabsicht beim „Besitzunternehmen"; ferner Knoppe, S. 197; Lersch-Schaaf, FR 72, 440 f.; beachte aber BFH Urt. v. 12. 7. 1973 – IV R 205/69 BStBl. 73 II, 842 mit Anm. von Mienert, GmbHR 74, 140 ff.
[161] BFH Urt. v. 11. 8. 1966 – IV 219/64 BStBl. 66 III, 601; Urt. v. 21. 5. 1974 – VIII R 57/70 BStBl. 74 II, 613 (615); Urt. v. 15. 5. 1975 – IV 89/73 BStBl. 75 II, 781; Dehmer, Rdn. 422; Knoppe, S. 197; Brandmüller, Rdn. C 136.
[162] BFH Urt. v. 24. 6. 1969 – I 201/64 BStBl. 70 II, 17 (20); Brandmüller, Rdn. C 136; Fichtelmann, Rdn. 90; Wolf/Hinke, 06/4.1.1, S. 3
[163] BFH Urt. v. 24. 6. 1969 – I 201/64 BStBl. 70 II, 17 (20); Brandmüller, Rdn. C 136; Wolf/Hinke, 06/4.1.1, S. 5.
[164] Fichtelmann, Rdn. 93 vgl. BFH Urt. v. 11. 11. 1970 – I R 101/69 BStBl. 71 II, 61 (63).
[165] BFH Urt. v. 21. 5. 1974 – VIII R 57/70 BStBl. 74 II, 613 (615); Fichtelmann, Rdn. 95.

Die Betriebsaufspaltung im Steuerrecht

höchstrichterlichen Entscheidung sollen folgende Beispielsfälle zur Veranschaulichung aufgeführt werden (siehe auch R 137 Abs. 5 EStR 1993)[166]:

In den folgenden Fällen wurde von der Rechtsprechung eine wesentliche Betriebsgrundlage *bejaht:*

– Fabrikgrundstück[167]
– Grundstück mit Fabrikhallen[168] bzw. Fabrikgebäude[169]
– Fabrikgrundstück für eine Kleiderfabrik, das auf die besonderen Bedürfnisse des Pächters abgestellt[170] bzw. für die Kartonagenfertigung errichtet ist[171]
– Hotelgrundstück mit Tiefgarage und Bürokeller[172]
– Grundstück zum Betrieb eines Kinderheims[173]
– Kiesausbeutegrundstück und Ausbeuterechte[174]
– Grundstück als Reservegrundstück[175]
– Fabrik- und Bürogebäude[176]
– Fabrikanlage mit Patenten[177]
– Verpachtung von Kaufhaus, Lager und Bürohaus[178]
– Garagenbetrieb mit 42 Einzelboxen und 72 Einstellplätzen mit Tankstelle[179]
– Hotel- und Gaststättenbetrieb[180]
– Reinigungsbetrieb mit speziellen Gebäudeeinrichtungen[181]
– Druckereieinrichtung[182]
– Verpachtung der Betriebsanlagen und Übertragung des Umlaufvermögens[183]

---

[166] Instruktiv das ABC der wesentlichen Betriebsgrundlagen bei Dehmer, Rdn. 438 ff.
[167] BFH Urt. v. 23. 11. 1972 – IV R 63/71 BStBl. 73 II, 247.
[168] BFH Urt. v. 12. 3. 1970 – I 108/66 BStBl. 70 II, 439.
[169] BFH Urt. v. 9. 7. 1970 – IV R 16/69 BStBl. 70 II, 722.
[170] BFH Urt. v. 16. 1. 1962 – I 57/61 S BStBl. 62 III, 104.
[171] BFH Urt. v. 2. 8. 1972 – IV 87/65 BStBl. 72 II, 796.
[172] BFH Urt. v. 21. 5. 1974 – VIII R 57/70 BStBl. 74 II, 613.
[173] BFH Urt. v. 18. 6. 1980 – I R 17/77 BStBl. 81 II, 39.
[174] FG Rheinland-Pfalz Urt. v. 11. 12. 1970 – III 1756–1759/67 (rkr.) EFG 71, 244; FG Nürnberg Urt. v. 20. 12. 1977 – III 166/77 (rkr.) EFG 78, 322.
[175] FG Nürnberg Urt. v. 23. 8. 1974 – III 218/72 (Rev. eingelegt) EFG 75, 13.
[176] BFH Urt. v. 25. 7. 1963 – IV 417/60 S BStBl. 63 III, 505.
[177] BFH Urt. v. 14. 11. 1969 – III 218/65 BStBl. 70 II, 302.
[178] Hierzu BFH Urt. v. 24. 6. 1969 – I 201/64 BStBl. 70 II, 17.
[179] BFH Bescheid v. 9. 6. 1959/Urt. v. 3. 11. 1959 – I 217/58 U BStBl. 60 III, 50.
[180] BFH Urt. v. 25. 7. 1968 – IV R 261/66 BStBl. 68 II, 677.
[181] BFH Urt. v. 11. 8. 1966 – IV 219/64 BStBl. 66 III, 601.
[182] BFH Urt. v. 24. 1. 1968 – I 76/64 BStBl. 68 II, 354.
[183] BFH Urt. v. 19. 1. 1973 – III R 27/71 BStBl. 73 II, 438.

- Warenzeichen und Formeln (Zusammensetzungen, Rezepte, Herstellungsverfahren)[184], Patente und nicht patentierte Autorenrechte und Erfindungen[185], soweit mit ihnen ein beträchtlicher Umsatzanteil (mindestens 25%) getätigt wird[186])

Eine wesentliche Betriebsgrundlage ist zu *verneinen:*
- Unbebaute Grundstücke (ohne Einräumung von Ausbeuterechten)[187]
- Überlassung eines Grundstücks, welches für die Betriebsgesellschaft von geringer wirtschaftlicher Bedeutung ist[188]
- Überlassung von für die Betriebszwecke nicht besonders ausgestalteten Ausstellungs- und Verkaufshallen eines Möbeleinzelhandelsunternehmens[189]
- Betriebsgebäude, wenn die Tätigkeit der Betriebsgesellschaft ebenso gut in Räumen eines fremden Vermieters hätte ausgeführt werden können (Fehlen von Spezialeinrichtungen)[190], z.B. bei einer Verlags-GmbH, die keine besonderen Anforderungen an die Gestaltung der Räume stellt[191] oder bei Ladenräumen für Kaufhausfilialen[192]
- Wirtschaftsgüter des Umlaufvermögens, die ihrem Zweck nach zur Veräußerung oder zum Verbrauch bestimmt sind[193]
- Gewährung von Darlehen oder die Eingehung einer stillen Gesellschaft[194]

---

[184] BFH Urt. v. 20. 9. 1973 – IV R 41/69 BStBl. 73 II, 869.
[185] BFH Urt. v. 1. 6. 1978 – IV R 152/73 BStBl. 78 II, 545; vgl. auch BFH Urt. v. 23. 1. 1980 – I R 33/77 BStBl. 80 II, 356.; Beschl. v. 22. 1. 1988 – III B 9/87 BStBl. 88 II, 537 (538). Urt. v. 21. 10. 1988 – III R 258/84 GmbHR 89, 385; Urt. v. 26. 8. 1993 – I R 86/92 BStBl. 94 II, 168; Urt. v. 11. 7. 1989 – VIII R 151/85 BFH/NV 90, 99 (100); ferner Tiedtke/Gareiss, GmbHR 91, 202 (207f.).
[186] Siehe nochmals BFH Urt. v. 20. 9. 1973 – IV R 41/69 BStBl. 73 II, 869 (871); FG des Saarlandes Urt. v. 15. 10. 1986 – I 239/84 EFG 87, 131 (rkr.); hierzu Fichtelmann, Rdn. 96; Dehmer, Rdn. 448; ferner Knoppe, S. 198; Streck, in: Kölner Handbuch, Tz. 261; L. Schmidt, DStR 79, 699 (700); Schulze zur Wiesche, WPg 89, 329 (335); Tiedtke/Gareiss, GmbHR 91, 202 (208).
[187] Fichtelmann, Rdn. 97; Brandmüller, Rdn. C 140; Streck, in: Kölner Handbuch, Tz. 257; Dehmer, Rdn. 461.
[188] BFH Urt. v. 12. 11. 1985 – VIII R 342/82 BStBl. 86 II, 299 mit Anm. Paus, DStZ 86, S. 593 ff.
[189] FG des Saarlandes Urt. v. 21. 1. 1987 – 1 K 79/85 (Rev. eingelegt) EFG 87, 259.
[190] BFH Urt. v. 18. 5. 1966 – I 19–20/64 StRK GewStG § 2 Abs. 1 R 257; Dehmer, Rdn. 449; Brandmüller, Rdn. C 140; Streck, in: Kölner Handbuch, Tz. 255/256.
[191] BFH Urt. v. 11. 11. 1970 – I R 101/69 BStBl. 71 II, 61 (63).
[192] FG Bad.-Württ. v. 9. 2. 1971 – II 78/69 (rkr.) EFG 71, 549.
[193] Differenzierend Streck, in: Kölner Handbuch, Tz. 260; Dehmer, Rdn. 475.
[194] Streck, in: Kölner Handbuch, Tz. 264; Fichtelmann, Rdn. 97; Brandmüller, Rdn. C 140; *a.A.:* o.V., DB 73, 2373 (2374); differenzierend Dehmer, Rdn. 443 u. 472; zum Spezialproblem der *mitunternehmerischen GmbH & Still* siehe Costede, StuW 77, 208 ff.; weitere Facetten bei Schulze zur Wiesche, DStR 93, 1844 ff.

– Überlassung von Lizenzen, die ein nichtpatentfähiges Verfahren betreffen, das auch von anderen Unternehmen ohne besondere Erlaubnis angewendet wird[195].

Zur Problematik, ob die Überlassung von Wirtschaftsgütern bei landwirtschaftlichen Betrieben als wesentliche Betriebsgrundlage zu qualifizieren ist, hat die Finanzverwaltung Stellung genommen[196].

Die Rechtsprechung hatte zwischenzeitlich für die Annahme von *wesentlichen Betriebsgrundlagen* bei der Betriebskapitalgesellschaft erhöhte Anforderungen gestellt. Dabei sind allein die *funktionalen Erfordernisse der Betriebsgesellschaft* maßgeblich, nicht (wie bei der Betriebsveräußerung oder -aufgabe) der Umfang der stillen Reserven[197]. Grundstücke (unbebaut) und Gebäude sind wesentliche Betriebsgrundlagen, wenn sie vom Besitzunternehmen oder der Betriebsgesellschaft für ihre Bedürfnisse „besonders hergerichtet" sind. Dies wurde in der Regel bei einer Fabrikation bejaht oder, wenn der Betrieb seiner Art nach von der Lage des Grundstücks abhängig ist; i.d.R. zu bejahen bei Hotel, Restaurant, Café, Einzelhandel[198].

Die sachliche Verflechtung als Voraussetzung einer Betriebsaufspaltung ist auch dann zu bejahen, wenn erst das Betriebsunternehmen (mit Zustimmung des

---

[195] BFH Urt. v. 25. 10. 1988 – VIII R 339/82 BB 89, 199.
[196] OFD Münster Vfg. v. 28. 1. 1993 – S 2139 – 111 – St 12 – 31 FR 93, 244.
[197] BFH Urt. v. 12. 11. 1985 – VIII R 342/82 BStBl. 86 II, 299; Urt. v. 12. 10. 1988 – X R 5/86 BStBl. 89 II, 152; Urt. v. 25. 10. 1988 – VIII R 339/82 DStR 89, 40; BFH Urt. v. 24. 8. 1989 – IV R 135/86 BStBl. 89 II, 1014 (1015) mit Anm. o.V., DStR 89, 775 und Söffing FG 90, 26; Urt. v. 24. 7. 1990 – VIII R 304/84 GmbHR 90, 572 (573); hierzu Ranft, DStZ 88, 79 (81f.); Pollmann, DB 88, 723ff.; dies. NWB, Fach 18, 3061ff.; Schulze zur Wiesche, WPg 89, 329 (333f.); Lehmann/Marx, FR 89, 506 (507ff.); Jestädt, DStR 90, 223ff.; ders. BB 92, 1189f.; Lohse/Madle, DStR 90, Beihefter zu Heft 10, S. 1 (3f.); Weilbach; BB 90, 829 (830f.); Söffing, DStR 90, 503ff.; Janssen, DStZ 91, 13 (14); Tiedtke/Gareiss, GmbHR 91, 202 (206f.); Schneeloch, DStR 91, 761ff.; Bitz, FR 91, 733ff.; Binz/Freudenberg/Sorg, DStR 93, 3ff.; zur Annahme eines *Erbbaurechts* als wesentliche Betriebsgrundlage bei der Betriebsaufspaltung Fichtelmann, DStZ 91, 131ff.
[198] BFH Urt. v. 7. 8. 1990 – VIII R 110/87 BStBl. 91 II. 336 (337); Urt. v. 23. 1. 1991 – X R 47/87 BStBl. 91 II, 405 (406); Urt. v. 26. 6. 1992 – III R 91/88 BFH/NV 93, 167 (168); Urt. v. 7. 8. 1992 – III R 80/89 BFH/NV 93, 169 (170); FG des Saarlandes Urt. v. 2. 7. 1991 – 1 K 349/90 EFG 92, 127 (Rev. eingelegt); Niedersächsisches Finanzgericht Urt. v. 12. 10. 1993 – VIII 584/89 EFG 94, 481 (rkr.); FG des Saarlandes Urt. v. 12. 10. 1988 – 1 K 77/78 EFG 89, 131 (Rev. eingelegt; Az. b. BFH: III R 91/88): „Für die Betriebszwecke nicht zusätzlich besonders ausgestattete Verkaufsräume eines Textilhandelsgeschäfts gehören nicht zu den wesentlichen Grundlagen des Betriebs."; zur speziellen Problematik der Vermietung eines Betriebsgebäudes auf fremden Grund und Boden als Betriebsaufspaltung o.V., GmbH-Report 91, R 69.

Besitzunternehmens) ein ihm überlassenes Gebäude für seine Zwecke baulich herrichtet[199]. Ausdruck der sachlichen Verflechtung zwischen Besitz- und Betriebsunternehmen bei einer Betriebsaufspaltung ist es auch, wenn nur der verpachtende Unternehmer berechtigt und verpflichtet ist, Erneuerungs- und Erweiterungsinvestitionen für das Betriebsunternehmen vorzunehmen[200].

Eine sachliche Verflechtung im Rahmen einer Betriebsaufspaltung wird durch die Überlassung von Anlagegütern an die Betriebsgesellschaft begründet, die für diese nach ihrer Funktion eine wesentliche Betriebsgrundlage bilden. Hierzu zählen auch *unbebaute Grundstücke,* wenn sie von der Betriebsgesellschaft für ihre besonderen Bedürfnisse hergerichtet worden sind[201].

Nach dieser Interims-Judikatur mußten (un)bebaute Grundstücke besondere Vorrichtungen, Gestaltungen oder betriebseigentümliche Sonderausstattungen aufweisen, um als wesentliche Betriebsgrundlage anerkannt zu werden[202]. So hat die Rechtsprechung bei einer ausschließlichen büromäßigen Nutzung eines Gebäudes oder bei der Nutzung eines ehemaligen Schulgebäudes für Fabrikation[203] oder für die Benutzung einer Industriehalle[204] jeweils eine sachliche Verflechtung vereint[205].

Diese neuere Rechtsprechung führte in viele Fällen dazu, daß eine Betriebsaufspaltung nicht mehr angenommen werden konnte.

In einer Serie von neueren Entscheidungen hat der Bundesfinanzhof seine Auffassung im Hinblick auf das Vorliegen/Nichtvorliegen einer wesentlichen Betriebsgrundlage bei der Überlassung von bebauten Grundstücken dergestalt modifiziert, daß die Anforderungen an die wesentliche Betriebsgrundlage minimiert und damit der Bereich der Betriebsaufspaltung (entgegen den obig beschriebenen Tendenzen) zwischenzeitlich erheblich erweitert wurde. Die für die Praxis wichtigsten Leitsätze dieser „neuen" Rechtsprechung werden hiermit wie folgt wiedergegeben:

1. Auch eine sog. Systemhalle kann wesentliche Betriebsgrundlage im Rahmen einer Betriebsaufspaltung sein, wenn sie nach Größe, Grundriß und Gliede-

---

[199] BFH Urt. v. 23. 1. 1991 – X R 47/87 DStR 91, 544.
[200] FG Münster Urt. v. 11. 6. 1991 – 6 K 6347/86 E EFG 91, 653 (rkr.).
[201] BFH Urt. v. 24. 8. 1989 – IV R 135/86 BStBl. 89 II, 1014 (1015) mit Anm. o. V., DStR 89, 775 und Söffing, FR 90,26.
[202] BFH Urt. v. 12. 11. 1985 – VIII R 342/82 BStBl. 86 II, 299 (300f.); Urt. v. 25. 10. 1988 – VIII R 339/82 BB 89, 199 mit Anm. Schmidt, FR 89, 19 und o. V., DStR 89, 41.
[203] BFH, a.a.O., BB 89, 199f.
[204] FG Münster Urt. v. 13. 6. 1989 – VI 8364/87 F EFG 90, 123 (Rev. eingelegt).
[205] Vgl. BFH Urt. v. 11. 11. 1970 – I R 101/69 BStBl. 71 II, 61; ähnlich BFH Urt. v. 12. 11. 1985 – VIII 253/80 BFH/NV 86, 360; BFH, a.a.O., DB 89, 26f.

rung auf die Bedürfnisse der Gesellschaft (Fertigungsbetrieb) zugeschnitten ist[206].

2. Ein Fabrikationsgrundstück ist regelmäßig wesentliche Betriebsgrundlage der Betriebsgesellschaft im Rahmen einer Betriebsaufspaltung (Anschluß an BFH-Urteil vom 24. 8. 1989 – IV R 185/86, BStBl. II 1989, S. 1014). Davon ist jedenfalls dann auszugehen, wenn ein unmittelbarer zeitlicher Zusammenhang zwischen Errichtung des Betriebsgebäudes, der Vermietung und der Aufnahme des Betriebes in diesem Gebäude besteht[207].

3. Ein Grundstück ist dann *keine* wesentliche Betriebsgrundlage, wenn das Betriebsunternehmen jederzeit am Markt ein für seine Belange gleichwertiges Grundstück mieten oder kaufen kann.

Hinsichtlich der Frage, ob ein Grundstück im Rahmen einer Betriebsaufspaltung für das Betriebsunternehmen wirtschaftliches Gewicht hat, sind nicht die einzelnen Teile des Grundstücks für sich, sondern ist das Grundstück einheitlich zu beurteilen[208].

4. Eine Betriebsaufspaltung kann auch durch die Einräumung des Nutzungsrechts an einer ungeschützten Erfindung entstehen. Ob die Erfindung oder das Nutzungsrecht für das Besitzunternehmen eine wesentliche Betriebsgrundlage bilden, ist unerheblich[209].

5. Das vom Alleingesellschafter einer Getränkeeinzelhandels-GmbH verpachtete Ladenlokal ist regelmäßig eine wesentliche Betriebsgrundlage der GmbH. Die Verpachtung erfolgt deswegen im Rahmen einer Betriebsaufspaltung[210].

6. Grundstücke, die der Fabrikation dienen, gehören regelmäßig im Rahmen einer Betriebsaufspaltung zu den wesentlichen Betriebsgrundlagen (Anschluß

---

[206] BFH Urt. v. 5. 9. 1991 – IV R 113/90 BStBl. 92 II, 349 mit Anm. Söffing FR 92, 74f.; Urt. v. 7. 8. 1992 – III R 80/89 BFH/NV 93, 169 (170); ferner Urt. v. 19. 8. 1992 – III R 80/91 BFH/NV 93, 160: „Der Annahme, das betreffende Grundstück sei eine wesentliche Betriebsgrundlage steht dann nicht entgegen, daß das Grundstück nach seiner Veräußerung (durch den Besitzunternehmer) von einem branchenfremden Unternehmen ohne weitere Umbauten genutzt wurde (...)"; Urt. v. 26. 8. 1993 – IV R 48/91 BFH/NV 94, 265 (266).

[207] BFH Urt. v. 12. 9. 1991 – IV R 8/90 BStBl. 92 II, 347 mit Anm. Söffing FR 92, 170; Urt. v. 17. 9. 1992 – IV R 49/91 BFH/NV 93, 95.

[208] BFH Urt. v. 29. 10. 1991 – VIII R 77/87 BStBl. 92 II, 334; hierzu Binz/Freudenberg/Sorg, DStR 93, 3 (4).

[209] BFH Urt. v. 6. 11. 1991 – XI R 12/87 BStBl. 92 II, 415 mit Anm. o.V., DStR 92, 354.

[210] BFH Urt. v. 12. 2. 1992 – XI R 18/90 BStBl. 92 II, 723 mit Anm. Kanzler, FR 92, 591 f.; o.V., DStR 92, 1129; Urt. v. 26. 11. 1992 – IV R 15/91 BStBl. 93 II, 876 (878); Urt. v. 26. 8. 1993 – IV R 48/91 BFH/NV 94, 265 (266).

an BFH Urteil v. 24. 8. 1989 IV R 135/86 BFHE 158, 245, 249, BStBl. II 1989, 1014). Es kommt nicht darauf an, ob der Betrieb auch in einem anderen gemieteten oder gekauften Gebäude ausgeübt werden könnte[211].

7. An einer wesentlichen Betriebsgrundlage als Voraussetzung der sachlichen Verflechtung bei der Betriebsaufspaltung kann es fehlen, wenn ein Grundstück für die Betriebsgesellschaft von geringer wirtschaftlicher Bedeutung ist.

Dies ist jedenfalls nicht der Fall, wenn der Flächenanteil des der Betriebsgesellschaft von der Besitzgesellschaft verpachteten Grundstücke *22 v.H.* des von der Betriebsgesellschaft insgesamt und in gleicher Weise genutzten Grundbesitzes ausmacht[212].

8. Die individuelle Gestaltung eines Grundstücks für die Bedürfnisse des Betriebsunternehmens ist lediglich Indiz für sein Gewicht als Betriebsgrundlage.

Mitverpachtete Grundstücke gehören zum notwendigen Betriebsvermögen des Besitzunternehmens auch dann, wenn sie nicht wesentliche Betriebsgrundlage des Betriebsunternehmens werden[213].

9. Grundstücke, die der Fabrikation dienen, gehören im Rahmen einer Betriebsaufspaltung zu den wesentlichen Betriebsgrundlagen (Anschluß an BFH-Urteil vom 12. 9. 1991 IV R 8/90 BFHE 166, 55, BStBl. II 1992, 347; vom 26. 3. 1992 IV R 50/91 BFHE 168, 96, BStBl. II 1992, 830). Es ist nicht erforderlich, daß die Baulichkeiten (hier: Betriebshalle) nur noch oder ausschließlich von dem Betriebsunternehmen genutzt werden können[214].

10. Die Herrichtung eines Grundstückes für die besonderen Bedürfnisse des Betriebs kann sich aus der räumlichen Zusammenfassung von Lagerung, Produktion und Reparatur ergeben[215].

---

[211] BFH Urt. v. 26. 3. 1992 – IV R 50/91 BStBl. 92 II, 830 mit Anm. Hoffmann, BB 93, 119f. und Söffing, FR 92, 593f.; Urt. v. 26. 11. 1992 – IV R 15/91 BStBl. 93 II, 876 (878), ebenso FG Rheinland-Pfalz Urt. v. 16. 11. 1992 – 5 K 1237/91 EFG 93, 497 (rkr.): „Ein gepachtetes Betriebsgrundstück (Bauhof) und ein Bagger sind wesentliche Betriebsgrundlage eines Bauunternehmens."
[212] BFH Urt. v. 4. 11. 1992 – XI R 1/92 BStBl. 93 II, 245 mit Anm. o. V., DStR 92, 272; o. V., DStR 93, 429f.; siehe auch Bitz, FR 91, 733 (735), der erst bei einer *Überschreitung eines 25%igen Anteils* bei der gesamten genutzten Betriebsfläche eine sachliche Verflechtung annehmen will.
[213] BFH Urt. v. 17. 11. 1992 – VIII R 36/91 BStBl. 93 III, 233; Urt. v. 26. 8. 1993 – IV R 48/91 BFH/NV 94, 265 (266).
[214] BFH Urt. v. 16. 12. 1992 – XI R 15/92 BFH/NV 93, 523.
[215] BFH Urt. v. 28. 1. 1993 – IV R 39/92 BFH/NV 93, 528.

11. Ein Grundstück, auf dem sämtliche für den Betrieb erforderlichen Werkstätten, wie Büro- und Sozialräume, Lagerflächen und Parkplätze für Betriebsfahrzeuge zusammengefaßt sind, ist wesentliche Betriebsgrundlage[216].

12. Die Frage, ob ein Grundstück für das Betriebsunternehmen von besonderem Gewicht ist, stellt sich nicht, wenn diesem das gesamte Anlagevermögen des Besitzunternehmens verpachtet wird[217].

Aus den Entscheidungen ergibt sich eindeutig, daß der Bundesfinanzhof nur dann regelmäßig das Vorliegen einer wesentlichen Betriebsgrundlage bei der Überlassung von Gebäuden annimmt, wenn sie für die spezifischen Zwecke des Nutzers besonders hergerichtet sind. Dies wird insbesondere bei Fabrikationsgrundstücken bzw. im Fertigungsgewerbe angenommen.

13. Die jederzeitige Austauschbarkeit eines Grundstücks ist lediglich Indiz für sein besonderes Gewicht als Betriebsgrundlage[218].

14. Eine der Fabrikation dienende Betriebshalle stellt im Rahmen einer Betriebsaufspaltung regelmäßig eine wesentliche Betriebsgrundlage dar, deren Überlassung an das Betriebsunternehmen zur sachlichen Verflechtung führt. Dies gilt auch dann, wenn Grundstück und Halle nur teilweise von dem Betriebsunternehmen für die Fabrikation genutzt werden[219].

Eine signifikante Trendwende zur *Ausdehnung des Anwendungsbereiches der wesentlichen Betriebsgrundlage* stellt das folgende Judikat dar:

15. – Ein Grundstück kann bei einer Betriebsaufspaltung nicht nur wegen seiner Lage und seines Zuschnitts wesentliche Beteiligungsgrundlage sein, sondern auch deswegen, weil das Betriebsunternehmen aus anderen innerbetrieblichen Gründen auf das Grundstück angewiesen ist (hier Dachdeckerbetrieb).

– Eine sachliche Verflechtung (Leitsatz 1) wird nicht dadurch ausgeschlossen, daß das Betriebsunternehmen jederzeit am Markt ein für seine Belange gleichwertiges Grundstück mieten oder kaufen könnte (Abweichung von den BFH Urteilen v. 29. 10. 1991 VII R 77/87, BFHE 166, 82, BStBl. II 1992, 334; Urt. v. 29. 10. 1991 VIII R 78/87 BFH/NV 1992, 247; Urt. v. 26. 6. 1992 III R 91/88 BFH/NV 1993, 167)[220].

---

[216] BFH Urt. v. 18. 3. 1993 – IV R 96/92 BFH/NV 94, 15.
[217] BFH Urt. v. 22. 6. 1993 – VIII R 57/92 BFH/NV 94, 162.
[218] BFH Urt. v. 22. 6. 1993 – VIII R 2/92 BFH/NV 94, 228.
[219] BFH Urt. v. 30. 6. 1993 – XI R 76/92 BFH/NV 94, 303.
[220] BFH Urt. v. 26. 5. 1993 – X R 78/91 BStBl. 93 II, 718.

BFH-Richter Kempermann faßt die praktischen Auswirkungen der neuesten Rechtsprechung wie folgt zusammen[221]:

1. Ein Grundstück ist wesentliche Betriebsgrundlage, wenn es nach dem Gesamtbild der Verhältnisse zur Erreichung des Betriebszwecks erforderlich ist und besonderes Gewicht für die Betriebsführung besitzt.
2. Die wichtigsten Kriterien hierfür sind Lage, Größe und Zuschnitt des der Betriebsgesellschaft vom Besitzunternehmen überlassenen Grundstücks. Eine individuelle Gestaltung des Grundstücks ist nicht zwingende Voraussetzung für die sachliche Verflechtung.
3. Es besteht die (widerlegliche) Vermutung, daß ein Gebäude, das unmittelbar nach seiner Errichtung durch das Besitzunternehmen vom Betriebsunternehmen gemietet wird, auf dessen Betrieb nach Größe und Grundriß zugeschnitten ist.
4. Das Vorhandensein von „Austauschgrundstücken" am Grundstücksmarkt ist kein geeignetes Kriterium, um die wirtschaftliche Bedeutung eines Betriebsgrundstücks zu verneinen.
5. Der Katalog der bisher von der Rechtsprechung aufgestellten Kriterien ist nicht abschließend. Auf der anderen Seite sind auch bei einem Grundstück, das nach diesen Kriterien die (qualitativen) Voraussetzungen für eine wesentliche Betriebsgrundlage erfüllt, Ausnahmen denkbar.
6. Die geringe Größe eines Grundstücks kann eine solche Ausnahme begründen. Neben den Größenverhältnissen im Vergleich zu den von Fremden gemieteten Betriebsgrundstücken ist jedoch auch die absolute Größe des Grundstücks zu beachten. Für unselbständige Betriebsstätten gilt: Ein Grundstück ist nicht „unwesentlich", wenn es den Betrieb eines der Betriebsstätte vergleichbaren selbständigen Unternehmens gestatten würde.

### 2.2.3 Konsequenzen bei Nichtanerkennung der Betriebsaufspaltung

Kann in besonders gelagerten Fällen eine Betriebsaufspaltung – insbesondere mangels Vorliegen der personellen oder sachlichen Voraussetzungen – nicht mehr anerkannt werden, so kann der die Betriebsaufspaltung begründende Vertrag in seiner Gesamtheit steuerlich unwirksam sein, falls keine Betriebsverpachtung vorliegt. Das hat nicht nur zur Folge, daß der in der Bilanz der Betriebskapitalgesellschaft ausgewiesene Gewinn als Gewinn der Besitzpersonengesellschaft zu

---

[221] FR 93, 593 (598); siehe auch GmbH-Centrale, GmbH 93, 1 (5f.); Gosch, WPg 94, 73 (77f.); Schulze zur Wiesche, GmbHR 94, 98 (99ff.); Braun, GmbHR 94, 232ff.; Märkle, BB 94, 831 (833ff.).

erfassen ist. Dies hat vor allem die steuerschädliche Konsequenz, daß ggfs. eine Betriebsaufgabe angenommen werden kann, bei der es zur Besteuerung der im Betriebsvermögen der Besitzgesellschaft (einschl. der im Sonderbetriebsvermögen der Gesellschafter stehenden Betriebsgrundstücke) befindlichen stillen Reserven zum halben Steuersatz kommt (§§ 16, 34 EStG)[222]. Die Pachtzahlungen sind dann Einkünfte aus Vermietung und Verpachtung und nicht gewerbesteuerpflichtig[223].

Wird im Rahmen einer Betriebsaufspaltung der Pachtvertrag wegen Nichtbestehens des Fremdvergleichs nicht mehr anerkannt, führt dies nicht ohne weiteres zur Beendigung der Betriebsaufspaltung und Entnahme des verpachteten Grundstücks[223a].

### 2.2.4 Nachträgliche Erfassung einer Betriebsaufspaltung

Nicht selten werden Betriebsaufspaltungen erstmals nach einer Betriebsprüfung festgestellt. Nach dem grundsätzlich geltenden Jahresabschnittsprinzip prüft die Finanzverwaltung die Rechtslage für jeden Veranlagungszeitraum neu, ohne an die frühere Auffassung gebunden zu sein. Folglich kann nachträglich rückwirkend eine Betriebsaufspaltung angenommen werden, und zwar soweit die Veranlagungen des verpachtenden Unternehmens noch nicht *bestandskräftig* sind oder *berichtigt* werden können oder die *Verjährungsfristen* noch nicht abgelaufen sind[224].

Die Annahme einer Betriebsaufspaltung für zurückliegende Veranlagungszeiträume kann jedoch gegen den Grundsatz von *Treu und Glauben* verstoßen. Dies ist nach der Rechtsprechung dann der Fall, wenn das Finanzamt bei der

---

[222] Siehe statt aller Sack, GmbHR 86, 352 (357); beachte insbesondere die Ausführungen zur *Beendigung der Betriebsaufspaltung* bei 2.5.
[223] Knoppe, S. 199; Zartmann, S. 66; zu einem Sonderfall BFH Urt. v. 13. 1. 1970 – I R 122/67 BStBl. 70 II, 352.
[223a] FG Baden-Württemberg, Urt. v. 14. 3. 1994 – 2 K 114/92 EFG 94, 833 (rkr.).
[224] Hierzu Dehmer, Rdn. 1214 ff.; Streck, in: Kölner Handbuch, Tz. 324–326; ders., FR 80, 83 (88); Knoppe, S. 238; Brandmüller, Gruppe 8, S. 10 ff.; Fichtelmann, Rdn. 302; o.V., DB 74, 503; Neufang StBp 89, 277 (278); zur Berechnung der Verjährungsfrist siehe BFH Urt. v. 8. 11. 1984 – IV R 19/82 BStBl. 85 II, 199 f. Für *Altfälle* soll auf den BdF-Erlaß v. 28. 12. 1973 – IV B 2 – S 2179 – 2/73 DB 74, 17 hingewiesen werden, der klarstellt, daß in den Fällen, in denen aufgrund der Entwicklung der BFH-Rechtsprechung der gewerbliche Charakter des Besitzunternehmens nicht mehr wegen fehlender Personen- oder Beteiligungsidentität bei Besitz- und Betriebsunternehmen verneint werden kann, erst mit Wirkung ab Veranlagungszeitraum 1974 steuerlich eine Betriebsaufspaltung unterstellt wird.

Durchführung der Betriebsaufspaltung die stillen Reserven des verpachtenden Unternehmens versteuert hatte und der Steuerpflichtige folglich annehmen konnte, daß die Betriebsaufspaltung nicht vorliegt[225]. Dasselbe gilt, wenn das Finanzamt nach einer erfolgten Prüfung das Vorliegen einer Betriebsaufspaltung verneint hatte[226]. In solchen Fallkonstellationen kommt also die Annahme einer Betriebsaufspaltung nur für zukünftige Veranlagungszeiträume in Betracht, nachdem der Steuerpflichtige auf die Änderung der Beurteilung ausdrücklich oder auch nur konkludent hingewiesen wurde[227]. Eine Bindung für die Zukunft ist nicht ausgeschlossen, jedoch selten; in derartigen Fällen müssen die Umstände eindeutig darauf hindeuten, daß die Finanzverwaltung sich auch für die Zukunft nach einer besseren Erkenntnis binden wollte[228].

Kann unter Beachtung der obigen Grundsätze die Betriebsaufspaltung angenommen werden, dann sind die Wirtschaftsgüter zu Beginn des von der neuen Beurteilung betroffenen Jahres mit den Werten anzusetzen, die sich bei ordnungsgemäßer Bilanzierung von der Entstehung der Betriebsaufspaltung an ergeben haben würden[229].

Bei nachträglicher Feststellung der Betriebsaufspaltung ist die Art der Gewinnermittlung für das Besitzunternehmen zweifelhaft. Da die Einkünfte aus Vermietung und Verpachtung nach der Einnahme-Überschuß-Rechnung ermittelt wer-

---

[225] BFH Urt. v. 13. 1. 1970 – I R 122/67 BStBl. 70 II, 352; hierzu eingehend Dehmer, Rdn. 1222 ff.; Wolf/Hinke, 7/6, S. 3 und 13/4; Knoppe, S. 238; Brandmüller, Gruppe 8, S. 12 ff.
[226] FG des Saarlandes Urt. v. 17. 10. 1980 – II 415/77 EFG 81, 242 (rkr.); Streck, in: Kölner Handbuch, Tz. 328; ders., FR 80, 83 (88 f.); vgl. BFH Urt. v. 5. 3. 1970 – V 213/65 BStBl. 70 II, 793.
[227] FG des Saarlandes Urt. v. 17. 10. 1980 – II 415/77 EFG 81, 242 (243); hierzu Knoppe, S. 238; Streck, in: Kölner Handbuch, Tz. 327–329; ders., FR 80, 83 (89); Dehmer, Rdn. 1229.
[228] Streck, in: Kölner Handbuch, Tz. 329; ders., FR 80, 83 (89); ferner o. V., DB 84, 639; Dehmer, Rdn. 1227 a. E.
[229] Knoppe, S. 238; Streck, in: Kölner Handbuch, Tz. 332; ders., FR 80, 83 (89); Wolf/Hinke, 07/6, S. 5; Brandmüller, Gruppe 8, S. 14; Herrmann/Heuer/Raupach, EStG, § 15 Anm. 13 e (5); *a. A.:* FG Bad.-Württ. Urt. v. 22. 6. 1971 – I 57/68 EFG 71, 541 (Rev. eingelegt), wonach die Teilwerte des Jahres maßgebend sind, für das erstmalig eine Betriebsaufspaltung angenommen wird, weil sich andernfalls eine unzulässige Nachholung der Besteuerung ergeben würde. Dieser Ansicht kann aber nur für den seltenen Fall zugestimmt werden, daß sich die Treu- und Glaubensbindung auch auf den Wertansatz erstreckt, da grundsätzlich der Bilanzzusammenhang vorgeht (so auch Wolf/Hinke, 13/4, S. 14; Neufang, StBp 89, 277 [278 f.]); wieder anders Tausend, BB 69, 994 (995): maßgebender Zeitpunkt sei der der letzten berichtigungsfähigen Bilanz; offengelassen bei Dehmer, Rdn. 1230.

Die Betriebsaufspaltung im Steuerrecht

den, bleibt folglich der Grund und Boden außer Ansatz. Es wird die Auffassung vertreten, daß in den Fällen der nachträglichen Betriebsaufspaltung der Grund und Boden immer zu erfassen ist[230].

## 2.3 Steuerliche Einzelfragen bei der Durchführung der Betriebsaufspaltung

Die Aufspaltung in Besitz- und Betriebsunternehmen bringt es bei der echten Betriebsaufspaltung mit sich, daß Vermögensgegenstände des bisher einheitlichen Unternehmens auf die neu gegründete Betriebsgesellschaft übertragen werden. Deshalb ist von Bedeutung, ob die Übertragung von Wirtschaftsgütern auf die Betriebsgesellschaft steuerpflichtige Gewinnrealisierungen zur Folge hat. Ferner tritt das Problem auf, ob hinsichtlich der bei dem Besitzunternehmen verbleibenden Wirtschaftsgüter eine Aufdeckung der stillen Reserven eintritt. In diesem Zusammenhang sind auch die gewerbe-, umsatz- und grunderwerbsteuerlichen Konsequenzen des Betriebsaufspaltungsvorgangs zu beachten[231].

Die unechte Betriebsaufspaltung wirft keine speziell die Betriebsaufspaltung berührenden Probleme auf, da es sich in der Regel um Bargründungen handelt.

### 2.3.1 Vollzug der Betriebsaufspaltung (steuerliche Konsequenzen bei rückwirkend vorgenommenen Betriebsaufspaltungen)

Der eigentliche Vollzug der Betriebsaufspaltung, der sich durch den Beginn des Pachtverhältnisses der für die Betriebsgesellschaft benötigten Wirtschaftsgüter manifestiert, ist gleichzeitig auch der Zeitpunkt des Beginns der Betriebsaufspaltung.

In der Praxis findet man bei Betriebsaufspaltungen auch rückwirkende Vertragsgestaltungen vor. Hierbei werden zumeist Vertragsabschlüsse, die in der ersten Hälfte des Kalenderjahres liegen, zurückdatiert, weil beispielsweise am Jahresbeginn noch nicht die erforderlichen Jahresabschlüsse vorliegen. Solche zivilrechtlich wirksamen Abreden finden jedoch im Steuerrecht grundsätzlich keine Anerkennung. Dem *steuerlichen Rückwirkungsverbot* liegt der Gedanke zugrunde, daß im Steuerrecht die tatsächlich praktizierten wirtschaftlichen Vorgänge maßgebend sind. Damit sollen insbesondere Gewinnmanipulationen zwischen den Gesellschaftern im nachhinein vermieden werden. Auf obigen Grundsätzen basierend, stellte der BFH klar, daß rückwirkend vereinbarte

---

[230] So Wolf/Hinke, 07/6, S. 4; für Teilwertansatz des Grund und Bodens im Zeitpunkt der erstmaligen Qualifizierung als Besitzunternehmen, falls inzwischen keine Grundstücksveräußerung erfolgte Streck, in: Kölner Handbuch, Tz. 338; ders., FR 80, 83 (89f.).
[231] Diese Besteuerungsfragen werden bei den einzelnen Steuerarten gesondert behandelt.

Pachtverträge bei Betriebsaufspaltungen abzulehnen sind[232]. Das steuerliche Rückwirkungsverbot wird jedoch in dieser Stringenz auch nicht von der Rechtsprechung gehandhabt. Im Rahmen von kurzen Karenzzeiten ist eine Rückwirkung des Pachtvertrags bei Betriebsaufspaltungen anzuerkennen, soweit dies zu keiner offensichtlich unzutreffenden Besteuerung führt. Ebenso wie bei Umwandlungen, die nicht unter das Umwandlungssteuergesetz fallen, wird eine Zeitspanne *von zwei bis drei Monaten* bei rückwirkend vorgenommenen Betriebsaufspaltungen im allgemeinen steuerlich noch zu tolerieren sein[233].

### 2.3.2 Problematik der Gewinnrealisierung bei der Begründung der Betriebsaufspaltung

Bei der echten Betriebsaufspaltung stellt sich das Problem, ob die Übertragung von Umlaufvermögen und ggfs. von Teilen des Anlagevermögens der Personengesellschaft auf die Betriebskapitalgesellschaft zu einer Realisierung der stillen Reserven und damit zu einem steuerpflichtigen Veräußerungsgewinn führt.

Von grundsätzlicher Bedeutung ist in diesem Zusammenhang die Erkenntnis, daß die Überlassung eines Teils des Betriebsvermögens der Personengesellschaft auf die Betriebskapitalgesellschaft *nicht* als Betriebseinbringung i.S.v. § 20 UmwStG zu qualifizieren ist, da schließlich wesentliche Betriebsgrundlagen zurückgehalten werden, ohne die von einem fortbestehenden Betrieb nicht gesprochen werden kann[234]. Im Schrifttum will man hiervon eine Ausnahme zulassen, wenn aus einem Unternehmen die einen Teilbetrieb darstellende Vertriebsorganistion ausgegliedert und gegen Gewährung neuer Anteile auf eine Kapitalgesellschaft übertragen wird (Aufspaltung in eine Betriebs- und Vertriebsgesellschaft)[235].

Ab dem 1. 1. 1995 kommt eine erfolgsneutrale Auf- bzw. Abspaltung (Teilübertragung) gemäß § 15 UmwStG n.F. in Betracht. Das Bewertungswahlrecht wird allerdings nur dann gewährt, wenn

– auf die Übernehmerinnen ein *Teilbetrieb* übertragen wird und

---

[232] Urt. v. 8. 11. 1960 – I 131/59 S BStBl. 60 III, 513 (514); hierzu Wolf/Hinke, 07/7, S. 1 ff.; Barandt, BB 83, 1293 (1295 f.).

[233] Vgl. BFH Urt. v. 24. 1. 1979 – I R 202/75 BStBl. 79 II, 581; zu weiteren Einzelheiten Knoppe, S. 200 f.; Dehmer, Rdn. 1027–1031.

[234] BdF v. 16. 6. 1978 – IV B 2 – S 1909 – 8/78 Tz. 49 BStBl. 78 I, 235; zustimmend Knoppe, S. 202; Fichtelmann, Rdn. 287; Zartmann, S. 127; Wolf/Hinke, 07/3.1; Streck, in: Kölner Handbuch, Tz. 284; Dehmer, Rdn. 999–1001; Schuhmann, StBp 83, 14 (15).

[235] Widmann/Mayer, UmwStG 1977, § 20 Rdn. 6805; Dehmer, Rdn. 999 a.E.; Zartmann, S. 127.

Die Betriebsaufspaltung im Steuerrecht

— wenn in den Fällen der Abspaltung oder Teilübertragung das der übertragenden Körperschaft *verbleibende Vermögen* ebenfalls zu einem *Teilbetrieb* gehört.

Nach Auffassung des BdF[236] kommen die für die Betriebsaufspaltung hierfür von der Rechtsprechung entwickelten Grundsätze weiterhin zur Anwendung.

Der BFH ging in ständiger Rechtsprechung davon aus, daß die vorhandenen stillen Reserven bei einer Buchwertfortführung in der Betriebskapitalgesellschaft nicht aufgelöst zu werden brauchen. Diese Auffassung wurde damit begründet, daß bei wirtschaftlicher Betrachtungsweise durch die Umorganisation und die Betriebsaufspaltung nur die Rechtsformen des Unternehmens geändert worden sei, daß aber wirtschaftlich die Betriebe auch nach der Aufspaltung als ein einheitliches Unternehmen anzusehen seien[237].

Da nach dem Beschluß des Großen Senats des BFH vom 8. 11. 1971[238] dieser nunmehr bei Betriebsaufspaltungen vom Bestehen zweier Unternehmen ausgeht, stellt sich das Problem, ob weiterhin eine Gewinnrealisierung bei der Übereignung der Wirtschaftsgüter an die Betriebskapitalgesellschaft verneint werden kann. Die überwiegende Meinung im Schrifttum[239] und das FG Nürnberg[240] sprechen sich auch nach der Entscheidung des Großen Senats für eine Nichtaufdeckung der stillen Reserven bei der Übereignung einzelner Wirtschaftsgüter aus. Dies wird zu Recht damit begründet, daß der nunmehr angenommene einheitliche geschäftliche Betätigungswille ein ausreichendes Surrogat für die frühere Annahme eines einheitlichen Unternehmens ist. Diese Auffassung findet auch in der neueren BFH-Rechtsprechung ihre Stütze, wonach rechtlich selbständige, aber von einem einheitlichen geschäftlichen Betätigungswillen getragene Unter-

---

[236] A.a.O. (Fn. 234).
[237] BFH Urt. v. 26. 3. 1952 – I 38/52 U BStBl. 52 III, 261; Urt. v. 9. 12. 1954 – IV 346/53 U BStBl. 55 III, 88; Urt. v. 27. 1. 1955 – IV 435/53 U BStBl. 55 III, 125; Urt. v. 13. 7. 1965 – I 167/59 U BStBl. 65 III, 640; Urt. v. 24. 2. 1967 – VI 169/65 BStBl. 67 III, 387; Urt. v. 24. 1. 1968 – I 76/64 BStBl. 68 II, 354; Urt. v. 11. 11. 1970 – I R 101/69 BStBl. 71 II, 61.
[238] GrS 2/71 BStBl. 72 II, 63.
[239] Wendt, Steuerberaterkongreßreport 78, 219 (236) unter Hinweis auf eine Besprechung der obersten Finanzbehörden des Bundes und der Länder, wonach die bisherige Verwaltungspraxis fortzusetzen ist; Dehmer, Rdn. 1002–1007; Knoppe, S. 203f.; Zartmann, S. 126f.; Wolf/Hinke, 07/4, S. 1f.; Streck, in: Kölner Handbuch, Tz. 283; Brönner, Besteuerung der Gesellschaften, Anm. 359ff. zu Abschn. IV; Felix, BB 72, 652; Wendt, GmbHR 73, 33 (37); o.V., DB 75, 2059; Luckey, DB 79, 997 (1002); L. Schmidt, DStR 79, 699 (706); Schuhmann, StBp 83, 14 (16); Bedenken bei Herrmann/Heuer/Raupach, EStG, § 15 Anm. 13e (5); Fichtelmann, GmbHR 84, 344 (351ff.).
[240] Urt. v. 20. 12. 1977 – III 166/77 (rkr.) EFG 78, 322.

nehmen anders zu behandeln sind als zwei einander fremd gegenüberstehende Unternehmen[241].

Der BdF hat inzwischen im Schr. v. 22. 1. 1985[242] klargestellt, daß bei der Einbringung eines Betriebsvermögens in eine Betriebs-Kapitalgesellschaft in Fällen der Betriebsaufspaltung keine Gewinnrealisierung anzunehmen ist, soweit die steuerliche Erfassung der auf die GmbH-Anteile übergehenden stillen Reserven infolge der Zugehörigkeit der Anteile zum Betriebsvermögen der Besitzgesellschaft sichergestellt ist.

Unter Bezugnahme auf das Ergebnis der Erörterung mit den obersten Finanzbehörden der Länder vertritt der BdF (a.a.O.) zu der Frage, ob von den o.a. Grundsätzen auch dann auszugehen ist, wenn an der neugegründeten Kapitalgesellschaft eine nahestehende Person beteiligt wird, die nicht am Besitzunternehmen beteiligt ist und kein Aufgeld für die ihr zuwachsenden stillen Reserven zu leisten hat, folgende Auffassung:

Wer sämtliche Anteile an der Betriebs-Kapitalgesellschaft zunächst vom Besitzunternehmen oder von dessen Inhabern erworben, so ist die spätere steuerliche Erfassung der stillen Reserven in den Anteilen an der Betriebs-Kapitalgesellschaft gewährleistet, weil die Anteile zum Betriebsvermögen der Besitzgesellschaft bzw. zum Sonderbetriebsvermögen ihrer Gesellschafter gehören. Überträgt anschließend die Besitzgesellschaft oder übertragen ihre Gesellschafter Anteile an der Betriebs-Kapitalgesellschaft auf nahestehende Personen zu einem Kaufpreis, der niedriger als der bei Veräußerung an einen fremden Dritten erzielbare Kaufpreis ist, so liegt in Höhe des Unterschiedsbetrags zwischen erzielbarem und vereinbartem Kaufpreis eine Entnahme aus dem Besitzunternehmen vor (§ 4 Abs. 1 Satz 1, § 6 Abs. 1 Nr. 4 EStG). Eine Entnahme in diesem Sinne liegt auch vor, wenn die Inhaber des Besitzunternehmens es einer nahestehenden Person ermöglichen, Anteile an der aus einer Betriebsaufspaltung hervorgegangenen Kapitalgesellschaft gegen Leistung einer Einlage, die niedriger als der Wert der Anteile ist, zu erwerben. In diesem Falle fehlt es an einer unmittelbar auf die Anteile bezogenen Entnahmehandlung. Gleichwohl liegt eine Entnahme vor, weil die gewählte rechtliche Gestaltung dazu führt, daß stille Reserven von den den Gesellschaftern der Besitzgesellschaft gehörenden Anteilen auf Personen übergehen, bei denen

---

[241] Vgl. BFH Urt. v. 26. 6. 1975 – IV R 59/73 BStBl. 75 II, 700 (703); ebenso Dehmer, Rdn. 1005.

[242] IV B 2 – S 1909 – 2/85 BStBl. 85 I, 97; zu den unterschiedlichen steuerlichen Belastungen bei der Übertragung von Wirtschaftsgütern auf die Betriebsgesellschaft zum Buchwert bzw. gemeinem Wert eingehend Scharf, DB 87, 607 ff.; siehe auch o.V.; GmbH-Report 89, R 45; Fichtelmann, GmbHR 91, 369 (370 ff.); Märkle, BB 94, 831 (835 f.).

diese Anteile nicht zum Betriebsvermögen der Besitzgesellschaft gehören. Der Wert der Entnahme entspricht dem Betrag der übergehenden stillen Reserven. Unerheblich ist, ob die Anteile bei Gründung der Kapitalgesellschaft oder zu einem späteren Zeitpunkt erworben werden.

Nach alledem findet grundsätzlich keine Gewinnrealisierung bei dem Besitzunternehmen in der Ausgründungsphase statt. Daneben wird man dem Steuerpflichtigen ein Wahlrecht einräumen müssen, durch den Ansatz eines Zwischen- oder Teilwerts – u. U. nur für einzelne Wirtschaftsgüter – eine Gewinnrealisierung zu präferieren. Ein damit verbundener Veräußerungsgewinn ist jedoch in keinem Falle tarifbegünstigt (§§ 16, 34 EStG), weil in aller Regel kein Teilbetrieb oder ein ganzer Betrieb auf die Kapitalgesellschaft übertragen wird, da wesentliche Betriebsgrundlagen beim Besitzunternehmen verbleiben. Die Buchwertfortführung für die übrigen Wirtschaftsgüter wird jedoch dadurch nicht berührt[243].

Die Grundsätze des Erlasses v. 22. 1. 1985, a.a.O. sind entsprechend in *den Fällen* anzuwenden, in denen eine Betriebsaufspaltung mit einer zuvor durch *Bargründung* errichteten Kapitalgesellschaft begründet wird, an der Angehörige des Besitzunternehmens beteiligt worden sind. Auch bei dieser rechtlichen Gestaltung gehen stille Reserven auf Anteile an der Betriebs-Kapitalgesellschaft über, die nicht zum Betriebsvermögen des Besitzunternehmens gehören. Als Entnahmewert ist auch hier der Unterschiedsbetrag zwischen dem erzielbaren Kaufpreis für die den Angehörigen zustehenden Anteile an der Kapitalgesellschaft und der von diesen – ggf. aus geschenkten Mitteln – geleisteten Stammeinlage zugrunde zu legen. Die Entnahme ist bei *dem* Inhaber des Besitzunternehmens zu erfassen, der Anteile an der Betriebs-Kapitalgesellschaft auf Angehörige zu den o.a. Bedingungen übertragen bzw. Angehörigen den Erwerb ermöglicht hat[244].

Ermöglicht bei einer Betriebsaufspaltung ein Gesellschafter des Besitzunternehmens es seinem Ehegatten, einen Teil des zu seinem Sonderbetriebsvermögen beim Besitzunternehmen gehörenden Anteils an der Betriebs-GmbH gegen Leistung einer Einlage zu übernehmen, die niedriger ist als der Wert des übernommenen Anteils, so liegt eine *Entnahme* in Höhe der Differenz zwischen dem Wert des übernommenen Anteils und der geleisteten Einlage vor[245]. Errichtet ein Einzelunternehmer mit seiner Ehefrau durch Bargründung eine

---

[243] Knoppe, S. 203 f.; Zartmann, S. 127; siehe ferner Streck, in: Kölner Handbuch, Tz. 285; Schuhmann, StBp 83, 14.
[244] OFD Münster Vfg. v. 16. 8. 1990 – S 1978 – 69 – St 11 – 31 DB 90, 1797; hierzu Fichtelmann, GmbHR 91, 369 (371 ff.).
[245] BFH Urt. v. 16. 4. 1991 – VIII R 63/87 BStBl. 91 II, 832 mit Anm. o.V., DStR 91, 1215 f.

GmbH und wird anschließend zwischen der GmbH und dem Einzelunternehmen eine echte Betriebsaufspaltung begründet, so sind die stillen Reserven aus dem Einzelunternehmen jedenfalls nicht deshalb aufzudecken, weil die Ehefrau an dem Einzelunternehmen nicht beteiligt ist und sie ihre Geschäftsanteile an der GmbH in ihrem Privatvermögen hält[246].

Zu der Problematik der Anwendung der §§ 20, 21 UmwStG bei der sogenannten *verschleierten Sachgründung* einer Kapitalgesellschaft im Kontext einer Betriebsaufspaltung und Betriebsverpachtung hat die Finanzverwaltung wie folgt Stellung genommen. Die „Einbringung" des Betriebs im Rahmen einer verschleierten Sachgründung ist nicht nach § 20 UmwStG begünstigt, da nach dem Gesellschaftsvertrag eine Bareinlage vereinbart wurde und für die Sachgüter keine *neuen* Gesellschaftsrechte entsprechend § 20 UmwStG gewährt wurden. Bei der den Betrieb (Teilbetrieb, Mitunternehmeranteil) aufnehmenden Kapitalgesellschaft sind in diesem Fall die übernommenen Wirtschaftsgüter einschließlich eines selbst geschaffenen Firmenwerts grundsätzlich mit dem Teilwert anzusetzen. Soweit die Kapitalgesellschaft die Buchwerte des Betriebs fortführt, liegt in Höhe der Differenz zwischen dem Teilwert einschließlich Firmenwert und dem Ansatz der Wirtschaftsgüter in der Bilanz der Kapitalgesellschaft eine verdeckte Einlage des Gesellschafters vor. In Höhe der verdeckten Einlage ist der Betriebsveräußerungsgewinn des Gesellschafters – begünstigt nach §§ 16, 34 EStG – zu erhöhen. Die Anschaffungskosten für die GmbH-Anteile i. S. von § 17 EStG entsprechen diesem erhöhten Betriebsveräußerungsgewinn.

Um diesen steuerlichen Folgen zu entgehen, übertragen die Steuerpflichtigen häufig nur noch das Umlaufvermögen auf die neu gegründete Kapitalgesellschaft und verpachten das zurückbehaltene Anlagevermögen langfristig an die Kapitalgesellschaft. Hier stellt sich die Frage, ob die übertragenden Steuerpflichtigen ihre gewerbliche Tätigkeit aufgegeben haben mit der Folge, daß ein Aufgabegewinn nach § 16 Abs. 3 EStG zu versteuern ist.

Die alleinige Verpachtung des Gewerbebetriebs bzw. des verbleibenden Anlagevermögens ist in der Regel keine gewerbliche Tätigkeit i. S. des § 15 Abs. 1 Nr. 1 EStG (Hinweis auf R 137 EStR 1993), so daß in den hier genannten Fällen regelmäßig von einer Betriebsaufgabe auszugehen ist.

Eine Tätigkeit, die sich äußerlich zunächst als reine Vermögensverwaltung darstellt, kann jedoch als Gewerbe anzusehen sein, wenn die Voraussetzungen für

---

[246] BFH Urt. v. 12. 5. 1993 – XI R 58, 59/92 BB 93, 1486; FG Rheinland-Pfalz Urt. v. 9. 2. 1993 – 2 K 3029/89 DB 93, 1950 (Rev. eingelegt, Az. b. BFH: X R 64/93); hierzu Märkle, BB 94, 831 (836 ff.).

eine Betriebsaufspaltung oder für eine Verpachtung eines Gewerbebetriebs vorliegen.

Bei Bejahung einer Betriebsaufspaltung sind die Anteile an der Kapitalgesellschaft unter den Voraussetzungen des BMF-Schreibens v. 22. 1. 1985, a.a.O., notwendiges Betriebsvermögen. Bei einer Betriebsverpachtung besteht ein Wahlrecht zwischen Betriebsfortführung und Betriebsaufgabe. Wird die Betriebsaufgabe erklärt, so ist nach § 16 Abs. 3 EStG der Aufgabegewinn zu versteuern. Ein originärer Geschäftswert bleibt jedoch außer Ansatz. Wird jedoch der Geschäftswert später veräußert, so ist er dann steuerlich zu erfassen. Wird die Betriebsfortführung erklärt, so können die Anteile an der Kapitalgesellschaft ebenfalls notwendiges Betriebsvermögen sein[247].

Eine Anwendung der o.g. Grundsätze hinsichtlich des erfolgsneutralen Transfers von Wirtschaftsgütern im Falle der sog. *umgekehrten Betriebsaufspaltung* (= Überführung der Besitzkapitalgesellschaft auf die Betriebspersonengesellschaft) wird aufgrund der Konzeption des Umwandlungssteuergesetzes (vgl. §§ 3–16 UmwStG) de lege lata bezweifelt bzw. abgelehnt[248]. Seit dem 1. 1. 1995 ist jedoch eine steuerneutrale Umwandlung einer Kapitalgesellschaft auf eine Personengesellschaft im Wege der übertragenden Umwandlung möglich; die §§ 3–8, 10 UmwStG sind direkt oder für den Fall des identitätswahrenden Formwechsels entsprechend anzuwenden (§ 14 UmwStG).

Hinzuweisen ist noch darauf, daß eine *nach* Abschluß des Gründungsvorganges vorgenommene Vermögensübertragung eine Gewinnrealisierung auslöst[249].

### 2.3.3 Wirtschaftsjahr der ausgegliederten Betriebsgesellschaft

Die Betriebsgesellschaft kann ihr Wirtschaftsjahr frei wählen, da es sich um ein von der bisherigen Gesellschaft unabhängiges Unternehmen handelt. Das Einvernehmen des Finanzamts nach § 4a Abs. 1 Nr. 2 EStG ist somit *nicht* erforderlich[250]. Ist die Betriebsgesellschaft eine Personengesellschaft, so kann für die Gesellschafter dadurch eine „Steuerpause" erreicht werden, weil das Ergebnis des ersten abweichenden Wirtschaftsjahres erst im Folgejahr besteuert wird[251].

---

[247] OFD Düsseldorf Vfg. v. 19. 3. 1990 – S 1978 A – St – 13 H/S 2242 A – St 11 H 1 GmbHR 90, 240.
[248] Schulze zur Wiesche, BB 89, 815 (817).
[249] Zartmann, S. 127.
[250] BFH Urt. v. 27. 9. 1979 – IV R 89/76, BStBl. 80 II, 94; Koewius DB 81, 1308f.; Sack, GmbHR 86, 352 (354); Knoppe, S. 205; Fichtelmann, Rdn. 304; Zartmann, S. 126; Wolf/Hinke, 08/3.3.14, S. 3f.; Dehmer, Rdn. 1033.
[251] Hierzu Sack, GmbHR 86, 352 (354).

### 2.3.4 Bilanzielle Darstellung des Betriebsaufspaltungsvorganges

Die Aufspaltung eines Unternehmens in zwei rechtlich selbständige Gesellschaften hat Änderungen der Eigentums- bzw. Besitzverhältnisse zur Folge, die in den Bilanzen der beiden Gesellschaften ihren Niederschlag finden müssen. Wie bereits ausgeführt, kann sich die Gründung der Betriebsgesellschaft als Bargründung, Sachgründung oder Bargründung mit Kapitalerhöhung durch Sacheinlage vollziehen[252]. Die selten vorkommende reine Bargründung bereitet einer bilanziellen Darstellung keine Schwierigkeiten. Hierbei ist lediglich von Relevanz, ob die Bareinzahlung auf das Stamm- bzw. Grundkapital durch die Gesellschafter (aus privaten Mitteln oder durch Entnahmen bei der aufzuspaltenden Gesellschaft) oder aber durch die Gesellschaft selbst erfolgt, d. h. eine direkte Beteiligung der Besitzgesellschaft an der Betriebsgesellschaft, bei der die Beteiligung in der Bilanz der Besitzgesellschaft auszuweisen ist.

Wird die Beteiligung persönlich von den Gesellschaftern erworben, dann ist jene in einer steuerlichen Ergänzungsbilanz der Besitzgesellschaft aufzunehmen.

Bei dem hier durchgeführten Beispiel (Graphik siehe S. 126/127) erfolgt der Betriebsaufspaltungsvorgang – wie zumeist – über eine Sachgründung. Die Aufspaltung des Betriebsvermögens erfolgt in der Weise, daß das Anlagevermögen bei der Besitzgesellschaft verbleibt, während das Umlaufvermögen auf die neu gegründete Betriebs-GmbH gegen Gewährung von Gesellschaftsrechten in Höhe von nominal 50000,– DM übertragen wird. Außerdem wird der Betriebs-GmbH von der Besitzgesellschaft ein Darlehen über 400000,– DM eingeräumt.

## 2.4 Steuerliche Behandlung während der Dauer der Betriebsaufspaltung

### 2.4.1 Besteuerung des Besitzunternehmens

#### 2.4.1.1 Buchführungs- und Bilanzierungspflicht

Das Besitzunternehmen ist ein selbständiger Gewerbebetrieb, für den der Gewinn eigens zu ermitteln ist. Handelt es sich um eine Personengesellschaft, so wird der Gewinn durch das zuständige Betriebsfinanzamt gesondert festgestellt (§ 180 Abs. 1 Nr. 2 AO).

Kann das Besitzunternehmen weiterhin als Handelsgewerbe qualifiziert werden[253], so ergibt sich die Verpflichtung zur Buchführung und Bilanzierung aus

---

[252] Siehe nochmals bei I. 4.1.2.
[253] Siehe hierzu nochmals bei I. 4.1.5.

## Schlußbilanz der aufzuspaltenden Gesellschaft

| AKTIVA | TDM | TDM | PASSIVA | TDM | TDM |
|---|---|---|---|---|---|
| I. Anlagevermögen | | | I. Kapital | | |
| 1. Grund und Boden | 300 | | 1. Kapital I (feste Kapitalkonten) | | 100 |
| 2. Gebäude | 1 000 | | a) Komplementär | 200 | |
| 3. Maschinen und maschinelle Anlagen | 600 | | b) Kommanditist | 100 | |
| 4. Betriebs- und Geschäftsausstattung | 100 | 2 000 | 2. Kapital II (Gesellschafter) | 700 | 1 000 |
| II. Umlaufvermögen | | | II. Wertberichtigungen | | 100 |
| 1. Rohstoffe | 100 | | III. Rückstellungen | | 200 |
| 2. Halb- und Fertigfabrikate | 200 | | IV. Langfristige Verbindlichkeiten | | 1 200 |
| 3. Anzahlungen von Lieferanten | 200 | | V. Andere Verbindlichkeiten | | |
| 4. Forderungen | 800 | | 1. Verbindlichkeiten aus Lieferungen und Leistungen | 300 | |
| 5. Kasse | 10 | | 2. Bankschulden | 400 | |
| 6. Bankguthaben | 190 | 1 500 | 3. Erhaltene Anzahlungen | 100 | |
| III. Rechnungsabgrenzungsposten | | 100 | 4. Schuldwechsel | 100 | |
| | | 3 600 | 5. Sonstige Verbindlichkeiten | 200 | 1 100 |
| | | | | | 3 600 |

Ertragsteuerliche Behandlung der Betriebsaufspaltung

## Eröffnungsbilanz der neu gegründeten Betriebs-GmbH

| AKTIVA | TDM | TDM | PASSIVA | TDM | TDM |
|---|---|---|---|---|---|
| I. Umlaufvermögen | | | I. Stammkapital | | 50 |
| 1. Rohstoffe | 100 | | II. Wertberichtigungen | | 100 |
| 2. Halb- und Fertigfabrikate | 200 | | III. Rückstellungen | | 200 |
| 3. Anzahlungen von Lieferanten | 200 | | IV. Verbindlichkeiten | | |
| 4. Forderungen | 800 | | 1. Darlehen (Besitzgesellschaft) | 400 | |
| 5. Kasse | 10 | | 2. Verbindlichkeiten aus Lieferungen und Leistungen | 300 | |
| 6. Bankguthaben | 190 | 1 500 | 3. Bankschulden | 250 | |
| II. Rechnungsabgrenzungsposten | | 100 | 4. Erhaltene Anzahlungen | 100 | |
| | | | 5. Schuldwechsel | 100 | |
| | | | 6. Sonstige Verbindlichkeiten | 100 | 1 250 |
| | | 1 600 | | | 1 600 |

## Eröffnungsbilanz der Besitzgesellschaft

| AKTIVA | TDM | TDM | PASSIVA | TDM | TDM |
|---|---|---|---|---|---|
| I. Anlagevermögen | | | I. Kapital | | |
| 1. Grund und Boden | 300 | | 1. Kapital I (feste Kapitalkonten) | | |
| 2. Gebäude | 1 000 | | a) Komplementär | 200 | |
| 3. Maschinen und maschinelle Anlagen | 600 | | b) Kommanditist | 100 | |
| 4. Betriebs- und Geschäftsausstattung | 100 | | 2. Kapital II (Gesellschafterdarlehen) | 700 | 1 000 |
| 5. Beteiligung | 50 | 2 050 | II. Langfristige Verbindlichkeiten | | 1 200 |
| II. Umlaufvermögen | | | III. Andere Verbindlichkeiten | | |
| Darlehen an Betriebs-GmbH | | 400 | 1. Bankschulden | 150 | |
| | | | 2. Sonstige Verbindlichkeiten | 100 | 250 |
| | | 2 450 | | | 2 450 |

den §§ 238 HGB n. F., die auch für die Besteuerung zu erfüllen sind (§ 140 AO). Greift für das Besitzunternehmen eine Buchführungspflicht nach dem HGB nicht ein, so wird in der Regel wegen Überschreitens der Buchführungsgrenzen nach § 141 AO eine Gewinnermittlung nach § 5 EStG durch Bestandsvergleich erforderlich sein. Bei der Ermittlung der Umsätze, des Betriebsvermögens, des Gewinns nach § 141 Abs. 1 AO ist ausschließlich auf die Zahlen des Besitzunternehmens abzustellen; eine Zusammenrechnung mit den Werten der Betriebsgesellschaft ist nicht zulässig, da trotz des einheitlichen geschäftlichen Betätigungswillens zwei rechtlich selbständige Unternehmen vorliegen.

Ergibt sich aus § 141 AO keine Buchführungspflicht, so ist streitig, ob das Besitzunternehmen eine Gewinnermittlung durch Einnahme-Überschuß-Rechnung nach § 4 Abs. 3 EStG vornehmen kann. Die überwiegende Meinung im Schrifttum bejaht dies im Hinblick auf die für die Bilanzierungspflicht für abschließend gehaltenen Bestimmungen der §§ 140, 141 AO und verweist auf die mit einem Wechsel der Gewinnermittlungsart verbundenen Konsequenzen (Zu- und Abrechnungen gem. R 17 EStR 1993)[254]. Diese Auffassung verkennt, daß eine Betriebsaufspaltung eine korrespondierende Bilanzierung von Forderungen und Schulden zwischen Besitz- und Betriebsgesellschaft zwingend voraussetzt[255], so daß man über die gesetzlichen Bilanzierungspflichten hinaus dem Besitzunternehmen eine Gewinnermittlungspflicht nach § 5 EStG auferlegen muß[256].

2.4.1.2 Gewerbliche Einkünfte des Besitzunternehmens
        (Abgrenzungsprobleme)

Wie bereits festgestellt, bedeutet die Qualifizierung der Tätigkeit des Besitzunternehmens, daß gewerbliche Einkünfte i. S. v. § 15 EStG vorliegen. Die gewerbliche Tätigkeit des Besitzunternehmens umfaßt somit auch die Einkünfte der Personen, die nur am Besitzunternehmen und nicht auch an der Betriebsgesellschaft beteiligt sind[257].

Der Gewerbeertrag des Besitzunternehmens umfaßt neben dem Pachtzins auch sonstige Einnahmen, die die Betriebs-GmbH zahlt. Dazu gehören insbesondere Gewinnausschüttungen (offen oder verdeckt ausgeschüttete Gewinne) und Darlehenszinsen[258].

---

[254] Knoppe, S. 211; Brandmüller, Rdn. E 5/6; Fichtelmann, Rdn. 83; Zartmann, S. 126; Korn, in: Kölner Handbuch, Tz. 486; Dehmer, Rdn. 589–598.
[255] Hierzu noch eingehend bei 2.4.1.4.
[256] Fin. Min. Nds. v. 21. 2. 1974 – G 1400 – 24 – 31 2 BB 74, 360 (koordinierter Ländererlaß); Wolf/Hinke, 08/3.1.
[257] Nachw. bei Fn. 29.
[258] BFH Urt. v. 24. 1. 1968 – I 76/64 BStBl. 68 II, 354 (356); Urt. v. 21. 5. 1974 – VIII R 57/70 BStBl. 74 II, 613; Knoppe, S. 213; Zartmann, S. 78; Dehmer, Rdn. 621.

Auch Erträge aus dem Sonderbetriebsvermögen eines Gesellschafters des Besitzunternehmens (z.B. für die Überlassung für die in seinem Eigentum stehenden Wirtschaftsgüter) sind beim Besitzunternehmen gewerbliche Einkünfte[259].

Besonderheiten hinsichtlich der ertragsteuerlichen Behandlung ergeben sich für die Gehälter, die ein Gesellschafter der Besitzgesellschaft (oder der Einzelunternehmer eines Besitzunternehmens) in seiner Eigenschaft als Geschäftsführer der Betriebs-GmbH besitzt. Der BFH grenzt diese Geschäftsführerbezüge aus den gewerblichen Einkünften des Besitzunternehmens aus. Er betont, daß die Betriebs-GmbH in jedem Falle jemanden brauche, der ihre Geschäfte führe. Dies könne auch ein Gesellschafter im Rahmen eines Angestelltenverhältnisses tun. Der Tatbestand der Betriebsaufspaltung liege unabhängig davon vor, von wem die Geschäfte der GmbH geführt würden. Die einheitliche wirtschaftliche Betrachtung der beiden Unternehmen rechtfertige nicht, das Dienstverhältnis der GmbH mit ihrem Gesellschafter als Ausfluß der Betriebsaufspaltung anzusehen. Der Gesellschafter der Besitz- und Betriebsgesellschaft bezieht somit als Geschäftsführer der Betriebs-GmbH Einkünfte aus nichtselbständiger Arbeit[260]. Dem Gesellschafter-Geschäftsführer kann deshalb im Rahmen einer angemessenen Tätigkeitsvergütung auch eine Pensionszusage erteilt werden, für die die GmbH eine *Rückstellung* bilden kann. Zahlungen an Gesellschafter für die geschäftsführende Tätigkeit sind jedoch dann den Betriebseinnahmen der Besitzgesellschaft zuzurechnen, wenn die Zahlungen nicht aufgrund eines schriftlichen Anstellungsvertrags erfolgen[261].

Verpachtet das Besitzunternehmen Anlagegüter oder Teilbetriebe nicht nur an die Betriebsgesellschaft, sondern auch an fremde Dritte, so stellt sich das Problem, welcher Einkunftsart die von den Dritten vereinnahmten Beträge zuzurechnen sind.

Nach einer Auffassung im Schrifttum sollen die Fälle „gemischter" Vermietung und Verpachtung danach beurteilt werden, welche Tätigkeit überwiegt und hierbei das Verhältnis der von der Betriebsgesellschaft gemieteten Gebäudeteile zum gesamten Gebäude, das Verhältnis der von der Betriebsgesellschaft gezahlten Miete zur gesamten vereinnahmten Miete und auch der Umfang der für die

---

[259] BFH Urt. v. 15. 5. 1975 – IV R 89/73 BStBl. 75 II, 781; Knoppe, S. 213; Zartmann, S. 78; Fichtelmann, Rdn. 146; Dehmer, Rdn. 570.
[260] Urt. v. 9. 7. 1970 – IV R 16/69 BStBl. 70 II, 722; Knoppe, S. 213f.; Dehmer, Rdn. 625; Zartmann, S. 78; Fichtelmann, Rdn. 150.
[261] BFH Urt. v. 11. 10. 1955 – I 47/55 U BStBl. 55 III, 397; Urt. v. 22. 1. 1964 – VI 306/62 U BStBl. 64 III, 158; Knoppe, S. 214; Zartmann, S. 78.

Vermietung an Dritte aufgewendeten Tätigkeit berücksichtigt werden. Je nach dem Ergebnis dieser Prüfung soll die Tätigkeit des Besitzunternehmens einheitlich entweder als gewerbliche oder als außergewerbliche zu behandeln sein[262].

Dem muß entgegengehalten werden, daß die von der Besitzgesellschaft erzielten Einkünfte nur einheitlich qualifiziert werden können. Ist ein Gewerbebetrieb gegeben, so stellen alle damit zusammenhängenden Erträge Betriebseinnahmen dar, auch wenn die verpachteten Wirtschaftsgüter für sich allein keinen Gewerbetrieb begründen würden[263].

Werden Unternehmen mit ursprünglich *selbständigen* oder *land und forstwirtschaftlichen* Einkünften im Rahmen einer Betriebsaufspaltung verpachtet (z. B. Überlassung von wesentlichen Betriebsgrundlagen einer GbR-Steuerberatersozietät an eine Steuerberatungs-GmbH)[264], so stellt sich das Problem, ob das Besitzunternehmen gewerbliche Einkünfte erzielen kann. Da das Besitzunternehmen über die Betriebsgesellschaft eine freiberufliche Tätigkeit ausübt, wird im Schrifttum zu Recht die Annahme von Einkünften aus § 15 EStG abgelehnt[265]. Die Rechtsprechung nimmt jedoch auch in solchen Konstellationen gewerbliche Einkünfte des Besitzunternehmens an, da der gewerbliche Charakter der Betriebsgesellschaft die Qualifikation der Verpachtungstätigkeit bestimmt (Geprägeeffekt). Gehen Besitz- und Betriebsunternehmen aus einer freiberuflichen Tätigkeit hervor, so kann nach dem BFH diese Fallkonstellation nicht anders behandelt werden, wie wenn bei der unechten Betriebsaufspaltung Besitz- und Betriebsunternehmen von vornherein getrennt sind[266].

Die Grundsätze der Betriebsaufspaltung sind auch im Fall einer lediglich vermögensverwaltenden Betätigung der Betriebsgesellschaft anzuwenden, wenn

---

[262] Herrmann/Heuer/Raupach, EStG, § 15 Anm. 13e (2); Streck, in: Kölner Handbuch, Tz. 278.
[263] BFH Urt. v. 9. 7. 1964 – IV 427/62 U BStBl. 64 III, 530; Urt. v. 20. 10. 1964 – IV 280/62 StRK GewStG § 2 Abs. 1 R 226; Urt. v. 25. 5. 1977 – I R 93/75 BStBl. 77 II, 660; Urt. v. 13. 10. 1977 – IV R 174/74 BStBl. 78 II, 73; Urt. v. 23. 10. 1986 – IV R 214/84 BStBl. 87 II, 120 (121); Knoppe, S. 214 f.
[264] Hierzu Korn, DStZ 83, 16 (17 f.).
[265] Streck, in: Kölner Handbuch, Tz. 370; Keuk, DB 74, 205 (209); Irmler, BB 78, 397 (398); Ahmann, DStR 88, 595 ff.
[266] BFH Urt. v. 1. 6. 1978 – IV R 152/73 BStBl. 78 II, 545 (Überlassung von Erfindungen eines freien Erfinders an seine Einmann-GmbH); Urt. v. 18. 6. 1980 – I R 77/77 BStBl. 81 II, 39 (Kinderkurheim); Niedersächsisches FG Urt. v. 23. 8. 1990 – II 52/88 EFG 91, 473 (rkr.); hierzu Wolf/Hinke 08/2.1.2; Korn, DStZ 83, 16 (18); Brandmüller, Gruppe 8, S. 8 f.; ders., Rdn. E 53; Dehmer, Rdn. 580; Schmidt, EStG, § 15 Anm. 146a.

diese als Kapitalgesellschaft gem. § 8 Abs. 2 KStG kraft Gesetzes Einkünfte aus Gewerbebetrieb erzeilt[267].

In diesem Zusammenhang ist auch die Auffassung der Finanzverwaltung hervorhebenswert, wonach der den §§ 14, 64 und 65 AO zugrunde liegende Konkurrenzgedanke es erfordert, daß die Grundsätze der Betriebsaufspaltung auch bei gemeinnützigen Einrichtungen Anwendung finden. Eine Tätigkeit, die sich äußerlich als reine steuerfreie Vermögensverwaltung darstellt, ist demnach gleichwohl als steuerpflichtige, wirtschaftliche Betätigung anzusehen, wenn sie im Wege der Betriebsaufspaltung auf eine selbständige Kapitalgesellschaft ausgegliedert worden ist[268].

Der zuletzt genannte Standpunkt ist durch die Rechtsprechung neuerdings insofern bestätigt worden, daß die Besitzgesellschaft nicht deshalb von der Gewerbesteuer befreit ist, weil die Betriebsgesellschaft eine Steuerbefreiung nach den gewerbesteuerlichen Vorschriften in Anspruch nehmen kann[269].

### 2.4.1.3 Umfang des Betriebsvermögens des Besitzunternehmens (einschl. Sonderbetriebsvermögen der Gesellschafter)

#### 2.4.1.3.1 Anteile an der Betriebskapitalgesellschaft als notwendiges Betriebsvermögen der Besitzpersonengesellschaft

Nach der ständigen Rechtsprechung des BFH sind die Anteile an der Betriebskapitalgesellschaft dem *notwendigen Betriebsvermögen* der Besitzpersonengesellschaft zuzuordnen, auch wenn sie bürgerlich-rechtlich den Gesellschaftern der Besitzpersonengesellschaft gehören (dazu bei 2.4.1.3.2)[270]. Dagegen können die

---

[267] FG Münster Urt. v. 4. 5. 1988 – XII – IX 4742/86 F EFG 88, 527 (rkr.); Schmidt, EStG, § 15 Anm. 146 a; a. A. Klunzmann, DB 81, 1360 f., wonach die Gewerblichkeit nicht vermittelt werden kann, wenn das Betriebsunternehmen nur kraft Rechtsform Gewerbebetrieb ist; ähnlich Meyer-Arndt, BB 87, 942.

[268] BdF Schr. v. 8. 12. 1981 – IV B 4 – S 0170–91/81, zitiert bei Wolf/Hinke, 08/2.1, S. 1 (6); siehe auch FR 82, 68; ferner Geiger, DB 83, 2489; Sadrinna/Meier, DStR 83, 337 ff.; Herbert, FR 89, 298 f.

[269] BFH Urt. v. 13. 10. 1983 – I R 187/79 BStBl. 84 II, 115; FG Münster Urt. v. 23. 9. 1982 – IX 680/80 G EFG 83, 300 (Rev. eingelegt); Dehmer, Rdn. 579; differenzierend o. V., FR 84, 128.

[270] BFH Urt. v. 8. 11. 1960 – I 131/59 S BStBl. 60 III, 513; Urt. v. 13. 1. 1961 – III 1/58 U BStBl. 61 III, 333; Urt. v. 16. 1. 1962 – I 57/61 S BStBl. 62 III, 104; Urt. v. 24. 1. 1968 – I 76/64 BStBl. 68 II, 354; Urt. v. 2. 8. 1968 – III 30/65 BStBl. 68 II, 814; Urt. v. 14. 11. 1969 – III 218/65 BStBl. 70 II, 302; Urt. v. 9. 7. 1970 – IV R 16/69 BStBl. 70 II, 722; Urt. v. 19. 1. 1973 – III R 27/71 BStBl. 73 II, 438; Urt. v. 14. 8. 1975 – IV R 30/71 BStBl. 76 II, 88; hierzu Korn, in: Kölner Handbuch, Tz. 488/489 und Knoppe, S. 215 f. m. w. Nachw. zu dieser früher im Schrifttum heftig kritisierten Auffassung der Rechtsprechung; ferner Barth, DB 85, 510 (512 f.).

Beteiligungen naher Angehöriger, selbst wenn deren Anteile für die Beherrschungsfrage herangezogen werden, nicht zum Betriebsvermögen (Sonderbetriebsvermögen) des Besitzunternehmens gerechnet werden, wenn diese nicht selbst am Besitzunternehmen beteiligt sind[271].

Im allgemeinen wird man notwendiges Betriebsvermögen dann annehmen müssen, wenn die Verpachtung des Betriebs oder von Betriebsteilen eine wichtige Grundlage des Betriebs der GmbH darstellt, für die Besitzgesellschaft von erheblicher Bedeutung ist und infolge der engen wirtschaftlichen und betrieblichen Verbindung der beiden Unternehmen Gewinnverlagerungen in erheblichem Umfang möglich sind[272]. In einem neueren Urteil stellte der BFH klar, daß GmbH-Anteile im Rahmen einer Betriebsaufspaltung zum Betriebsvermögen des Besitzunternehmens gehören, wenn sie der Durchsetzung des einheitlichen geschäftlichen Betätigungswillens in der Betriebsgesellschaft dienen. Eine Beteiligung ohne beherrschenden Einfluß auf eine als Kommanditistin an der Betriebspersonengesellschaft beteiligte GmbH erfüllt diese Voraussetzungen nicht[273]. Infolge der Zurechnung der Anteile zum Betriebsvermögen sind die hierauf geleisteten Gewinnausschüttungen als Betriebseinnahmen der Besitzgesellschaft zu qualifizieren. Sie sind durch Aktivierung des Ausschüttungsanspruchs in dem Jahr zu erfassen, in dem der Anspruch entstanden ist[274].

Die Behandlung der GmbH-Anteile als Betriebsvermögen ist insofern von Vorteil, als Teilwertabschreibungen vorgenommen werden können (z.B. bei nachhaltig negativen Ergebnissen der Betriebs-GmbH)[275]. Das Besitzunternehmen kann die im Betriebsvermögen gehaltene Beteiligung an der Betriebs-GmbH nicht schon deshalb auf den niedrigeren Teilwert abschreiben, weil die GmbH im Jahr ihrer Gründung oder (in der sog. Anlaufphase) einen ihr Stammkapital aufzehrenden Verlust erlitten hat[276]. Nachhaltige Verluste (insbes. 5 Jahre nach dem Betriebsaufspaltungsvorgang) können nach den Umständen des Einzelfalles die Vornahme einer Teilwertabschreibung rechtfertigen[277]. Spricht bei einer Betriebsaufspaltung die Besitzgesellschaft gegenüber der Betriebsgesellschaft den Verzicht auf *fällige* Mietforderungen aus, darf der Gewinn der Besitzgesellschaft

---

[271] BFH Urt. v. 2. 8. 1972 – IV 87/65 BStBl. 72 II, 796 (798); Korn, in: Kölner Handbuch, Tz. 490.
[272] BFH Urt. v. 8. 11. 1960 – I 131/59 S BStBl. 60 III, 513 (516).
[273] BFH Urt. v. 23. 7. 1981 – IV R 103/78 BStBl. 82 II, 60.
[274] Weitere Einzelheiten in Fn. 330 ff.
[275] Hierzu BFH Urt. v. 9. 3. 1977 – I R 203/74 BStBl. 77 II, 515 (516); Korn, in: Kölner Handbuch, Tz. 495.
[276] FG Baden-Württemberg, Urt v. 28. 10. 1987 – II K 177/84 EFG 88, 164 (rkr.); FG Münster Urt. v. 17. 8. 1993 – 1 K 2753/93 EFG 94, 89 (rkr.).
[277] Hierzu FG Baden-Württemberg Urt. v. 13. 4. 1989 – II K 322/84 BB 89, 953.

in Höhe des Mietverzichts auch dann nicht gemindert werden, wenn die Besitzgesellschaft ihren Gewinn als Überschuß der Betriebseinnahmen über die Betriebsausgaben ermittelt. Der Mietverzicht ist als *verdeckte Einlage* zu behandeln[278]. Die Bildung einer Rückstellung für die Bürgschaftsinanspruchnahme durch die Gesellschafter der Betriebs-GmbH wird auf der Ebene des Besitzunternehmens abgelehnt[279]. Ferner kann der bei der Veräußerung eines GmbH-Anteils entstehende Verlust berücksichtigt werden. Ein Veräußerungsgewinn ist dagegen dem *laufenden* gewerblichen Gewinn zuzuordnen, da nach der Rechtsprechung Anteile an einer Kapitalgesellschaft im Rahmen eines Betriebsvermögens nicht als Teilbetrieb i. S. v. § 16 Abs. 1 Nr. 1 EStG anzusehen sind[280]. Als Teilbetrieb gilt eine Beteiligung an einer Kapitalgesellschaft nur dann, wenn die Beteiligung das gesamte Nennkapital der Gesellschaft umfaßt. Eine Veräußerung der Anteile an der Betriebskapitalgesellschaft gilt nur dann als Veräußerung eines Teilbetriebes, wenn die gesamte Beteiligung an der Kapitalgesellschaft zum Betriebsvermögen eines einzelnen Steuerpflichtigen (Alleineigentümer des Besitzunternehmens) oder einer Personengesellschaft gehört und die gesamte Beteiligung im gleichen Wirtschaftsjahr veräußert wird. Ein dabei entstehender Veräußerungsgewinn unterliegt der Tarifvergünstigung des § 34 EStG. Dasselbe gilt, wenn die Betriebs-GmbH bzw. gleichzeitig damit auch das Besitzunternehmen aufgelöst wird[281].

Umstritten ist neuerdings die Frage, ob die Auflösung der Besitzpersonengesellschaft nicht automatisch zu einer Gewinnrealisierung der GmbH-Anteile führt. Nach der bisherigen Judikator bleiben die GmbH-Anteile weiterhin Betriebsvermögen der Gesellschafter, bis sie veräußert werden oder die Kapitalgesellschaft liquidiert wird[282]. Dagegen will eine neuerdings vertretene Mindermeinung im Schrifttum die steuerliche Betriebsaufgabe auch auf die Anteile an der Betriebs-GmbH erstrecken[283].

---

[278] FG Rheinland-Pfalz Urt. v. 8. 9. 1992 – 2 K 2957/89 EFG 93, 209 (rkr.); zu dieser Problematik des Verzichts auf den Pachtzins im Rahmen einer Betriebsaufspaltung o. V., GmbHR 93, 575 f.
[279] Niedersächsisches Finanzgericht Urt. v. 14. 12. 1989 – XII 236/88 DB 91, 363 (Rev. eingelegt; Az. b. BFH: VIII R 34/90).
[280] Vgl. RFH Urt. v. 6. 11. 1940 – VI 180/39 RStBl. 41, 217; BFH Urt. v. 12. 2. 1965 – VI 117/63 U BStBl. 65 III, 316.
[281] Knoppe, S. 217; R 139 Abs. 3 Satz 14 ff. EStR 1993; siehe auch BFH Urt. v. 24. 6. 1982 – IV R 151/79 BStBl. 82 II, 751: „Die Entnahme einer 100%igen Beteiligung an einer Kapitalgesellschaft ist nach § 16 Abs. 1 Nr. 1, Abs. 3 Satz 1 EStG als Aufgabe eines Teilbetriebs anzusehen; das gilt auch für die Entnahme aus dem Gesellschaftsvermögen einer Personenhandelsgesellschaft".
[282] BFH Urt. v. 24. 3. 1959 – I 205/57 U BStBl. 59 III, 289.
[283] So in der Tat Sarrazin, DStR 87, 219; beachte hierzu eingehend die Ausführungen bei Fn. 86 ff.

### 2.4.1.3.2 Bestimmung des Umfangs des sonstigen Betriebsvermögens des Besitzunternehmens und des Sonderbetriebsvermögens der Gesellschafter

Außer den Anteilen an der Betriebskapitalgesellschaft gehören zum Betriebsvermögen des Besitzunternehmens alle die Wirtschaftsgüter, die zum Betrieb der Betriebsgesellschaft wesentlich oder notwendig sind[284]. Darunter können nicht nur Gegenstände des Anlagevermögens fallen, sondern auch das Umlaufvermögen, soweit dieses nicht entnommen und gegen Gewährung von Gesellschaftsrechten eingebracht wurde[285]. Soweit Wirtschaftsgüter an die Betriebsgesellschaft verpachtet werden, gehören diese auch dann zum notwendigen Betriebsvermögen der Besitzgesellschaft, wenn sie nicht wesentlich oder notwendig sind, wenn aber ihre Verpachtung in *unmittelbarem* Zusammenhang mit der Verpachtung des anderen, für den übergegangenen Betrieb wesentlichen Teils der Wirtschaftsgüter steht[286]. Auch soweit einzelne Wirtschaftsgüter nicht an die Betriebsgesellschaft verpachtet werden, verbleiben diese bei unterbliebener Entnahmehandlung im (gewillkürten) Betriebsvermögen der Besitzgesellschaft, falls die Wirtschaftsgüter nicht dem notwendigen Privatvermögen zuzuordnen sind[287].

Die aufgrund einer vertraglichen Erhaltungs- und Erneuerungsverpflichtung durch die Betriebsgesellschaft durchgeführten Ersatz- bzw. Neubeschaffungen, die rechtlich erst bei Vertragsende dem Besitzunternehmen gehören, werden sofort dem Besitzunternehmen als wirtschaftlichem Eigentümer zu dessen notwendigem Betriebsvermögen gerechnet. Selbst der Anspruch auf Wiederbeschaf-

---

[284] BFH Urt. v. 24. 6. 1969 – I 201/64 BStBl. 70 II, 17.
[285] Brandmüller, Rdn. E 11; Knoppe, S. 218.
[286] BFH Urt. v. 21. 9. 1977 – I R 39–40/74 BStBl. 78 II, 67 hinsichtlich Werkswohnungen einer Besitzgesellschaft, die zusammen mit dem übrigen Anlagevermögen bei Begründung der Betriebsaufspaltung an die Betriebsgesellschaft verpachtet wurden; bestätigt durch BFH Urt. v. 23. 1. 1991 – X R 47/87 DStR 91, 544, wonach notwendiges Betriebsvermögen des Besitzunternehmens regelmäßig auch die dem Betriebsunternehmen verpachteten Wirtschaftsgüter sind, die keine wesentlichen Betriebsgrundlagen sind; hierzu Brandmüller, Rdn. E 14; ferner BFH Urt. v. 21. 5. 1974 – VIII R 57/70 BStBl. 74 II, 613 betreffend Darlehen aus der Umwandlung der Restkaufpreisschuld; zustimmend Fichtelmann, Rdn. 142.
[287] BFH Urt. v. 9. 1. 1964 – IV 274/63 U BStBl. 64 III, 97; Knoppe, S. 218; Korn, in: Kölner Handbuch, Tz. 504; siehe auch FG Baden-Württemberg Urt. v. 23. 1. 1992 – 10 K 264/89 GmbHR 92, 395: „Steht das im Rahmen einer Betriebsaufspaltung an die Betriebs-GmbH nur zu einem Bruchteil verpachtete Grundstück im Miteigentum von Ehegatten und wird der übrige Teil des Grundstücks zu Wohnzwecken vermietet, so fällt dieser Teil nicht in das Betriebsvermögen."

fung, Pachtanlagenerneuerung oder Substanzerhaltung gehört bereits zum notwendigen Betriebsvermögen der Besitzgesellschaft[288].

Darüber hinaus ist der *Anwendungsbereich des § 15 Abs. 3 Nr. 1 EStG* zu beachten, wonach die gesamte Tätigkeit einer Personengesellschaft als Gewerbebetrieb anzusehen ist, wenn die Personengesellschaft – u. U. auch nur teilweise – eine gewerbliche Tätigkeit entfaltet. Diese Umqualifizierung nicht-gewerblicher Einkünfte wird aus der sog. *Abfärbetheorie*[289] abgeleitet. Folglich sind auch die der umqualifizierten Beteiligung dienenden Wirtschaftsgüter als gewerbliches Betriebsvermögen zu behandeln[290].

Sonderbetriebsvermögen eines Gesellschafters des Besitzunternehmens ist gegeben, wenn ein im Alleineigentum des Gesellschafters stehendes Wirtschaftsgut unmittelbar dem Betrieb dient oder unmittelbar zur Begründung oder Stärkung der Beteiligung eingesetzt wird[291]. Neben notwendigem Betriebsvermögen ist auch gewillkürtes Sonderbetriebsvermögen des Gesellschafters statthaft. Die Voraussetzungen für gewillkürtes Sonderbetriebsvermögen sind die gleichen wie beim Einzelunternehmer. Unterschiede können sich nur daraus ergeben, daß der Gesellschafter als solcher keinen Gewerbebetrieb hat und das Wirtschaftsgut deshalb geeignet sein muß, dem Betrieb der Personengesellschaft oder der Beteiligung des Gesellschafters zu dienen[292]. Gesellschaftsanteile der Gesellschafter der Besitzgesellschaft an der Betriebsgesellschaft sind grundsätzlich notwendiges Sonderbetriebsvermögen, weil sie unmittelbar dem Gewerbebetrieb der Besitzgesellschaft insofern dienen, als durch sie ein unmittelbarer Einfluß auf den Abschluß des Pacht- und Betriebsüberlassungsvertrags sichergestellt ist[293].

Wirtschaftsgüter, die der Besitzgesellschaft überlassen und von dieser der Betriebsgesellschaft verpachtet werden, stellen im allgemeinen notwendiges Sonderbetriebsvermögen dar[294]. Ein Hauptanwendungsfall für ein Sonderbetriebsvermögen der Gesellschafter der Besitzgesellschaft liegt vor, wenn ein Betriebs-

---

[288] BFH Urt. v. 21. 12. 1965 – IV 228/64 S BStBl. 66 III, 147; Urt. v. 24. 1. 1968 – I 76/64 BStBl. 68 II, 345; Knoppe, S. 218; Brandmüller, Rdn. E 15; Zartmann, S. 117; Fichtelmann, Rdn. 157; Dehmer, Rdn. 613.
[289] BFH Urt. v. 10. 11. 1983 – IV R 86/80 BStBl. 84 II, 152; Urt. v. 11. 5. 1989 – IV R 43/88 BStBl. 89 II, 797.
[290] Instruktive Fallbeispiele finden sich bei Neufang, GmbHR 92, 358f.
[291] BFH Urt. v. 14. 8. 1975 – IV 30/71 BStBl. 76 II, 88 (90); Urt. v. 24. 9. 1976 – I R 149/74 BStBl. 77 II, 69; Knoppe, S. 218.
[292] BFH Urt. v. 21. 10. 1976 – IV R 71/73 BStBl. 77 II, 150 (152); Zartmann, S. 119f.
[293] Nachw. in Fn. 270.
[294] Fichtelmann, Rdn. 137f.; siehe auch Zartmann, S. 118.

grundstück, das einzelnen Gesellschaftern der Besitzgesellschaft in Bruchteilsgemeinschaft gehört, von diesen an die Betriebsgesellschaft vermietet worden ist und das Grundstück mit seinen speziellen Gebäulichkeiten und Anlagen aufgrund seiner nicht geänderten Zweckbestimmung als Beitrag der betreffenden Gesellschafter zur Förderung des neuen gemeinsamen Gesellschaftszwecks Betriebsvermögen (Sonderbetriebsvermögen) der Besitzgesellschaft geblieben ist[295].

Problematisch ist nun, ob die *direkte* Gewährung von Darlehen oder Zurverfügungstellung von Wirtschaftsgütern seitens des Besitzunternehmens oder durch deren Gesellschafter an die Betriebsgesellschaft die Annahme von notwendigem (Sonder-)Betriebsvermögen rechtfertigt.

Nach dem BFH[296] führt eine Darlehensgewährung durch einen Einzelunternehmer an die von ihm zu 95% beherrschte Betriebsgesellschaft nicht in jedem Fall dazu, daß das Darlehen als notwendiges Betriebsvermögen anzusehen ist. Es bedarf einer gesonderten Prüfung, ob die Darlehenshingabe betrieblich veranlaßt ist. Allein die Tatsache, daß die Anteile an der Betriebskapitalgesellschaft Betriebsvermögen sind, rechtfertigt für sich nicht den Schluß, daß die Darlehen an die Betriebskapitalgesellschaft ebenfalls als notwendiges Betriebsvermögen zu qualifizieren sind. Für die Zurechnung zum notwendigen Betriebsvermögen ist darauf abzustellen, ob die Hingabe der Darlehen dazu dient, die Vermögens- und Ertragslage der Betriebskapitalgesellschaft zu verbessern und damit den Wert der Beteiligung des Besitzunternehmens zu erhalten und zu erhöhen. Sind private Erwägungen für die Darlehenshingabe maßgebend, z.B. eine günstige Verzinsung, dann ist die Darlehensforderung kein notwendiges Betriebsvermögen des Besitzunternehmens. Die Tatsache, daß das Darlehen aus ausgeschütteten (stehengebliebenen) Gewinnen stammt, rechtfertigt nach Ansicht des BFH allein noch nicht die Zurechnung zum Betriebsvermögen[297].

---

[295] BFH Urt. v. 15. 5. 1975 – IV R 89/73 BStBl. 75 II, 781; Zartmann, S. 118f.; kritisch Fichtelmann, in: StRK-Anm. R 323 zu § 2 Abs. 1 GewStG.
[296] Urt. v. 7. 3. 1978 – VIII R 38/74 BStBl. 78 II, 378; siehe auch FG Bad.-Württ. Urt. v. 29. 11. 1979 – III 165/78 (Rev. eingelegt) EFG 80, 139; instruktiv auch FG Rheinland-Pfalz Urt. v. 13. 2. 1986 – 3 K 73/85 (rkr.) EFG 86, 437 betr. § 97 Abs. 1 Nr. 5 BewG: „Gewähren die Mitglieder einer Erbengemeinschaft einer (Betriebs-) GmbH Darlehen oder ähnliche Kredite, so gehören die Darlehnsforderungen oder Kredite i.d.R. auch dann zum Privatvermögen der Kreditgeber, wenn eine Betriebsaufspaltung vorliegt, bei der das Besitzunternehmen Gesamthandseigentum der Erbengemeinschaft ist."; ferner FG Rheinland-Pfalz Urt v. 25. 9. 1989 – 5 K 352/88 BB 90, 1239.
[297] BFH a.a.O.; FG Rheinland-Pfalz Urt. v. 13. 2. 1986 – 3 K 73/85 (rkr.) EFG 86, 437f.; FG Rheinland-Pfalz Urt. v. 25. 9. 1989 – 5 K 352/88 BB 90, 1239 (1245); hierzu Dehmer, Rdn. 614; Knoppe, S. 218f.; Zartmann, S. 120f.; Fichtelmann, Rdn. 143; ders. NWB, Fach 18, 2523f.; Brandmüller, Rdn. E 22; Korn, in: Kölner Handbuch, Tz. 494.

Die aus dem Betriebsaufspaltungsvorgang resultierende Darlehensgewährung seitens des Besitzunternehmens oder durch dessen Gesellschafter wird man jedoch stets dem notwendigen Betriebsvermögen bzw. Sonderbetriebsvermögen zurechnen müssen[298]. Dasselbe muß für Darlehenshingaben gelten, die zur Stützung der Betriebsgesellschaft notwendig sind[299].

Für die Behandlung einer typischen stillen Beteiligung der Besitzgesellschaft oder eines ihrer Gesellschafter an der Betriebskapitalgesellschaft als notwendiges Betriebsvermögen bzw. Sonderbetriebsvermögen gelten obige Grundsätze entsprechend[300].

Von großer praktischer Relevanz ist das Problem, wie Wirtschaftsgüter zu behandeln sind, die von einem Gesellschafter des Besitzunternehmens *unmittelbar* der Betriebsgesellschaft zur Nutzung überlassen werden. Nach Auffassung des BFH[301] sind diese Wirtschaftsgüter nicht dazu bestimmt, dem von der Besitzgesellschaft verfolgten Zweck zu dienen oder ihrem Betriebsvermögen aufs engste verbunden zu werden. Mit der Überlassung wird nach seiner Meinung weder wirtschaftlich ein Beitrag zur Förderung des Gesellschaftszwecks geleistet noch ist die Überlassung der Wirtschaftsgüter an die Betriebsgesellschaft dazu bestimmt, der Beteiligung des Gesellschafters an der Besitzgesellschaft zu dienen. Die Wirtschaftsgüter können ausnahmsweise notwendiges Sonderbetriebsvermögen sein, wenn die Wirtschaftsgüter unmittelbar zur Begründung oder Stärkung der Beteiligung hätten eingesetzt werden sollen. Grundsätzlich sind danach die unmittelbar der GmbH überlassenen Wirtschaftsgüter kein notwendiges Sonderbetriebsvermögen der Besitzgesellschaft[302]. Vermietet ein Gesellschafter, der an der Besitz- und Betriebsgesellschaft beteiligt ist, ein ihm gehörendes Grundstück der Betriebsgesellschaft, bildet dieses Wirtschaftsgut nicht grundsätzlich notwendiges Betriebsvermögen der Besitzgesellschaft[302a]. Diese Judikatur ist im Schrifttum deshalb zu Recht als Systembruch kritisiert worden, da bereits allein die Überlassung von eine wesentliche Betriebsgrundlage darstellenden Wirtschaftsgütern für sich betrachtet die Voraussetzung einer Betriebsaufspaltung erfüllt[303].

---

[298] BFH Urt. v. 21. 5. 1974 – VIII R 57/70 BStBl. 74 II, 613 (616); so auch Knoppe, S. 219; Dehmer, Rdn. 614; Fichtelmann, Rdn. 143.
[299] FG Bad.-Württ. Urt. v. 29. 11. 1979 – III 165/78 (Rev. eingelegt) EFG 80, 139; Knoppe a.a.O.; Dehmer, a.a.O.; zum *kapitalsetzenden* Charakter solcher Darlehen siehe o.V., GmbH-Report 90, R 27f.
[300] Zartmann, S. 121.
[301] Urt. v. 23. 1. 1980 – I R 33/77 BStBl. 80 II, 356.
[302] BFH a.a.O.; zustimmend Irmler, BB 80, 1468 (1469).
[302a] FG Nürnberg, Urt. v. 25. 3. 1994 – I 264/92 EFG 94, 832 (NZB eingelegt; Az. b. BFH VIII B 112/94).
[303] Fichtelmann, Rdn. 138; ders., NWB Fach 18, 2523; Knoppe, S. 219.

Hingegen können Wirtschaftsgüter, die der Betriebsgesellschaft durch *nicht* am Besitzunternehmen beteiligte Gesellschafter verpachtet werden, keinesfalls zum Betriebsvermögen der Besitzgesellschaft gerechnet werden, da der Verpächter in diesem Fall nicht Mitunternehmer des Besitzunternehmens ist und daher kein Sonderbetriebsvermögen bilden kann[304]. Dies gilt auch dann, wenn der Verpächter naher Angehöriger eines beherrschenden Gesellschafters des Besitzunternehmens ist[305].

### 2.4.1.3.3 Betriebsvermögen bei Aufspaltung in zwei Personengesellschaften (mitunternehmerische Betriebsaufspaltung)

Wie bereits bei I. 2.4 ausgeführt, spricht man von einer mitunternehmerischen Betriebsaufspaltung, wenn die Betriebsaufspaltung in der Form vollzogen wird, daß ein einheitlicher Betrieb in zwei Personengesellschaften (einschl. GmbH & Co. KG) aufgespalten wird. Dasselbe gilt für eine Betriebsaufspaltung in der Gestalt eines Einzelunternehmens als Besitzunternehmen und einer Personengesellschaft als Betriebsunternehmen, an der der Inhaber des Besitzunternehmens als Gesellschafter beteiligt ist.

Hierbei stellt sich das Problem, ob die Besitzpersonengesellschaft steuerlich als selbständige Mitunternehmerschaft anzusehen ist oder ob das der Betriebsgesellschaft dienende Vermögen der Gesellschafter der Betriebsgesellschaft dem Sonderbetriebsvermögen der Gesellschafter der Betriebsgesellschaft zuzurechnen ist[306].

Nach dem Mitunternehmererlaß[307] unter Berufung auf die ältere BFH-Judikatur[308] hat § 15 Abs. 1 Nr. 2 EStG bei der Zurechnung von Einkünften nur einen subsidiären Charakter. Er findet also nur Anwendung, wenn nicht ohnehin das Wirtschaftsgut einem Betriebsvermögen des Gesellschafters zuzurechnen ist. Legt man diese Auffassung zugrunde, so folgt hieraus die steuerliche Selbständigkeit der Besitzgesellschaft[309].

Diese Beurteilung der Finanzverwaltung wurde jedoch vom BFH nicht geteilt. Nach seiner Auffassung hat § 15 Abs. 1 Nr. 2 EStG nicht nur subsidiäre

---

[304] Zartmann, S. 118; Brandmüller, Rdn. E 12; Korn, in: Kölner Handbuch, Tz. 497; beachte auch die Ausführungen bei Fn. 271.
[305] Zartmann, S. 118.
[306] Zu diesem Problemkreis Störzinger, FR 81, 587f; Paus, FR 82, 532ff; Wendt, GmbHR 83, 20 (25f.); ders., GmbHR 84, 19ff.; Schuhmann, StBp 83, 206ff.; Dehmer, Rdn. 526ff.
[307] BMF Schr. v. 20. 12. 1977 IV B 2 – S 2241 – 231/77 Tz. 13 u. 83 BStBl. 78 I, 8.
[308] BFH Urt. v. 29. 7. 1976 – IV R 145/72 BStBl. 76 II, 750.
[309] Hierzu Seithel, FR 78, 157ff.

Bedeutung. Die Bestimmung erschöpfe sich nicht nur in einer Umqualifizierung der Einkünfte (Umwandlung von nicht gewerblichen Einkünften in gewerbliche Einkünfte), ihr komme auch eine Zuordnungsfunktion zu (nämlich die Zuordnung nicht nur zum Betriebsvermögen schlechthin, sondern zu einem bestimmten Betriebsvermögen)[310]. Hieraus resultiert, daß die von der Besitzpersonengesellschaft der Betriebspersonengesellschaft zur Nutzung überlassenen Wirtschaftsgüter dem Sonderbetriebsvermögen der Gesellschafter der Betriebsgesellschaft zuzuordnen sind. Damit ist die steuerliche Existenz der Besitzpersonengesellschaft beendet[311]. Die Wirtschaftsgüter der bisherigen Besitzgesellschaft sind jedoch ohne Gewinnrealisierung in das (Sonder-)Betriebsvermögen der Betriebsgesellschaft zu übernehmen[312]. Soweit am Betriebsvermögen der Besitzgesellschaft Gesellschafter beteiligt sind, die nicht zugleich Gesellschafter der Betriebsgesellschaft sind, scheidet eine Zurechnung als Sonderbetriebsvermögen bei der Betriebsgesellschaft aus. Infolge der Beendigung der Betriebsaufspaltung werden diese Wirtschaftsgüter zum Privatvermögen dieser Eigentümer, die nunmehr Einkünfte aus Vermietung und Verpachtung beziehen[313].

Aufgrund einer Übergangsregelung der Finanzverwaltung ist das obig angeführte BFH-Urteil vom 18. 7. 1979 auf alle noch offenen Fälle anzuwenden; andererseits ist es nicht zu beanstanden, wenn die Gesellschafter ihre Rechtsbeziehungen in Gestalt von zwei Personengesellschaften aufrechterhalten. Spätestens mit Ablauf des im Jahre 1984 endenden Wirtschaftsjahres ist jedoch nach der neuen Rechtsprechung in allen Fällen zu verfahren[314].

Die Rechtsprechungsänderung hat eine erhebliche Rechtsunsicherheit ausgelöst und in weiteren BFH-Entscheidungen und im Schrifttum ein facettenreiches, divergierendes Echo hervorgerufen[315].

---

[310] BFH Urt. v. 18. 7. 1979 – I R 199/75 BStBl. 79 II, 750.
[311] Fichtelmann, Rdn. 217; Knoppe, S. 240 f.
[312] Knoppe, S. 241; Fichtelmann, FR 80, 138 (139 f.); ferner Seithel, DStR 81, 158 ff.
[313] Fichtelmann, FR 80, 138 (139 f.); Seithel, DStR 81, 158 (159 f.); Schulze zur Wiesche, BB 87, 1301 (1302).
[314] BdF Schr. v. 10. 12. 1979 IV B 2 – S 2241 – 138/79 BStBl. 79 I, 683.
[315] BFH Urt. v. 27. 9. 1979 – IV R 89/76 BStBl. 80 II, 94 (95 f.); Urt. v. 6. 11. 1980 – IV R 5/77 BStBl. 81 II, 307; Urt. v. 19. 2. 1981 – IV R 141/77 BStBl. 81 II, 433; Urt. v. 1. 4. 1981 – I R 160/80 BStBl. 81 II, 738 (740); Urt. v. 16. 6. 1982 – I R 118/80 BStBl. 82 II, 662 (664); Urt. v. 24. 3. 1983 – IV R 123/80 BStBl. 83 II, 598; hierzu Brandmüller, Rdn. A 13 – A 16; Dehmer, Rdn. 535 ff.; Fichtelmann, Rdn. 217 ff.; Schmidt, EStG, § 15 Am. 146 b m. w. N.; Knobbe-Keuk, Bilanz- und Unternehmensssteuerrecht, S. 892 ff.; dies., StbJb 83/84, 73 (88 ff.); Wendt, GmbHR 83, 20 (26); ders., GmbHR 84, 19 (22 f.); Schuhmann, StBp 83, 206 ff.; Schulze zur Wiesche, StBp 84, 140 f.; Lehmann, GmbHR 86, 316 ff.; ders., GmbHR 86, 358 ff.; Diers, DB 91, 1299 (1301 f.); Söffing, FR 92, 185 ff.

## Die Betriebsaufspaltung im Steuerrecht

Der BFH hat im Urteil vom 25. 4. 1985[316] die *Subsidiarität der mitunternehmerischen Betriebsaufspaltung gegenüber § 15 Abs. 1 Nr. 2 EStG bei der Überlassung wesentlicher Betriebsgrundlagen* erneut bekrätigt. Von diesem Grundsatz wird jedoch dann eine wichtige *Ausnahme* gemacht, wenn die vermietende Gesellschaft eine *KG oder OHG* ist (nicht aber, wenn sie eine GbR ist). Der Grund für diese Unterscheidung wird wohl darin gesehen, daß eine OHG und die KG Träger von Rechten und Pflichten sein können (§§ 124 Abs. 1, 161 Abs. 2 HGB) und damit partiell geschäftsfähig sind und sich damit einer juristischen Person annähern[317]. Der BFH schließt jedoch nicht aus, daß die Rechtsfolgen einer mitunternehmerischen Betriebsaufspaltung eintreten, wenn nicht gleichzeitig die Voraussetzungen des § 15 Abs. 1 Nr. 2 EStG erfüllt sind[318].

*Beispiel für das Aufleben der Subsidiarität der mitunternehmerischen Betriebsaufspaltung:*

Die Erbengemeinschaft A/B überläßt eine wesentliche Betriebsgrundlage der C-GmbH & Co. KG. A und B können über die Beteiligung an der Komplementär-GmbH ihren Willen in der KG durchsetzen. Sie sind aber nicht unmittelbar an der KG beteiligt, so daß § 15 Abs. 1 Nr. 2 EStG nicht anwendbar ist. In dieser Fallkonstellation können möglicherweise aufgrund der subsidiären Anwendung des Rechtsinstituts der Betriebsaufspaltung die Einkünfte der Erbengemeinschaft als gewerbliche qualifiziert werden (str.)[318a].

Die Aussage der Rechtsprechung zur Anwendbarkeit des § 15 Abs. 1 Nr. 2 EStG kann man wie folgt zusammenfassen[319]:

§ 15 Abs. 1 Nr. 2 EStG gilt auch bei einer Betriebsaufspaltung an einer Personengesellschaft.

---

[316] IV R 36/82 BStBl. 85 II, 622 (624) unter ausdrücklicher Bezugnahme auf das BFH Urt. v. 18. 7. 1979 – I R 199/75 BStBl. 79 II, 750; bestätigt durch Urt. v. 3. 2. 1994 – III R 23/89 DB 94, 1602 (1603); Urt. v. 16. 6. 1994 – IV R 48/93 FR 94, 750 mit Anm. Söffing; akzeptiert vom BdF Schr. v. 10. 12. 1985 – IV B 2 – InvZ 1200 – 6/85 / IV B 2 – S 1900 – 25/85 BStBl. 85 I, 683 (684); Erläuterungen finden sich bei Dehmer, Rdn. 542 ff.; Märkle, BB 85, 2104 ff.; Bitz, DB 85, 2021 f.; Paus, DStZ 86, 319 ff.

[317] BFH. a.a.O.; siehe auch BFH Urt. v. 6. 11. 1980 – IV R 5/77 BStBl. 81 II, 307; Urt. v. 19. 2. 1981 – IV R 141/77 BStBl. 81 II, 433; kritisch zu dieser unterschiedlichen Behandlung Paus, DStZ 86, 319 (320); ferner Bitz, DB 85, 2021 (2022); Märkle, BB 85, 2104 (2107).

[318] BFH, a.a.O.

[318a] Zum Streitstand beachte die Ausführungen bei Fn. 53.

[319] So die instruktive Übersicht von Paus, DStZ 86, 319 (320); ferner Märkle, BB 85, 2104 (2105 ff.).

Eine *Ausnahme* greift nur dann ein,
- wenn der Vermieter/Verpächter eine OHG oder KG ist (wobei eine fälschliche Eintragung im Handelsregister nicht ausreicht)
- wenn diese OHG bzw. diese KG nicht selbst an der mietenden/pachtenden Personengesellschaft beteiligt ist und
- wenn die vermietende/verpachtende OHG bzw. KG von den Gesellschaftern nicht nur „vorgeschoben" ist, um die Anwendung des § 15 Abs. 1 Nr. 2 EStG zu umgehen (mißbräuchliche Gestaltung i.S. v. § 42 AO)[320].

Im Schrifttum wird allerdings darauf hingewiesen, daß in aller Regel das *Besitzunternehmen ausschließlich vermögensverwaltend* tätig ist und damit zwangsläufig, wenn mehrere beteiligt sind, entweder Gesellschaft bürgerlichen Rechts oder Gemeinschaft ist. Bei einer solchen Betrachtungsweise reduziert sich jedoch die Bedeutung der mitunternehmerischen Betriebsaufspaltung auf diejenigen Fallgruppen, in denen eine nur mittelbare Beteiligung über eine Personenhandelsgesellschaft oder eine Kapitalgesellschaft vorliegt oder aber ohne gesellschaftsrechtliche Beteiligung faktische Beherrschung der Betriebspersonengesellschaft angenommen werden muß[321].

Dieses Bekenntnis kann sich je nach Sachlage zum Vor- oder Nachteil für die beteiligten Steuerpflichtigen auswirken[322].
- *Nachteilig* ist, daß der Gewerbesteuerfreibetrag beim Gewerbeertrag (§ 11 Abs. 1 GewStG) und beim Gewerbekapital (§ 13 Abs. 1 GewStG) nur einmal in Anspruch genommen werden kann, während er bei mitunternehmerischer Betriebsaufspaltung sowohl der GbR als Besitzgesellschaft als auch der Personenhandelsgesellschaft als Betriebsgesellschaft zu gewähren ist.
- Dauerschulden der Betriebsgesellschaft gegenüber der Besitzgesellschaft (und umgekehrt) unterliegen nur noch einmal der Gewerbesteuer. Das gleiche gilt für die entsprechenden Zinsen. Bei der Betriebsaufspaltung werden diese Beträge 1½ mal zur Gewerbesteuer herangezogen (ohne Berücksichtigung des Freibetrags nach § 12 Abs. 2 Nr. 1 GewStG von 50000,– DM). Hierin liegt der *Vorteil* für die Steuerpflichtigen.

---

[320] Vgl. BFH Urt. v. 19. 2. 1981 – IV R 141/77 BStBl. 81 II, 433 (435).
[321] So die Feststellung von Dehmer, Rdn. 547, der die praxisrelevanten Auswirkungen der Rechtsprechungsänderung anhand von zahlreichen Beteiligungsmodellen illustriert (a.a.O., Rdn. 549–555); siehe auch Märkle, BB 85, 2104 (2108).
[322] o.V., DStR 85, 582; Paus, DStZ 86, 319 (321 f.); Märkle, BB 85, 2104 (2105 u. 2108); zu einem diesbezüglichen Steuerbelastungsvergleich siehe auch Wendt, GmbHR 84, 19 (21); zu den steuerlichen Konsequenzen nach dem Wegfall der mitunternehmerischen Betriebsaufspaltung unter besonderer Berücksichtigung des § 15a EStG Hartmann/Tavenrath, FR 87, 273 ff.

– *Vorteilhaft* erweist sich die Rechtsansicht des IV. Senats des BFH auch für Gesellschafter der „Besitzgesellschaft", die nicht zugleich an der „Betriebsgesellschaft" beteiligt sind. Denn während bei der Betriebsaufspaltung nach derzeitiger BFH-Rechtsprechung auch der auf diesen Gesellschafter entfallende Teil am Gesellschaftsvermögen der Besitzgesellschaft Betriebsvermögen ist und auch von der Gewerbesteuer erfaßt wird, ist § 15 Abs. 1 Nr. 2 Halbsatz 2 EStG bei der „Betriebsgesellschaft" selbstverständlich nur insoweit abwendbar, als die Gesellschafter der „Besitzgesellschaft" auch Gesellschafter der „Betriebsgesellschaft" sind. Der Anteil eines Gesellschafters der „Besitzgesellschaft", der nicht zugleich Gesellschafter der „Betriebsgesellschaft" ist, bleibt Privatvermögen (und von der Gewerbesteuer insgesamt verschont); naturgemäß hat der Vorrang des § 15 Abs. 1 Nr. 2 Halbsatz 2 EStG vor dem Rechtsinstitut der Betriebsaufspaltung Ausschließlichkeitscharakter in dem Sinne, daß die Rechtsgrundsätze der Betriebsaufspaltung insgesamt verdrängt werden und nicht etwa subsidiär insoweit anzuwenden sind, als die Leistungen der GbR nicht von § 15 Abs. 1 Nr. 2 EStG erfaßt werden (str.)[323].

Ergänzend ist anzumerken, daß sowohl im Falle der mitunternehmerischen Betriebsaufspaltung als auch bei der Mitunternehmerschaft in jedem Falle folgende *steuerliche Nachteile* eintreten: Gewerbesteuerpflicht der Geschäftsführergehälter, Unzulässigkeit der Pensionsrückstellungen etc.

2.4.1.4 Bilanzsteuerliche Behandlung der der Betriebsgesellschaft überlassenen Wirtschaftsgüter (Prinzip der korrespondierenden Bilanzierung)

Im Normfall einer Betriebsaufspaltung gehören die verpachteten Anlagen zum notwendigen Betriebsvermögen des Besitzunternehmens. Hinsichtlich der Berechtigung, Absetzungen für Abnutzungen vorzunehmen, kommt es auf die Ausgestaltung des Pacht- und Betriebsüberlassungsvertrages, insbesondere auf die Verpflichtungen der Betriebsgesellschaft als Pächterin an.

Ist die Betriebsgesellschaft nach den gesetzlichen Bestimmungen (§§ 581 ff. BGB) lediglich zur pfleglichen Behandlung der Pachtgegenstände verpflichtet, so sind die überlassenen Wirtschaftsgüter beim Besitzunternehmen zu aktivieren und abzuschreiben[324]. Die für die Ersatzbeschaffung benötigten Mittel müssen der Besitzgesellschaft über den Pachtzins zur Verfügung gestellt werden.

---

[323] Vgl. a. Fichtelmann, Rdn. 217 ff.
[324] BFH Urt. v. 2. 11. 1965 – I 51/61 S BStBl. 66 III, 61; Urt. v. 21. 12. 1965 – IV 228/64 S BStBl. 66 III, 147; Knoppe, S. 220; Brandmüller, Rdn. E 27.

Trifft die Pächterin darüber hinaus eine Substanzerhaltungs- bzw. Pachtanlagenerneuerungspflicht[325], so sind die verpachteten Anlagen weiterhin im Eigentum der Verpächterin. Die von der Pächterin ersetzten Wirtschaftsgüter werden sofort (nicht erst bei Pachtende) mit der Anschaffung Eigentum der Verpächterin, die jene dann aktivieren und abschreiben muß[326]. Jedoch muß der zur Substanzerhaltung verpflichtete Pächter eine sog. *Erneuerungsrückstellung* bilden, und zwar unter Verteilung der Rückstellungsbeträge auf die Zeit vom Pachtbeginn bis zum voraussichtlichen Zeitpunkt der Aufwendungen, d. h. dem Ende der Benutzbarkeit der einzelnen Anlagegüter (Verschleiß, technische oder wirtschaftliche Überalterung, Ablauf der Pachtzeit). Die Erneuerungsrückstellung ist in Höhe der voraussichtlichen Aufwendungen zu bilden, d. h. unter *Berücksichtigung steigender Wiederbeschaffungskosten*. Der Verpächter hat andererseits seinen Ersatzanspruch *in Höhe der Erneuerungsrückstellung* des Pächters zu aktivieren, so daß sich aus der Verpachtung für beide Unternehmen zusammen kein Gewinn oder Verlust ergeben darf. Die bei dem Verpächter jeweils in Höhe der über die Anschaffungs- oder Herstellungskosten hinaus sich nach den gestiegenen Wiederbeschaffungskosten orientierte Rückstellung führt infolge der *korrespondierenden Bilanzierung* beim Besitzunternehmen notwendigerweise zum Ausweis unrealisierter Gewinne in Gestalt der Preissteigerungen; eine aus fiskalischen Gründen gebotene Durchbrechung des Imparitätsgrundsatzes[327].

Überläßt die Besitzgesellschaft der Betriebsgesellschaft Wirtschaftsgüter des Umlaufvermögens (Waren, Rohstoffe, Halb- und Fertigfabrikate) mit der Verpflichtung, diese nach Beendigung der Betriebsaufspaltung in gleicher Menge und Güte zurückzugeben (Sachwertdarlehen), dann sind die überlassenen Wirt-

---

[325] Zur Begriffsbestimmung siehe bei I. 4.2.2.
[326] BFH Urt. v. 21. 12. 1965 – IV 228/64 S BStBl. 66 III, 147 (148); Urt. v. 23. 6. 1966 – IV 75/64 BStBl. 66 III, 589; Brandmüller, Rdn. E 28; Wolf/Hinke, 08/3.3, S. 18; ferner o. V., DB 75, 955 f.; *a. A.*: Knoppe, S. 140 ff., der dem Pächter wirtschaftliches Eigentum zuordnet.
[327] BFH Urt. v. 21. 12. 1965 – IV 228/64 S BStBl. 66 III, 147; Urt. v. 23. 6. 1966 – IV 75/64 BStBl. 66 III, 589; Urt. v. 3. 12. 1991 – VIII R 88/87 BStBl. 93 II, 89; so auch die Finanzverwaltung Hess. Fin. Min. v. 13. 7. 1960 – S 2158 BB 60, 818 (koordinierter Ländererlaß); zustimmend Zartmann, S. 99; ferner Dehmer, Rdn. 600 u. 638 u. 653; Knoppe, S. 221 f.; Fichtelmann, Rdn. 154 ff.; Schuhmann, StBp. 81, 265 (272); kritisch im Hinblick auf ein fehlendes Gebot der korrespondierenden Bilanzierung im Handels- und Steuerrecht (vgl. Herrmann/Heuer/Raupach, EStG, § 5 Anm. 50c); Brandmüller, E 30–31; Knoppe, S. 138 ff.; Korn, in: Kölner Handbuch, Tz. 512; Littmann, DStR 73, 391 (398); o. V., DB 76, 699 ff.; Glade, GmbHR 81, 268 (270 f.); Westerfelhaus, DB 92, 2365 ff.; dem tendenziell folgend FG Baden-Württemberg Urt. v. 1. 6. 1989 – VI K 59/89 BB 90, 2156 (2157).

schaftsgüter bei der Betriebsgesellschaft zu aktivieren[328]. Hierbei hat die Besitzgesellschaft zwecks Wahrung der korrespondierenden Bilanzierung den Darlehensrückgabeanspruch in der Höhe zu aktivieren, in der bei der Betriebsgesellschaft eine entsprechende Verpflichtung passiviert ist[329]. Da bei Preissteigerungen die Betriebsgesellschaft einen höheren Wert ansetzen muß, als der ursprüngliche Warenwert betrug, kommt es bei dem Besitzunternehmen zum Ausweis von nicht verwirklichten Gewinnen. Deshalb ist zu empfehlen, daß vorhandene Waren nicht darlehensweise überlassen, sondern käuflich – ggfs. unter Verrechnung mit übernommenen Verbindlichkeiten – erworben werden.

Aufgrund der erheblichen Kritik hat die neue Rechtsprechung die rechtliche Eigenständigkeit des Besitz- und Betriebsunternehmens betont und klargestellt, daß ein *allgemeiner Grundsatz, daß bei einer Betriebsaufspaltung Besitz- und Betriebsunternehmen durchgängig korrespondierend bilanziert werden muß, in dieser Stringenz nicht besteht*[330]. Hinsichtlich der Problematik des *Zeitpunkts der Aktivierung des Gewinnanspruchs eines Besitzunternehmens* an die Betriebsgesellschaft hat der BFH jedoch klargestellt, daß – unter Bezugnahme auf die Rechtsprechung des BGH[331] über die *zeitkongruente Aktivierung von Gewinnausschüttungsbeschlüssen* durch den Mehrheitsgesellschafter einer Kapitalgesellschaft auch auf die Fälle zu übertragen sind, in denen der Mehrheitsgesellschafter ein Einzelunternehmer und die beherrschte Kapitalgesellschaft eine GmbH ist[332].

Diese Rechtsprechung ist für den Fall fortgesetzt worden, daß bei einer BGB-Gesellschaft, die stille Gesellschafterin einer GmbH ist, der Gewinnanspruch bereits mit Ablauf des Wirtschaftsjahres realisiert ist, in dem der Gewinn bei der

---

[328] BFH Urt. v. 30. 11. 1965 – I 70/60 S BStBl. 66 III, 51; Fichtelmann, Rdn. 156; Knoppe, S. 131 ff. und S. 222; Korn, in: Kölner Handbuch, Tz. 535; Dehmer, Rdn. 649; Glade, GmbHR 81, 268 (272).

[329] BFH Urt. v. 13. 1. 1959 – I 44/57 U BStBl. 59 III, 197; Urt. v. 26. 6. 1975 – IV R 59/73 BStBl. 75 II, 700; ebenso FG Düsseldorf Urt. v. 28. 2. 1973 – V 20/68 F (Rev. eingelegt) EFG 73, 373; Knoppe, S. 131 ff. und S. 222; Glade, GmbHR 81, 268 (272); Fichtelmann, Rdn. 156; Korn, in: Kölner Handbuch, Tz. 535; Dehmer, Rdn. 649; o. V., DB 76, 699; siehe auch die Ausführungen bei 2.4.2.1.1 (Fn. 373 ff.).

[330] BFH Urt. v. 8. 3. 1989 – X R 9/86 BStBl. 89 II, 714 m. Anm. Schmidt, FR 89, 399; FG Baden-Württemberg Beschl. v. 20. 7. 1992 – 6 V 3/92 EFG 92, 665; zur strikten Anwendung des Grundsatzes der zeitkongruenten Aktivierung bei der Betriebsaufspaltung siehe OFD Frankfurt a. M. Vfg. v. 15. 7. 1992 – S 2143 A – 43 – St II 2a BB 92, 2041 (2042); hierzu kritisch Hoffmann, DStR 93, 558 ff.; vgl. auch Römer, DB 88, 2600; Schneeloch, DStR 91, 804 (806 f.); Schulze zur Wiesche, GmbHR 94, 98 (102 f.); Märkle, BB, 94, 831 (838 f.).

[331] Urt. v. 3. 11. 1975 – II ZR 67/73 BGHZ 65, 230.

[332] BFH, a. a. O. 717.

GmbH erwirtschaftet wurde, wenn beide Gesellschaften von denselben Gesellschaftern beherrscht werden[333].

### 2.4.1.5 Körperschaftsteuerliche Organschaft

Zwischen einer Personengesellschaft (als Organträger) und einer Kapitalgesellschaft (als Organgesellschaft) ist eine Organschaft grundsätzlich möglich (§ 14 Nr. 3 i.V.m. § 17 KStG). Voraussetzung für die steuerliche Anerkennung der Organschaft ist, daß die Organgesellschaft verpflichtet ist, ihren ganzen Gewinn an ein inländisches gewerbliches Unternehmen abzuführen (§ 14 Satz 1 KStG). Zudem muß die Organgesellschaft nach dem Gesamtbild der tatsächlichen Verhältnisse wirtschaftlich und organisatorisch in das Unternehmen des Organträgers eingegliedert sein (§ 14 Nr. 2 KStG).

Zwar liegen bei Betriebsaufspaltungen durchweg die allgemeinen Voraussetzungen für ein Organschaftsverhältnis vor. Der BFH verlangt aber als weitere Voraussetzung, daß bei der Obergesellschaft ein Gewerbebetrieb vorliegt, in dem die Untergesellschaft nach Art einer bloßen Geschäftsabteilung (dienend) eingegliedert ist. Die den Betrieb der Untergesellschaft fördernde Tätigkeit reicht nicht aus. Obwohl die Einkünfte der Besitzgesellschaft als gewerbliche eingestuft werden, weil sich die Besitzgesellschaft am wirtschaftlichen Verkehr beteiligt, genügt nach der Rechtsprechung eine solche Tätigkeit jedoch nicht, um ein Unterordnungsverhältnis der Betriebsgesellschaft nach Art einer Betriebsabteilung der Besitzgesellschaft anzuerkennen. Die Besitzgesellschaft übt zwar eine gewerbliche Tätigkeit aus, aber keine für die Annahme eines Organschaftsverhältnisses ausreichende Tätigkeit. Die Unterscheidung zwischen gewerblicher Tätigkeit und Organschaft ist also nicht eine qualitative – in beiden Fällen liegen nämlich gewerbliche Einkünfte vor –, sondern eine quantitative. Somit wird ein Organschaftsverhältnis beim Prototyp der Betriebsaufspaltung von der Rechtsprechung *nicht* anerkannt[334].

---

[333] BFH Urt. v. 19. 2. 1991 – VIII R 106/87 BStBl. 91 II, 569 mit Anm. Hoffmann BB 91, 1302 und Anm. Schmidt, DStR 91, 839f.; Schulze zur Wiesche, GmbHR 94, 98 (102f.); Märkle, BB 94, 831 (838f.).

[334] BFH Urt. v. 25. 6. 1957 – I 119/56 U BStBl. 57 III, 303; Urt. v. 7. 3. 1961 – I 251/60 S BStBl. 61 III, 211 (212); Urt. v. 9. 3. 1962 – I 123/60 U BStBl. 62 III, 199; Urt. v. 25. 7. 1963 – IV 417/60 S BStBl. 63 III, 505; Urt. v. 26. 4. 1966 – I 102/63 BStBl. 66 III, 426; Urt. v. 18. 4. 1973 – I R 120/70 BStBl. 73 II, 740; FG Köln Urt. v. 25. 7. 1984 – IX 221/80 K (Rev. eingelegt) EFG 85, 143; ebenso die Finanzverwaltung BMWF-Schreiben v. 30. 12. 1971 – F/IV B 5-S 2755 – 42/71 Tz. 6 BStBl. 72 I, 2; Abschn. 50 Abs. 3 Satz 2 KStR 1990; hierzu Brandmüller, Rdn. E 125ff.; Knoppe, S. 227ff.; Fichtelmann, Rdn. 160; o.V., DB 61, 724; Klempt, DStZ 81, 188 (191); kritisch zur unterschiedlichen Beurteilung der Betriebsaufspaltung zur Frage der gewerblichen Einkünfte und zur

Die Rechtsfolge des § 14 KStG setzt eine wirtschaftliche Eingliederung der Organgesellschaft in das Unternehmen des Organträgers als selbständiges Tatbestandsmerkmal voraus. Das Merkmal kann nicht im Sinne einer Leerformel interpretiert werden. Nach der gewöhnlichen Bedeutung des Wortes ist unter der wirtschaftlichen Eingliederung eine wirtschaftliche Zweckabhängigkeit des beherrschten Unternehmens von dem herrschenden zu verstehen[335].

Bei einer Betriebsaufspaltung führt der Umstand, daß das Besitzunternehmen neben seiner Vermietung von Wirtschaftsgütern an das Betriebsunternehmen im Rahmen seiner vermögensverwaltenden Tätigkeit auch Wohnungen an Dritte vermietet und teilweise veräußert, nicht zu einer Organschaft zwischen Besitzunternehmen und Betriebsunternehmen[336].

Die wirtschaftliche Eingliederung einer GmbH in eine andere GmbH setzt voraus, daß die herrschende GmbH solche eigenen gewerblichen Zwecke verfolgt, denen sich die beherrschte GmbH im Sinne einer Zweckabhängigkeit unterordnen kann. Die wirtschaftliche Eingliederung wird nicht allein dadurch begründet, daß

– die herrschende GmbH mit der beherrschten einen Beherrschungsvertrag abschließt,
– die herrschende GmbH nur gegenüber der beherrschten wie eine konzernleitende (= bloß vermögensverwaltende/nicht geschäftsleitende) Holding fungiert,
– die herrschende GmbH der beherrschten wesentliche Betriebsgrundlagen verpachtet und
– der Organschaftsvertrag Teil eines Sanierungskonzepts für die herrschende GmbH ist[337].

An der für die Annahme einer Organschaft erforderlichen wirtschaftlichen Eingliederung im Sinne einer wirtschaftlichen Zweckabhängigkeit des beherrschten vom beherrschenden Unternehmen fehlt es, wenn im Rahmen einer Betriebsaufspaltung die Besitz-Einzelfirma gegenüber der Betriebs-GmbH die wesentlichen Betriebsgrundlagen verpachtet, den Rohstoff-Einkauf für die Betriebs-GmbH besorgt, in deren Unternehmenskonzept eingebunden ist, keine einheitli-

---

Organschaft Korn, in: Kölner Handbuch, Tz. 474; Dehmer, Rdn. 827–829; Zintzen-Lüthgen, BB 57, 1177f.; Römer, BB 59, 194; Bise, DB 62, 416 (418); Jurkat, GmbHR 72, 49 (51); Heidner, DStR 88, 87f.; Mösbauer, FR 89, 473 (476f.); Schneeloch, DStR 91, 804 (808).
[335] BFH Urt. v. 26. 4. 1989 – I R 152/84 BStBl. 89 II, 668 m. Anm. Pel, GmbHR 89, 528f.
[336] BFH Urt. v. 21. 1. 1988 – IV R 100/85 BStBl. 88 II, 456.
[337] BFH Urt. v. 13. 9. 1989 – I R 110/88 FR 90, 193.

che Leitungsmacht ausübt und mithin den gewerblichen Zwecken der Betriebs-GmbH dient[338].

Bei einer Betriebsaufspaltung kann jedoch das Besitzunternehmen Organträger sein, wenn es *über die Verpachtung hinaus* eine *eigene gewerbliche Tätigkeit* entfaltet[339]. Um zu einem steuerlich anzuerkennenden Organschaftsverhältnis zu gelangen, bieten sich folgende Gestaltungsmöglichkeiten an:

- Die Betriebs-GmbH hat nur die Produktion übernommen, während die Besitzgesellschaft die von der Betriebsgesellschaft erzeugten Waren vertreibt[340].
- Die Betriebsgesellschaft vertreibt zwar ihre erzeugten Produkte selbst; die Besitzgesellschaft beschränkt sich jedoch nicht auf die Verpachtung des Anlagevermögens, sondern treibt zusätzlich Handel mit anderen, nicht von der Betriebsgesellschaft hergestellten Waren[341] oder beteiligt sich gewerblich in anderer Weise[342].
- Die Besitzgesellschaft erfüllt die Voraussetzungen einer geschäftsleitenden Holding[343].

Stellt der Organträger seine werbende Tätigkeit ein und betreibt er seine Auflösung, so führt dies nicht notwendigerweise zur Beendigung der wirtschaftlichen Eingliederung der Organgesellschaft. Geht jedoch der Organträger keiner Tätigkeit mehr nach, die der Organgesellschaft dient bzw. die sie fördert, so fehlt es an der wirtschaftlichen Eingliederung der Organgesellschaft; die Organschaft ist dann nicht (mehr) anzuerkennen[344].

Seit der Körperschaftsteuerreform ist die körperschaftsteuerliche Organschaft infolge der ungefähr gleich hohen steuerlichen Belastung von Besitzpersonenge-

---

[338] FG Niedersachsen Urt. v. 21. 6. 1991 – VI 434/90 GmbHR 92, 393 f.
[339] BFH Urt. v. 18. 4. 1973 – I R 120/70 BStBl. 73 II, 740; Abschn. 50 Abs. 3 Satz 3 KStR 1990; Brandmüller, Rdn. E 128; Knoppe, S. 228 f.; Fichtelmann, Rdn. 160; Klempt, DStZ 81, 188 (191); zur Organschaft bei Besitz-GmbH und Betriebs-KG BFH Urt. v. 12. 1. 1977 – I R 204/75 BStBl. 77 II, 357.
[340] Knoppe, S. 228 f.; o. V., DB 61, 724; Klempt, DStZ 81, 188 (191); hierzu Dehmer, Rdn. 829.
[341] Knoppe, S. 229; o. V., DB 61, 724.
[342] FG Rheinland-Pfalz Urt. v. 19. 12. 1972 – II 56/58 (Rev. eingelegt) EFG 73, 195; Knoppe, a. a. O.; Klempt, DStZ 81, 188 (191); eine geringfügige gewerbliche Tätigkeit sieht Dehmer, Rdn. 829 a. E. als nicht ausreichend an.
[343] Zu den Voraussetzungen BFH Urt. v. 17. 12. 1969 – I 252/64 BStBl. 70 II, 257 und Abschn. 50 Abs. 3 Satz 5 KStR 1990; hierzu eingehend Klempt, DStZ 81, 188 (192 ff.); ferner Korn, in: Kölner Handbuch, Tz. 475; Fichtelmann, Rdn. 160; Brandmüller, Rdn. E 130; Heidner, DStR 88, 87 f.
[344] BFH Urt. v. 27. 6. 1990 – I R 62/89 DB 90, 2251.

sellschaft und Betriebskapitalgesellschaft nicht mehr so bedeutend. Geblieben ist als Vorteil der Organschaft der mögliche *Verlustausgleich* bei der Betriebskapitalgesellschaft[345].

### 2.4.1.6 Gewerbesteuerliche Einzelfragen

#### 2.4.1.6.1 Organschaft-Unternehmenseinheit

Für die Gewerbesteuer ist der Begriff der Organschaft in § 2 Abs. 2 Nr. 2 Satz 2 GewStG geregelt. Danach liegt eine Organschaft vor, wenn eine Kapitalgesellschaft in ein anderes inländisches gewerbliches Unternehmen in der Weise eingegliedert ist, daß die Voraussetzungen des § 14 Nr. 1 und Nr. 2 KStG erfüllt sind. Dann gilt die Organgesellschaft als Betriebsstätte des Organträgers. Im Gegensatz zur körperschaftsteuerlichen Organschaft, die insbesondere einen Gewinnabführungs- und *Verlustübernahmevertrag* vorsieht, mit der Folge, daß die Haftungsbeschränkung durchbrochen wird, ist nach Auffassung von *Brandmüller* bei der gewerbesteuerlichen Organschaft ein Verlustübernahmevertrag keine Tatbestandsvoraussetzung, so daß er nur eine gewerbesteuerliche Organschaft empfiehlt[346]. Für die Anerkennung der gewerbesteuerlichen Organschaft im Rahmen einer Betriebsaufspaltung ist ebenfalls erforderlich, daß das Besitzunternehmen eine über die gewerbliche Verpachtung hinausgehende Tätigkeit entfaltet, die durch den Betrieb der Kapitalgesellschaft (Organgesellschaft) gefördert wird und die im Rahmen des Gesamtunternehmens (Organkreis) nicht von untergeordneter Bedeutung ist. Dabei ist die Entwicklung innerhalb eines mehrjährigen Zeitraums zu berücksichtigen[347]. Kann danach ausnahmsweise ein Organschaftsverhältnis anerkannt werden, so sind Gewerbegewinn und Gewerbekapital so zu ermitteln, als ob die Organgesellschaft selbst Steuergegenstand wäre[348]. Gewerbeertrag der Organschaft und des Organträgers einerseits und Gewerbekapital der Organgesellschaft und des Organträgers andererseits sind jedoch zusammenzurechnen. Auf die Summe ist die Steuermeßzahl anzuwenden, die für den Organträger maßgebend ist[349]. *Verluste* einer Organgesellschaft, die während der Dauer einer gewerbesteuerlichen Organschaft entstanden sind,

---

[345] Abschn. 57 Abs. 1 Satz 1 KStR 1990; hierzu ferner Brandmüller, Rdn. E 133; zur Bedeutung der gewerbesteuerlichen Organschaft siehe bei 2.4.1.6.1
[346] Brandmüller, Rdn. E 56; zur Problematik des Ausschlusses der Verlustübernahme siehe Fuchs, WPg 94, 755ff.
[347] Abschn. 17 Abs. 7 GewStR 1990; Knoppe, S. 308ff.; Dehmer, Rdn. 839; Zartmann, S. 77. Die Ausführungen zur körperschaftsteuerlichen Organschaft gelten insoweit entprechend.
[348] Abschn. 42 Abs. 3 und 83 Abs. 1 GewStR 1990.
[349] Abschn. 83 Abs. 1 GewStR 1990.

können auch nach Beendigung der Organschaft nur vom maßgebenden Gewerbeertrag des Organträgers abgesetzt werden[350].

Nach der BFH-Rechtsprechung ist eine *gewerbesteuerliche Unternehmenseinheit* bei Betriebsaufspaltungen in Besitzunternehmen und Betriebskapitalgesellschaft *nicht* möglich. Dies wird zutreffend damit begründet, daß die Kapitalgesellschaft im Gewerbesteuerrecht stets als selbständiges Steuerobjekt anzusehen ist, wobei die einzige Ausnahme die vom Gesetzgeber selbst in § 2 Abs. 2 Nr. 2 Satz 2 GewStG geregelte Organschaft darstellt. Die Unternehmenseinheit aufgrund von Unternehmeridentität mußte deshalb auf die Fälle der Einzelunternehmung und der Personengesellschaft beschränkt werden, bei denen anders als bei der Kapitalgesellschaft die Gesellschafter als Unternehmer des Gewerbebetriebes anzusehen waren und deshalb der Identität dieser den Gewerbebetrieb tragenden Unternehmer eine größere Bedeutung beigemessen werden konnte[351]. Nach der früheren BFH-Rechtsprechung konnten deshalb mehrere Personengesellschaften gewerbesteuerlich als Einheit behandelt werden, wenn bei allen in Betracht kommenden Gesellschaften volle Unternehmeridentität bestand[352]. Mit Urteil vom 21. 2. 1980 hat der BFH[353] die bisherige Rechtsprechung zur gewerbesteuerlichen Unternehmenseinheit bei mehreren Personengesellschaften aufgegeben, so daß ein Verlustausgleich zwischen den einzelnen Personengesellschaften nicht mehr möglich ist.

Zu der Problematik des *Verlustabzugs nach § 10a GewStG bei Unternehmens- und Unternehmeridentität* hat der BFH bei einer Betriebsaufspaltung-Reorganisationsmaßnahme wie folgt Stellung genommen.

Bringen die Gesellschafter einer GbR, die Verpachtungsgesellschaft im Rahmen einer Betriebsaufspaltung ist, ihre Anteile an der GbR in eine KG ein, die in den Pachtvertrag eintritt, so kann die für den gewerbesteuerrechtlichen Verlustabzug gebotene Unternehmensidentität auch gegeben sein, wenn die KG auch Besitzgesellschaft im Rahmen einer weiteren Betriebsaufspaltung ist. Bei der Einbringung des Betriebs einer GbR in eine KG besteht die für den gewerbesteuerrechtlichen Verlustabzug erforderliche Unternehmeridentität, soweit die Gesellschafter (Mitunternehmer) der GbR auch Gesellschafter (Mitunternehmer) der KG sind[354].

---

[350] BFH Urt. v. 27. 6. 1990 – I R 183/85 BB 90, 2103.
[351] BFH Urt. v. 7. 3. 1961 – I 251/60 S BStBl. 61 III, 211; Urt. v. 9. 3. 1962 – I 123/60 U BStBl. 62 III, 199; Urt. v. 17. 7. 1962 – I 240/61 HFR 63, 24; Urt. v. 26. 4. 1966 – I 102/63 BStBl. 66 III, 426; Urt. v. 10. 6. 1966 – VI B 31/63 BStBl. 66 III, 598 (599).
[352] Vgl. BFH Urt. v. 5. 5. 1959 – I 19/59 U BStBl. 59 III, 304.
[353] I R 95/76 BStBl. 80 II, 465.
[354] BFH Urt. v. 27. 1. 1994 – IV R 137/91 BStBl. 94 II, 477 im Anschluß an BFH Beschl. v. 3. 5. 1993 – GrS 3/92 BStBl. 93 II, 616.

### 2.4.1.6.2 Erweiterte Gewerbeertragskürzung nach § 9 Nr. 1 Satz 2 GewStG

Umstritten ist die Frage, ob ein gewerbesteuerpflichtiges Besitzunternehmen, welches Grundbesitz vermietet oder verpachtet hat, insoweit die erweiterte Kürzung nach § 9 Nr. 1 Satz 2 GewStG in Anspruch nehmen und sich damit weitgehend von der Gewerbesteuer freistellen kann. Die h. M. im Schrifttum[355] und verschiedene Finanzgerichte[356] plädieren zu Recht für die Anwendung dieser Gewerbeertragskürzungsvorschrift auf Grundbesitz vermietende oder verpachtende Besitzunternehmen. Der BFH lehnt jedoch die erweiterte Kürzung für Grundbesitz für das verpachtende Besitzunternehmen ab. Er begründet dies damit, daß das Besitzunternehmen keine Grundstücksverwaltung im engeren Sinne betreibe, sondern eine qualifizierte und damit dem Wesen nach gewerbliche Tätigkeit, weil es sich über den einheitlichen geschäftlichen Betätigungswillen am Gewerbe der Betriebsgesellschaft beteilige. Er ist der Auffassung, daß diese Kürzung nur solche Grundstücksunternehmen beanspruchen könnten, bei denen die Verwaltung und Nutzung des eigenen Grundstücks als solche keine gewerbliche Tätigkeit darstelle, d.h. für sich betrachtet, den Rahmen einer echten Vermögensverwaltung nicht überschreite[357].

Diese unhaltbare Interpretation des BFH wird noch besonders dadurch veranschaulicht, daß nach seiner Meinung sich die vorstehend angeführte Rechtsprechung nur auf Besitzunternehmen bezieht, die in der Rechtsform eines Einzelunternehmens oder einer Personengesellschaft betrieben werden. Die *Kürzungsvorschrift* wird nämlich vom BFH *angewendet*, wenn die *Besitzgesellschaft* eine *Kapitalgesellschaft* ist. Dies gilt auch dann, wenn die Gesellschafter zugleich die beherrschenden Gesellschafter der Betriebskapitalgesellschaft

---

[355] Knoppe, S. 312 ff.; Fichtelmann, Rdn. 164 und 177; Brandmüller, Rdn. E 65–67; Korn, in: Kölner Handbuch, Tz. 618; Dehmer, Rdn. 869/870; Böttcher/Beinert, DB 66, 1782 (1786); Winter, StBp 67, 248 ff.; Henninger, GmbHR 69, 155 ff., ders., DB 69, 637 (638); ders., DB 71, 652 f.; ders., DB 71, 844 f.; Felix/Korn, DStR 71, 135 (139); Eckhardt, StbJb 71/72, 115 (130); Sauer, StBp 73, 42 f.; differenzierend Klempt/Winter, StBp 71, 25 (35 ff.).

[356] FG Bad.-Württ. Urt. v. 25. 9. 1970 – V 182/68 (Rev. eingelegt) EFG 71, 148; FG Düsseldorf Urt. v. 15. 8. 1972 – IX 124/71 (Rev. eingelegt) EFG 72, 552.

[357] BFH Urt. v. 29. 3. 1973 – I R 174/72 BStBl. 73 II, 686; Urt. v. 28. 6. 1973 – IV R 92/72 BStBl. 73 II, 688; Urt. v. 26. 8. 1993 – IV R 48/91 BFH/NV 94, 265; FG Bad.-Württ. Urt. v. 18. 2. 1971 – I 163/68 (Rev. eingelegt) EFG 71, 498 und Urt. v. 18. 7. 1972 – IV 21/71 (Rev. eingelegt) EFG 72, 505; FG Münster Urt. v. 23. 4. 1971 – VI 671/68 G (rkr.) EFG 71, 599; Abschn. 62 Abs. 1 Nr. 2 Satz 7 und 8 GewStR 1990; Cossel, DStR 64, 542 ff.; Weissenborn-Schaaf, GmbHR 68, 148 f.; Barth, DB 68, 2101 (2104); Rabe, StBp 73, 109 ff.

sind[358]. Er begründet diese unterschiedliche Behandlung damit, daß bei einer Besitz-GmbH weder die von ihren Gesellschaftern gehaltenen Anteile an der Betriebs-GmbH noch die mit dem Anteilsbesitz verbundene Beherrschungsfunktion zugerechnet werden könnten, da es sich um verschiedene Rechtsträger handele. Er operiert bei seiner Begründung mit dem Begriff des steuerrechtlich unzulässigen Durchgriffs[359]. Die erweiterte Kürzung nach § 9 Nr. 1 Satz 2 GewStG scheidet nach dem BFH nur dann aus, wenn die Besitzkapitalgesellschaft die von ihren Gesellschaftern wahrgenommene Beherrschungsfunktion (z.B. aufgrund eines Vertrages) tatsächlich *selbst* ausübt[360]. Letzteres ist nur dann der Fall, wenn die Kapitalgesellschaft selbst unmittelbar als Gesellschafter oder mittelbar über eine andere Kapitalgesellschaft an dem Betriebsunternehmen in der Weise beteiligt ist, daß sie auf Grund des gegebenen Beherrschungsverhältnisses *selbst* in der Lage ist, einen einheitlichen geschäftlichen Betätigungswillen auch in der Betriebsgesellschaft durchzusetzen[361]. Der BFH hat seine Auffassung dergestalt präzisiert, daß eine Betriebsaufspaltung zwischen einer Kapitalgesellschaft als Besitzgesellschaft und einem anderen Unternehmen als Betriebsgesellschaft nicht vorliegt, wenn die Kapitalgesellschaft nicht zu mehr als 50% unmittelbar an dem anderen Unternehmen beteiligt ist[362].

Die unterschiedliche Behandlung von Besitzkapitalgesellschaft und -personengesellschaft ist nicht sachgerecht. Schließlich bezweckt § 9 Nr. 1 Satz 2 GewStG, Grundstücksgesellschaften in der Rechtsform der Kapitalgesellschaft nicht schlechter zu stellen als Personenunternehmen unter den gleichen Voraussetzungen. Die unterschiedliche Beurteilung führt zu einer Benachteiligung der Einzelunternehmen bzw. Personengesellschaft, die mit der ratio der Vorschrift nicht zu

---

[358] Urt. v. 1. 8. 1979 – I R 111/78 BStBl. 80 II, 77; FG München Urt. v. 11. 4. 1978 – VII 155/76 (Rev. eingelegt) EFG 78, 455; FG des Saarlandes Urt. v. 15. 6. 1988 – 1 K 7/86 EFG 88, 526 (Rev. eingelegt); FG des Saarlandes Urt. v. 14. 12. 1990 – 1 K 194/88 EFG 91, 340 (rkr.); FG Düsseldorf Urt v. 20. 10. 1993 – 2 K 436/90 G EFG 94, 497 (498) (Rev. eingelegt; Az. b. BFH: VIII R 77/93); zur Problematik der Versagung der erweiterten Kürzung gem. § 9 Nr. 1 Satz 2 GewStG bei Nutzung des Grundbesitzes einer GmbH durch deren Gesellschafter im Hinblick auf § 9 Nr. 1 *Satz 4* GewStG siehe FG Hamburg Urt. v. 5. 9. 1986 – II 148/84 (rkr.) EFG 87, 259f.
[359] Hierzu eingehend Zartmann, S. 82ff.; Knoppe, S. 314; Fichtelmann, Rdn. 177; Dehmer, Rdn. 871; Hennerkes/Binz/Sorg, BB 84, 1995 (1998); Lothmann, DStR 85, 135 (137ff.); Wienands, DStZ 94, 623ff.
[360] BFH Urt. v. 1. 8. 1979 – I R 111/78 BStBl. 80 II, 77 (79).
[361] Abschn. III Nr. 4 des BdF Schr. v. 10. 12. 1985 – IV B 2 – InvZ 1200 – 6/85/IV B 2 – S 1900 – 25/85 BStBl. 85 I, 683; Bordewin, BB 85, 1844 (1846); Brandenberg, NWB, Fach 3, S. 6233 (6236).
[362] BFH Urt. v. 22. 10. 1986 – I R 180/82 BStBl. 87 II, 117; ebenso FG Köln Urt. v. 28. 1. 1986 – V 136/82 G (rkr.) EFG 87, 351.

vereinbaren ist[363]. Jedoch ist darauf hinzuweisen, daß jene Besitzunternehmen ab VZ 1994 an der Tarifbegrenzung für mit Gewerbesteuer belastete gewerbliche Einkünfte teilnehmen (§ 32c EStG n.F.), privilegiert sind danach z.B. die Miet- oder Pachtzinsen, da die Kürzungsvorschrift des § 9 Nr. 1 Satz 2 GewStG nicht anwendbar ist[364].

Aufgrund der BFH-Rechtsprechung kann es somit unter Umständen geboten sein, bestehende Besitzpersonenunternehmen in eine Kapitalgesellschaft nach §§ 20ff. UmwStG umzuwandeln, um in den Genuß der erweiterten Gewerbeertragskürzung zu gelangen[365].

Ferner ist zu beachten, daß Grundstücksverwaltungsunternehmen nur noch den Teil des Gewerbeertrags kürzen können, der auf die Verwaltung und Nutzung *eigenen* Grundbesitzes entfällt. Befaßt sich ein Unternehmen neben der Verwaltung und Nutzung eigenen Grundbesitzes auch mit der Betreuung von Wohnungsbauten oder mit der Errichtung und Veräußerung von Eigenheimen, Kleinsiedlungen oder Eigentumswohnungen, so unterliegt es mit dem Gewerbeertrag aus der Betreuungs- und Veräußerungstätigkeit der Gewerbesteuer[366].

### 2.4.1.6.3 Gewerbesteuerliches Schachtelprivileg

Nach der Kürzungsvorschrift des § 9 Nr. 2a GewStG gehören offene oder verdeckte Gewinnausschüttungen der Betriebsgesellschaft nicht zum Gewerbeertrag (gewerbeertragsteuerliches Schachtelprivileg). Dies gilt auch dann, wenn das Besitzunternehmen die Anteile seiner Gesellschafter bzw. die eigenen Anteile an der Betriebskapitalgesellschaft als Betriebsvermögen auszuweisen und deshalb die Ausschüttungen als Betriebseinnahmen zu erfassen hat[367].

---

[363] Ebenso Barth, DB 85, 510 (511); zu den praktischen Auswirkungen der geplanten – inzwischen aufgegebenen – Kodifizierung, daß rein vermögensverwaltende Besitzgesellschaften gewerblich tätig sind, wenn sie sich im Rahmen einer Betriebsaufspaltung betätigen, auf die Inanspruchnahme der erweiterten Kürzungsvorschrift des § 9 Nr. 1 Satz 2 GewStG instruktiv Garny, DStZ 85, 515.
[364] Auf diesen Effekt weist Schmidt, EStG, § 15 Anm. 149a, zutreffend hin.
[365] Ein diesbezüglicher instruktiver Steuerbelastungsvergleich findet sich bei Lothmann, DStR 85, 135 (138f.). Hierbei ist allerdings zu beachten, daß die Besitzkapitalgesellschaft einmal keine Sonderabschreibungen nach dem Fördergebietsgesetz und keine Investitionszuschüsse bekommen kann; hierzu bei 6.2 und 6.3; zu diesem Zielkonflikt eingehend Hennerkes/Binz/Sorg, BB 84, 1995 (1998f.) für die alte Rechtslage.
[366] So ausdrücklich BFH Urt. 31. 7. 1990 – I R 13/88 BStBl. 90 II, 1075 (1077); FG Baden-Württemberg Urt. v. 31. 1. 1990 – III K 343/88 EFG 90, 371 (rkr.); hierzu gleichlautende Erlasse der Länder v. 1./2. 11. 1982 BStBl. 82 I, 812; Fichtelmann, Rdn. 178–180.
[367] Abschn. 62b Abs. 1 GewStR 1990; Knoppe, S. 315; Fichtelmann, Rdn. 165; Dehmer, Rdn. 874.

Voraussetzung für eine solche Kürzung ist, daß eine mindestens 10%ige Beteiligung an der Betriebskapitalgesellschaft seit Beginn des Erhebungszeitraums vorliegt. Für die Ermittlung der Beteiligungshöhe sind die Anteile der Gesellschafter zusammenzurechnen[368]. Beteiligungen von Ehefrauen oder minderjährigen Kindern, die nicht an der Betriebsgesellschaft beteiligt sind, sind nicht einzubeziehen[369]. Nicht von der Tarifbegrenzung des § 32c EStG n.F. privilegiert sind hingegen Ausschüttungen auf Anteile an der Betriebskapitalgesellschaft, soweit das Schachtelprivileg des § 9 Nr. 2a GewStG eingreift[370].

Obige Ausführungen gelten für das in § 12 Abs. 3 Nr. 2a GewStG geregelte gewerbekapitalsteuerliche Schachtelprivileg entsprechend[371].

### 2.4.2 Besteuerung der Betriebskapitalgesellschaft

#### 2.4.2.1 Körperschaftsteuer

##### 2.4.2.1.1 Bilanzielle Behandlung der Pachtgegenstände

Wie bereits bei 2.4.1.4 ausgeführt, gehören die verpachteten Anlagen zum notwendigen Betriebsvermögen des Besitzunternehmens. Dasselbe gilt für die ersetzten Wirtschaftsgüter, die aufgrund einer Substanzerhaltungs- bzw. Pachtanlagenerneuerungsverpflichtung von der Pächterin angeschafft werden. Werden jedoch Investitionen von der Betriebsgesellschaft vorgenommen, obwohl diesbezüglich aufgrund des Pacht- und Betriebsüberlassungsvertrags keine Verpflichtung zur Anschaffung oder zum Ersatz von Wirtschaftsgütern besteht, so hat die Betriebsgesellschaft diese Wirtschaftsgüter zu aktivieren und abzuschreiben[372].

Hiervon ist jedoch die darlehensweise Zurverfügungstellung von Umlaufvermögen (insbesondere Roh-, Hilfs- und Betriebsstoffe) durch das Besitzunternehmen zu unterscheiden. Hier hat die Betriebsgesellschaft die wirtschaftliche Verfügungsbefugnis erhalten und muß diese Wirtschaftsgüter aktivieren[373]. Hierbei hat sie die Rückgabeverpflichtung in der Höhe zu passivieren, in der sie die zur Erfüllung der Sachleistungsverpflichtung vorhandenen Waren auf der Aktivseite angesetzt hat, da zwischen beiden Posten ein enger wirtschaftlicher Zusammen-

---

[368] Abschn. 62b Abs. 1 Satz 4–6 GewStR 1990; Korn, in: Kölner Handbuch, Tz. 616; Knoppe, S. 315; Dehmer, Rdn. 875; Fichtelmann, Rdn. 165; vgl. Nieders. FG Urt. v. 19. 9. 1963 – II 163–167/62 EFG 64, 169.
[369] Dehmer, Rdn. 875.
[370] Vgl. Schmidt, EStG, § 15 Anm. 149a.
[371] Vgl. Abschn. 77b Abs. 1 Satz 4 GewStR 1990.
[372] o.V., DB 75, 955 (956); Schuhmann, StBp 81, 265 (274f.).
[373] Hierzu eingehend Knoppe, S. 132.

hang besteht. Das gilt nur dann nicht, wenn die tatsächlich vorhandenen Waren unter der Menge liegen, zu deren Rückgabe die Betriebskapitalgesellschaft bei Auflösung des Pachtvertrags verpflichtet ist. In diesem Fall sollen sich bei Preissteigerungen die Sachleistungsschulden der Betriebskapitalgesellschaft (und – entsprechend dem zwingenden Gebot der korrespondierenden Bilanzierung – gleichzeitig der Wertansatz für den Sachleistungsanspruch beim Besitzunternehmen) erhöhen[374].

Für die Pachtanlagenerneuerungsverpflichtung ist eine Rückstellung mit einem Teilwertansatz zu bilden. Die Höhe der Rückstellung richtet sich deshalb nicht nach den Anschaffungskosten des Verpächters, sondern danach, welchen Aufwand die Wiederbeschaffung durch den Pächter erfordern wird. Preissteigerungen sind deshalb in dem Jahr zu berücksichtigen, in dem sie eingetreten sind. Beim Ausscheiden des Wirtschaftsguts bzw. einer Neuanschaffung muß die Rückstellung einen Betrag in Höhe der Wiederbeschaffungskosten erreichen[375].

### 2.4.2.1.2 Gehälter und Pensionszusagen für den Geschäftsführer

Ein herausragender Vorteil der Betriebsaufspaltung ist die Möglichkeit, über Geschäftsführergehälter und Pensionszusagen (Alters- und Hinterbliebenenversorgung) den laufenden Lebensunterhalt der Inhaber auch im Alter zu Lasten des Gewinns und des Gewerbeertrags zu sichern. Wie bereits ausgeführt, stellen die Bezüge des Gesellschafter-Geschäftsführers Einkünfte aus nichtselbständiger Arbeit dar[376]. Anders ist die Rechtslage indessen, wenn die Geschäftsführertätigkeit Ausfluß der Gesellschafterstellung ist. Dies wird dann angenommen, wenn es an einem ordnungsgemäßen *Anstellungsvertrag* zwischen der Betriebs-GmbH und dem Gesellschafter-Geschäftsführer fehlt, so daß die Zahlungen als gewerbliche Betriebseinnahmen des Besitzunternehmens zu qualifizieren sind[377]. Um dagegen die erstrebte Gewinnminderung bei der Betriebs-GmbH zu erzielen, bedarf es des Abschlusses eines steuerlich anzuerkennenden **Anstellungsvertrages** mit den Gesellschafter-Geschäftsführern. Dies bedeutet, daß von vornherein in *Schriftform eindeutige Vereinbarungen* getroffen werden und daß dem Gesellschafter-Geschäftsführer Bezüge in einem Ausmaß zugebilligt werden, wie

---

[374] BFH Urt. v. 2. 11. 1965 – I 51/61 S BStBl. 66 III, 61 (64); Urt. v. 26. 6. 1975 – IV R 59/73 BStBl. 75 II, 700 (703); Knoppe, S. 135; Fichtelmann, Rdn. 156.
[375] BFH Urt. v. 2. 11. 1965 – I 51/61 S BStBl. 66 III, 61; weitere Einzelheiten bei Korn, in: Kölner Handbuch, Tz. 517–534; ferner Glade, GmbHR 81, 268 (272f.).
[376] Siehe nochmals BFH Urt. v. 9. 7. 1970 – IV R 16/69 BStBl. 70 II, 722 und die Anmerkungen bei 2.4.1.2 (Fn. 260).
[377] BFH Urt. v. 11. 10. 1955 – I 47, 55 U BStBl. 55 III, 397; Urt. v. 22. 1. 1964 – VI 306/62 U BStBl. 64 III, 158; beachte nochmals die Ausführungen bei Fn. 261.

sie auch bei Anwendung der Sorgfalt eines ordentlichen und gewissenhaften Geschäftsleiters einem gesellschaftsfremden Dritten als Geschäftsführer gewährt würden[378]. Ein weiterer wichtiger Indikator für die Angemessenheit der Bezüge ist das Verhältnis dieser Vergütungen zu den Erträgen der Betriebsgesellschaft. Sind die Bezüge der Gesellschafter-Geschäftsführer so hoch, daß nachhaltig der zu erwartende Gewinn voll oder überwiegend aufgezehrt wird, so sind zumindest Teile der gewährten Vergütung nicht abzugsfähig und als verdeckte Gewinnausschüttung zu behandeln[379]. Von der Gewährung von *umsatzabhängigen Geschäftsführervergütungen* sollte möglichst Abstand genommen werden, weil dann die Gefahr der Annahme einer verdeckten Gewinnausschüttung besonders groß ist[380].

Bei der Angemessenheitsprüfung sind auch Tantiemen, Sachbezüge (Pkw-Nutzung, Dienstwohnung), zinslose Darlehen etc. als geldwerte Vorteile miteinzubeziehen. Dies gilt auch für *Pensionszusagen,* bei denen die zur Abdeckung des Rentenanspruchs erforderliche fiktive Jahresnettoprämie, die eine Versicherungsgesellschaft bei Übernahme des Risikos verlangen würde, mit berücksichtigt wird[381]. Nach der neueren BFH-Rechtsprechung kann nunmehr als Pensionsalter bei beherrschenden Gesellschafter-Geschäftsführern grundsätzlich das 65. Lebensjahr zugrunde gelegt werden[382]. Bei einer Pensionszusage seitens der Betriebs-GmbH ist für die Berechnung der Pensionsrückstellung in jedem Fall der Beginn dieses Arbeitsverhältnisses maßgebend. Wird für diese Berechnung die frühere Tätigkeit beim Besitzunternehmen miteinbezogen, so kann wegen des Verstoßes gegen das Nachholungsverbot eine verdeckte Gewinnausschüttung vorliegen[383].

---

[378] Vgl. BFH Urt. v. 27. 1. 1972 – I R 28/69 BStBl. 72 II, 320 (321).
[379] Brandmüller, Rdn. E 121; Schuhmann, StBp 81, 265 (275); Wassermeyer, DStR 91, 1065 ff.
[380] Siehe hierzu BFH Urt. v. 5. 10. 1977 – I R 230/75 BStBl. 78 II, 234; FG Hamburg Urt. v. 23. 2. 1984 – II 189/81 (Rev. eingelegt) EFG 84, 517; Hessisches Finanzgericht Beschl. v. 13. 12. 1991 – 4 V 5579/91 EFG 92, 415 (rkr.); o.V., GmbHR 85, 346f.; o.V., GmbHR 88, 85f.; Felix, BB 88, 277ff.; Wassermeyer, DStR 91, 1065 (1068); Schulze zur Wiesche, GmbHR 93, 403 (408f.).
[381] Zartmann, S. 113 f.; o.V., DB 84, 20 (21); zur komplexen Problematik bei Tantiemevereinbarungen mit beherrschenden Gesellschafter-Geschäftsführern einer GmbH Schulze zur Wiesche, GmbHR 93, 403 ff.
[382] BFH Urt. v. 28. 4. 1982 – I R 51/76 BStBl. 82 II, 612; hierzu BdF v. 15. 12. 1982 – IV B 7 – S 2742 – 15/82 BStBl. 82 I, 988; Dehmer, Rdn. 806; Heitmann, BB 82, 1356 ff.; Baer, BB 82, 2045f.; Ahrend/Förster/Rößler, DB 82, 2413ff.; Rauser/Wurzberger, DB 83, 960f.; Höfer, StbJb 82/83, 255ff.; o.V., DB 83, 1848f.; o.V., DB 84, 20f; zum Pensionsalter bei der betrieblichen Altersversorgung von *Arbeitnehmer-Ehegatten* o.V., DB 86, 817.
[383] Zartmann, S. 114; vgl. auch o.V., DB 88, 1354f.

### 2.4.2.1.3 Verdeckte Gewinnausschüttungen

Die Bedeutung der verdeckten Gewinnausschüttung liegt auch nach der Körperschaftsteuerreform einmal darin, daß überhaupt Gewinne vorliegen und wenigstens bei der Einkommensteuer zu erfassen sind; zum anderen wird der gewerbliche Gewinn um die verdeckt ausgeschütteten Gewinne erhöht. Andererseits sind sie nunmehr den „offenen" Ausschüttungen gleichgestellt und werden somit in das Anrechnungsverfahren bei den Gesellschaftern, bei denen sie steuerpflichtige Einkünfte aus Kapitalvermögen (evtl. auch solche aus Betriebsvermögen) darstellen (§ 20 Abs. 1 bzw. Abs. 3 EStG), miteinbezogen. Von besonderer Relevanz in der Vergangenheit war der Einfluß der verdeckten Gewinnausschüttung auf die Errechnung des für das Anrechnungsverfahren maßgebenden verwendbaren Eigenkapitals. Stand nämlich nicht genügend voll belastetes Eigenkapital (EK$_{56}$) zur Verfügung, so trat eine Steuerbelastung der verdeckten Gewinnausschüttung im Jahr der Ausschüttung von 112,25% ein[384].

Seit dem Steuerentlastungsgesetz 1984 werden Ausschüttungen, die auf einem Beschluß für ein abgelaufenes Wirtschaftsjahr beruhen, mit dem verwendbaren Eigenkapital zum Schluß des letzten vor dem Beschluß abgelaufenen Wirtschaftsjahres verrechnet (§ 28 Abs. 2 Satz 1 KStG). Andere Ausschüttungen (insbesondere verdeckte Gewinnausschüttungen) werden mit dem verwendbaren Eigenkapital verrechnet, das sich zum Schluß des Wirtschaftsjahres ergibt, in dem die Ausschüttung erfolgt ist (§ 28 Abs. 2 Satz 2 KStG). Damit wird die bisher u.U. eintretende Körperschaftsteuerbelastung in der Vergangenheit von insgesamt 112,25% der Ausschüttung auch dann vermieden, wenn außer dem verdeckt oder vorab ausgeschütteten Gewinn kein anderes belastetes Eigenkapital vorhanden ist. Die Körperschaftsteuer beträgt nunmehr im Ergebnis 30% des Ausschüttungsbetrages einschließlich Steuer, das sind 42,86% des Ausschüttungsbetrages ohne Steuer.

*Beispiel:*

Eine Kapitalgesellschaft nimmt eine verdeckte Gewinnausschüttung in Höhe von 100 DM vor, so daß sich ihr Einkommen um 100 DM erhöht. Zum Schluß des

---

[384] Nach der damaligen Praxis der Finanzverwaltung BdF Schr. v. 22. 12. 1976 IV B 8 – S 2600 R – 261/76 Tz. 3.4.1 BStBl. 76 I, 755 waren verdeckte Gewinnausschüttungen nach dem KStG 1977 mit dem Eigenkapital zu verrechnen, das zum Schluß des Jahres vorhanden war, welches der Ausschüttung vorangeht. Im Übergangsjahr zum neuen Körperschaftsteuersystem und bei Vollausschüttung der Gewinne auch in den Folgejahren entstanden dadurch trotz Anrechenbarkeit der Körperschaftsteuer auf die Einkommensteuer der Gesellschafter erhebliche finanzielle Belastungen, nämlich 112,25% Steuern auf den verdeckt ausgeschütteten Betrag. 56,25% Körperschaftsteuer wurden auf die Einkommensteuer angerechnet.

Ausschüttungsjahres steht nur das belastete Eigenkapital aus der Einkommenserhöhung, im übrigen lediglich nicht belastetes Eigenkapital (EK 01, 02, 03) zur Verfügung. Die Körperschaftsteuer errechnet sich wie folgt:

| KSt auf das Einkommen | |
|---|---|
| 45 v. H. von 100 DM | 45,00 DM |
| Minderung der KSt | − 15,00 DM |
| Erhöhung der KSt | |
| 30/70 von 30 DM | + 12,86 DM |
| KSt. insgesamt | 42,86 DM |

Auf Antrag ist eine *rückwirkende Anwendung der Neuregelung ab 1977 (!)* möglich (§ 54 Abs. 5 KStG n. F.)[385], soweit noch keine Festsetzungsverjährung eingetreten ist[386].

Eine verdeckte Gewinnausschüttung liegt vor, wenn die Gesellschaft einem Gesellschafter oder einer ihm nahestehenden Person außerhalb eines gesellschaftlichen Gewinnverteilungsbeschlusses einen Vermögenswert zuwendet und diese Zuwendung ihre Ursache im Gesellschaftsverhältnis hat; dabei erweist sich die Zuwendung durch das Gesellschaftsverhältnis verursacht, wenn ein ordentlicher und gewissenhafter Geschäftsführer (§§ 93 Abs. 1 Satz 1 AktG, 43 Abs. 1 GmbHG) den Vermögensvorteil einer Person, die nicht Gesellschafter ist, unter sonst gleichen Umständen nicht gewährt hätte[387]. Zu beachten ist aber, daß Geschäfte zwischen den Gesellschaftern anzuerkennen sind, wenn die Preisvereinbarungen auch unter Fremden üblich wären. Das *kaufmännische Ermessen* eines Gesellschafter-Geschäftsführers ist auch vom Steuerrecht anzuerkennen, wenn es sich im Rahmen des im betreffenden Geschäftszweig Üblichen hält[388].

---

[385] Weitere Einzelheiten bei Sarrazin, GmbHR 83, 305 (309 ff.); ders., FR 84, 105 (106 f.); Altehoefer/Krebs/Nolte/Roland, DStZ 84, 4 (23 ff.); Dötsch, DB 84, 147 ff.; Lempenau, BB 84, 263 ff.; Sturm, WM, Sonderbeilage Nr. 3 zu Heft 13/84, 1 (25 ff.); Hoffmann, BB 84, 909 ff.; Rabald, WPg 84, 290 ff.; Ebert, BB 84, 1221 ff.; Hübel, StBp 84, 222 ff.; zur rückwirkenden Änderung der Gliederungsvorschriften (§§ 27–29 KStG) für Vorabausschüttungen und verdeckte Gewinnausschüttungen siehe Bayer. Staatsmin. d. Fin. Erl. v. 2. 1. 1984 – 33 – S 2813 – 3/31 – 77 – 167/83 DB 84, 1069 f; ferner BdF v. 7. 6. 1984 – IV B 7 – S 2630 – 16/84 BStBl. 84 I, 369 ff. mit Anm. Krebs, BB 84, 1153 ff.

[386] BFH Urt. v. 15. 6. 1988 – I R 121/86 BStBl. 88 II, 962; Tz. 2.3.2 des BdF Schr. v. 7. 6. 1984 (a.a.O.); wiederholt im BMF-Schr. v. 20. 6. 1985 – IV B 7 – S 2630 – 9/85 DB 85, 1507; ebenso FG München Urt. v. 17. 2. 1986 – V (XV)/248/85 K (Rev. eingelegt) EFG 86, 360; *a.A.* Förster, DB 86, 1696 ff.; weitere Einzelheiten bei Nickel, NSt, Körperschaftsteuer, verdeckte Gewinnausschüttungen, Darstellung 3, S. 1–16.

[387] Abschn. 31 Abs. 3 Satz 1–3 KStR 1990 m. w. Nachw. aus der Rechtsprechung des BFH.

[388] Vgl. BFH Urt. v. 10. 1. 1973 – I R 119/70 BStBl. 73 II, 322.

*Beispiele für verdeckte Gewinnausschüttungen*[389]
- Der Gesellschafter-Geschäftsführer bezieht für seine Dienste ein unangemessen hohes Gehalt oder die Gesellschaft zahlt an ihn eine besondere Umsatzvergütung neben einem angemessenen Gehalt.
- Ein Gesellschafter erhält ein Darlehen von der Gesellschaft zinslos oder zu einem außergewöhnlich geringen Zinsfuß oder ein Gesellschafter gibt der Gesellschaft ein Darlehen zu einem außergewöhnlich hohen Zinsfuß.
- Veräußerung von Wirtschaftsgütern durch die Betriebsgesellschaft an das Besitzunternehmen unter Preis oder im umgekehrten Fall zu einem überhöhten Preis.
- Die Zahlung einer unangemessen hohen Zinsgebühr durch die Betriebsgesellschaft für die Überlassung von Patenten oder Erfindungen, die zum Betriebsvermögen des Besitzunternehmens gehören[390].
- Die Zahlung einer Avalprovision durch die Betriebs-GmbH an die Besitzgesellschaft, wenn diese durch die Besicherung eines Bankkredits der GmbH zwar rechtlich, aber nicht tatsächlich ein Haftungsrisiko übernommen hatte[391].
- Entschädigungsloser Rückfall eines Geschäftswerts bei Beendigung der Betriebsaufspaltung an das Besitzunternehmen, der bei Beginn der Betriebsaufspaltung noch nicht vorhanden war, also erst später bei dem Betriebsunternehmen *originär* entstanden ist und nun ohne Entgelt dem Besitzunternehmen zufällt[392].

Unabhängig hiervon kommt eine verdeckte Gewinnausschüttung auch dann in Betracht, wenn im Falle der Mitarbeit eines Gesellschafters oder der Nutzungsüberlassung (Miete, Pacht oder Darlehen) durch einen Gesellschafter nicht von vornherein klar und eindeutig bestimmt ist, ob und in welcher Höhe ein Entgelt gezahlt werden soll, oder wenn nicht einer klaren Vereinbarung gemäß verfahren wird. In solchen Fällen kommt es darauf an, ob der betreffende Gesellschafter im Zeitpunkt der Vereinbarung oder der Zuwendung allein oder im Zusammenwirken mit anderen einen beherrschenden Einfluß auf die Gesellschaft ausüben konnte[393]. Verdeckte Gewinnausschüttungen sind ferner nicht nur bei fehlenden klaren Vereinbarungen und bei unangemessen hohen Vergütungen der Kapitalgesellschaft an die Gesellschafter möglich, sondern auch wegen Verstoßes gegen das

---

[389] Weitere Beispiele in Abschn. 31 Abs. 3 KStR 1990.
[390] Zartmann, S. 114 f.
[391] FG Hamburg Urt. v. 28. 4. 1978 – II 294/76 (rkr.) EFG 78, 568; Fichtelmann, Rdn. 207; weitere Einzelheiten o. V., DB 86, 1258 f.
[392] o. V., GmbH-Report 86, R 93 (94); Zartmann, S. 116; Fichtelmann, FR 71, 492 f.; weitere Einzelheiten bei Fn. 410 ff.
[393] Abschn. 31 Abs. 6 KStR 1990 m. w. Nachw. aus der BFH-Rechtsprechung; siehe auch Schulze zur Wiesche, GmbHR 94, 98 (103 f.).

*Nachzahlungsverbot.* So sind Nachzahlungen auf zunächst zu niedrig festgesetzte Vergütungen, also bei einer nachträglichen Erhöhung für vorangegangene Zeiträume, regelmäßig als verdeckte Gewinnausschüttungen anzusehen[394]. Die Frage, ob bei einer jährlichen Mietzahlung im Hinblick auf die sonst übliche monatliche bzw. vierteljährliche Zahlung eine verdeckte Gewinnausschüttung anzunehmen ist, wurde vom FG des Saarlandes verneint[395].

Die Festsetzung des *Pachtzinses* liegt grundsätzlich im Ermessen der Besitz- und Betriebsgesellschaft und ihrer Gesellschafter. Wegen der engen Beziehungen zwischen den beiden Gesellschaften kann aber steuerlich nur ein angemessener Pachtzins als Betriebsausgabe anerkannt werden; ein darüber hinausgehender Betrag ist als verdeckte Gewinnausschüttung zu behandeln. Nachdem bereits im wirtschaftsrechtlichen Teil[396] Einzelheiten bei der Bemessung des Pachtzinses erörtert wurden, soll an dieser Stelle eine diesbezügliche Grundsatzentscheidung des BFH[397] referiert werden, die für eine nachträgliche Überprüfung der Angemessenheit durch das Finanzamt bzw. Finanzgerichte wertvolle Hinweise gibt.

Nach der Auffassung des BFH beurteilt sich die Angemessenheit des Pachtzinses nicht in erster Linie nach den Renditeerwartungen des Verpächters (Besitzgesellschaft), sondern danach, ob aus der Verpachtung des Betriebs der zu erwartende Gewinn der Betriebsgesellschaft eine angemessene Verzinsung des eingezahlten Stammkapitals bzw. des sonstigen Eigenkapitals (z. B. offene oder stille Reserven) sowie eine Verzinsung für das auf dem ausstehenden Stammkapital lastende Risiko erreicht. Die Renditeerwartungen der Besitzgesellschaft als Verpächterin sollen zunächst außer Betracht bleiben. Die Gewinnerwartungen der Betriebsgesellschaft könnten mangels anderer Anhaltspunkte auf der Grundlage der Gewinne der Besitzgesellschaft (vor der Verpachtung) der letzten Jahre geschätzt werden. Hierbei seien jedoch Berichtigungen (Zu- und Abschläge) vorzunehmen, wobei folgendes Schema gelten solle:

---

[394] BFH Urt. v. 31. 7. 1956 – I 4–5/55 U BStBl. 56 III, 288; Knoppe, S. 231; ferner Korn, in: Kölner Handbuch, Tz. 386, 443 und 454; einschränkend BFH Urt. v. 21. 7. 1982 – I R 56/78 BStBl. 82 II, 761; Urt. v. 11. 12. 1985 – I R 164/82 BStBl. 86 II, 469; hierzu o. V., DB 82, 2599 (2600); o. V., DB 87, 814 f..
[395] Urt. v. 20. 8. 1986 – I 276/85 EFG 87, 90.
[396] Siehe nochmals bei I. 4.2.3.
[397] Urt. v. 4. 5. 1977 – I R 11/75 BStBl. 77 II, 679; siehe auch FG Niedersachsen Urt. v. 18. 1. 1990 – VI 108/88 GmbHR 91, 132 (rkr.): „Unangemessen hohe und rechnerisch nicht nachvollziehbare Pachtzahlungen einer GmbH an eine von den beiden Gesellschafter-Geschäftsführern beherrschte KG sind als vGA anzusehen." Zur Angemessenheit der Entgeltsvereinbarungen bei der Betriebsaufspaltung aus mathematischer Sicht Kleineidam/Seutter, StuW 89, 250 ff.

Durchschnittlicher Gewinn der Verpächterin der letzten Jahre

./. angemessener Unternehmerlohn („da ein Unternehmer einen Gewinn erzielen will, der den kalkulatorischen Unternehmerlohn übersteigt")

+ Aufwendungen, die unter Berücksichtigung des Pachtvertrages nicht den Pächter, sondern den Verpächter treffen (AfA einschl. Sonderabschreibungen, Grundstücks- und Gebäudezinsen u. a.).

Ergebe sich nun, so heißt es ferner in dem Urteil, nach dieser Berechnung ein Betrag, der eine angemessene Verzinsung des eingezahlten Stammkapitals der Betriebsgesellschaft und eine Vergütung für das auf dem nicht eingezahlten Stammkapital lastende Risiko erreiche oder übersteige, so fehle es nach dem BFH am ersten Anschein einer verdeckten Gewinnausschüttung.

Die Entscheidung ist jedoch für den Steuerpflichtigen selbst, der – wenn er nicht von vornherein eine verdeckte Gewinnausschüttung riskieren will – genaue Vereinbarungen für die Zukunft treffen muß, wenig hilfreich, da sie keine konkreten Anhaltspunkte für die Bemessung des Pachtzinses bietet[398].

Weitere Anhaltspunkte zu den Voraussetzungen einer verdeckten Gewinnausschüttung bei der Anmietung von Wirtschaftsgütern im Rahmen einer Betriebsaufspaltung lassen sich den Leitsätzen eines neueren BFH-Urteils vom 12. 11. 1986 entnehmen[399]:

„Mietet eine GmbH von ihrem beherrschenden Gesellschafter Wirtschaftsgüter an, so ist die Angemessenheit der Miete unter Heranziehung aller einem ordentlichen und gewissenhaften Geschäftsleiter zugänglichen Erkenntnismittel zu ermitteln. Dazu gehört einmal die Ermittlung des gemeinen Wertes der zu mietenden Gegenstände. Entscheidend ist der Vergleich des Aufwandes, der sich beim Ankauf der Gegenstände zu ihrem gemeinen Wert einerseits und bei der Anmietung andererseits für die voraussichtliche Nutzungszeit ergibt. Zu berücksichtigen ist auch, ob für die Anmietung nicht noch andere Gründe sprechen (z. B. die Kündigungsmöglichkeiten des Mietvertrages, die Verteilung des Reparaturrisikos und des Risikos des zufälligen Untergangs)." Sollte die Betriebs-GmbH im Streitfall die Geräte angemietet haben, obwohl der Vergleich der jeweils in Betracht kommenden Aufwände den Ankauf zum gemeinen Wert als die wirtschaftlich deutlich günstigere Lösung erwarten ließ, so spricht der äußere Anschein dafür, daß durch die Anmietung der Gesellschafterin ein Vermögens-

---

[398] Hierzu kritisch im Hinblick auf die Praktikabilität für die Beratung Fichtelmann, Rdn. 206; Zartmann, S. 107f.; ferner Korn, in: Kölner Handbuch, Tz. 412–415; Knoppe, S. 267f. und Dehmer, Rdn. 768–772.
[399] I R 113/83 BFH/NV 87, 265.

vorteil in der Form einer überhöhten Miete verdeckt zugewendet wurde. Steuerrechtlich führt dies zum Ansatz einer verdeckten Gewinnausschüttung[400].

Zur Pachtzinsberechnung bei der Verpachtung einzelner Wirtschaftsgüter im Rahmen einer Betriebsaufspaltung hat das Finanzgericht München[401] folgende instruktive Leitsätze aufgestellt:

1. Verpachtet ein Besitzunternehmen an die Betriebs-GmbH einzelne Wirtschaftsgüter mit einer relativ kurzen Nutzungsdauer (5 Jahre) und wird dabei ein Pachtzins in Höhe von 200 v.H. (oder mehr) der steuerlichen AfA vereinbart, ist grundsätzlich davon auszugehen, daß der Pachtzins überhöht und teilweise als verdeckte Gewinnausschüttung zu behandeln ist. Denn ein Pachtzins in Höhe von 200 v.h. der steuerlichen AfA würde dem Verpächter wegen des durch die Einrechnung der AfA in die Pacht gegebenen cash flows eine effektive Kapitalverzinsung von rund 38 v.H. eröffnen.

2. In einem solchen Fall ist unter Berücksichtigung der Interessen des Verpächters wie des Pächters der angemessene Pachtzins aus den Faktoren Kapitalverzinsung und Vergütung für den Werteverzehr zu ermitteln.

3. Bemessungsgrundlage für die Kapitalverzinsung bildet dabei die Summe der Teilwerte der verpachteten Einzelwirtschaftsgüter im Zeitpunkt der Pachtberechnung, nicht deren ursprüngliche Anschaffungskosten oder deren höhere Wiederbeschaffungskosten.

4. Der Zinssatz für die Kapitalverzinsung wird sich am allgemeinen Zinsniveau im Zeitpunkt der Pachtberechnung orientieren. Unter fremden Dritten würde der Pächter die Verhaltensalternative Eigeninvestition oder z.B. Leasing kalkulieren.

5. Die Vergütung für den Werteverzehr richtet sich nach der tatsächlichen Nutzungsdauer der einzelnen Wirtschaftsgüter und nicht nach den steuerlichen Abschreibungssätzen.

Darüber hinaus ist nochmals anzumerken, daß die Pachtzinsvereinbarungen grundsätzlich von vornherein eindeutig klar und nicht rückwirkend erfolgen dürfen, weil ansonsten eine verdeckte Gewinnausschüttung angenommen werden kann[402]. Klarstellend ist anzumerken, daß grundsätzlich der vereinbarte Pachtzins maßgebend ist. Änderungen des Pachtzinses können allenfalls bei einem Wegfall der Geschäftsgrundlage ausnahmsweise in Betracht kommen. Die Pachtzinskomponenten „Werteverzehr" und „Aufwandsersatz" können variabel sein

---

[400] BFH, a.a.O., 266.
[401] Beschl. v. 15. 7. 1992 – 15 V 614/92 EFG 93, 172 (rkr.)
[402] Instruktiv Schulze zur Wiesche DStR 91, 137 (138ff.).

und zum Absinken des Pachtzinses führen. Bei der Pachtzinsberechnungskomponente „Kapitalverzinsung" ist die effektive Zinsbelastung der Pächterin zu berücksichtigen. Auch dies kann zu einem Absinken des Pachtzinses führen. Ein aus diesen Gründen bedingtes Absinken des Pachtzinses rechtfertigt allein keine Änderung der Pachtzinsberechnungskomponenten[403].

Jedoch dürfen auch an die Komplexität von Pachtzinsvereinbarungen keine überzogenen Anforderungen gestellt werden. Fehlt bei einem Vertrag, der von vornherein klar und eindeutig zwischen einer Kapitalgesellschaft und ihrem beherrschenden Gesellschafter vereinbart worden ist, die Detailvereinbarung über eine vertragliche Nebenpflicht, so kann deshalb das von der Kapitalgesellschaft gezahlt Entgelt nicht insgesamt als verdeckte Gewinnausschüttung behandelt werden. Eine solche ist allenfalls insoweit anzunehmen, als die Kapitalgesellschaft eine Leistung erbracht hat, zu der sie vertraglich nicht verpflichtet war[404]. Aus diesem Grunde können auch zeitlich phasenverschobene verspätete Pachtzinszahlungen im Rahmen von klaren Vereinbarungen nicht unbedingt zur Annahme einer verdeckten Gewinnausschüttung führen[405].

Ganz allgemeine Formulierungen in den Pachtverträgen, wie etwa eine Vereinbarung dergestalt, daß ein „an der oberen Grenze der Angemessenheit liegender Pachtzins" gelten soll, sind steuerlich unbeachtlich[406]. Auch eine Steuerklausel kann dem Steuerpflichtigen insoweit nicht helfen, da diese grundsätzlich nicht anerkannt wird[407].

Ferner ist zu erwähnen, daß die vertragliche Übernahme der laufenden Instandhaltungskosten und Reparaturen durch die Betriebsgesellschaft hinsichtlich der genutzten Wirtschaftsgüter des Besitzunternehmens, auch wenn daneben die Betriebsgesellschaft zur Zahlung einer AfA-Vergütung verpflichtet ist, *keine* verdeckte Gewinnausschüttung auslösen kann, da selbst gut instandgehaltene

---

[403] FG München Urt. v. 12. 11. 1992 – 15 K 2612/88 EFG 93, 404 (rkr.).
[404] Weitere Einzelheiten BFH Urt. v. 28. 10. 1987 – I R 110/83 BStBl. 88 II, 301 ff.
[405] o. V., GmbH-Report 90, R 69 f.
[406] BFH Urt. v. 23. 9. 1970 – I R 116/66 BStBl. 71 II, 64.
[407] BFH Urt. v. 18. 2. 1966 – VI 218/84 BStBl. 66 III, 250 (251); Urt. v. 14. 8. 1975 – IV R 30/71 BStBl. 76 II, 88 (92); Urt. v. 23. 5. 1984 – I R 266/81 BStBl. 84 II, 723 (725 f.); BdF Schr. v. 6. 8. 1981 – IV B 7 – S 2813 – 23/81 BStBl. 81 I, 599 und nochmals klarstellend im BdF Schr. v. 23. 4. 1985 – IV B 1 – S 2176 – 41/85 DB 85, 1437; zur Stornierung einer verdeckten Gewinnausschüttung in *Härtefällen* BFH Urt. v. 10. 4. 1962 – I 65/61 U BStBl. 62 III, 255; nunmehr einschränkend BFH Urt. v. 2. 8. 1983 – VIII R 15/80 BStBl. 83 II, 736 (738); BFH Urt. v. 29. 4. 1987 – I R 176/83 DB 87, 2018 f.; a. A.: Korn *in:* Kölner Handbuch Tz. 459.; zu Lösungsvorschlägen de lege ferenda Jonas, FR 85, 285 ff.; Schnädter, GmbH-Report 86, R 60; zusammenfassend Zenthöfer, DStZ 87, 185 ff.; ders., DStZ 87, 217 ff.; ders., DStZ 87, 273 ff.

Gebäude und Maschinen mit der Zeit einer Entwertung unterliegen. Auch die vertragliche Verpflichtung zum Abschluß von Versicherungsverträgen zwecks Gewährleistung eines ausreichenden Versicherungsschutzes gegen Feuerschäden, Einbruchdiebstahl, Haftpflichtschäden etc. sowie die Übernahme der Grundsteuer und der sonstigen Grundstücksgebühren durch die Betriebsgesellschaft kann nicht als verdeckte Gewinnausschüttung beanstandet werden[408]. Eine verdeckte Gewinnausschüttung liegt jedoch dann vor, wenn die Betriebsgesellschaft Anschaffungs- oder Herstellungskosten trägt, die nach dem Pacht- und Betriebsüberlassungsvertrag an sich von dem Besitzunternehmen zu tragen wären[409].

Problematisch ist, ob bei Stillegung der Betriebsgesellschaft und Übernahme der Geschäfte durch das Besitzunternehmen in der Überleitung des Geschäftswerts eine verdeckte Gewinnausschüttung liegen kann. Der BFH verneint dies bei der Rückgabe eines von der Besitzgesellschaft mitverpachteten Geschäftswerts. Eine verdeckte Gewinnausschüttung ist nach seiner Auffassung auch dann nicht gegeben, wenn sich der Geschäftswert während der Pachtzeit – durch Leistungen der Betriebsgesellschaft – vergrößert hat. Es ist daher unerheblich, daß der bei Pachtbeginn vorhanden gewesene Geschäftswert nur von geringem Wert und im wesentlichen ein neu geschaffener Geschäftswert vorhanden ist, weil der Geschäftswert eine Einheit bildet und nicht aufgeteilt werden kann[410]. Voraussetzung für das Nichtvorliegen einer verdeckten Gewinnausschüttung ist aber stets, daß tatsächlich die Verpachtung des Geschäftswerts stattgefunden hat (also keine Rückgabe eines von der Betriebsgesellschaft *originär* geschaffenen Geschäftswerts)[411] und dieser nicht in die Betriebsgesellschaft eingebracht wurde[412].

Umstritten ist, wie der Übergang des Firmenwerts und anderer immaterieller Werte bei der *umgekehrten Betriebsaufspaltung* zu behandeln ist. Im Schrifttum wird teilweise vertreten, daß der unentgeltliche Übergang der ganzen Organisation (z. B. Vertrieb, Kundenstamm, Know how etc.) auf das Personenunternehmen bei der Durchführung der umgekehrten Betriebsaufspaltung nicht als

---

[408] Zartmann, S. 115.
[409] Siehe auch Korn, in: Kölner Handbuch, Tz. 444 u. Tz. 447.
[410] BFH Urt. v. 31. 3. 1971 – I R 111/69 BStBl. 71 II, 536; vgl. auch Urt. v. 23. 10. 1974 – I R 13/73 BStBl. 75 II, 204 (205 f.); vgl. a. BFH Urt. v. 28. 6. 1989 – I R 25/88 BStBl. 89 II, 982; hierzu Fichtelmann, FR 71, 492 f.; ders., GmbHR 91, 431 (434 f.); Korn, in: Kölner Handbuch, Tz. 453; Birkholz, DStZ/A 72, 39 (41); Schuhmann, StBp 81, 265 (277); Sack, GmbHR 86, 352 (365); o. V., GmbH-Report 86, R 93 f.; o. V., GmbH-Report 91, R 69 f.; Tillmann, GmbHR 89, 41 (48 ff.); Schneeloch, DStR 91, 804 (805); Schmidt, EStG, § 15 Anm. 150 b.
[411] Siehe bei Fn. 392.
[412] Knoppe, S. 232; o. V., GmbH-Report 88, R 37 f.

verdeckte Gewinnausschüttung zu behandeln ist. Zur Begründung wird auf ein BFH-Urteil vom 29. 5. 1956[413] verwiesen, wonach im Falle der Umwandlung einer Kapitalgesellschaft in eine Personengesellschaft der von der Kapitalgesellschaft selbst geschaffene Geschäftswert in die Umwandlungsbilanz nicht einzubeziehen ist[414].

Die Rechtsprechung[415] und die Finanzverwaltung[416] haben jedoch eine erweiternde Anwendung der Grundsätze des BFH-Urteils vom 29. 5. 1956 abgelehnt. Diese restriktive Haltung wird damit gerechtfertigt, daß das obig angeführte BFH-Urteil auf andere als Umwandlungsfälle des § 15 Abs. 1 KStG a. F. nicht angewendet werden kann. Folglich wird eine verdeckte Gewinnausschüttung angenommen, wenn bei der umgekehrten Betriebsaufspaltung der Personengesellschaft immaterielle Wirtschaftsgüter ohne eine angemessene Gegenleistung (durch Einmalvergütung oder über den Pachtzins) überlassen werden. Diese der rechtlichen Selbständigkeit der beiden Unternehmen Rechnung tragende zutreffende Auffassung sollte bei der Vertragsgestaltung unbedingt beachtet werden.

Nach dem seit dem 1. 1. 1995 geltenden Umwandlungssteuerrecht müßte geprüft werden, ob die Tatbestandsvoraussetzungen für eine steuerneutrale Abspaltung bzw. Aufspaltung oder durch Teilübertragung gemäß § 15 UmwStG n. F. vorliegen. Das Bewertungswahlrecht wird allerdings nur dann gewährt, wenn

– auf die Übernehmerinnen ein *Teilbetrieb* übertragen wird und
– in den Fällen der Abspaltung oder Teilübertragung das der übertragenden Körperschaft *verbleibende Vermögen* ebenfalls zu einem *Teilbetrieb* gehört.

#### 2.4.2.1.4 Verdecktes Stammkapital/Verdeckte Einlage

Die Voraussetzungen für die Annahme von verdecktem Stammkapital sind nach der Rechtsprechung nur in ganz besonders gelagerten Ausnahmefällen erfüllt. Verzinsung, Sicherstellung, Rückzahlung, Erbringung von Geschäftsfüh-

---

[413] I 39/56 S BStBl. 56 III, 226.
[414] Grieger, StbJb 62/63, 99 (145); Heuer, DB 61, 1373 f.; im Ergebnis ebenso Brandmüller, Rdn. E 112 unter Hinweis auf BFH Urt. v. 14. 2. 1978 – VIII R 158/73 BStBl. 79 II, 99 (kein Ansatz eines Geschäftswerts bei der Ermittlung des Aufgabegewinns nach erklärter Betriebsaufgabe bei Verpachtung). Diese Parallele dürfte wohl fehlgehen, da bei der umgekehrten Betriebsaufspaltung der Geschäftswert sich nicht verflüchtigt, sondern von einem anderen Unternehmen fortgeführt wird.
[415] BFH Urt. v. 17. 1. 1973 – I R 46/71 BStBl. 73 II, 418; FG Bad.-Württ. Urt. v. 12. 6. 1969 – I 469/67 (Rev. eingelegt) EFG 69, 466; FG München Urt. v. 10. 11. 1970 – I (VII) 70/67 (Rev. eingelegt) EFG 71, 303.
[416] Fin. Beh. Hamburg, Erl. v. 8. 12. 1964 – 53 – S 2520 – 113 DB 65, 13.

rungsleistungen etc. zu günstigeren als den marktüblichen Bedingungen sind für die Annahme von verdecktem Stammkapital nicht entscheidend[417]. Nach dem BFH sind sogar Gesellschafterdarlehen an eine überschuldete GmbH grundsätzlich nicht als verdecktes Stammkapital zu behandeln. Es ist weder aus zivilrechtlichen noch aus wirtschaftlichen Erwägungen gerechtfertigt, die Gesellschafterdarlehen dem Stammkapital gleichzustellen. Verdecktes Stammkapital ist danach nur anzunehmen, wenn im Einzelfall aus rechtlichen oder wirtschaftlichen Gründen die Form der Zuführung von Gesellschaftskapital allein möglich ist, also zwingend ist, oder wenn die Kriterien des Gestaltungsmißbrauchs i.S.v. § 42 AO erfüllt sind[418]. Ein Mißbrauch rechtlicher Gestaltungsmöglichkeiten kam in der Vergangenheit nach Auffassung der Finanzverwaltung in Betracht, wenn ein nichtanrechnungsberechtigter Anteilseigner oder eine ihm nahestehende Person der Kapitalgesellschaft

– in zeitlichem Zusammenhang mit einer zum Zwecke der Rückzahlung an die Anteilseigner vorgenommenen Kapitalherabsetzung Fremdkapital ohne hinreichenden wirtschaftlichen Grund zugeführt hat;

– Fremdkapital zugeführt oder belassen hat, obwohl das Eigenkapital in einem auffallenden Mißverhältnis zu dem Aktivvermögen der Gesellschaft steht. Ein solches Mißverhältnis ist in der Regel anzunehmen, soweit das Eigenkapital wesentlich geringer ist, als es der in dem Wirtschaftszweig üblichen Eigenkapitalausstattung entspricht. Hiervon ist grundsätzlich auszugehen, soweit das Eigenkapital 10% des Aktivvermögens nicht überschreitet. Die 10%-Grenze gilt jedoch nicht in Wirtschaftszweigen, in denen eine niedrigere Eigenkapitalausstattung üblich ist (z.B. bei Banken oder Versicherungen)[419].

Dieser sogenannte 10%-Erlaß ist jedoch mangels gesetzlicher Grundlage von der Rechtsprechung verworfen worden. Nach Auffassung des BFH ist der Gesellschafter einer Kapitalgesellschaft zivilrechtlich frei, seine Gesellschaft entweder mit Eigen- oder mit Fremdkapital zu finanzieren. Die Finanzierungsfreiheit der Gesellschafter sei zivilrechtlich nur insoweit beschränkt, als er ggf. den Haftungsfolgen aus den §§ 30, 32 bzw. aus den §§ 32a, 32b GmbHG unterliegt. Diese handelsrechtliche Behandlung schlägt nach Auffassung des BFH auf die

---

[417] Knoppe, S. 235; vgl. BFH Urt. v. 20. 3. 1956 – I 178/55 U BStBl. 56 III, 179; Urt. v. 8. 11. 1960 – I 131/59 S BStBl. 60 III, 513.
[418] BFH Urt. v. 10. 12. 1975 – I R 135/74 BStBl. 76 II, 226; so auch Nieders. Fin. Min. Erl. v. 6. 8. 1976 – S 2745 – 1 – 31 2 BB 76, 1114; Haug, DStZ 87, 287 (288 ff.); o. V., GmbH-Report 90, R 27 f.
[419] BdF Schr. v. 16. 3. 1987 – IV B 7 – S 2742 – 3/87 BStBl. 87 I, 373 f. (sog. § 8a KStG-Erlaß); hierzu Streck, GmbHR 87, 104.; Krüger, BB 87, 1081 ff.; Haug DStZ 87, 287 ff.; Schneeloch, DStR 87, 458 ff.; Tillmann, GmbHR 87, 329 (331 f.).

steuerrechtliche Beurteilung durch. Das Körperschaftsteuergesetz enthalte keine Bestimmung, wonach eine Kapitalgesellschaft über das gezeichnete Kapital hinaus mit einer bestimmten Eigenkapitalquote ausgestattet sein müsse. Die Feststellung eines „Gestaltungsmißbrauchs" könne allein aufgrund des ungewöhnlich hohen Fremdfinanzierungsanteils nicht getroffen werden. Vom Ergebnis her sei es zwar unbefriedigend, daß es als Folge dieser Rechtsprechung Gesellschafter, die Eigenkapital zuführen, steuerlich schlechter behandelt würden als diejenigen, die nur Fremdkapital zuführten. Eine Gleichbehandlung könne nicht mit Hilfe des § 42 AO sichergestellt werden. Sollte rechtspolitisch die Gleichbehandlung gewünscht sein, so sei eine ausdrückliche gesetzliche Regelung erforderlich[420]. Daraufhin hat die Finanzverwaltung den 10%-Erlaß ersatzlos aufgehoben[421].

Seit dem 1. 1. 1994 ist jedoch durch das Standortsicherungsgesetz die erforderliche Rechtsgrundlage für die Umqualifizierung von Gesellschafterdarlehen in verdeckte Gewinnausschüttungen durch die Einfügung eines § 8a KStG partiell geschaffen worden. Danach gelten Vergütungen für Fremdkapital, das eine unbeschränkt steuerpflichtige Kapitalgesellschaft von einem nicht zur Anrechnung von Körperschaftsteuer berechtigten Anteilseigner erhalten hat, der zu einem Zeitpunkt im Wirtschaftsjahr am Grund- oder Stammkapital wesentlich beteiligt war, als verdeckte Gewinnausschüttungen,

1. wenn eine nicht in einem Bruchteil des Kapitals bemessene Vergütung vereinbart ist und soweit das Fremdkapital zu einem Zeitpunkt des Wirtschaftsjahrs die Hälfte des anteiligen Eigenkapitals des Anteilseigners übersteigt oder
2. wenn eine in einem Bruchteil des Kapitals bemessene Vergütung vereinbart ist und soweit das Fremdkapital zu einem Zeitpunkt des Wirtschaftsjahrs das Dreifache des anteiligen Eigenkapitals des Anteilseigners übersteigt, es sei denn, die Kapitalgesellschaft hätte dieses Fremdkapital bei sonst gleichen Umständen auch von einem fremden Dritten erhalten können oder es handelt sich um Mittelaufnahmen zur Finanzierung banküblicher Geschäfte; sind auch Vergütungen im Sinne der Nr. 1 vereinbart worden und übersteigt das dort bezeichnete Fremdkapital die Hälfte des anteiligen Eigenkapitals des Anteilseigners nicht, tritt an die Stelle des Dreifachen des anteiligen Eigenkapitals des Anteilseigners das Sechsfache des Unterschiedsbetrags zwischen dem Fremdkapital im Sinne der Nr. 1 und der Hälfte des anteiligen Eigenkapitals des Anteilseigners.

---

[420] So expressis verbis BFH Urt. v. 5. 2. 1992 – I R 127/90 BStBl. 92 II, 532; dahin bereits tendierend BFH Beschl. v. 14. 8. 1991 – I B 240/90 BStBl. 91 II, 935; vgl. auch BFH Beschl. v. 30. 8. 1989 – I B 39/89 BFH/NV 90, 161.
[421] BdF Schr. v. 16. 9. 1992 – IV B 7 – S 2742 – 61/92 BStBl. 92 I, 653.

Die obigen Regelungen gelten auch bei Vergütungen für Fremdkapital, das die Kapitalgesellschaft von einer dem Anteilseigner nahestehenden Person i. S. d. § 1 Abs. 2 AStG, die nicht zur Anrechnung von Körperschaftsteuer berechtigt ist, oder von einem Dritten erhalten hat, der auf den Anteilseigner oder einem diesem nahestehende Person zurückgreifen kann (§ 8a Abs. 1 Satz 1 und 2 KStG). Dies bedeutet, daß bei hochgradiger Fremdfinanzierung von wesentlich beteiligten Anteilseignern jene partiell in steuerschädliche verdeckte Gewinnausschüttungen umqualifiziert werden. Dies bedeutet, daß insoweit die Zinszahlungen in eine steuerpflichtige Dividende umqualifiziert werden.

Es ist anzumerken, daß für den Fall von „klassischen Inlandsfinanzierungen" der Anwendungsbereich des § 8a KStG nicht eingreift.

Nach der überholten Rechtsprechung waren *Nutzungen* keine einlagefähigen Wirtschaftsgüter[422].

Folglich war eine verdeckte Einlage auch dann nicht anzunehmen, wenn ein Gesellschafter oder die Besitzgesellschaft der Betriebskapitalgesellschaft Wirtschaftsgüter zum Gebrauch oder Nutzung ohne Entgelt oder gegen ein unangemessen niedriges Entgelt überlassen hatten[423]. Verzichtete der Gesellschafter einer Betriebskapitalgesellschaft für *künftige Pachtzeiträume* ganz oder teilweise auf einen vereinbarten Pachtzins für Wirtschaftsgüter, die er der Gesellschaft zur betrieblichen Nutzung überlassen hatte, so führte dies in der Regel nicht zu einer verdeckten Einlage[424]. Ein unangemessener Pachtzins konnte aber zu einer verdeckten Einlage führen, wenn das Besitzunternehmen dadurch laufende Verluste erlitt[425]. Eine verdeckte Einlage lag aber dann vor, wenn auf bereits *entstandene und fällige Pachtforderungen* verzichtet wurde[426]. Gehörte bei einer Betriebsaufspaltung zum Betriebsvermögen der Betriebskapitalgesellschaft die

---

[422] BFH Urt. v. 22. 11. 1983 – VIII R 133/82 DB 84, 700 (701 f.); Urt. v. 25. 4. 1984 – I R 166/78 BStBl. 84 II, 747.
[423] BFH Urt. v. 3. 2. 1971 – I R 51/66 BStBl. 71 II, 408.
[424] BFH Urt. v. 22. 11. 1983 – VIII R 133/82 DB 84, 700 ff.; ebenso die Vorinstanz FG Rheinland-Pfalz Urt. v. 3. 2. 1982 – 1 K 82/81 EFG 82, 585.
[425] BFH Urt. v. 8. 11. 1960 – I 131/59 S BStBl. 60 III, 513; vgl. auch BFH Urt. v. 3. 2. 1971 – I R 51/66 BStBl. 71 II, 408 (411); Urt. v. 22. 11. 1983 – VIII R 133/82 DB 84, 700 (701); Korn, in: Kölner Handbuch, Tz. 432; Dehmer, Rdn. 767.
[426] BFH Urt. v. 29. 5. 1968 – I 187/65 BStBl. 68 II, 722; Urt. v. 22. 11. 1983 – VIII R 133/82 DB 84, 700 (701); vgl. a. BFH Urt. v. 12. 4. 1989 – I R 41/85 BStBl. 89 II, 612; Urt. v. 16. 4. 1991 – VIII R 100/87 BStBl. 92 II, 234. Erfolgt der Verzicht auf eine bereits entstandene Forderung zur Abwendung des Konkurses, so kann andererseits die Teilwertabschreibung vorgenommen werden, so BFH Urt. v. 9. 3. 1977 – I R 203/74 BStBl. 77 II, 515; hierzu Korn, in: Kölner Handbuch, Tz. 433/434; Glade, GmbHR 81, 268 (269).

Beteiligung an einer GmbH und wird der Inhaber des Besitzpersonenunternehmens aus einer von ihm zugunsten der GmbH übernommenen Bürgschaft in Anspruch genommen, so können die auf Grund der Bürgschaft geleisteten Zahlungen *mittelbare verdeckte Einlagen* des Inhabers des Besitzunternehmens in die Betriebskapitalgesellschaft und mittelbare verdeckte Einlagen der Betriebskapitalgesellschaft in die GmbH sein[427].

Nach dem BFH-Vorlagebeschluß v. 20. 8. 1986[428] sind aufgrund einer eigenständigen Definition des Wirtschaftsgutsbegriffs auch *Nutzungen einlagefähig*. Somit müssen auch die Leistungsbeziehungen im Rahmen einer Betriebsaufspaltung neu überdacht und geregelt werden. Dies gilt insbesondere für die häufigen Versuche in der Praxis, die Ergebnisse – insbesondere bei ertragsschwachen – Betriebskapitalgesellschaften dadurch zu steuern, daß unangemessen niedrige oder in ungewöhnlichem Maße vom Ergebnis der Kapitalgesellschaft abhängige Pachtzinsen vereinbart sind. Zur Vermeidung unerwünschter Ergebnisse wird man bei der Begründung einer Betriebsaufspaltung die Ergebnisprognose sehr präzise erarbeiten müssen und eine in der Regel deutlich höhere Kapitalausstattung als bisher weitgehend üblich empfehlen[429].

### 2.4.2.2 Gewerbesteuer

Wegen der rechtlichen Selbständigkeit von Besitz- und Betriebsgesellschaft sind auch Forderungen und Verbindlichkeiten zwischen beiden anzuerkennen. Dadurch können sich Auswirkungen für die Zurechnung der Zinsen aus Dauerschuldverhältnissen zum Gewerbeertrag (§ 8 Nr. 1 GewStG) und für die Zurechnung von Dauerschulden zum Gewerbekapital (§ 12 Abs. 2 Nr. 1 GewStG) ergeben[430]. An der Rechtmäßigkeit eines Gewerbesteuermeßbescheides bestehen keine ernstlichen Zweifel, wenn die Hinzurechnungs- und Kürzungsvorschriften der §§ 8 Nr. 7, 12 Abs. 2 und 9 Nr. 4 GewStG in einem Fall der

---

[427] BFH Urt. v. 9. 9. 1986 – VIII R 159/85 BStBl. 87 II, 257 ff.
[428] I R 41/82 BStBl. 87 II, 65; dazu eingehend Dehmer, Rdn. 756 ff. Anzumerken ist auch, daß nach der neueren Rechtsprechung auch der *Geschäftswert* als ein (verdeckt) einlagefähiges Wirtschaftsgut angesehen wird (BFH Urt. v. 24. 3. 1987 – I R 202/83 BStBl. 87 II, 705, 706).
[429] So zutreffend Dehmer, Rdn. 762.
[430] In Ausnahmefällen können auch Dauerschuldzinsen *bei der Besitzgesellschaft* anzusetzen sein. In einem von der Rechtsprechung entschiedenen Fall hatte die Verpächterin von der Pächterin ein unverzinsliches Darlehen erhalten, wobei aber vereinbart war, daß der Pachtzins in dem Maße steigen sollte, in dem das Darlehen zurückgezahlt wurde. Der BFH Urt. v. 5. 10. 1972 – IV R 13/66 BStBl. 73 II, 26 sieht in dem Betrag, um den der Pachtzins wegen der Kreditgewährung gemindert worden ist, als Dauerschuldzinsen an.

Betriebsaufspaltung angewendet werden, in dem das Betriebs- und das Besitzunternehmen den gleichen Standort haben[431].

Dauerschulden sind auch die von der Betriebskapitalgesellschaft empfangenen Sachwertdarlehen. Die hierauf entfallenden Zinsen und der Wert der Rückgabeverpflichtung sind deshalb dem Gewinn bzw. dem Einheitswert des Betriebsvermögens hinzuzurechnen[432]. Vermieden werden kann die Hinzurechnung, wenn anstelle eines Darlehens eine stille Beteiligung im Betriebsvermögen eingeräumt wird (arg. § 8 Nr. 3 GewStG)[433]. Hingegen gehören Rückstellungen der Betriebskapitalgesellschaft für Pachtanlagenerneuerungsverpflichtungen zum laufenden Geschäftsbetrieb, so daß sie nicht als Dauerschulden zu qualifizieren sind[434].

Pensionszahlungen an ehemalige Arbeitnehmer und die entsprechenden Pensionsrückstellungen sind bei der Ermittlung des Gewerbeertrags nach § 8 Nr. 2 GewStG bzw. des Gewerbekapitals nach § 12 Abs. 2 Nr. 1 GewStG ebenfalls nicht hinzuzurechnen. Dies ist damit zu begründen, daß ein wirtschaftlicher Zusammenhang i.S.d. § 8 Nr. 2 GewStG zwischen der Übernahme einer Rente oder dauernden Last durch den Betriebsübernehmer voraussetzt, daß die Entstehung der Verpflichtung kausal mit dem Übernahmevorgang verknüpft ist. Werden aber bereits bestehende Pensionsverpflichtungen übernommen, so ist deren Entstehung nicht durch den Übernahmevorgang verursacht. Somit besteht kein wirtschaftlicher Zusammenhang in Gestalt kausaler Verknüpfung zwischen der Entstehung der Pensionsverpflichtung und der Übernahme des Betriebes[435].

Nach § 8 Nr. 7 GewStG werden dem Gewinn aus Gewerbebetrieb die Hälfte der Miet- und Pachtzinsen für die Benutzung der nicht in Grundbesitz bestehenden Wirtschaftsgüter des Anlagevermögens, die im Eigentum eines anderen stehen, hinzugerechnet. Das gilt nicht, soweit die Miet- und Pachtzinsen beim Vermieter oder Verpächter zur Gewerbesteuer nach dem Gewerbeertrag heranzuziehen sind, es sei denn, daß ein Betrieb oder Teilbetrieb vermietet oder verpachtet

---

[431] So ausdrücklich FG Baden-Württemberg Beschl. v. 14. 10. 1993 – 6 V 20/92 EFG 94, 263 (rkr.)
[432] Urt. v. 30. 11. 1965 – I 70/60 S BStBl. 66 III, 51; Urt. v. 5. 5. 1976 – I R 166/74 BStBl. 76 II, 717; Brandmüller, Rdn. E 74 und E 150; Fichtelmann, Rdn. 163; Knoppe, S. 296; Korn, in: Kölner Handbuch, Tz. 613.
[433] Brandmüller, Rdn. E 152; Korn, in: Kölner Handbuch, Tz. 609; Dehmer, Rdn. 852.
[434] BFH Urt. v. 11. 11. 1964 – I 38/62 U BStBl. 66 III, 53; Urt. v. 5. 5. 1976 – I R 166/74 BStBl. 76 II, 717 (720); Birkholz, BB 65, 1390 (1392f.); Brandmüller, Rdn. E 151; Knoppe, S. 296f.; Korn, in: Kölner Handbuch, Tz. 612.
[435] BFH Urt. v. 18. 1. 1979 – IV R 194/74 BStBl. 79 II, 266 (267f.).

wird, und der Betrag der Miet- oder Pachtzinsen 250000 DM übersteigt[436]. Der Hinzurechnung gem. § 8 Nr. 7 GewStG steht nicht entgegen, daß die Miet- oder Pachtzinsen für eine nur kurzfristige Benutzung der in der Vorschrift genannten Wirtschaftsgüter zu entrichten sind[436a]. Bei der Prüfung, ob der gemäß § 8 Nr. 7 Satz 3 GewStG maßgebende Betrag der Miet- oder Pachtzinsen für einen Betrieb oder Teilbetrieb den in § 8 Nr. 7 Satz 2 letzter Halbsatz GewStG genannten Betrag von 250000 DM übersteigt, sind nur die Miet- oder Pachtzinsen zu berücksichtigen, die für die Benutzung der nicht in Grundbesitz bestehenden fremden Wirtschaftsgüter des Anlagevermögens zu zahlen sind[437]. Zwecks Berechnung eines etwaigen Hinzurechnungsbetrages muß somit der Pachtzins in einen anteiligen Pachtzins für Grundvermögen bzw. Umlaufvermögen einerseits und Anlagevermögen andererseits aufgespalten werden. Eine Hinzurechnung von Pachtzinsen für immaterielle Wirtschaftsgüter kommt nicht in Betracht, wenn sich der auf sie entfallende Teil des einheitlich für die Nutzung des Inventars und der immateriellen Wirtschaftsgüter vereinbarten Pachtzinses nicht klar abgrenzen läßt[438]. Jedoch gehören die vom Pächter zu tragenden Instandhaltungs- und Versicherungskosten zu den Miet- und Pachtzinsen i.S.d. § 8 Nr. 7 GewStG, die er über seine gesetzliche Verpflichtung nach bürgerlichem Recht hinaus auf Grund vertraglicher Verpflichtungen übernommen hat[439].

### 2.4.3 Besteuerung der Vertriebskapitalgesellschaft

Bei der Aufspaltung in eine Produktions- und eine Vertriebsgesellschaft ist die Gewinnverteilung aus ertragsteuerlichen Gründen von besonderer Bedeutung.

---

[436] Vgl. FG Münster Urt. v. 7. 8. 1990 – XII 3620/89 G EFG 91, 271 (NZB eingelegt; Az. b. BFH: I B 214/90). Das Besitzunternehmen kann ggf. die korrespondierende Kürzungsvorschrift nach § 9 Nr. 4 GewStG beanspruchen; hierzu eingehend Dehmer, Rdn. 853 ff.

[436a] BFH Urt. v. 30. 3. 1994 – I R 123/93 BStBl. 94 II, 810.

[437] BFH Urt. v. 8. 9. 1993 – I R 69/92 BStBl. 94 II, 188; FG Baden-Württemberg Urt. v. 1. 10. 1992 – 3 K 280/89 EFG 93, 95 (Rev. eingelegt); siehe auch BFH Urt. v. 24. 4. 1991 – I R 10/89 BStBl. 91 II, 771: „Werden gepachtete Wirtschaftsgüter des Anlagevermögens bei Bauausführungen i.S. des § 12 Nr. 8 AO 1977 eingesetzt, so sind sie für die Anwendung des § 8 Nr. 7 Satz 3 GewStG dem Gemeindebezirk der Bauausführung und nicht dem Gemeindebezirk der Hauptbetriebsstätte zuzuordnen."

[438] BFH Urt. v. 29. 4. 1970 – IV R 20/67 BStBl. 70 II, 26; Urt. v. 14. 10. 1970 – I R 94/70 BStBl. 71 II, 28; Urt. v. 22. 3. 1972 – I R 179/70 BStBl. 72 II, 632; Urt. v. 30. 3. 1976 – VIII R 169/72 BStBl. 76 II, 463; Urt. v. 10. 5. 1977 – VIII R 254/72 BStBl. 77 II, 667; FG Nürnberg Urt. v. 22. 5. 1985 – V 166/82 (Rev. eingelegt) EFG 85, 623 (624); FG München Urt. v. 21. 3. 1988 – VI (XIII) 365/82 G EFG 88, 646 (Rev. eingelegt); Abschn. 57 Abs. 4 Sätze 6 ff. GewStR 1990; Dehmer, Rdn. 864; Knoppe, S. 299 f.; Brandmüller, Rdn. E 143/144; Schuhmann, StBp 81, 265 (275).

[439] BFH Urt. v. 27. 11. 1975 – IV R 192/71 BStBl. 76 II, 220 (222); Abschn. 57 Abs. 5 Satz 4 GewStR 1990; hierzu Knoppe, S. 300 ff; Dehmer, Rdn. 859; Brandmüller, Rdn. E 145/146; Schuhmann, StBp 81, 265 (275).

Um Gestaltungsmißbräuchen von vornherein zu entgegnen, hat die Finanzverwaltung in Abschn. 138b EStR 1990 eingehende Bestimmungen getroffen. Die Aufteilung in ein Produktions- und Vertriebsunternehmen wird zwar steuerlich grundsätzlich anerkannt. Einschränkungen werden nur hinsichtlich der Anerkennung der Verrechnung der Preise gemacht. Soweit die der Vertriebskapitalgesellschaft in Rechnung gestellten Preise unangemessen niedrig sind, soll der Unterschied zwischen dem vereinbarten und dem angemessenen Preis unter Hinweis auf § 42 AO der Produktionsgesellschaft zugerechnet werden (Abs. 2)[440]. Für die Festellung des angemessenen Gewinns ist auf die in den einzelnen Wirtschaftszweigen verschiedenen Verhältnisse des Einzelfalles abzustellen. Von Bedeutung ist zum Beispiel, wer die besonderen Kosten für Reklame oder sonstige Vertriebskosten trägt. Im allgemeinen wird der von der Produktionsgesellschaft berechnete Preis nicht unter dem Preis liegen dürfen, den ein der Vertriebsgesellschaft entsprechendes Verkaufsunternehmen für Wirtschaftsgüter der gleichen Art und Beschaffenheit an andere Hersteller zahlen würde. Vorausgesetzt wird dabei, daß die Vertriebsgesellschaft keine besonderen Aufwendungen im Interesse der Produktionsgesellschaft zu machen hat (Abs. 3). Werden die Preise nach einem längeren Zeitraum mit Rücksicht auf den in diesem Zeitraum erzielten Gewinn festgelegt, so ist die steuerliche Anerkennung zu versagen[441]. Ferner werden Gewinnpoolungsverträge zwischen Produktions- und Vertriebsgesellschaft nicht anerkannt (Abs. 4).

Werden der Vertriebskapitalgesellschaft überhöhte Preise berechnet, so liegt eine verdeckte Gewinnausschüttung vor[442].

*2.4.4 Betriebsaufspaltung über die Grenze*

Bei Betriebsaufspaltungen, bei denen Ausländer Gesellschafter des Besitz- und des Betriebsunternehmens sind, wird von dem Phänomen der „Betriebsaufspaltung über die Grenze" gesprochen.

*Beispiel:* Ein ausländisches Unternehmen (Einzelunternehmen, Personen- oder Kapitalgesellschaft) besitzt in Deutschland ein Betriebsgrundstück und ist gleichzeitig beherrschender Gesellschafter einer deutschen Kapitalgesellschaft, die einen Gewerbebetrieb auf dem dem ausländischen Unternehmen gehörenden Grundstück betreibt und hierfür einen Pachtzins bezahlt.

Sehr umstritten ist die ertragsteuerliche Behandlung der von der deutschen Kapitalgesellschaft bezogenen Pachteinnahmen beim ausländischen Unternehmen.

---

[440] Hierzu kritisch Fichtelmann, Rdn. 225; Brandmüller, Rdn. D 56.
[441] Siehe auch BFH Urt. v. 8. 11. 1960 – I 131/59 S BStBl. 60 III, 513 (514).
[442] Brandmüller, Rdn. D 56. Die Ausführungen zu 2.4.2.1.3 gelten dann entsprechend.

Die h. M. im Schrifttum[443] preist diese Gestaltungsform als steuerlich optimal an und begründet dies wie folgt. Nach ständiger BFH-Rechtsprechung zur Betriebsaufspaltung zählen die Einkünfte der Gesellschafter des Besitzunternehmens zu den Einkünften aus Gewerbebetrieb. Der in § 49 Abs. 2 EStG verankerte Grundsatz der isolierenden Betrachtungsweise kann nicht angewendet werden, da die von der Rechtsprechung kreierten Grundsätze für die Einkunftsqualifizierung von Vermietung und Verpachtung im Gewerbebetrieb vorrangig und zudem die wesentlichen Betriebsgrundlagen im Inland belegen sind. Hiervon ausgehend, beziehen also auch beschränkt steuerpflichtige Gesellschafter des Besitzunternehmens aus der Verpachtung Einkünfte aus Gewerbebetrieb. Für die Besteuerung gewerblicher Einkünfte, die beschränkt Steuerpflichtige aus dem Inland beziehen, besteht aber nach § 49 Abs. 1 Nr. 2a EStG nur dann eine Rechtsgrundlage, wenn im Inland eine Betriebstätte unterhalten wird oder ein ständiger Vertreter bestellt ist. Bei einer reinen Verpachtung von Wirtschaftsgütern wird jedoch in der Regel gemäß § 12 AO bzw. den einschlägigen Doppelbesteuerungsabkommen (siehe Art. 5 OECD-MDBA) das Besitzunternehmen keine Betriebstätte und keinen ständigen Vertreter haben. Folglich unterliegen die Einkünfte der ausländischen Gesellschaft aus dem Besitzunternehmen keiner Steuerpflicht. Zudem ist das Besitzunternehmen mangels Betriebstätte nicht gewerbesteuerpflichtig.

Einen entgegengesetzten Standpunkt vertritt L. Schmidt[444]. Seine ergebnisorientierte Betrachtungsweise fußt darauf, daß sowohl die Gewerbesteuerpflicht für die Pachterträge als auch die Einkommensteuerpflicht für eventuelle Gewinne aus der Veräußerung des Betriebsvermögens grundsätzlich nur zum Zuge kommen können, wenn das Besitzunternehmen wenigstens seine Geschäftsleitung im Inland hat. Dies hat zur Folge, daß die ausländische Gesellschaft ihre Einkünfte aus dem Besitzunternehmen nach § 49 Abs. 1 Nr. 6 EStG zu versteuern hat, wobei Veräußerungsgewinne steuerfrei und die Pachterträge nicht gewerbesteuerpflichtig sind. Hierbei tritt ein weiterer Aspekt ein, der z. B. die Verpachtung eines Einzelunternehmens an eine vom bisherigen Einzelunternehmer beherrschte Kapitalgesellschaft als *Betriebsaufgabe* erscheinen läßt, wenn der Einzelunternehmer bereits im Zeitpunkt der Verpachtung seinen Wohnsitz im Ausland hat (ohne ständigen Vertreter im Inland), weil dann weder der Tatbestand der Betriebsaufspaltung noch der Tatbestand einer Betriebsverpachtung erfüllt ist.

---

[443] Gassner, BB 73, 1352f.; Bopp, DStZ/A 74, 91 (94); Günkel/Kussel, FR 80, 553; Sack, GmbHR 86, 352 (355); Knoppe, S. 239; Dehmer, Rdn. 1060ff.
[444] DStR 79, 699 (703); ders., EStG, § 15 Anm. 147b.

Bei der Abgrenzung der beschränkt steuerpflichtigen Einkünfte nach § 49 Abs. 1 Nr. 2 bzw. Nr. 6 EStG stellt Piltz[445] den Grundsatz der isolierenden Betrachtungsweise (§ 49 Abs. 2 EStG) in den Vordergrund und wendet ihn auch auf das ausländische Besitzunternehmen an. Die Vorschrift greift dann mit der Folge ein, daß die Pachterträge nicht Einkünfte aus Gewerbebetrieb, sondern Einkünfte aus Vermietung und Verpachtung sind, wenn es sich bei den Merkmalen der Betriebsaufspaltung, aufgrund deren die Pachterträge zu gewerblichen Einkünften qualifiziert werden, um „im Ausland gegebene Besteuerungsmerkmale" handelt. Im Hinblick darauf, daß der einheitliche geschäftliche Betätigungswille bei der ausländischen Betriebsgesellschaft gebildet wird, muß dieses ausländische Besteuerungsmerkmal außer Betracht bleiben, weil bei fehlender inländischer Betriebstätte bzw. ständigem Vertreter eine nicht steuerpflichtige gewerbliche Tätigkeit angenommen werden müßte. Folglich sind die Einkünfte des Besitzunternehmens als beschränkt steuerpflichtige Einkünfte aus Vermietung und Verpachtung zu qualifizieren (§ 49 Abs. 1 Nr. 6 EStG). Die Gewerbesteuerpflicht der Pachteinnahmen wird verneint, weil das Besitzunternehmen bei dem Betriebsunternehmen keine eigene Betriebstätte unterhält. Jedoch soll die nachträgliche Aufspaltung eines bereits bestehenden, in Deutschland ansässigen Unternehmens etwa in der Weise, daß der ausländische Unternehmer das Vermögen seiner inländischen Betriebstätte (außer dem Betriebsgrundstück) in eine Kapitalgesellschaft einbringt und fortan seiner inländischen Kapitalgesellschaft das Betriebsgrundstück verpachtet, zur Realisierung stiller Reserven unter dem Gesichtspunkt der Entnahme führen, da das Grundstück im Zeitpunkt der Einbringung zu Privatvermögen wird.

Der *BFH*[446] nahm zur gewerbesteuerlichen Problematik der Betriebsaufspaltung über die Grenze bei einer ausländischen Besitzkapitalgesellschaft Stellung. Er stellte hierbei klar, daß § 2 Abs. 2 Nr. 2 GewStG auch auf ausländische Kapitalgesellschaften anzuwenden ist[447]. Zwar räumt er ein, daß die Fiktion, daß Kapitalgesellschaften nur Einkünfte aus Gewerbebetrieb haben (§ 8 Abs. 2 KStG), ebenfalls von § 49 Abs. 2 EStG außer Kraft gesetzt wird[448]. Die Anwendung des Grundsatzes der isolierenden Betrachtungsweise *bei der Gewerbesteuer* lehnt er jedoch ausdrücklich ab. Die Gewerbesteuer ist für alle Steuerpflichtigen an das

---

[445] DB 81, 2044 ff.; im Ergebnis ebenso Streck, in: Kölner Handbuch, Tz. 318; Fichtelmann, Rdn. 231; Barth, DB 68, 814 (819); Kaligin, WPg 83, 457; Gebbers, RIW 84, 711 (714 f.).
[446] Urt. v. 28. 7. 1982 – I R 196/79 BStBl. 83 II, 77 = RIW/AWD 83, 71 mit Anm. Woerner.
[447] Ebenso BFH Urt. v. 28. 3. 1979 – I R 81/76 BStBl. 79 II, 447; *a. A.:* FG Düsseldorf Urt. v. 22. 5. 1979 – IX 694/77 G EFG 80, 34.
[448] Siehe auch Herrmann/Heuer/Raupach, EStG, § 49 Anm. 2b; Piltz, DB 81, 2044 (2047).

Merkmal gebunden, daß im Inland ein Gewerbebetrieb ausgeübt wird und daß eine Betriebstätte besteht. Da seit dem Beschluß des Großen Senats des BFH vom 8. 11. 1971[449] bei der Betriebsaufspaltung vom Vorliegen zweier selbständiger Unternehmen ausgegangen werden muß, kann die Betriebsgesellschaft keine Betriebstätte des Besitzunternehmens darstellen[450]. Allerdings kann es möglich sein, daß nach den Verhältnissen des einzelnen Falles die Pachtgesellschaft ständiger Vertreter der Verpachtungsgesellschaft ist und für diese damit eine Betriebstätte i. S. v. § 16 Abs. 2 Nr. 2 StAnpG begründet[451]. Hierbei ist jedoch zu beachten, daß seit dem 1. 1. 1977 das Vorhandensein eines ständigen Vertreters zwar zur beschränkten Steuerpflicht (§ 49 Abs. 1 Nr. 2 a i. V. m. § 13 AO), nicht aber zur Gewerbesteuerpflicht führen kann (§ 2 Abs. 1 Satz 3 GewStG i. V. m. § 12 AO)[452].

Aufgrund der BFH-Rechtsprechung dürfte nunmehr feststehen, daß bei der Betriebsaufspaltung über die Grenze die Gewerbesteuerpflicht dann vermieden werden kann, wenn das ausländische Besitzunternehmen auf die Etablierung einer Betriebstätte verzichtet[453]. Die einkommensteuerliche bzw. körperschaftsteuerliche Behandlung ist zwar noch nicht expressis verbis entschieden worden, doch dürfte sich folgender Lösungsweg abzeichnen. Maßgebend für die Einkunftsqualifizierung bei der beschränkten Steuerpflicht ist der Grundsatz der isolierenden Betrachtungsweise (§ 49 Abs. 2 EStG). Die Geltung dieses Grundsatzes für die Fälle der Betriebsaufspaltung über die Grenze hat der BFH für die Einkommensteuer/Körperschaftsteuer als Vorfrage bejaht und lediglich die Übernahme dieses Prinzips ins Gewerbesteuerrecht abgelehnt[454]. In Anbetracht der Tatsache, daß der – für die hiesige Finanzverwaltung nicht nachprüfbare – einheitliche geschäftliche Betätigungswille im Ausland gebildet wird, muß folglich dieses für die Annahme einer Betriebsaufspaltung essentielle Besteuerungsmerkmal außer Betracht bleiben, so daß das ausländische Besitzunternehmen Einkünfte aus Vermietung und Verpachtung (§ 49 Abs. 1 Nr. 6 EStG) erzielt. Diese einkommen- und körperschaftsteuerliche Würdigung geht auch konform mit den Grundprin-

---

[449] GrS 2/71 BStBl. 72 II, 63.
[450] Vgl. schon BFH Urt. v. 10. 6. 1966 – VI B 31/63 BStBl. 66 III, 598; Abschn. 24 Abs. 5 Satz 13–15 GewStR 1990; Barth, DB 68, 814 (819).
[451] Zum Begriff des ständigen Vertreters i. S. d. § 16 Abs. 2 Nr. 2 StAnpG siehe BFH Urt. v. 28. 6. 1972 – I R 35/70 BStBl. 72 II, 785; ferner BFH Urt. v. 12. 4. 1978 – I R 136/77 BStBl. 78 II, 494 (496 f.).
[452] Günkel/Kussel, FR 80, 553 (554); L. Schmidt, DStR 79, 699 (709); Kaligin, WPg 83, 457 (458); Gebbers, RIW 84, 711 (716); Sack, GmbHR 86, 352 (355).
[453] Siehe auch Günkel/Kussel, FR 80, 553 (554 f.); Kaligin, WPg 83, 457 (458); zur Höhe der Gewerbesteuerersparnis instruktiv Lothmann, DStR 85, 135 (140).
[454] BFH Urt. v. 28. 7. 1982 – I R 196/79 BStBl. 83 II, 77 (79).

zipien des internationalen Steuerrechts, wonach die Einkünfte aus unbeweglichem Vermögen dem Belegenheitsstaat zugewiesen sind (Art. 6 OECD-MDBA). Die Besteuerungspraxis hat sich auch insoweit herauskristallisiert, daß die Pachtzinsen einkommen- bzw. körperschaftsteuerpflichtig, dafür jedoch gewerbesteuerbefreit sind (sog. „halbe" Lösung)[455]. Neben der *Steuerfreiheit von Veräußerungsgewinnen* können hierbei sogar systembedingte Steuervorteile erreicht werden:

*Beispiel*[456]: Ausländische Bauunternehmen bedienen sich bei der Durchführung von Großbaumaßnahmen, die nach ihrer Dauer ohnehin eine Betriebstätte begründen, eigens zu diesem Zwecke gegründeter inländischer Gesellschaften mit beschränkter Haftung. Die GmbH wird mit relativ geringem Eigenkapital ausgestattet. Die erforderlichen Großgeräte vermietet die ausländische Gesellschaft der deutschen GmbH für die Bauzeit. Infolge einer fehlenden Betriebstätte liegt keine gewerbliche Tätigkeit vor. Zudem greift *keine* Besteuerung nach § 49 Abs. 1 Nr. 6 i. V. m. § 21 Abs. 1 Nr. 2 EStG ein, da einzelne Großmaschinen und keine Sachinbegriffe vermietet werden[457].

Der Wegzug vom Besitzunternehmen ins Ausland führt zu einer Betriebsaufgabe (§§ 16, 34 EStG), nicht jedoch zu einer steuerpflichtigen Entnahme[458].

Unumstritten ist jedoch, daß die *Erträge aus der Beteiligung* (offene oder verdeckte Gewinnausschüttungen) als Einkünfte aus Kapitalvermögen zu behandeln sind (§ 49 Abs. 1 Nr. 5 EStG), da die Subsidiaritätsklausel aufgrund der isolierenden Betrachtungsweise nicht anwendbar ist. Die Einkommensteuer bzw. Körperschaftsteuer ist durch den Kapitalertragsteuerabzug abgegolten (§ 50 Abs. 5 EStG)[459].

Die umgekehrte Variante der Betriebsaufspaltung über die Grenze dergestalt, daß ein unbeschränkt steuerpflichtiges Besitzunternehmen eine oder mehrere wesentliche Betriebsgrundlagen an eine von ihr beherrschte Betriebskapitalgesell-

---

[455] Hierzu Kaligin, in: Haarmann (Hrsg.), Die beschränkte Steuerpflicht, S. 101 f.; vgl. auch Schmidt, EStG, § 15 Anm. 147b.
[456] Nach Streck, in: Kölner Handbuch, Tz. 320.
[457] Siehe statt aller Herrmann/Heuer/Raupach, EStG, § 21 Anm. 11; Blümich/Stuhrmann, EStG, § 21 Rdn. 61.
[458] Hierzu L. Schmidt, DStR 79, 699 (708f.); ders., DStR 79, 671 (677f.); Kaligin, WPg 83, 457 (458); Fichtelmann, Rdn. 231; ferner Streck/Lagemann, DStR 76, 13 (15); unklar Streck, in: Kölner Handbuch, Tz. 319; vgl. auch BFH Urt. v. 13. 1. 1970 – I R 122/67 BStBl. 70 II, 352; zur Gefahr der Entnahme bei einer nachträglichen Betriebsaufspaltung siehe nochmals Piltz, DB 81, 2044 (2047); Dehmer, Rdn. 1069.
[459] Gassner, BB 73, 1352; Kaligin, WPg 83, 457 (459); Sack, GmbHR 86, 352 (355); Streck, in: Kölner Handbuch, Tz. 318; Knoppe, S. 240; Brandmüller, Rdn. A 68; Dehmer, Rdn. 1062 a. E.

schaft verpachtet, ist im Schrifttum bisher kaum behandelt worden. Betriebsaufspaltungsgrundsätze finden Anwendung, wenn die ausländische Gesellschaft selbst im Inland beschränkt steuerpflichtig (§ 49 Abs. 1 Nr. 2 EStG) bzw. mit ihrer inländischen Betriebstätte gewerbesteuerpflichtig ist. Ist dagegen die ausländische Betriebsgesellschaft nicht im Inland gewerblich steuerpflichtig, etwa weil nach § 12 AO oder den einschlägigen DBA-Bestimmungen (vgl. Art. 5 OECD-MDBA) keine Betriebstätte vorliegt, so wird man auch dann eine Betriebsaufspaltung annehmen können, da nach der BFH-Rechtsprechung durch solche Gestaltungen weder Pachterträge der Gewerbesteuer entzogen noch wesentliche Betriebsgrundlagen Privatvermögen werden dürfen[460].

## 2.5 Beendigung der Betriebsaufspaltung

### 2.5.1 Beendigung des Pachtvertrages (Weiterverpachtung an Dritte)

Bei der Beendigung des Pacht- und Betriebsüberlassungsvertrages hat die Betriebskapitalgesellschaft die Pachtgegenstände an das Besitzunternehmen zurückzugeben. Die steuerliche Problematik, die sich beim Ablauf des Pachtvertrags hinsichtlich der zurückzugebenden Pachtanlagen und etwaigen Wertausgleichsverpflichtungen ergibt, ist bereits mehrfach erörtert worden[461]. Dabei kann die Betriebsaufspaltung zumindest in Fällen, in denen das Ursprungsunternehmen nach der Spaltung lediglich die Sachanlagen hält, während das neugegründete Unternehmen mit diesen meist gepachteten Anlagen die geschäftlichen Aufgaben wahrnimmt, durch bloße Beendigung des Pachtvertrages *steuerneutral* aufgehoben werden. Das Ursprungsunternehmen kann dann die geschäftlichen Aufgaben wieder übernehmen, während das ausgegliederte Unternehmen nach Ausschüttung seiner thesaurierten Gewinne liquidiert wird[462]. Es handelt sich dabei nicht um eine gem. §§ 16, 34 EStG steuerpflichtige Betriebsaufgabe, weil das Besitzunternehmen den Betrieb fortführt[463].

Verpachtet jedoch das Besitzunternehmen die bisher der Betriebskapitalgesellschaft überlassenen Wirtschaftsgüter an einen Dritten, so steht dem Besitzunternehmen ein *Wahlrecht* zwischen Betriebsfortführung oder Betriebsaufgabe zu, falls die *Grundsätze über die Betriebsverpachtung* eingreifen[464] (stark bezweifelt,

---

[460] Ebenso Streck, in: Kölner Handbuch, Tz. 321; Kaligin, WPg 83, 457 (459).
[461] Zur Problematik der Rückgabe des Geschäftswerts siehe nochmals bei Fn. 411 ff.
[462] Sack, GmbHR 86, 352 (355 f.).
[463] Knoppe, S. 242; Sack, GmbHR 86, 352 (356).
[464] FG Münster Urt. v. 2. 11. 1983 – VI 3879/78 F (Rev. eingelegt) EFG 84, 282 (283); zu weiteren Einzelheiten siehe R 139 Abs. 5 EStR 1993; BdF Schr. v. 17. 10. 1994 – IV B 2 – S 2242 – 47/94 BStBl. 94 I, 771; Fin. Min. NRW v. 28. 12. 1964 S 2150 bzw. S 2151-10-

letztlich jedoch offengelassen vom *BFH*)[465]. Hierbei hat der Verpächter die Wahl, ob er die Betriebsaufgabe erklärt (Versteuerung der stillen Reserven) und künftig Einkünfte aus Vermietung und Verpachtung deklariert o d e r den Gewerbebetrieb fortführt, *ohne* dabei der Gewerbesteuer zu unterliegen[466].

Die Betriebsfortführung ist jedoch nach einer Meinung nur dann möglich, wenn die bisher im Rahmen der Betriebsaufspaltung als wesentliche Betriebsgrundlagen angesehenen Pachtanlagegüter der qualifizierten Voraussetzung der Verpachtung eines *Betriebes im ganzen* entsprechen. Da nicht in jedem Falle, in dem bisher eine wesentliche Betriebsgrundlage verpachtet worden ist, zugleich die Verpachtung eines Betriebs als einheitliches Ganzes vorliegt, bedarf es demnach einer sorgfältigen Prüfung, ob die Kriterien einer Betriebsfortführung überhaupt tatbestandsmäßig vorliegen. Ist eine Betriebsverpachtung in toto nicht gegeben, so stellt nach dieser – inzwischen vom BFH geteilten – Auffassung die Überführung der Wirtschaftsgüter eine Betriebsaufgabe (§§ 16, 34 EStG) dar[467].

Die Gegenmeinung trägt jedoch den Besonderheiten der Betriebsaufspaltung besser Rechnung und will die Grundsätze über die Betriebsverpachtung bei *jeder* beendeten Betriebsaufspaltung anwenden, also selbst dann, wenn keine Verpachtung eines ganzen Betriebes vorliegt. Dies wird zutreffend damit begründet, daß

---

V B 1 BStBl. 65 II, 5; zum Erfordernis der Eigenbewirtschaftung als Voraussetzung für das Verpächterwahlrecht siehe BFH Urt. v. 20. 4. 1989 – IV R 95/87 BStBl. 89 II, 863 und BdF-Schr. v. 23. 11. 1990 – IV B 2 – S 2242 – 57/90 BStBl. 90 I, 770; o. V., GmbH-Report 91, R 12f.; ferner BFH Urt. v. 22. 5. 1990 – VIII R 120/86 BStBl. 90 II, 780: „Die Fortführung eines Betriebes im Wege der Verpachtung entsprechend den Grundsätzen des BFH-Urteils vom 14. Dezember 1978 (BFHE 127, 21, BStBl. II 1979, 300) ist grundsätzlich nicht möglich, wenn wesentliche Betriebsgegenstände dem Verpächter und Pächter gemeinsam (z. B. als Miterben) gehören."; ferner Mathiak, FR 84, 129ff.; Bitz, DB 84, 1492 (1493); Knobbe-Keuk, DStR 85, 494 (497); Schoor, DStZ 92, 788 (789); ders., FR 94, 449ff.

[465] Urt. v. 13. 12. 1983 – VIII R 90/81 BStBl. 84 II, 474 (478f.) mit insoweit ablehnender Anm. v. L. Schmidt, FR 84, 320; Urt. v. 25. 8. 1993 – XI R 6/93 BStBl. 94 II, 23 (25); gegen eine Abwendung der Betriebsverpachtungsgrundsätze FG Köln Urt. v. 27. 11. 1986 – V K 461/83 (Rev. eingelegt) EFG 87, 105; hierzu Wolf/Hinke 09/5.3.8; differenzierend Beckermann/Jarosch, DB 84, 2483 (2484): Anwendung der Betriebsverpachtungsgrundsätze nur bei Beendigung einer *echten* Betriebsaufspaltung; ferner Schulze zur Wiesche, GmbHR 94, 98 (105).

[466] Abschn. 15 Abs. 2 Satz 1 GewStR 1990.

[467] BFH Urt. v. 13. 12. 1983 – VIII R 90/81 BStBl. 84 II, 474 (477ff.) mit insoweit zustimmender Anm. v. L. Schmidt, FR 84, 320; ders., EStG, § 15 Anm. 148a; FG Münster Urt. v. 21. 4. 1981 – VII 1011/78 F EFG 81, 458 (vorläufig nicht rkr.); Fichtelmann, Rdn. 306 m. w. Nachw.; Zartmann, S. 87; Mittelbach, DStZ/A 74, 361 (363); Schuhmann, StBp 81, 265 (277); Knobbe-Keuk, DStR 85, 494 (496f.); Schoor, GmbHR 86, 124 (125); Döllerer, GmbHR 86, 165 (171).

nach der BFH-Rechtsprechung bereits die Verpachtung einer wesentlichen Betriebsgrundlage durch das Besitzunternehmen zur Aufnahme einer gewerblichen Tätigkeit führt. Folglich muß auch die nachfolgende „Nicht-Betriebsaufspaltungs-Verpachtung" ohne Realisierung der stillen Reserven möglich sein[468].

Hervorzuheben ist, daß der BFH es abgelehnt hat, die Grundsätze über den Strukturwandel vom Gewerbebetrieb zur Land- und Forstwirtschaft[469] und über den Übergang von der Landwirtschaft zur Liebhaberei[470] anzuwenden[471].

In absoluten Härtefällen können *Billigkeitsmaßnahmen* nach § 163 AO angezeigt sein[472].

Um das Risiko der Zwangsrealisierung der stillen Reserven zu vermeiden, wird einmal empfohlen, daß der Pachtvertrag so gestaltet wird, daß die Bedingungen der Betriebsverpachtung im ganzen erfüllt sind. Das Risiko kann auch dadurch entfallen, daß sich die Besitzgesellschaft selbst (in geringem Umfange) gewerblich betätigt oder die Rechtsform einer GmbH oder GmbH & Co. KG annimmt, also qua Rechtsform eine gewerbliche Tätigkeit entfaltet, freilich mit der Konsequenz der Gewerbesteuerpflicht[473].

---

[468] Knoppe, S. 243; Streck, in: Kölner Handbuch, Tz. 292; Dehmer, Rdn. 1135; Bise, StbJb 72/73, 207 (217); zu dieser Problematik ferner Seithel, GmbHR 71, 256 (261); o.V., DB 70, 276; o.V., DB 74, 1793; o.V., DB 75, 2013 f.; o.V., DStZ 84, 408 f.

[469] Vgl. BFH Urt. v. 7. 10. 1974 – GrS 1/73 BStBl. 75 II, 168 (170 ff.).

[470] BFH Urt. v. 29. 10. 1981 – IV R 138/78 BStBl. 82 II, 381.

[471] BFH Urt. v. 13. 12. 1983 – VIII R 90/81 BStBl. 84 II, 474 (479); zustimmend Bordewin, NWB, Fach 18, 2731 (2734 f.); zu dieser Problematik differenzierend Schmidt, EStG, § 15 Anm. 148a; Bitz, DB 84, 1492; ders., DB 84, 2484; Beckermann/Jarosch, DB 84, 2483 f.; Fichtelmann, GmbHR 84, 344 (347 f.); ders., GmbHR 91, 431 ff.; Tiedtke/Gareiss, GmbHR 91, 202 (212 f.) ; Märkle, BB 94, 831 (839); o.V., DStZ 84, 408 (409); ferner Schoor, GmbHR 86, 124 (125); Sack, GmbHR 86, 352 (357).

[472] Darauf weist der BFH im Urt. v. 15. 12. 1988 – IV R 36/84 BStBl. 89 II, 363 (365) unter Bezugnahme auf entsprechende Verwaltungspraxis in Baden-Württemberg ausdrücklich hin; hierzu Dehmer, Rdn. 1148; ferner Lehmann/Marx, FR 89, 506 (512 ff.); Niemeyer, BB 89, 2452 ff.; Fichtelmann, GmbHR 91, 431 (433); Märkle, BB 94, 831 (841).

[473] Streck, in: Kölner Handbuch, Tz. 293 f.; Knoppe, S. 243; Knobbe-Keuk, Bilanz- und Unternehmenssteuerrecht, S. 892; dies., DStR 85, 494 (497); eine ganze Palette von Gestaltungsmöglichkeiten zur Vermeidung der Realisierung von stillen Reserven unterbreitet Ehlers, DStZ 87, 557 ff.; problematisierend im Hinblick auf die Gefahr der Annahme einer bloßen Schein-GmbH & Co. KG siehe Streck, FR 88, 57 ff.; Fichtelmann, GmbHR 91, 431 (434); Paus, DStZ 89, 434 f.; Schneeloch, DStR 91, 990 (991); weitere Gestaltungsempfehlungen finden sich bei Söffing, DStR 92, 633 ff. und Diers, DStR 92, 90 ff.; zur Beendigung einer Betriebsaufspaltung in Fällen der Lizenzvergabe siehe Paus, DStZ 90, 193 f.

## 2.5.2 Wegfall der personellen oder sachlichen Voraussetzungen

Die Beendigung der Betriebsaufspaltung kann insbesondere durch das Entfallen des einheitlichen geschäftlichen Betätigungswillens eintreten. Folgende praktische Fallgestaltungen sind denkbar[474]:

- Veräußerung der Anteile am Besitzunternehmen oder der Betriebskapitalgesellschaft (dazu sogleich)[475]
- Unterschiedliche Vererbung von Anteilen am Besitz- und/oder Betriebsunternehmen[476]
- Einräumen oder Ausschluß von Sonderstimmrechten
- Entfallen einer Zusammenrechnung von Ehegattenanteilen infolge Scheidung bzw. von Anteilen Minderjähriger wegen Volljährigkeit
- Eintreten eines konkret nachweisbaren Interessengegensatzes
- Veräußerung von Betriebsvermögen der Besitzgesellschaft[476a]

Wird im Rahmen einer Betriebsaufspaltung der Pachtvertrag wegen Nichtbestehens des Fremdvergleichs steuerlich nicht mehr anerkannt, führt dies nicht ohne weiteres zur Beendigung der Betriebsaufspaltung und Entnahme des verpachteten Grundstücks[476b].

Problematisch ist, ob beim Wegfall der personellen Verflechtung eine Gewinnrealisierung beim Besitzunternehmen vorzunehmen ist. Dies wird dann zu bejahen sein, wenn mit der Beendigung der Betriebsaufspaltung zugleich die Verpachtung endet und das Besitzunternehmen den Betrieb selbst nicht fortführt und auch nicht die bisher von der Betriebskapitalgesellschaft genutzten Wirtschaftsgüter an einen Dritten verpachtet. Bleibt hingegen die Verpachtung an die Betriebsgesellschaft weiterhin bestehen, so finden die bereits bei 2.5.1 geschilderten Betriebsverpachtungsgrundsätze Anwendung, d.h. es steht ihnen das Wahlrecht zwischen Betriebsfortführung und Betriebsaufgabe zu, wobei bei der

---

[474] Hierzu Knoppe, S. 241 ff.; Felix, in: Kölner Handbuch, Tz. 300–306; Dehmer, Rdn. 1150 ff.; Knobbe-Keuk, DStR 85, 494 (496 f.).
[475] Zur Veräußerung eines Mitunternehmeranteils unter Fortbestehen der Betriebsaufspaltung siehe o. V., GmbH-Report 89, R 69.
[476] Zu Gestaltungsfragen der vorweggenommenen Erbfolge zwecks Vermeidung der Gewinnrealisierung eingehend Tillmann, GmbHR 73, 250 ff.; Zartmann, S. 88 ff.; L. Schmidt, DStR 79, 699 (706 ff.).
[476a] Zu den diesbezüglichen Tatbestandsvoraussetzungen einer Teilbetriebsveräußerung siehe BFH Beschl. v. 27. 9. 1993 – IV B 125/92 BFH/NV 94, 617.
[476b] FG Baden-Württemberg Urt. v. 14. 3. 1994 – 2 K 114/92 EFG 94, 833 (rkr.).

Betriebsfortführung die Gewerbesteuerpflicht entfällt[477]. Der BFH will jedoch diesen Vorgang *in der Regel* als Betriebsaufgabe des Besitzunternehmens beurteilen[478]. Dem steht grundsätzlich nicht entgegen, daß das bisherige Besitzunternehmen nach Beendigung der Betriebsaufspaltung sein unbewegliches Betriebsvermögen an den Erwerber verpachtet und sein bewegliches Betriebsvermögen unter Vereinbarung einer Rückkaufsoption veräußert[479].

Die Betriebsaufspaltung findet ihr Ende, wenn die Erwerber der Anteile nicht an dem Besitzunternehmen beteiligt sind. Werden die gesamten Anteile an der Betriebskapitalgesellschaft an einen Dritten veräußert, so ist dieser Vorgang nach § 16 Abs. 1 Nr. 1 EStG als Teilbetriebsveräußerung zu behandeln, die nach § 34 EStG tarifbegünstigt ist. Eine Veräußerung nur von einzelnen Anteilen an der Betriebskapitalgesellschaft, auch wenn es sich um eine wesentliche Beteiligung handelt, unterliegt der Besteuerung nach § 15 EStG zum vollen Steuersatz, da die (GmbH-)Anteile dem Betriebsvermögen des Besitzunternehmens zuzurechnen sind[480].

Wird das Besitzunternehmen (oder ein Mitunternehmeranteil) ohne gleichzeitige Veräußerung der Anteile an der Betriebskapitalgesellschaft verkauft, so ist eine Betriebsaufgabe nach §§ 16, 34 EStG gegeben, wenn die Anteile an der Betriebsgesellschaft – was möglich ist – in das Privatvermögen überführt wer-

---

[477] Hierzu Knoppe, S. 242f.; Zartmann, S. 87f. und S. 139; Fichtelmann, Rdn. 306; Brandmüller, Rdn. G 4; Dehmer, Rdn. 1137ff.; Herrmann/Heuer/Raupach, EStG, § 15 Anm. 13e (6); Rosenau, DB 67, 833 (834); o.V., DB 68, 1559; Seithel, DStR 71, 140 (144); Lauer, DB 72, 1311 (1313); Bise, StbJb 72/73, 207 (216); ferner Tillmann, GmbHR 73, 250 (253), der die Gefahr einer Entnahme betont, welche die Anwendung des Wahlrechts ausschließen würde.

[478] BFH Urt. v. 13. 12. 1983 – VIII R 90/81 DB 84, 474ff. mit insoweit ablehnender Anm. v. L. Schmidt, FR 84, 320; ferner die Anm. v. Woerner, BB 84, 1213; Schoor, GmbHR 86, 124 (125); bestätigt durch Urt. v. 15. 12. 1988 – IV R 36/84 BStBl. 89 II, 363 mit Anm. Woener, BB 89, 824; Groh, DB 89, 748; Schulze zur Wiesche, WPg 89, 329 (336f.); ders., DStZ 89, 443 (444); o.V., GmbH-Report 89, R 29f.; Tiedtke/Gareiss, GmbHR 91, 202 (212f.); Urt. v. 22. 3. 1990 – IV R 15/87 BFH/NV 91, 439; Urt. v. 25. 8. 1993 – XI R 6/93 BStBl. 94 II, 23 mit Anm. o.V., DStR 93, 1781 mit Anm. Kanzler, FR 94, 21; Schulze zur Wiesche, GmbHR 94, 98 (105); Märkle, BB 94, 831 (839ff.); *a.A.:* FG Münster Urt. v. 2. 11. 1983 – VI 3879/78 F (Rev. eingelegt) EFG 84, 282 (283); Herzig, BB 85, 741 (747f.).

[479] BFH Urt. v. 25. 8. 1993 – XI R 6/93 BStBl. 94 II, 23 mit Anm. o.V., DStR 91, 1781f.

[480] Knoppe, S. 246; siehe auch Schoor, GmbHR 86, 124 (125 u. 126ff.), der auch auf die Besonderheiten bei den *einbringungsgeborenen Anteilen* eingeht; beachte auch FG Rheinland-Pfalz Urt. v. 5. 12. 1983 – 5 K 122/83 (Rev. eingelegt) EFG 84, 356 betr. Schenkung von GmbH-Anteilen des Betriebsvermögens an Kinder als Entnahme; jedoch *keine Gewinnverwirklichung* bei beabsichtigter Beteiligung der Kinder an Besitzgesellschaft im *Billigkeitswege*.

den⁴⁸¹. Hierbei empfiehlt es sich, die Entnahme zeitlich mit der Betriebsveräußerung zu koordinieren, um nicht die Tarifbegünstigung nach § 34 EStG zu gefährden⁴⁸². Geschieht dies nicht, so bleiben die Anteile an der Betriebskapitalgesellschaft weiterhin Betriebsvermögen⁴⁸³ (streitig, s. o.). In einer *Insolvenzsituation der Betriebs-GmbH* wird mit dem Übergang der Verwaltungs- und Verwertungsbefugnis auf den Konkursverwalter die personelle Verflechtung beendet und damit die Betriebsaufspaltung aufgelöst⁴⁸⁴. Dasselbe gilt, wenn die Besitzpersonengesellschaft aufgelöst wird. Es tritt hinsichtlich der Anteile an der Betriebskapitalgesellschaft *keine* Gewinnrealisierung ein. Nach dem BFH⁴⁸⁵ erfolgt eine Gewinnrealisierung der Anteile nicht bereits mit der Auflösung der Besitzpersonengesellschaft, sondern erst bei der Veräußerung der Anteile an Dritte.

Umstritten ist, ob auch hinsichtlich der *Anteile an der Betriebs-GmbH* zwingend eine *steuerliche Betriebsaufgabe* eintritt und somit die dort enthaltenen stillen Reserven ebenfalls aufzudecken sind. Diese schädliche Auffassung wird unter Berufung auf das BFH Urt. v. 13. 12. 1983⁴⁸⁶ vertreten⁴⁸⁷.

Dem ist jedoch energisch zu widersprechen. Es entspricht der ständigen Rechtsprechung des Bundesfinanzhofes⁴⁸⁸, daß nach Beendigung der Betriebsaufspaltung die Anteile an der Betriebs-GmbH weiterhin notwendiges Betriebsvermögen des (ehemaligen) Besitzunternehmens bleiben.

Der BFH hat expressis verbis wie folgt im zweiten Leitsatz entschieden:

„Die Auflösung der Besitz-Personengesellschaft führt zu keiner Gewinnverwirklichung der GmbH-Anteile an der Betriebs-GmbH; diese tritt erst bei der Veräußerung an Dritte ein."

Es wird also die Auffassung vertreten, daß die GmbH-Anteile solange Betriebsvermögen des Besitzunternehmens bleiben, bis sie an fremde Dritte veräußert werden. Zuvor sind die stillen Reserven nicht aufzulösen. Begründet wird dies u. a. mit einer analogen Anwendung der Grundsätze über die Einbringung von

---

[481] Zartmann, S. 88; Streck, in: Kölner Handbuch, Tz. 296; Knoppe, S. 246; Fichtelmann, Rdn. 308.
[482] Hierzu Fichtelmann, Rdn. 308; großzügiger Streck, in: Kölner Handbuch, Tz. 298.
[483] Fichtelmann, Rdn. 308; Knoppe, S. 246; Streck, in: Kölner Handbuch, Tz. 297.
[484] So Fichtelmann, DStZ 91, 257 (259).
[485] Urt. v. 24. 3. 1959 – I 205/57 U BStBl. 59 III, 289; hierzu Lemm, DStR 87, 218 f.
[486] VIII R 90/81 BStBl. 84 II, 474.
[487] Sarrazin, DStR 87, 219; so im Ergebnis wohl auch BFH Urt. v. 25. 8. 1993 – XI R 6/93 BStBl. 94 II, 23 (26), ohne jedoch das Problem zu erörtern; ebenso Schmidt, EStG, § 15 Anm. 148 a.
[488] Insbesondere Urt. v. 24. 3. 1959 – I 205/57 BStBl. 59 III, 289.

Betrieben, Teilbetrieben etc. in eine Kapitalgesellschaft gem. §§ 20, 21 UmwStG (wohl herrschende Meinung)[489].

Folglich kann auch bei unterstellter Annahme einer Betriebsaufspaltung durch den Wegfall der personellen Beherrschung immer noch keine steuerpflichtige Realisierung der stillen Reserven in dem GmbH-Anteil vorgenommen werden. Die Anteile bleiben „eingefrorenes" Betriebsvermögen und können erst bei einer tatsächlichen Veräußerung an Dritte in analoger Anwendung des § 21 UmwStG i. V. m. §§ 16, 34 EStG versteuert werden.

Ferner ist darauf hinzuweisen, daß hinsichtlich der Aufdeckung von stillen Reserven beim Wegfall der personellen oder sachlichen Verflechtung in der Betriebskapitalgesellschaft zur Zeit ein Musterprozeß beim Bundesfinanzhof geführt wird[490].

Eine Beendigung der Betriebsaufspaltung kann ferner dadurch eintreten, daß die Betriebsgesellschaft selbst eigenes Betriebsvermögen anschafft oder vorhandenes Betriebsvermögen veräußert, so daß die ihr vom Besitzunternehmen überlassenen Wirtschaftsgüter nicht mehr die wesentliche Betriebsgrundlage oder eine der wesentlichen Betriebsgrundlagen für die Betriebsgesellschaft darstellen[491]. Problematisch ist hierbei, ob der Wegfall einer wesentlichen Betriebsgrundlage zu einer Gewinnrealisierung nach Maßgabe der §§ 16, 34 EStG beim Besitzunternehmen führt. Besteht die Verpachtung fort, so dürften auch in einem solchen Falle Betriebsverpachtungsgrundsätze Anwendung finden[492].

Eine Beendigung der Betriebsaufspaltung tritt auch dann ein, wenn die Betriebskapitalgesellschaft sich nicht mehr gewerblich betätigt (z. B. bei Betriebsstillegung oder Unterverpachtung an Dritte)[493]. Die obig erwähnten Betriebsver-

---

[489] Instruktiv Klemm, G., DB 84, Beilage Nr. 19 zu Heft 37, S. 9; Lemm, DStR 87, 218 (219); ders., DStR 93, 1904; Diers, DB 91, 1299 (1301); Döllerer/Thurmayr, DStR 1993, 1465 ff. (differenzierend); Winter, GmbHR 94, 313 (314); siehe auch Dehmer, Rdn. 1120 a. E.; Fichtelmann, Rdn. 308; Hinke, Neue Möglichkeiten der steuersparenden Betriebsaufspaltung, 1979, S. 109; Knoppe, S. 246; Streck, Kölner Handbuch, S. 95.
[490] Az. I R 45/92, zitiert bei Lemm, DStR 93, 1904.
[491] Zu einem solchen Grenzfall bei der Teilveräußerung von Patenten siehe BFH Urt. v. 21. 10. 1988 – III R 15/87 BFH/NV 90, 58; siehe auch FG Baden-Württemberg Urt. v. 3. 3. 1993 – 14 K 115/91 EFG, 93, 512 (rkr.): „Veräußert eine Besitzpersonengesellschaft eines von zweien an die Betriebsgesellschaft vermieteten Grundstücken, so liegt keine Veräußerung eines Teilbetriebes vor, auch wenn die Gewinnermittlung durch Betriebsvermögensvergleich für jedes Grundstück getrennt erfolgt ist."
[492] Knoppe, S. 246; Streck, in: Kölner Handbuch, Tz. 309. Auf die vorhergehenden Ausführungen wird verwiesen.
[493] FG Düsseldorf Urt. v. 22. 5. 1979 – IX 694/77 G EFG 80, 34; Knoppe, S. 247; Streck, in: Kölner Handbuch, Tz. 310; Herrmann/Heuer/Raupach, EStG, § 15 Anm. 13 e (6); o. V., DB 71, 409; o. V., DB 74, 1793.

### 2.5.3 Umwandlung der Betriebskapitalgesellschaft auf das Besitzunternehmen[495]

Eine Umwandlung der Betriebskapitalgesellschaft auf das Besitzunternehmen ist handelsrechtlich nach den Vorschriften des Umwandlungsgesetz[496] möglich. Voraussetzung für solch eine verschmelzende Umwandlung ist jedoch, daß die Besitzgesellschaft selbst Alleingesellschafterin oder Hauptgesellschafterin der Betriebskapitalgesellschaft mit einer Beteiligung *von mehr als* 90% ist (§ 15 UmwG). Hierbei ist nicht ausreichend, daß die Anteile allein steuerlich dem Betriebsvermögen der Besitzgesellschaft zugerechnet werden. Ist die Besitzgesellschaft nicht unmittelbar selbst an der Betriebskapitalgesellschaft beteiligt, sondern werden die Anteile von den Gesellschaftern des Besitzunternehmens gehalten, so müssen die Anteile vor der Umwandlung in die Besitzgesellschaft eingebracht werden. Eine weitere Möglichkeit ist die Umwandlung auf eine gleichzeitig errichtete neue Personengesellschaft (errichtende Umwandlung nach §§ 16, 24 UmwG)[497].

Bei der Umwandlung der Betriebskapitalgesellschaft auf die Besitzpersonengesellschaft ist der Übertragungsgewinn nach § 4 UmwStG[498] *nicht* körperschaftsteuerpflichtig. Der Übernahmegewinn ist der Personengesellschaft zuzurechnen und damit von deren Gesellschaftern zu versteuern (§ 5 UmwStG). Die auf den Übernahmegewinn entfallende Einkommensteuer kann auf Antrag bis zu 10 Jahre gestundet werden, ohne daß Stundungszinsen erhoben werden (§ 7 UmwStG). Ein Übernahmegewinn kann dadurch entstehen, daß in der Schlußbilanz der übertragenden Betriebskapitalgesellschaft die Wirtschaftsgüter mit dem *Teilwert*[499] anzusetzen sind (§ 3 UmwStG), was auf eine Nachversteuerung der in der Betriebskapitalgesellschaft angesammelten stillen Reserven hinausläuft. Der Übernahmegewinn ist grundsätzlich gewerbesteuerpflichtig (mit einer Stundungsregelung), wobei jener bei der Ermittlung des Gewerbeertrags nur mit einem Drittel anzusetzen ist (§ 18 UmwStG).

---

[494] Knoppe, S. 247; Streck, in: Kölner Handbuch, Tz. 310; Herrmann/Heuer/Raupach, EStG, § 15 Anm. 13e (6); o. V., DB 71, 409.
[495] Zur Auflösung der Betriebskapitalgesellschaft ohne Umwandlung siehe Zartmann, S. 144f..
[496] Umwandlungsgesetz v. 6. 11. 1969 BGBl. I, S. 2081 (i.d.F. v. 19. 12. 1985 BGBl. I, S. 2355).
[497] Brandmüller, Rdn. G 60 (mit verschiedenen Gestaltungsmöglichkeiten)
[498] v. 6. 9. 1976 BGBl I, S. 2641 (i.d.F. v. 14. 12. 1984 BGBl. I, S. 1493).
[499] Wirtschaftsgüter, die nicht in ein Betriebsvermögen übergehen, müssen hierbei mit dem gemeinen Wert angesetzt werden (§ 3 Satz 2 UmwStG).

Nach dem 1. 1. 1995 geltenden Umwandlungssteuergesetz ist jedoch nunmehr eine steuerneutrale Umwandlung einer Kapitalgesellschaft auf eine Personengesellschaft im Wege der übertragenden Umwandlung erfolgsneutral möglich (§§ 3–8, 10 UmwStG, sog. steuerneutrale Vermögensübertragung bzw. analog bezüglich der genannten Vorschriften beim identitätswahrenden Formwechsel gemäß § 14 UmwStG).

Sind dem Gesellschafter-Geschäftsführer der Betriebskapitalgesellschaft Pensionszusagen gegeben worden, so gehen diese Verpflichtungen auf die Besitzgesellschaft als Gesamtnachfolgerin über. Nach der Rechtsprechung muß die Pensionsrückstellung bei der bisherigen Besitzpersonengesellschaft weitergeführt werden[500].

### 2.5.4 Einbringung des Besitzunternehmens in die Betriebskapitalgesellschaft

Das Besitzunternehmen kann seinen Betrieb gegen Gewährung von Gesellschaftsrechten einbringen (§ 20 Abs. 1 UmwStG)[501]. Die Einbringung kann grundsätzlich ohne Gewinnrealisierung erfolgen, da die Buchwerte von der bisherigen Betriebskapitalgesellschaft fortgeführt werden können. Zulässig ist auch die Einbringung zum Teilwert oder einen über dem Buchwert liegenden Zwischenwert (§ 20 Abs. 2 UmwStG). In Höhe der Differenz zwischen dem Einbringungswert und dem Buchwert entsteht ein Veräußerungsgewinn, auf den die Tarifvergünstigung des § 34 Abs. 1 EStG Anwendung findet, wenn der Einbringende eine natürliche Person ist (§ 20 Abs. 5 Satz 1 UmwStG). Ein Freibetrag nach § 16 Abs. 4 EStG wird in diesem Fall aber nur dann gewährt, wenn die Betriebskapitalgesellschaft das eingebrachte Betriebsvermögen in vollem Umfange mit dem Teilwert ansetzt (§ 20 Abs. 5 Satz 2 UmwStG).

Hat das Besitzunternehmen bisher die Anteile an der Betriebskapitalgesellschaft selbst gehalten, so müßten diese Anteile nach der Einbringung eigene Anteile an der Betriebskapitalgesellschaft werden. Hierbei können jedoch gesellschaftsrechtliche Komplikationen auftreten. Eine GmbH kann eigene Anteile, auf welche die Einlagen vollständig geleistet sind, auch nur dann erwerben, wenn der Erwerb nicht aus dem Stammkapital finanziert werden muß (§ 33 Abs. 2 Satz 1 GmbHG). Ist dagegen die aufnehmende Betriebskapitalgesellschaft eine Aktiengesellschaft, so ist der Erwerb eigener Aktien prinzipiell verboten (arg.

---

[500] Vgl. BFH Urt. v. 8. 1. 1975 – I R 142/72 BStBl. 75 II, 437; Urt. v. 22. 6. 1977 – I R 8/75 BStBl. 77 II, 798; hierzu Brandmüller, Rdn. G 68–69; Zartmann, S. 142f.; Knoppe, S. 250; Dehmer, Rdn. 1187ff.; Fichtelmann, Rdn. 309.
[501] Hierzu Patt, DStR 94, 1383 (1386f.); zur Behandlung von Pachtzahlungen bei einer diesbezüglichen Auflösung einer Betriebsaufspaltung o. V., GmbH-Report 87, R 85f.

§§ 71–71 e AktG). Um diese Schwierigkeiten zu vermeiden, eröffnet die Finanzverwaltung die Möglichkeit, daß die Anteile an der aufnehmenden Kapitalgesellschaft nicht mit eingebracht werden. Die nicht mit eingebrachten Anteile an der aufnehmenden Betriebskapitalgesellschaft gelten dann nicht als entnommen. Sie sind künftig als Anteile zu behandeln, die durch eine Sacheinlage erworben wurden (= Fiktion), auf die die §§ 20, 21 UmwStG anzuwenden sind[502].

Ferner ist zu beachten, daß eine spätere Veräußerung der bei dem Einbringungsvorgang durch Sacheinlage (Kapitalerhöhung) geschaffenen neu entstehenden Anteile an der Betriebskapitalgesellschaft Veräußerungsgewinne i.S.d. § 16 EStG sind, für die die Tarifbegünstigung nach § 34 Abs. 1 EStG Anwendung findet, wenn der Veräußerer eine natürliche Person ist (§ 21 Abs. 1 UmwStG)[503]. Hierin liegt ein Korrelat zu dem Verzicht des Fiskus auf die Besteuerung der stillen Reserven anläßlich der Sacheinlage in die Kapitalgesellschaft durch die zugelassene Buchwertfortführung[504].

## 3. Umsatzsteuerliche Konsequenzen bei der Betriebsaufspaltung

### 3.1 Begründung der Betriebsaufspaltung

Bei der Begründung der Betriebsaufspaltung ist die Einbringung des Betriebsvermögens in die neu gegründete Betriebsgesellschaft grundsätzlich ein umsatzsteuerbarer Vorgang, falls nicht ausnahmsweise eine Geschäftsveräußerung i.S.v. § 1 Abs. 1a UStG vorliegt. In diesem Stadium kann jedoch nach allgemeiner Meinung keine Organschaft bestehen[505]. Seit dem UStG 1980 sind Sacheinlagen – ausgenommen Grundstücke – gegen Gewährung von Gesellschaftsrechten nicht mehr von der Umsatzsteuer befreit (§ 4 Nr. 9 UStG). Eine Steuerbefreiung kommt jedoch für die Einbringung von Forderungen, Wertpapieren und Geldbeständen in Betracht (§ 4 Nr. 8 UStG). Folglich stellt sich das Problem, ob das

---

[502] BdF Schreiben v. 20. 7. 1970 – IV B/5 – S 1978-26/70 und IV B/2 – S 1909-9/70 Abschn. II Nr. 6 Abs. 3 BStBl. 70 I, 922 (928); zum UmwStG 1969 in Verbindung mit dem BdF-Schreiben v. 16. 6. 1978 – IV B 2 – S 1909-8/78 Tz. 48 BStBl. 78 I, 235 zum UmwStG 1977.
[503] Die Tarifvergünstigung kann auch beansprucht werden, wenn die Anteile an einer Gesamthandsgemeinschaft veräußert werden, an der nur natürliche Personen beteiligt sind, BdF v. 16. 6. 1978 (a.a.O.), Tz. 69.
[504] Zartmann, S. 146; Dehmer, Rdn. 1186; weitere Einzelheiten bei Glade/Steinfeld, UmwStG, Tz. 1171 ff.
[505] BFH Urt. v. 5. 9. 1968 – V 153/65 BStBl. 69 II, 55; OFD Saarbrücken v. 9. 7. 1971 – S 7522-6-St 24 UR 72, 186; Korn, in: Kölner Handbuch, Tz. 628; Dehmer, Rdn. 1070; Knoppe, S. 335.

Besitzunternehmen nicht nach § 9 UStG auf die Steuerbefreiung verzichten soll. Wenn die Betriebsgesellschaft zum Vorsteuerabzug berechtigt ist, ist in aller Regel die Option nach § 9 UStG zu empfehlen, weil sonst der Vorsteuerabzug für die eingebrachten Gegenstände nach § 15 Abs. 2 bzw. § 15a UStG verlorengeht[506]. Bemessungsgrundlage für die Umsatzsteuer ist an sich der gemeine Wert der von der Betriebsgesellschaft gewährten Gesellschaftsrechte zuzüglich anderer Gegenleistungen (z.B. Schuldübernahme). Ist die Betriebsgesellschaft zum Vorsteuerabzug berechtigt, so wird wie bei der Betriebseinbringung im ganzen aus Vereinfachungsgründen die Übernahme des ertragsteuerlichen Wertansatzes für die übernommenen Wirtschaftsgüter akzeptiert; also auch Buchwerte, wenn diese fortgeführt werden[507].

Bei der Verpachtung eines Gesamtbetriebes werden hinsichtlich des Warenlagers unterschiedliche Absprachen getroffen. Beim Verkauf des Warenlagers ist der Erlös ein umsatzsteuerpflichtiges Entgelt. Bei der Warenlagerpacht ist nunmehr einhellige Meinung, daß bei der Übertragung und der Rückgabe des Warenlagers jeweils kein steuerbarer Leistungsaustausch vorliegt[508]. Obwohl bei einem Warendarlehen dem Pächter der Lagerbestand übereignet wird, liegt jedoch im Hinblick auf die korrespondierende Rückgabeverpflichtung nach wirtschaftlicher Betrachtungsweise nur eine vorübergehende Nutzung (= Gebrauchsüberlassung) vor, so daß keine umsatzsteuerbare Lieferung vorliegt[509].

Beim Warendarlehen ist somit nur der Zins für das Darlehen umsatzsteuerbar. Problematisch ist hierbei, ob diesbezüglich eine Steuerbefreiung nach § 4 Nr. 8 UStG möglich ist. Diese Vorschrift findet aufgrund ihrer ratio auf das zur Nutzung überlassene Kapital Anwendung, welches nicht unbedingt in Geld bestehen muß, sondern auch für vertretbare Sachen in Betracht kommt[510]. Somit sind nach richtiger Ansicht die Darlehenszinsen für Warendarlehen steuerfrei[511].

---

[506] Korn, in: Kölner Handbuch, Tz. 629; Knoppe, S. 335f.; o.V., GmbH-Report 86, R 29f.
[507] Korn, in: Kölner Handbuch, Tz. 631; Knoppe, S. 336.
[508] BFH Urt. v. 25. 2. 1954 – V 236/53, abgedruckt bei Herbert, Steuerrecht der Unternehmung, Heft 61 Teil 6, S. 7; BdF Schreiben v. 14. 7. 1954 – IV S 4202 – 5/54 USt-Kartei S 4202 K 51; ebenso Knoppe, S. 326ff. (mit Darstellung des vormaligen Streitstandes); Korn, in: Kölner Handbuch, Tz. 632; siehe auch Brandmüller, Rdn. E 160; Zartmann, S. 137.
[509] Hess. FG Urt. v. 18. 12. 1953 – I 1394/52, abgedruckt bei Herbert, a.a.O., S. 9; Knoppe, S. 328; Korn, in: Kölner Handbuch, Tz. 632; Dehmer, Rdn. 1077.
[510] Bunjes/Geist, UStG, § 4 Nr. 8 Anm. 3.
[511] Ebenso Mager, UR 53, 124 (125); Meyer-Arndt, UR 66, 193 (195f.); Brandmüller, Rdn. G 160; *a.A.*: Knoppe, S. 328; Dehmer, Rdn. 1077 und Böttcher, StbJb 53/54, 239 (245), die der Auffassung sind, daß § 4 Nr. 8 UStG nur für Geld-, nicht aber für Warenkredite gilt.

Bei der *umgekehrten Betriebsaufspaltung* ist das Einbringen von Wirtschaftsgütern in die neu gegründete Personengesellschaft durch die Kapitalgesellschaft grundsätzlich umsatzsteuerpflichtig[512]. Sollen anstatt der Kapitalgesellschaft deren Anteilseigner Gesellschafter der Personengesellschaft werden, so ist die spätere Übertragung der Gesellschaftsrechte nach § 4 Nr. 8f UStG steuerfrei.

### 3.2 Unternehmereinheit und Organschaft

Da die Unternehmereinheit zwischen der Betriebspersonengesellschaft und der Betriebskapitalgesellschaft schon bisher nicht anerkannt wurde[513], hat insofern auch die grundsätzliche Aufgabe der umsatzsteuerlichen Unternehmereinheit durch die neue BFH-Rechtsprechung[514] keine grundlegende Auswirkung für die Betriebsaufspaltung[515].

Nach § 2 Abs. 2 Nr. 2 UStG liegt eine Organschaft vor, wenn eine juristische Person nach dem Gesamtbild der tatsächlichen Verhältnisse finanziell, wirtschaftlich und organisatorisch in ein Unternehmen eingegliedert ist[516]. Während die gewerbesteuerliche Organschaft bei der typischen Betriebsaufspaltung infolge einer fehlenden (über die gewerbliche Verpachtung hinausgehenden) qualifizierten gewerblichen Tätigkeit prinzipiell nicht anerkannt wird[517], ist eine solche Einengung des Organschaftsbegriffs bei der Umsatzsteuer nicht gerechtfertigt. Bei den unterschiedlichen Zielsetzungen der Umsatzsteuer als allgemeiner Verbrauchsteuer und der Gewerbesteuer als Ertrag – (Real-)Steuer ist eine Gleichsetzung des Organschaftsbegriffs in vollem Umfang für beide Steuerarten nicht möglich. Während die Gewerbesteuer auf den Betrieb abstellt, kommt es bei der Umsatzsteuer nur auf die Lieferungen und Leistungen an, gleichviel von welchem

---

[512] Knoppe, S. 336; Zartmann, S. 137.
[513] BFH Urt. v. 8. 2. 1955 – V 162/52 S BStBl. 55 III, 113; Urt. v. 23. 4. 1959 – V 66/57 U BStBl. 59 III, 256; Urt. v. 13. 4. 1961 – V 81/59 U BStBl. 61 III, 343; Urt. v. 26. 10. 1961 – V 193/59 HFR 62, 211; Urt. v. 6. 12. 1962 – V 27/60 U BStBl. 63 III, 107; Urt. v. 28. 1. 1965 – 126/62 U BStBl. 65 III, 243; siehe auch die Ausführungen bei Fn. 351.
[514] BFH Urt. v. 16. 11. 1978 – V R 22/73 BStBl. 79 II, 347; Urt. v. 23. 11. 1978 – V R 36/78 BStBl. 79 II, 350; Urt. v. 30. 11. 1978 – V R 29/73 BStBl. 79 II, 352; Urt. v. 30. 11. 1978 – V R 40/78 BStBl. 79 II, 354 (356); Urt. v. 8. 2. 1979 – V R 114/74 BStBl. 79 II, 358; zum Ende der umsatzsteuerlichen Unternehmereinheit als Verfahrensproblem siehe Breitenbach, DB 87, 306f.; ders., DB 87, 1511; ferner Urban, DB 87, 1510f.
[515] Ebenso Knoppe, S. 338; Zartmann, S. 135; Dehmer, Rdn. 880–883.
[516] Zu dem Erfordernis der qualifizierten Dokumentation der Unternehmereigenschaft auch bei Vorliegen einer Betriebsaufspaltung siehe FG Nürnberg Urt. v. 29. 3. 1988 – II 130/81 EFG 88, 493 (rkr.).
[517] Beachte nochmals die Ausführungen bei 2.4.1.6.1.

Gebilde diese ausgehen[518]. Bei der Betriebsaufspaltung wird regelmäßig eine Organschaft angenommen, wenn die Anteile der Betriebsgesellschaft dem Besitzunternehmen oder ihren Gesellschaftern gehören (finanzielle Eingliederung), die einheitliche Willensbildung sichergestellt ist (organisatorische Eingliederung) und Besitz- und Betriebsunternehmen eine wirtschaftliche Einheit bilden (wirtschaftliche Eingliederung)[519]. Die für eine umsatzsteuerliche Organschaft notwendige wirtschaftliche Eingliederung kann bei einer Betriebsaufspaltung gegeben sein, wenn der Organträger als Besitzunternehmen der Organ-Betriebsgesellschaft ein Grundstück vermietet, das für die Umsatztätigkeit besonders gestaltet ist[520].

Somit ist im Falle einer Betriebsaufspaltung von einer Organschaft i.S.d. § 2 Abs. 2 Nr. 2 UStG auch dann auszugehen, wenn der Organträger keine eigenen Außenumsätze gegenüber Dritten erbringt[521].

Die Rechtsfrage, ob Organschaft i.S.d. § 2 Abs. 2 Nr. 2 UStG im Falle der Betriebsaufspaltung angenommen werden kann, hat nach Auffassung des BFH keine grundsätzliche Bedeutung i.S.d. § 115 Abs. 2 Nr. 1 FGO mehr[522].

Das FG Rheinland-Pfalz ist jedoch der Auffassung, daß unter der Geltung des Mehrwertsteuersystems keine Berechtigung mehr besteht, den Begriff der Organschaft weiter auszulegen als im Ertragsteuerrecht, so daß in den Fällen der Betriebsaufspaltung eine Organschaft regelmäßig zu verneinen ist[523]. Diese Finanzgerichtsentscheidung wird jedoch von der Finanzverwaltung nicht angewendet[524].

---

[518] BFH Bescheid v. 12. 12. 1957 und Urt. v. 26. 2. 1959 – V 209/56 U BStBl. 59 III, 204 (206); Urt. v. 13. 4. 1961 – V 81/59 U BStBl. 61 III, 343 (344); Urt. v. 6. 12. 1962 – V 27/60 U BStBl. 63 III, 107 (108); Urt. v. 17. 11. 1966 – V 113/65 BStBl. 67 III, 103; Urt. v. 25. 1. 1968 – V 25/65 BStBl. 68 II, 421.

[519] BFH Urt. v. 13. 4. 1961 – V 81/59 U BStBl. 61 III, 343 (344); Urt. v. 25. 1. 1968 – V 25/65 BStBl. 68 II, 421; OFD Saarbrücken v. 9. 7. 1971 – S 7522 – G – St 24 UR 72, 186 (187); Brandmüller, Rdn. E 154; Fichtelmann, Rdn. 235, Abschn. 21 Abs. 5 Satz 6 und 7 UStR 1992; Korn, in: Kölner Handbuch, Tz. 477; Zartmann, S. 135; Knoppe, S. 338; Dehmer, Rdn. 884ff.; zu dieser Abgrenzungsfrage o. V., GmbH-Report 86, R 29f.

[520] BFH Urt. v. 9. 9. 1993 – V R 124/89 BStBl. 94 II, 129; vgl. a. FG Düsseldorf Beschl. v. 18. 12. 1986 – III 334/86 A (U) UR 88, 194 (rkr.); OFD Saarbrücken Vfg. v. 4. 3. 1994 – S 7105 – 11 – St 241 UR 94, 409.

[521] FG Nürnberg, Urt. v. 22. 2. 1990 – II 169/86 EFG 90, 543 (NZB eingelegt); FG des Saarlandes Urt. v. 9. 7. 1993 – 1 K 192/92 GmbHR 93, 675 = EFG 94, 175 (rkr.).

[522] BFH Beschl. v. 14. 1. 1988 – V B 115/87 GmbHR 88, 405; Beschl. v. 12. 8. 1993 – V B 230/91 BFH/NV 94, 277.

[523] FG Rheinland-Pfalz Urt. v. 12. 3. 1987 – 3 K 246/86 EFG 87, 430 (Rev. eingelegt; Az. b BFH: V R 42/87); ebenso Schuhmann, GmbHR 89, 380 (383ff.).

[524] OFD Frankfurt Vfg. v. 27. 10. 1987 – S 7105 A – 8 – St IV 11 UR 88, 199; siehe auch OFD Koblenz Vfg. v. 30. 12. 1987 – S 7527 A – St 51 1 / St 51 2 / St 51 3 UR 88, 396.

Steuerpflichtige, die bei einer Betriebsaufspaltung die Haftungsbeschränkung für die Umsatzsteuer aus den Geschäften der Betriebsgesellschaft sicherstellen wollen, sollten als Betriebsunternehmen – statt einer Kapitalgesellschaft – eine Personengesellschaft (insbes. GmbH & Co. KG) einschalten, weil eine Personengesellschaft kein Organ i. S. d. UStG sein kann[525].

### 3.3 Besteuerung der Leistungsbeziehungen zwischen Besitzunternehmen und Betriebskapitalgesellschaft (ohne Organschaft)

Liegt ausnahmsweise keine Organschaft bei einer Betriebsaufspaltung vor, so sind die Innenumsätze zwischen Besitzunternehmen und Betriebsgesellschaft steuerpflichtig. Es gelten dann die gleichen Regeln wie bei untereinander fremden Unternehmen getätigten Umsätzen. In die Bemessungsgrundlage ist alles einzubeziehen, was dem Verpächter im Rahmen des Pachtvertrages zufließt. Dazu gehören auch die vom Pächter übernommenen Aufwendungen, die eigentlich der Verpächter zu tragen hat (z. B. Grundsteuer und Versicherungen) sowie die Zins- und Abschreibungsvergütungen[526]. Ein Leistungsaustausch wird jedoch bei der von der Betriebsgesellschaft übernommenen Substanzerhaltung und Erneuerungsverpflichtung zu verneinen sein[527]. In jedem Falle scheidet die Übernahme des Instandhaltungsaufwandes aus dem steuerpflichtigen Entgelt aus, da der Pächter diese Kosten nach dem Gesetz tragen muß[528]. Werden bei der Betriebsaufspaltung der Betriebsgesellschaft auch Grundstücke überlassen, so ist der hierauf entfallende Pachtzins nach § 4 Nr. 12a UStG steuerfrei. Jedoch kann auf die Steuerfreiheit nach § 9 UStG verzichtet werden, um auf diese Weise, falls das Betriebsunternehmen Ersatzbeschaffungen im eigenen Namen durchführt, diesem den Vorteil der Vorsteuerabzugsberechtigung zu verschaffen[529].

Problematisch ist die Umsatzsteuerpflicht von Leistungen, die die Betriebsgesellschaft für das Besitzunternehmen erbringt. In diesem Zusammenhang weist *Böttcher*[530] auf ein nicht veröffentlichtes BFH-Urteil v. 16. 1. 1953 – V 38/51 –

---

[525] Hierzu Lohse, DStR 88, 567.
[526] Knoppe, S. 339 i. V. m. S. 318 ff.; Dehmer, Rdn. 905; Zartmann, S. 135.
[527] Vgl. Knoppe, S. 320 ff. m. w. Nachw.; Korn, in: Kölner Handbuch, Tz. 643; Zartmann, S. 135; Dehmer, Rdn. 907.
[528] BFH Urt. v. 26. 7. 1955 – V 35/55 U BStBl. 55 III, 258 (259); Urt. v. 11. 10. 1962 – V 317/59 U BStBl. 63 III, 77; Knoppe, S. 322 f.; Korn, in: Kölner Handbuch, Tz. 640; Zartmann, S. 135; Dehmer, Rdn. 907; FG Düsseldorf Urt. v. 12. 5. 1977 – X 13/73 U (rkr.) EFG 78, 243: „Bei einer verpachteten Sachgesamtheit kann je nach den Umständen die Ergänzung durch neue Gegenstände als Unterhaltung des einheitlichen Pachtgegenstandes angesehen werden."
[529] So auch Zartmann, S. 136.
[530] StbJb 53/54, 239 (249 f.); hierzu Brandmüller, Rdn. E 159; zweifelnd Zartmann, S. 136.

hin, in dem Angestellte einer Betriebs-GmbH auch für die Besitzgesellschaft tätig waren. Der BFH hatte die Möglichkeit eines Leistungsaustausches bejaht, aber ein ausdrückliches Leistungsentgelt gefordert. Ist ein Leistungsentgelt vereinbart, ist das Entgelt aber so niedrig, daß ertragsteuerlich eine verdeckte Gewinnausschüttung angenommen werden muß, so könnte auch in Höhe der verdeckten Gewinnausschüttung ein steuerpflichtiges Entgelt vorliegen. Der BFH hat nunmehr in einem Urteil v. 26. 2. 1976[531] entschieden, daß ertragsteuerliche Überlegungen, die dem Bereich der Körperschaftsteuer angehören, nicht in den Bereich der Umsatzsteuer übertragen werden dürfen. Seitdem wird abweichend von der bisherigen Handhabung bei unentgeltlich oder unangemessen niedrig vergüteten Leistungen, die ertragsteuerlich als verdeckte Gewinnausschüttungen anzusehen sind, eine umsatzsteuerpflichtige Leistung nicht mehr unterstellt[532].

## 4. Die Betriebsaufspaltung im Bewertungs- und Vermögensteuerrecht

Die Betriebsaufspaltung wird auch für den Bereich des Bewertungsrechts anerkannt[533]. Folglich ist das Betriebsvermögen der Besitz- und Betriebsgesellschaft gesondert zu behandeln. Beide Gesellschaften bleiben deshalb auch selbständige Vermögensteuersubjekte.

### 4.1 Einheitswert des Besitzunternehmens

In die Einheitsbewertung des Betriebsvermögens sind alle Wirtschaftsgüter miteinzubeziehen, die ertragsteuerlich zum Betriebsvermögen gehören (einschließlich des Sonderbetriebsvermögens der Gesellschafter)[534].

*4.1.1 Anteile an der Betriebskapitalgesellschaft*

Die Anteile an der Betriebskapitalgesellschaft gehören zum Betriebsvermögen[535]. Dabei ist unbeachtlich, ob zwischen Besitz- und Betriebsgesellschaft ein

---

[531] V R 167/70 BStBl. 76 II, 443.
[532] So die Finanzverwaltung Fin. Min. Niedersachsen S 7200-87-321 v. 7. 10. 1977 BB 77, 1491 (koordinierter Ländererlaß); FG Rheinland-Pfalz Urt. v. 5. 3. 1974 – II 111/68 (Rev. eingelegt) UR 74, 143; Knoppe, S. 325; Korn, in: Kölner Handbuch, Tz. 641.
[533] BFH Urt. v. 14. 11. 1969 – III 218/65 BStBl. 70 II, 302; zu den Folgen des Wegfalls der tatbestandlichen Voraussetzungen auf die Einheitsbewertung des Betriebsvermögens instruktiv FG Köln Urt. v. 27. 11. 1986 – V K 461/83 (Rev. eingelegt) EFG 87, 105.
[534] BFH Urt. v. 10. 4. 1964 – III 255/60 U BStBl. 64 III, 354; Urt. v. 19. 1. 1973 – III R 27/71 BStBl. 73 II, 438; siehe auch Abschn. 6 VStR 1993.
[535] BFH Urt. v. 13. 1. 1961 – III 1/58 U BStBl. 61 III, 333; Urt. v. 14. 11. 1969 – III 218/65 BStBl. 70 II, 302; Urt. v. 12. 12. 1969 – III 198/64 BStBl. 70 II, 395 (397); Urt. v. 17. 1. 1973 – III R 27/71 BStBl. 73 II, 438; zur ertragsteuerlichen Parallele siehe die Ausführungen bei 2.4.1.3.1.

Organschaftsverhältnis besteht oder nicht, auch ist eine Personenidentität für die Zurechnung der (GmbH-)Anteile zum Betriebsvermögen nicht erforderlich[536]. Bei der Addition von Anteilen von Ehegatten (und Kindern) sind die Grundsätze des BVerfG-Beschl. v. 12. 3. 1985[537] zu beachten[538]. Anteile von Angehörigen an der Betriebskapitalgesellschaft, die nicht an dem Besitzunternehmen beteiligt sind, gehören nicht zum Betriebsvermögen[539].

Schulden, die mit den Anteilen in wirtschaftlichem Zusammenhang stehen, sind als Betriebsausgaben abzugsfähig[540].

Im Schrifttum wird die Auffassung vertreten, daß bei der *Anteilsbewertung* der Betriebskapitalgesellschaft ein Abschlag gem. Abschn. 79 Abs. 3 und 4 VStR 1989 bzw. Abschn. 8 Abs. 3 VStR 1993 für fehlendes Anlagevermögen erfolgen könnte[541]. Nach zutreffender Ansicht der Rechtsprechung und der Finanzverwaltung kann jedoch dieser Faktor nicht wertmindernd berücksichtigt werden, da infolge der starken Verflechtung die Überlassung der wesentlichen Betriebsgrundlagen langfristig gesichert ist[542]. Ein Abschlag gem. Abschn. 79 Abs. 3 VStR 1989 bzw. Abschn. 8 Abs. 3 VStR 1993 kommt *ausnahmsweise* dann in Betracht, wenn der Nutzungsberechtigte aufgrund konkreter Maßnahmen des Grundstücks-/Gebäudeeigentümers mit einer alsbaldigen Beendigung der Nutzungsmöglichkeit rechnen muß und dadurch der Betriebsablauf am maßgeblichen Feststellungszeitpunkt nachhaltig beeinträchtigt ist. Eine Gefährdung des Betriebsablaufs durch die bloße Möglichkeit einer Auflösung der Nutzungsverhältnisse reicht für die Gewährung eines Abschlags nicht aus[543]. Zahlt die GmbH ihren Gesellschafter-Geschäftsführern Vergütungen über der unteren Grenze der

---

[536] Zartmann, S. 134.
[537] Nachw. in Fn. 69.
[538] Weitere Erläuterungen finden sich in der Vfg. der OFD Frankfurt v. 17. 8. 1987 - S 3102 A - 8 S 3263 A - 30 - St IV 50 WPg 88, 55 f.; vgl. auch BFH Urt. v. 28. 3. 1990 – II R 108/85 BStBl. 90 II, 493: „Anteile von Ehegatten können für die Beantwortung der Frage, ob eine Beteiligung auf die Geschäftsführung Einfluß gewährt, nicht aufgrund der Vermutung zusammengerechnet werden, daß Ehegatten gleichgerichtete wirtschaftliche Interessen vertreten."
[539] Brandmüller, BB 79, 465 (467).
[540] BFH Urt. v. 2. 8. 1968 – III 30/65 BStBl. 68 II, 814 (815); Fichtelmann, Rdn. 256.
[541] Korn, in: Kölner Handbuch, Tz. 626 m. w. Nachw.
[542] BFH Urt. v. 12. 3. 1980 – II R 28/77 BStBl. 80 II, 405 (408); Urt. v. 23. 4. 1986 – II R 215/83 BStBl. 86 II, 594; FG Bad.-Württ. Urt. v. 3. 2. 1983 – III 93/80 EFG 83, 487 (rkr.); Fin. Min. NRW Schr. v. 1. 7. 1968 S 3263-10-V 1 GmbHR 68, 192 = StEK BewG 1965 § 9 Nr. 2 und DStR 68, 705; hierzu Brandmüller, Rdn. E 166/167; Knoppe, S. 358; Fichtelmann, Rdn. 257; Dehmer, Rdn. 924; differenzierend Korn, in: Kölner Handbuch, Tz. 627; *a. A.:* o. V., GmbHR 68, 214 f.
[543] BFH Urt. v. 16. 4. 1984 – III R 81/82 BStBl. 84 II, 547 (549).

Angemessenheit, so ist auch dann kein Abschlag vom Durchschnittsertrag gerechtfertigt, wenn die Höchstgrenze der Angemessenheit der Bezüge nicht ausgeschöpft sein sollte. Das gleiche gilt bei Vergütungen für die Überlassung von Wirtschaftsgütern und Kapital, die an Gesellschafter oder innerhalb einer Betriebsaufspaltung an das Besitzunternehmen gezahlt werden[544].

### 4.1.2 Ansatz des Firmenwerts

Problematisch ist, ob ein Firmenwert bei der Ermittlung des Betriebsvermögens des verpachtenden Besitzunternehmens (gem. Abschn. 53 Abs. 1 VStR 1986) als immaterielles Wirtschaftsgut anzusetzen ist. Nach der Rechtsprechung kann nämlich ein Geschäftswert nicht nur durch ein Veräußerungsentgelt, sondern auch durch Zahlung von Pacht vergegenständlicht werden[545]. In einem Urteil v. 26. 11. 1964 hat der BFH[546] bei einer Betriebsaufspaltung den Ansatz eines Firmenwerts verneint, obwohl im Streitfall für die Überlassung der gesamten immateriellen Wirtschaftsgüter ein umsatzbezogener Pachtzins vereinbart war. Dies wurde damit begründet, daß es sich bei der Betriebsaufspaltung um ein einheitliches Unternehmen handelt und daß innerhalb eines einheitlichen Unternehmens ein selbständiges Wirtschaftsgut nicht in Ansatz gebracht werden könne.

Seitdem der Große Senat des BFH[547] durch den Beschluß v. 8. 11. 1971 den Begriff des einheitlichen Unternehmens bei der Betriebsaufspaltung aufgegeben hat, werden Zweifel hinsichtlich der Gültigkeit der älteren Rechtsprechung angemeldet[548]. Jedoch ist ein Ansatz des Firmenwerts in der Vermögensaufstellung in Zukunft grundsätzlich nur möglich, wenn er durch besondere Zahlungen von den Pachtzahlungen für das Anlagevermögen eindeutig abgrenzbar ist. Diese Voraussetzung ist bei Pachtzahlungen, die in Prozentsätzen des Umsatzes bemessen werden, *nicht* erfüllt[549]. Wird aber ein vorhandener Firmenwert von dem Besitzunternehmen ausdrücklich verpachtet, dann ist er auch entsprechend anzusetzen[550].

---

[544] Urt. v. 16. 4. 1984 – III R 82/81 BStBl. 84 II, 547; vgl. auch Urt. v. 23. 4. 1986 – II R 215/83 BStBl. 86 II, 594 (595 f.); ferner FG Bad.-Württ. Urt. v. 3. 2. 1983 – III 93/80 EFG 83, 487 (rkr).
[545] BFH Urt. v. 27. 7. 1962 – III 65/62 U BStBl. 62 III, 436.
[546] III 387/61 U BStBl. 65 III, 80; vgl. auch Urt. v. 6. 8. 1971 – III R 50/70 BStBl. 72 II, 163.
[547] GrS 2/71 BStBl. 72 II, 63.
[548] Fichtelmann, Rdn. 259; Korn, in: Kölner Handbuch, Tz. 468.
[549] BFH Urt. v. 6. 8. 1971 – III R 9/71 BStBl. 71 II, 677; Knoppe, S. 356; Zartmann, S. 134; Dehmer, Rdn. 931.
[550] Zartmann, S. 134 f.; Brandmüller, Rdn. E 101.

Die *Rechtslage* hat sich jedoch durch das Steueränderungsgesetz 1992 gewandelt. Vor 1993 waren neben entgeltlich erworbenen auch unentgeltlich erworbene Wirtschaftsgüter dann steuerpflichtig, wenn die selbständige Bewertung nach der Verkehrsanschauung oder durch Aufwendungen anerkannt worden war. *Ab 1993* sind allein die *Steuerbilanzwerte maßgebend*. In der Steuerbilanz sind immaterielle Wirtschaftsgüter nur zu aktivieren bei einem entgeltlichen Erwerb oder nach einer Einlage (vgl. § 5 Abs. 2 EStG). Nur ein in der Steuerbilanz ausgewiesener Wertansatz kann übernommen werden[550a].

*4.1.3 Ansprüche auf Substanzerhaltung und Pachtanlagenerneuerung*

Die verpachteten Wirtschaftsgüter sind beim Betriebsvermögen des Besitzunternehmens zu erfassen. Dasselbe gilt für die von der Betriebsgesellschaft ersetzten Wirtschaftsgüter[551]. Hat das ersatzweise beschaffte Wirtschafsgut im Abschlußzeitpunkt einen höheren Wertigkeitsgrad als das ersetzte Wirtschaftsgut, so ist das Besitzunternehmen berechtigt, eine Ausgleichsverpflichtung gegenüber der Betriebsgesellschaft entsprechend deren Ausgleichsanspruch anzusetzen[552].

Die Besitzgesellschaft hat die Ansprüche aus dem Pacht- und Betriebsüberlassungsvertrag in derselben Höhe und ab dem Zeitpunkt auszuweisen, in der sie von der Betriebsgesellschaft als Verbindlichkeiten abgezogen sind (Prinzip der korrespondierenden Vermögensaufstellung)[553]. Dabei sind die Einschränkungen aus dem BFH-Urt. v. 8. 3. 1989 analog zu beachten[554]. Die Höhe des Anspruchs kann – wie beim Pächter – aus der Steuerbilanz übernommen werden[555].

**4.2 Einheitswert der Betriebsgesellschaft**

*4.2.1 Verpflichtungen der Betriebsgesellschaft hinsichtlich der überlassenen Wirtschaftsgüter*

Grundsätzlich kann die Betriebsgesellschaft ihre Instandhaltungs- und Ersatzbeschaffungsverpflichtungen entsprechend den Wertansätzen in der Steuerbilanz

---

[550a] Rössler/Troll, § 109 BewG Rdn. 9.
[551] BFH Urt. v. 2. 11. 1965 – I 51/61 S BStBl. 66 III, 61 (63); Urt. v. 21. 12. 1965 – IV 228/64 S BStBl. 66 III, 147; Urt. v. 23. 6. 1966 – IV 75/64 BStBl. 66 III, 589; Fichtelmann, Rdn. 260.
[552] Knoppe, S. 348f.
[553] Korn, in: Kölner Handbuch Tz. 622 m.w. Nachw.; Knoppe, S. 348f.; Dehmer, Rdn. 932.
[554] X R 9/86 BStBl. 89 II, 714; Fichtelmann, Rdn. 261; beachte die Ausführungen bei Fn. 330.
[555] Knoppe, S. 349.

als Schulden in der Vermögensaufstellung ansetzen[556] (einschl. der Sachwertdarlehen)[557]. Eine Substanzerhaltungsverpflichtung kann als Schuld angesetzt werden, wenn ein am Stichtag unbrauchbar gewordener Pachtgegenstand noch nicht ersetzt ist. Hingegen kann eine auf gepachtete und noch brauchbare Wirtschaftsgüter entfallende Rückstellung nicht als Schuld abgezogen werden. Infolge der erst im Zeitpunkt des Unbrauchbarwerdens eintretenden Ersatzpflicht liegt dann eine aufschiebend bedingte oder auf unbestimmte Zeit befristete Schuld vor, die nach §§ 6, 8 BewG nicht abzugsfähig ist[558]. Wird jedoch im Pacht- und Betriebsüberlassungsvertrag vereinbart, daß *eine Pachtanlagenerneuerungsverpflichtung zu jedem Zeitpunkt während der Pachtzeit* (also nicht erst am Pachtende) zu erfüllen ist, dann liegt eine unbedingte abzugsfähige Schuld vor[559].

### 4.2.2 Verdecktes Stammkapital

Der Begriff des verdeckten Stammkapitals war seit dem BFH-Urteil v. 10. 3. 1972[560] im Bewertungsrecht (genauso wie im Körperschaftsteuerrecht)[561] nahezu ohne Relevanz. Im Urteilsfalle hatte die Vertriebs-GmbH den Geschäftsbetrieb mit allen dafür erforderlichen Vermögenswerten übernommen. Sie hatte sich verpflichtet, bei Auflösung des Pachtverhältnisses eine gleich große und gleich gute Menge Vorräte an das Besitzunternehmen zurückzugeben. Diese Rückgabeverpflichtung wurde ertragsteuerlich als Betriebsschuld ausgewiesen; bei der Einheitsbewertung des Betriebsvermögens vom Finanzamt jedoch als verdecktes Stammkapital behandelt. Der BFH erkannte hingegen die Rückgabeverpflichtung als Darlehensverbindlichkeit an und hat dabei darauf hingewiesen, daß das Steuerrecht grundsätzlich die nach bürgerlichem Recht zulässigen Gestaltungsmöglichkeiten anerkennen müsse, es sei denn, es liege ausnahmsweise eine ungewöhnliche Vertragsgestaltung vor, die als Gestaltungsmißbrauch i. S. v. § 42 AO angesehen werden muß. Der BFH weist darauf hin, daß bei einem Stammkapital von nur 22500,- DM sogar Darlehen in Höhe von 1 Mio. DM noch kein verdecktes Stammkapital bilden (!).

---

[556] Zu weiteren Einzelheiten Nds. Fin. Min. Erl. v. 21. 6. 1967 – S 3232 – S – 31 5/Fin. Min. NRW Erl. v. 11. 7. 1967 – S 3232-9- V 1 BB 67, 1031 f.; Knoppe, S. 345 ff.
[557] BFH Urt. v. 10. 3. 1972 – III R 52/69 BStBl. 72 II, 518.
[558] Erl. der Finanzverwaltung (Fn. 556) BB 67, 1031 (1032); Brandmüller, Rdn. E 161; Knoppe, S. 347; Fichtelmann, Rdn. 268; Dehmer, Rdn. 933; zu weiteren Einzelheiten siehe Abschn. 2 VStR 1993.
[559] Brandmüller, Rdn. E 161; Fichtelmann, Rdn. 269; Knoppe, S. 348; Dehmer, Rdn. 934; Erlaß der Finanzverwaltung (Fn. 556) BB 67, 1031 (1032).
[560] III R 52/69 BStBl. 72 II, 518 (519); zur vorherigen Rechtslage Knoppe, S. 356 ff.
[561] Siehe nochmals bei 2.4.2.1.4; siehe auch o. V., GmbHR 90, R 27 (R 28).

Eine Umdeutung hoher Gesellschafterdarlehen in verdecktes Stammkapital ist daher kaum noch möglich[562]. Selbst bei Überschuldung lehnt ein BFH-Ertragsteuersenat die Umdeutung eines konkursabwendenden Gesellschafterdarlehens in Stammkapital ab[563].

Im sog. *§ 8a KStG-Erlaß* nahm jedoch die Finanzverwaltung in der Vergangenheit bei *90%iger Fremdfinanzierung* (und darüber) verdecktes Nennkapital an, welches bei der Einheitsbewertung des Betriebsvermögens nicht als Schuldposten abziehbar ist[564]. Dieser Erlaß ist jedoch aufgehoben worden. Es sind somit für den Ansatz und die Bewertung von Verbindlichkeiten gleich welcher Art grundsätzlich die Steuerbilanzwerte maßgebend[564a].

## 5. Betriebsaufspaltung und Grunderwerbsteuer

Die Betriebsaufspaltung löst in aller Regel *keine* Grunderwerbsteuer aus, weil die Grundstücke im Besitzunternehmen zurückbleiben und nicht auf die Betriebsgesellschaft übertragen werden. Jedoch sind nach § 1 Abs. 2 GrEStG auch Rechtsvorgänge steuerpflichtig, die es ohne Begründung eines Anspruchs auf Übereignung einem anderen ermöglichen, ein Grundstück auf eigene Rechnung zu *verwerten*. Normalerweise ist der Pacht- und Betriebsüberlassungsvertrag so ausgestaltet, daß die Betriebsgesellschaft die überlassenen Grundstücke nutzen kann, ohne daß ihr ein Recht auf Verwertung eingeräumt wird. Durch die bloße Nutzungsüberlassung wird keine Grunderwerbsteuerpflicht begründet[565].

Eine Grunderwerbsteuerpflicht kann sich allerdings dann unter Umständen ergeben, wenn der Pächter auf fremden Grund und Boden ein Gebäude errichtet (§ 2 Abs. 2 Nr. 2 GrEStG). Verkauft der Pächter an einen neuen Pächter ein solches Gebäude, so liegt darin stets ein grunderwerbsteuerpflichtiger Vorgang. Eine Grunderwerbsteuerpflicht greift dann auch ein, wenn der Pächter das Gebäude dem Verpächter verkauft bzw. der Pächter dieses gegen Verzicht des Verpächters auf die Wiederherstellung des früheren Zustandes überträgt[566].

---

[562] Ebenso Korn, in: Kölner Handbuch, Tz. 624; Knoppe, S. 357.
[563] Urt. v. 10. 12. 1975 – I R 135/74 BStBl. 76 II, 226.
[564] Vgl. auch die Ausführungen bei 2.4.2.1.4 (Fn. 419–421).
[564a] Vgl. Rössler/Troll, § 109 BewG Rdn. 22.
[565] Knoppe, S. 365; Brandmüller, Rdn. C 176; Korn, in Kölner Handbuch, Tz. 657; Zartmann, S. 138; Dehmer, Rdn. 957; Sack, GmbHR 86, 352 (355).
[566] Darauf weisen Knoppe, S. 365; Brandmüller, Rdn. C 183 und Dehmer, Rdn. 958 zutreffend hin.

## 6. Inanspruchnahme von Investitionszulagen, Investitionszuschüssen und Sonderabschreibungen

### 6.1 Investitionszulagen (InvZulG)

Nach dem Investitionszulagengesetz (in der Fassung des Grenzpendlergesetzes[567]) erhalten Unternehmen für abnutzbare neue bewegliche Wirtschaftsgüter, die keine geringwertigen Wirtschaftsgüter i. S. v. § 6 Abs. 2 EStG darstellen, keine Luftfahrzeuge und keine Personenkraftwagen sind und zu mindestens 90% betrieblich genutzt werden, für begonnene Investitionen bis zum 30. 6. 1994 einen Fördersatz von 8% und danach von 5%, soweit die Investition bis zum 31. 12. 1996 abgeschlossen worden ist[568].

Darüber hinaus gibt es für Investitionen im Bereich des verarbeitenden Gewerbes und des Handwerks bzw. handwerkähnlicher Betriebe eine erhöhte Zulage für Anschaffungen ab dem 1. 7. 1994 für Betriebe mit nicht mehr als 250 Arbeitnehmern eine erhöhte IZ von 10% (maximal für Investitionen bis 5 Mio. DM p. a.). Bei Investitionen von Einzelunternehmen bzw. mehrheitlich beherrschten Unternehmen im Bereich des verarbeitenden Gewerbes/Handwerks (s. o.) von Bürgern, die zum Zeitpunkt des 9. 11. 1989 ihren ausschließlichen Wohnsitz in der ehemaligen DDR hatten, gibt es bis zum 31. 12. 1994 eine erhöhte IZ von 20% (maximal für Investitionen bis 1 Mio. DM)[568a].

Die Rechtsprechung hat zu § 4 b InvZulG a. F. entschieden, daß bei Betriebsaufspaltungen der Zulageanspruch sowohl dem investierenden Besitzunternehmen als auch der die Investitionsgüter nutzenden Betriebsgesellschaft im Wege der Gesamtgläubigerschaft zusteht[569]. Problematisch ist jedoch, ob diese Judikatur auf das InvZulG 1991/1993/1994 entsprechend anzuwenden ist. Im Zweifel sollte das Besitzunternehmen – soweit es wirtschaftlicher Eigentümer des Wirtschaftsguts ist – den Zulageantrag stellen[570].

---

[567] BGBl. 94 I, 1395 (1399).
[568] Zum Beginn der Betriebsaufspaltung bei der sog. *unechten Betriebsaufspaltung* siehe BFH Urt. v. 12. 4. 1991 – III R 39/86 BStBl. 91 II, 773.
[568a] Zu spezifischen Anwendungsfragen der erhöhten IZ bei Betriebsaufspaltungen siehe Bundessteuerberaterkammer, DStR 94, 1568 f.
[569] BFH Urt. v. 31. 7. 1991 – I R 5/89 BStBl. 92 II, 164; ebenso Blümich/Dankmeyer, EStG, § 1 InvZulG Rdn. 4; siehe auch FG Nürnberg Urt. v. 26. 5. 1993 – I 144/90 EFG 93, 740 (rkr.): Bei einer Betriebsaufspaltung steht dem Betriebsunternehmen auch dann die IZ zu, wenn die Bescheinigung über die Förderungswürdigkeit dem Besitzunternehmen erteilt worden ist.
[570] So die Empfehlung von Kaligin, Steuerlich optimale Gestaltungen bei Investitionen in den neuen Bundesländern, Rdn. 40.

Eine weitere Voraussetzung für eine dauerhafte Inanspruchnahme der Investitionszulage ist, daß die Wirtschaftsgüter drei Jahre seit ihrer Anschaffung bzw. Herstellung im Fördergebiet verbleiben müssen (sogenannte Verweildauer). In den Fällen der Betriebsaufspaltung hat die Besitzgesellschaft nicht allein dadurch, daß sie Wirtschaftsgüter an die Betriebsgesellschaft zur Nutzung überläßt, eine Betriebsstätte am Ort der Betriebsgesellschaft. Eine Besitzgesellschaft mit Sitz in den alten Bundesländern ist daher in der Regel nicht zulageberechtigt[571]. Für die Wirtschaftsgüter des Anlagevermögens einer Besitzgesellschaft kommt deshalb eine Investitionszulage nur in Betracht, wenn sie einem Betrieb oder einer Betriebsstätte des Besitzunternehmens im Fördergebiet zuzurechnen sind[572].

## 6.2. Investitionszuschüsse (Gesetz über die Gemeinschaftsaufgabe)

Investitionskosten der gewerblichen Wirtschaft (einschließlich Fremdenverkehr) dürfen um die nachstehenden Höchstsätze durch erfolgswirksame Investitionszuschüsse nach den Regelungen im 23. Rahmenplan[573] wie folgt verbilligt werden:

– Errichtungen: 23%

– Erweiterungen: 20%

– Umstellung und grundlegende Rationalisierung: 15%

Der Erwerb einer stillgelegten oder von der Stillegung bedrohten Betriebsstätte einschließlich zusätzlicher Investitionen kann bis zur Höhe der nach den Errichtungsinvestitionen gefördert werden. Dabei ist zu beachten, daß die einzelnen Bundesländer *für bestimmte Regionen abgestufte Fördersätze* festgelegt haben.

Hervorzuheben ist, daß ab dem 1. 1. 1994 auch *Berlin (West)* wieder in das Fördergebiet – allerdings zu den Konditionen bezogen auf die alten Bundesländer – infolge struktureller Schwächen im produzierenden Bereich (einschließlich Handwerk) nunmehr einbezogen worden ist. Die Fördersätze belaufen sich auf 18% (Errichtungen), 15% (Erweiterungen) und 10% (Umstellung und grundlegende Rationalisierung)[574].

Antragsberechtigt ist, wer die betrieblichen Investitionen vornimmt; die steuerrechtlichen Regelungen über Mitunternehmerschaft, Betriebsaufspaltung oder

---

[571] BFH Urt. v. 17. 7. 1991 – I R 98/88 BStBl. 92 II, 246; Tz. 5 des BdF-Schr. v. 31. 3. 1992 – IV B 3 – InvZ 1010 – 10/92 BStBl. 92 I, 236; Hoffmann, DB 91, Beilage zu Heft 38, S. 1 (5); Zitzmann, DB 92, 1543 (1546); o. V., GmbHR 93, 733; Kaligin, Steuerlich optimale Gestaltungen bei Investitionen in den neuen Bundesländern, Rdn. 121.
[572] Tz. 5 des BdF-Schr. v. 31. 3. 1992, a.a.O.; o.V., GmbHR 92, 279 (280).
[573] BT/Drucks. 12/7175, insbes. S. 20ff.
[574] Weitere Einzelheiten im Bundesanzeiger Nr. 158 v. 25. 8. 1993, S. 8013 (8015).

Organschaft finden Anwendung. Die Ausführungen zur Anspruchsberechtigung bei der Gewährung von Investitionszulagen nach dem InvZulG 1993–1994 gelten daher analog. Sind Investor und Nutzer einer geplanten Investition nicht identisch, kann eine Förderung nur erfolgen, wenn zwischen dem Investor und dem Nutzer eine steuerlich anerkannte Betriebsaufspaltung nach § 15 EStG vorliegt. Eine entsprechende Bescheinigung des Finanzamts ist vorzulegen. Die Zuschüsse werden in diesen Fällen jeweils an den Investor und den Nutzer des Investitionsvorhabens als Gesamtschuldner gewährt[575].

Die durch Investitionszuschüsse geförderten Wirtschaftsgüter müssen mindestens drei Jahre in der geförderten Betriebsstätte verbleiben (= *Erfordernis der eigenbetrieblichen Nutzung*).

Bei einer Betriebsaufspaltung kommt grundsätzlich die Gewährung von Investitionszuschüssen durch das Besitzunternehmen in Betracht. Da das Besitzunterehmen über die Betriebsgesellschaft am allgemeinen wirtschaftlichen Verkehr teilnimmt und damit einen eigenständigen Gewerbebetrieb ausübt (Konsequenz: Gewerbesteuerpflicht), wird somit eine eigenbetriebliche Nutzung des Besitzunternehmens fingiert, so daß eine Überlassung der präferierten Wirtschaftsgüter an die Betriebsgesellschaft für unschädlich erachtet wird. Um die Zuschüsse zu erlangen, bieten daher verschiedene Gesellschaften an, sich an der Objektgesellschaft zu beteiligen, um eine Betriebsaufspaltung zwischen dem Verpächter und dem Pächter zu begründen[576].

Die Inanspruchnahme der Investitionszuschüsse soll jedoch nach Auffassung der Finanzverwaltung dann nicht möglich sein, wenn sowohl Besitz- als auch Betriebsgesellschaft Kapitalgesellschaften sind (sog. *kapitalistische Betriebsaufspaltung*) und Gesellschafter der Betriebsgesellschaft nicht die Besitzkapitalgesellschaft ist, sondern deren Anteilseigner[577].

Weitere Restriktionen ergeben sich aus der neueren höchstrichterlichen Rechtsprechung. Bei einer Betriebsaufspaltung ist eine Ausnahme von der dreijährigen Bindungsvoraussetzung als begünstigtes Wirtschaftsgut an den Betrieb des Investors nur möglich, wenn Besitz- und Betriebsunternehmen auch betriebsvermögensmäßig miteinander verbunden sind. Diese Voraussetzung ist nur erfüllt, wenn entweder – in Fällen der „normalen" Betriebsaufspaltung – die Beteiligung

---

[575] Tz. 1.2.1 der Regelungen (BT/Drucks. 12/7175, S. 20 ff.).
[576] Kaligin, in: Handbuch der Bauinvestitionen, Fach 4013, Rdn. 140; Paulus, BB 84, Beilage Nr. 8 zu Heft Nr. 14, S. 7 (187).
[577] Abschn. V i. V. m. III Nr. 4 des BdF Schr. v. 10. 12. 1985 – IV B 2 – InvZ 1200-6/85/IV B 2 – S 1900 – 25/85 BStBl. 85 I, 683; vgl. auch BFH Urt. v. 1. 8. 1979 – I R 111/78 BStBl. 80 II, 77; Urt. v. 22. 10. 1986 – I R 180/82 BStBl. 87 II, 117 (betr. § 9 Nr. 1 Satz 2 GewStG); hierzu kritisch Wienands, DStZ 94, 623 ff.

der Gesellschafter des Besitzunternehmens an der Betriebsgesellschaft unmittelbart oder mittelbar (Sonder-)Betriebsvermögen der Besitzgesellschaft ist oder umgekehrt – in Fällen der sog. umgekehrten Betriebsaufspaltung – die Beteiligung der Gesellschafter der Betriebspersonengesellschaft an der Besitzgesellschaft oder der deren Anteile haltenden Obergesellschaft (Sonder-)Betriebsvermögen der Besitzgesellschaft ist[578].

Im Falle der Betriebsaufspaltung aufgrund lediglich *tatsächlicher Beherrschung* kommt danach eine Ausnahme von den gesetzlichen Bindungsvoraussetzungen (im Streitfall § 1 Abs. 3 Satz 1 Nr. 1 und 2 InvZulG a.F.) nicht in Betracht[579].

### 6.3 Sonderabschreibungen nach dem Fördergebietsgesetz

Bei *beweglichen* Wirtschaftsgütern mit mindestens 90% betrieblicher Nutzung (exklusive Luftfahrzeuge) kommen für Investitionen im Fördergebiet bis Ende 1994 (Berlin/West) bzw. in den neuen Bundesländern bis Ende 1996 gem. § 2 FörderG die 50%igen Sonderabschreibungen in Betracht. Darüber hinaus wird – in Abweichung zu den Regelungen bei den Investitionszulagen (!) – gefordert, daß die dreijährige Verweildauer der begünstigten Wirtschaftsgüter im Anlagevermögen einer Betriebsstätte des Steuerpflichtigen im Fördergebiet vorliegt, erfüllt ist. Dieses Erfordernis läuft auf eine eigenbetriebliche Nutzung während der dreijährigen Sperrfrist hinaus.

Bei *gebrauchten Immobilien* besteht die Möglichkeit, auch für den Altbaubestand die 50%igen Sonderabschreibungen beim Erfordernis einer fünfjährigen eigenbetrieblichen Nutzung für Berlin (West) bis Ende 1994 bzw. für die neuen Bundesländer bis Ende 1996 zu beanspruchen. Die Ausführungen bei dem Gesetz über die Gemeinschaftsaufgabe (6.2) gelten also entsprechend.

Bei *Neubauten* sind – abgesehen von Wohnungsbauinvestitionen in Berlin (West) in 1995/1996 – keine Restriktionen zu beachten.

### 6.4 Sonderabschreibungen zur Förderung kleinerer und mittlerer Betriebe (§ 7g EStG)

Für das Besitz- und das Betriebsunternehmen werden Einheitswerte des Betriebsvermögens und das Gewerbekapital jeweils gesondert festgestellt bzw.

---

[578] BFH Beschl. v. 26. 3. 1993 – III S 42/92 BStBl. 93 II, 723 unter Hinweis auf BFH Urt. v. 20. 5. 1988 – III R 86/83 BStBl. 88 II, 739; zum zeitlichen Anwendungsbereich siehe BdF Schr. v. 20. 9. 1993 – IV B 3 – S 1900 – 73/93 BStBl. 93 I, 803; hierzu Söffling, NWB, Fach 3, 8739 ff.
[579] BFH Beschl. v. 26. 3. 1993, a.a.O.

ermittelt. Für jedes der beiden Unternehmen ist deshalb gesondert nach seinen Verhältnissen zu entscheiden, ob es ein Klein- oder Mittelbetrieb i. S. d. § 7 g EStG ist. Bei der Prüfung, ob es sich um ein kleines oder mittleres Unternehmen handelt, waren nach überholter Auffassung der Finanzverwaltung jeweils Einheitswert und Gewerbekapital des Besitzunternehmens und des Betriebsunternehmens *zusammenzurechnen*[580]. Aufgrund der steuerrechtlichen Selbständigkeit von Besitz- und Betriebsgesellschaft wird von der Rechtsprechung und dem Schrifttum und nunmehr auch der Finanzverwaltung eine diesbezügliche Addition von Einheitswert und Gewerbekapital abgelehnt[581]. Fraglich ist, ob auf Wirtschaftsgüter, die das Besitzungernehmen anschafft und an die Betriebsgesellschaft vermietet, Sonderabschreibungen auch bei Nichtüberschreitung der Grenzen von Einheitswert und Gewerbekapital in Betracht kommen, da nach § 7 g Abs. 2 Nr. 2 EStG weitere Voraussetzung für die Sonderabschreibung ist, daß das Wirtschaftsgut mindestens 1 Jahr nach seiner Anschaffung oder Herstellung in einer inländischen Betriebstätte des Betriebs verbleibt, zu dessen Anlagevermögen es gehört. In Anlehnung an die Verwaltungsvorschriften zum alten Investitionszulagen- und zum Zonenrandförderungsgesetz wird auch hier die Überlassung von Wirtschaftsgütern im Rahmen einer Betriebsaufspaltung als unschädlich erachtet[582].

### 6.5 Rücklage nach § 6 b EStG

Bei der Inanspruchnahme dieser Steuervergünstigung stellt sich das Problem, ob die in § 6 b Abs. 4 Nr. 2 EStG vorgeschriebene *6jährige Besitzzeit* in der Weise zusammengerechnet werden kann, daß bei der Betriebsaufspaltung die Zeiten, in denen sich ein später veräußertes Wirtschaftsgut jeweils im Besitz des Besitz- und Betriebsunternehmens befand, aufgrund wirtschaftlicher Betrachtungsweise als eine *Einheit* zusammengefaßt werden kann[583]. Eine Meinung stellt hierbei auf den Bilanzansatz ab. Werden die übertragenen Anlagegüter mit den Buchwerten von

---

[580] Abschn. 83 Abs. 3 Satz 5 und 6 EStR 1984.
[581] BFH Urt. v. 17. 7. 1991 – I R 98/88 DB 92, 116; Brandmüller, Rdn. E 35; R 83 Abs. 2 Satz 4 EStR 1993; Richter, Steuerberaterkongreßreport 84, 339 (340f.); Schulze zur Wiesche, GmbHR 94, 98 (103).
[582] BdF-Schr. v. 10. 12. 1985 IV B 2 – InvZ 1200 – 6/85/IV B 2 – S 1900 – 25/85 BStBl. 85 I, 683; Bordewin, FR 84, 53 (56); Brandmüller, Rdn. E 35; Knoppe, S. 369; *a. A.:* Sturm, WM, Sonderbeilage Nr. 3 zu Heft 13/84, 1 (15) und Zitzmann, DB 84, 74 (82), der die Auffassung vertritt, daß die Ausnahmeregelung bei der Gewährung von Investitionszulagen im Hinblick auf die Zielsetzung des § 7 g EStG auf diese Vorschrift nicht übertragbar sei.
[583] Brandmüller, Rdn. F 18.

## Inanspruchnahme von Investitionszulagen und sonstigen steuerlichen Präferenzen

der Betriebskapitalgesellschaft fortgeführt, so kann die Besitzzeit des Besitzunternehmen mitgezählt werden. Ansonsten handelt es sich um ein Anschaffungsgeschäft, bei dem die Besitzzeit für die Betriebskapitalgesellschaft neu zu laufen beginnt[584]. Aufgrund der rechtlichen Selbständigkeit von Besitz- und Betriebsunternehmen wird man jedoch – unabhängig von den Bilanzsätzen – eine Addition der Besitzzeiten *nicht* zulassen können[585]. Hinsichtlich der beim Besitzunternehmen verbleibenden Wirtschaftsgüter wird der Besitzzeit des Besitzunternehmens die vorangegangene Besitzzeit des ungeteilten Unternehmens zugerechnet[586].

Klargestellt werden soll jedoch, daß bei der regelmäßig vorliegenden bloßen Verpachtung des Anlagevermögens durch das Besitzunternehmen dieser Problematik kaum Bedeutung zukommen dürfte.

---

[584] Richter/Winter, Gewinnübertragungen nach §§ 6b, 6c EStG, Rdn. 57; hierzu auch Brandmüller, Rdn. F 19.
[585] So auch Zartmann, S. 129; Bordewin, in: Hartmann/Böttcher/Nissen/Bordewin, EStG, § 6b Rdn. 171 e.
[586] Bordewin, in: Hartmann/Böttcher/Nissen/Bordewin, EStG, § 6b Rdn. 171 e.

ABSCHNITT III:

# Betriebswirtschaftliche Vor- und Nachteile der Betriebsaufspaltung in Konkurrenz zu anderen Unternehmensformen

## 1. Zusammenfassung der Vor- und Nachteile der Betriebsaufspaltung

### 1.1 Vorteile

*1.1.1 Allgemein-rechtliche und wirtschaftliche*

Die bereits bei I.3. aufgeführten Beweggründe für die Wahl der Betriebsaufspaltung sollen hier nur noch kurz repetiert werden:
- begrenzte Freistellung des wertvollen Anlagevermögens von Haftungsrisiken des Betriebes (insbes. Produzentenhaftung, Sozialverbindlichkeiten, partielle Enthaftung nach § 613a Abs. 2 BGB)
- Sicherstellung des Lebensunterhalts der nicht aktiv tätigen Familienmitglieder durch konjunkturunabhängige laufende Pachtzinseinnahmen
- Wahrung der Unternehmenskontinuität der Betriebsgesellschaft durch gesellschaftsfremde Manager auch bei einem Generationswechsel
- Erleichterung der Erbfolge durch abgestimmte Verteilung der Vermögenskomplexe der Besitz- und Betriebsgesellschaft auf die hierfür geeigneten Erben (beachte: Wahrung des einheitlichen geschäftlichen Betätigungswillens)
- Leichtere Kapitalbeschaffung bei einer Betriebsgesellschaft in der Rechtsform der AG
- Größere Transparenz im Hinblick auf die interne und externe Beurteilung der Unternehmenssituation durch mehrfache Aufspaltung in gesonderte Betriebsbereiche (z.B. Einkauf, Herstellung, Vertrieb, sonstige unternehmerische Aktivitäten etc.)
- Ausnutzen von Standortvorteilen (z.B. durch Gründung von Einkaufs- oder Vertriebsgesellschaften im Ausland)
- Minimierung der Publizitätspflichten nach dem Bilanzrichtliniengesetz
- Vermeidung des Wirtschaftsausschusses nach dem BetrVG (insbes. beim Besitzunternehmen), falls dieses weniger als 100 Arbeitnehmer beschäftigt
- Keine Anwendung des MitbestG 1976 (paritätisch mit Arbeitnehmern besetzter Aufsichtsrat) durch Gründung einer Vielzahl von Produktions- und Vertriebsgesellschaften mit jeweils weniger als 2000 Arbeitnehmern

Betriebswirtschaftliche Vor- und Nachteile der Betriebsaufspaltung

## 1.1.2 Steuerliche[1]

### 1.1.2.1 Bedeutung der Körperschaftsteuerreform

Die *vor* der Körperschaftsteuerreform bestehenden Betriebsaufspaltungen hatten das steuerliche Bestreben, durch die Institutionalisierung des Besitzunternehmens einen Teil des Ertrags der doppelten Belastung mit Einkommen- und Körperschaftsteuer zu entziehen und durch eine Thesaurierung der Gewinne in der Betriebskapitalgesellschaft die sog. Doppelbesteuerung zu vermeiden bzw. aufzuschieben. Diese Zielsetzung ließ sich jedoch durch die GmbH & Co. KG noch besser erreichen, welche bis zur Körperschaftsteuerreform die Betriebsaufspaltung verdrängte. Dieser damalige Trend zur GmbH & Co. KG wurde vor allem dadurch begünstigt, daß der Gewinn der Betriebskapitalgesellschaft nur im Rahmen des Pachtvertrages mit dem Besitzunternehmen auf dieses verlagert werden konnte. Dies konnte natürlich nur ein Bruchteil des GmbH-Gewinns sein (ansonsten verdeckte Gewinnausschüttung). Die GmbH & Co. KG bot dagegen die Möglichkeit, nur einen Teil des Gesamtgewinns in Gestalt des zu minimierenden Gewinns der Komplementär-GmbH der doppelten Besteuerung unterwerfen zu müssen.

Mit der Einführung des Anrechnungsverfahrens (= Beseitigung der Doppelbesteuerung ausgeschütteter Gewinne) durch die Körperschaftsteuerreform 1977 ist nunmehr die Betriebsaufspaltung in den Mittelpunkt bei der Suche nach der optimalen Unternehmensform geraten. Obwohl der Gewinn der Kapitalgesellschaft weiterhin der Körperschaftsteuer unterworfen wird, hat die Körperschaftsteuer bei einer wirtschaftlichen Betrachtungsweise letztlich nur eine vorläufige Besteuerungswirkung. Bei der Ausschüttung des thesaurierten Gewinns der Betriebskapitalgesellschaft vermindert sich der Körperschaftsteuersatz von 45% auf 30%, und die Gesellschafter kommen in den Genuß des anrechnungsfähigen Ausschüttungssatzes bei ihrer Einkommensteuer und der Einkommensteuerfreibeträge bei den Einkünften aus Kapitalvermögen in Höhe von 6100,- bzw. 12200,- DM (§ 20 Abs. 4 i.V.m. § 9a Nr. 2 EStG). Im Endergebnis bestimmt sich die Besteuerung des ausgeschütteten Gewinns einer Kapitalgesellschaft nach der Steuerbelastung der Anteilseigner. Damit ist der ausgeschüttete Gewinn der Kapitalgesellschaft ebenso wie der Gewinn der Personengesellschaft nur noch von den Gesellschaftern zu versteuern.

Um diesen Effekt in der Praxis voll auszureizen, wird deshalb empfohlen, daß aufgrund einer Gesellschaftsvertragsvereinbarung die Betriebskapitalgesellschaft alljährlich ihren Gewinn an die Gesellschafter ausschütten soll. Damit die

---

[1] Instruktive, steuerplanerische Überlegungen zur Betriebsaufspaltung finden sich bei Schneeloch, DStR 91, 955 ff. und 990 ff.

## Zusammenfassung der Vor- und Nachteile der Betriebsaufspaltung

Kapitalkraft der Betriebsgesellschaft nicht beeinträchtigt wird, sind die Gesellschafter verpflichtet, die ausgeschütteten Gewinne ihr in geeigneter Form (z.B. Darlehen, typische oder atypische stille Beteiligung, oder auf dem Weg einer formalen Kapitalerhöhung) oder durch Leistung von Einlagen, die die Körperschaft einer Kapitalrücklage nach § 272 Abs. 2 Nr. 4 HGB zuführt, wieder zur Verfügung zu stellen (= *„Schütt-aus-Hol-zurück-Verfahren"*)[2]. Die laufende Praktizierung des „Schütt-aus-Hol-zurück-Verfahrens" ist eine gesetzeskonforme Ausnutzung des KStG und kann daher keinen Mißbrauch von rechtlichen Gestaltungsmöglichkeiten i.S.v. § 42 AO darstellen. Dies gilt selbst dann, wenn schon vor dem Gewinnverteilungsbeschluß eine Verpflichtung des Gesellschafters zur Darlehnshingabe oder zur Einlage bestanden hat (Abschn. 77 Abs. 7 KStR 1990)[3].

Um zu einer in toto unter 53% liegenden Einkommensteuerbelastung und zu einer partiellen Verlagerung von Anteilen an der Betriebskapitalgesellschaft in das Privatvermögen zu gelangen, wird vorgeschlagen, daß nicht alle Gesellschafter der Betriebskapitalgesellschaft auch an dem Besitzunternehmen zu beteiligen sind, insbesondere nicht die minderjährigen Kinder[4]. Dieser steuerlich instruktiven Empfehlung ist jedoch aus gesellschaftsrechtlichen und familienpolitischen Überlegungen nicht zu folgen. Schließlich bringt die Beteiligung von Kindern an der Betriebsgesellschaft nicht vorhersehbare Risiken mit sich, so daß die steuerlichen Vorteile zurückzustellen sind. Vielmehr ist es sinnvoller, die Kinder nur an dem „passiven" Besitzunternehmen zu beteiligen[5].

---

[2] Hierzu Knoppe, S. 169; Felix, in: Kölner Handbuch, Tz. 8; zur Schütt-aus-Holzurück-Politik bei mehreren Anteilseignern Decker, DB 92, 1001 ff.; zur optimalen Schütt-aus-Hol-zurück-Politik von Kapitalgesellschaften und Wandel der Tarifstruktur in den VZ 1993, 1994 und 1995 ff. siehe Robisch, DStR 94, 354 ff.

[3] So auch Streck, KStG, ABC, Stichwort Schütt-aus-Hol-zurück-Verfahren, Anm. 9 m. w. Nachw.; Felix/Streck., DStR 77, 42 ff.; ferner Zartmann S. 53 f.; Fichtelmann, Rdn. 64; Priester, ZGR 77, 445 (472); Knoppe, S. 169; zu eng L. Schmidt, JbFfSt 77/78, 215 (227), der folgende Bedingungen für eine steuerliche Anerkennung verlangt:
 – sie umfaßt nur einen relativ kleinen Teil der Ausschüttungen (z.B. 25%)
 – sie belastet alle Gesellschafter in gleicher Weise
 – sie ist auf die Rückführung in der Form eines verzinslichen Darlehens oder einer stillen Beteiligung gerichtet, die den zwischen Fremden üblichen Konditionen entspricht
 – der Darlehensvertrag oder der Gesellschaftsvertrag ist seitens des Darlehensgebers oder stillen Gesellschafters relativ kurzfristig kündbar (z.B. nach 3 Jahren).

[4] So Beinert, StbJb 76/77, 221 (237).

[5] Ebenfalls Felix, in: Kölner Handbuch, Tz. 3; Knoppe, S. 170; ferner Felix DStZ 88, 621 zur Wandlung einer Familien-KG in eine Familien-Betriebsaufspaltung; ders., GmbHR 82, 517 f. betr. Betriebsaufspaltung und vorweggenommene Erbfolge in der Einkommensteuer.

### 1.1.2.2 Geschäftsführergehälter, Pensionsverpflichtungen und Direktversicherungen

Ein steuerlich gravierender Vorteil bei der Betriebsaufspaltung ist die Abzugsfähigkeit der Gesellschafter- und Geschäftsführergehälter sowie die Möglichkeit, Pensionsrückstellungen für die Gesellschafter-Geschäftsführer – bereits auf das 65. Lebensjahr bezogen[6] – zu bilden. Diese Aufwendungen mindern sowohl den Gewerbeertrag als auch das Gewerbekapital.

Versicherungsbeiträge für die Direktversicherung eines Gesellschafter-Geschäftsführers mindern die ertragsteuerliche und gewerbesteuerliche Belastung. Dabei kann für Jahresbeiträge bis zu 3 000 DM (bei einem Durchschnittsbetrag von 4 200 DM) gemäß § 40 b EStG die Lohnsteuer mit pauschal 15 % festgesetzt werden.

### 1.1.2.3 Ausschöpfung der Gewerbesteuerfreibeträge

Nur ein in der Rechtsform eines Einzelunternehmens bzw. einer Personengesellschaft geführtes Besitzunternehmen kann bei der Gewerbeertragsteuer den Freibetrag nach § 11 Abs. 1 GewStG in Höhe von 48 000 DM in Anspruch nehmen. Darüber hinaus beträgt die Steuermeßzahl bei gewerblichen Personenunternehmen

für die ersten    24 000 DM 1 %,
für die weiteren 24 000 DM 2 %,
für die weiteren 24 000 DM 3 %,
für die weiteren 24 000 DM 4 %,
für die weiteren 24 000 DM 5 %,

bei sonstigen Gewerbebetrieben (insbesondere Kapitalgesellschaften) ohne die o. g. Eingangsstufen fixe 5 % (§ 11 Abs. 2 GewStG). Beim Gewerbekapital hingegen kommen sowohl die Besitz- als auch die Betriebsgesellschaft jeweils in den Genuß des Freibetrages von 120 000 DM gem. § 13 Abs. 1 Satz 3 GewStG. Hierzu ist klarstellend anzumerken, daß die *Gewerbekapitalsteuer* in den *neuen Bundesländern bis EZ 1995 suspendiert* ist (§ 37 GewStG).

### 1.1.2.4 Verdoppelung des Abzugsbetrages für Dauerschulden

Dauerschulden sind nur hinzuzurechnen, wenn sie 50 000 DM übersteigen. Dieser Freibetrag verdoppelt sich bei der Betriebsaufspaltung. Darüber hinaus ist

---

[6] BFH Urt. v. 28. 4. 1982 – I R 51/76 BStBl. 82 II, 612.

er nur noch mit 50% anzusetzen (§ 12 Abs. 2 Nr. 1 Satz 2 GewStG). Eine gleiche Regelung ist bei der Hinzurechnung von *Dauerschuldzinsen* (mit Ausnahme des 50000-DM-Freibetrages) nach § 8 Nr. 1 GewStG vorgesehen. Bei der klassischen Betriebsaufspaltung verdoppeln sich diese Vergünstigungen.

#### 1.1.2.5 Doppelte Inanspruchnahme der Vermögensteuerfreibeträge und eingeschränkte Vermögensteuerbelastung

Durch die jeweilige Inanspruchnahme des seit dem 1. 1. 1993 weiter verbesserten für Betriebsvermögen zusätzlichen (neben dem persönlichen Freibetrag von – seit 1995 – 120 000 DM (bis 1994: 70 000 DM) gem. § 6 Abs. 1 VStG) vermögensteuerlichen Freibetrages in Höhe von 500 000,– DM durch das Besitz- *und* das Betriebsunternehmen ergibt sich ein weiterer Vorteil. Das darüber hinausgehende Betriebsvermögen wird seit dem Steuerentlastungsgesetz nur noch mit 75% seines steuerlichen Wertes angesetzt (§ 117a Abs. 1 BewG)[7].

Durch die Ausgliederung des Anlagevermögens auf das Besitzunternehmen wird das Betriebsvermögen der Betriebs-GmbH erheblich reduziert. Es können jedoch zwecks weiterer Verminderung der mit doppelter Belastung verbundenen Vermögensteuer bei der Betriebs-GmbH dieser vom Besitzunternehmen gewährte Geld- oder Sachwertdarlehen als Betriebsschulden abgesetzt werden[8].

#### 1.1.2.6 Betriebsaufspaltung über die Grenze

Durch die Einschaltung eines ausländischen Besitzunternehmens kann ein Teil des eigentlich gewerbesteuerpflichtigen Unternehmensgewinns partiell in gewerbesteuerfreie Pachtzinsen anerkanntermaßen „umgeswitcht" werden[9].

### 1.2 Nachteile

#### *1.2.1 Organisatorische und wirtschaftliche*

Den oben aufgeführten Vorteilen stehen einmal Betriebsmehrausgaben gegenüber, die durch den Betriebsaufspaltungsvorgang bedingt sind. Beide Unternehmen benötigen eine getrennte Buchführung und getrennte Jahresabschlüsse. Infolge der gebotenen anspruchsvollen Vertragsgestaltung und der laufenden

---

[7] Zu den Steuerentlastungen bei der Vermögensbesteuerung nach dem Steuerentlastungsgesetz 1984 beachte die gleichlautenden Erlasse der obersten Finanzbehörden der Länder v. 30. 1. 1984 BStBl. 84 I, 149ff.
[8] Hierzu Zartmann, S. 154 (Tz. 4); Felix, in: Kölner Handbuch, Tz. 2 (6).
[9] Weitere Einzelheiten bei 2.4.4; siehe auch die Gesamtbetrachtung bei Brandmüller, Rdn. A 68.

Betreuung der an der Betriebsaufspaltung partizipierenden Unternehmen ist deshalb die Steuerberatung außerordentlich kostenintensiv[10].

Die Kreditbasis wird durch die Aufteilung des Vermögens auf mindestens zwei Gesellschaften geschmälert. Dies kann zur Folge haben, daß zusätzliche Sicherheiten durch das Besitzunternehmen oder deren Gesellschafter zwangsläufig gewährt werden müssen. Insbesondere bei ungenügender finanzieller Ausstattung der Betriebs-GmbH ist das Insolvenzrisiko zu beachten, falls nicht eine Darlehensaufnahme bei dem Besitzunternehmen erfolgt. Aufgrund dieser Faktoren kann die mit der Betriebsaufspaltung bezweckte Haftungsbeschränkung weitgehend aufgehoben werden[11].

*1.2.2 Steuerliche*

Vorab muß hervorgehoben werden, daß infolge der restriktiven Finanzverwaltungspraxis im Hinblick auf die Ausnutzung von Steuervorteilen durch die Betriebsaufspaltung und einer schwer kalkulierbaren Steuerrechtsprechung die Steuerplanung mit einem erheblichen Unsicherheitsfaktor belastet ist. Durch unvorhersehbare Ereignisse (wie z.B. Ehescheidung, Tod, Rechtsprechungsänderung) können urplötzlich die personellen bzw. sachlichen Voraussetzungen für eine Betriebsaufspaltung entfallen, so daß steuerliche Nachteile eintreten können[12]. Bei der Bestimmung der Angemessenheit der Pachtzinsen, Geschäftsführergehälter etc. können Kalamitäten mit der Finanzverwaltung auftreten mit der Folge, daß eine nicht eingeplante verdeckte Gewinnausschüttung angenommen wird.

Insbesondere in Krisenzeiten kann die Betriebsaufspaltung nachteilig sein, da die Verluste in der Betriebskapitalgesellschaft „hängen bleiben" und somit nicht mit den sonstigen positiven Einkünften der Gesellschafter verrechnet werden können. Hinzu kommt, daß eine körperschaftsteuerliche Organschaft (zwecks Erfassung der Verluste) in der Regel nicht anerkannt wird[13].

## 2. Attraktivität der Betriebsaufspaltung im Vergleich zu anderen Rechtsformen

Im Schrifttum sind Modellrechnungen im Hinblick auf die Ermittlung der „steuerlich optimalen Unternehmensform" getätigt worden.

---

[10] Hierzu Zartmann/Litfin, S. 271.
[11] Siehe auch Zartmann/Litfin, S. 272; Mank, Blick durch die Wirtschaft Nr. 199 v. 14. 10. 1983, S. 3.
[12] S. u. II. 2.5.2.
[13] S. u. II. 2.4.1.5.

Nach Jakob/Brewi/Schubert[14] beträgt die Steuerbelastung bei der
- Betriebsaufspaltung 100%,
- GmbH 103%,
- Personengesellschaft (und der GmbH & Co. KG) 108%.

Bei einer Untersuchung des Instituts „Finanzen und Steuern"[15] beträgt bei einem Reinertrag von

5 Mio. DM die Gesamtsteuerbelastung der
- Betriebsaufspaltung 100%,
- GmbH 108,88%,
- OHG, KG 100,55%,

3,33 Mio. DM
- Betriebsaufspaltung 100%,
- GmbH 101,48%,
- OHG, KG 100,72%,

2 Mio. DM
- Betriebsaufspaltung 100%,
- GmbH 103,22%,
- OHG, KG 101,9%.

Betrachtet man zunächst isoliert das Ausmaß der Steuerentlastungen durch das Standortsicherungsgesetz (StandOG), so fällt auf, daß sich insbesondere die Gesamtsteuerbelastung der betrachteten Personenunternehmen (OHG und GmbH & Co. KG) spürbar vermindert. Die Steuerbelastung ist bei der OHG am größten; ähnlich günstig ist auch die Rechtsform der GmbH & Co. KG. Deutlich geringer fällt dagegen die Entlastung bei der Betriebsaufspaltung aus. Der Entlastungseffekt der Betriebsaufspaltung liegt zwischen beiden Extremen. Die Steuerentlastung ist bei dieser Rechtsform tendenziell um so größer, je mehr von dem Gesamtgewinn auf die Besitzgesellschaft entfällt, weil nur dieser Teil des Gesamtgewinns durch den ermäßigten Steuersatz von 47% gem. § 32c EStG begünstigt wird. Mit Abstand am schlechtesten schneidet jedoch die GmbH ab, deren Gesamtsteuerbelastung nahezu unverändert bleibt[16].

---

[14] Steueroptimale Rechtsform mittelständischer Unternehmen, S. 142.
[15] 1980, Heft 119, S. 168 ff.; zu ähnlichen Ergebnissen gelangen Herzig/Kessler, GmbHR 92, 232 ff. auf der Basis eines EDV-gestützten Steuerbelastungsvergleichs.
[16] Zu den Auswirkungen des Standortsicherungsgesetzes auf die steuerorientierte Wahl der Unternehmensform instruktiv Herzig/Kessler, DStR 94, 219 (221) und 261 (264) und Herzig/Schiffers, StuW 94, 103 (120); weitere Darstellungen finden sich bei Schultz, DB 93, 2193 ff.; Schneider, DB 94, 541 ff.; Pickert, DStR 94, 473 ff. und 516 ff.

Es wird zu Recht darauf hingewiesen, daß die Betriebsaufspaltung nur die ideale Rechtsform ist, wenn mit kontinuierlichen Gewinnen zu rechnen ist. Bei Branchen mit jährlich schwankenden Ergebnissen – insbesondere immer wieder auftauchenden Verlustphasen – ist von der Betriebsaufspaltung abzuraten. Hier sind die Betriebsaufspaltung und die GmbH die am schlechtesten geeigneten Rechtsformen aus steuerlicher Sicht[17].

## 2.1 GmbH

Das unternehmerische Ziel der Haftungsbeschränkung kann mit der Betriebsaufspaltung effektiver erreicht werden. Die Haftung für Betriebsverluste (insbesondere aus Produzentenhaftung und Sozialansprüchen aus Sozialplänen) trifft eine mit wertvollem Anlagevermögen ausgestattete GmbH in vollem Umfang, während bei der Betriebsaufspaltung das Haftungsrisiko auf eine Betriebskapitalgesellschaft mit möglichst geringem Betriebsvermögen limitiert wird. Insbesondere bei krisenbehafteten Unternehmen bietet die Betriebsaufspaltung flexiblere Gestaltungsmöglichkeiten, um eine Unternehmensfortführung zu gewährleisten. Bei einer insolventen GmbH ist eine Sanierung im Rahmen eines Zwangsvergleichs nur bei einer Mindestbefriedigung der Gläubiger bei deren notwendiger Zustimmung erforderlich, was nur in Ausnahmefällen möglich ist. Zumeist muß bei einer insolventen GmbH das wertvolle Betriebsvermögen für die Gläubiger im Konkursverfahren geopfert werden.

Bei der Betriebsaufspaltung wird in aller Regel nur die Betriebskapitalgesellschaft in wirtschaftliche Schwierigkeiten kommen. Da das wertvolle Anlagevermögen in den Grenzen des § 32a Abs. 3 GmbHG[18] nicht in den Konkurs der Betriebs-GmbH miteinbezogen wird, kann das Besitzunternehmen den Betrieb mit einer *neu gegründeten* Betriebsgesellschaft wieder aufnehmen.

Einen ganz gravierenden Nachteil der GmbH stellt die *vermögensteuerliche Doppelbelastung* dar. Einmal muß die GmbH als solche Vermögensteuer zahlen (was bei Personenunternehmen entfällt) und zum anderen müssen zusätzlich noch die Gesellschafter der GmbH für ihre Gesellschaftsanteile Vermögensteuer entrichten, ohne daß eine Anrechnung der von der GmbH gezahlten Vermögensteuer möglich ist. Diese steuerliche Doppelbelastung wird außerdem noch durch einen höheren Steuersatz und eine in der Regel höhere Bemessungsgrundlage im Vergleich zur Personengesellschaft verschärft. Während für einen Gesellschafter einer Personengesellschaft mit Betriebsvermögen auch ab 1995 weiterhin ein

---

[17] Darauf weist Brandmüller, Rdn. A 54 zu Recht hin.
[18] Vgl. nochmals die Ausführungen bei I. 3. 1.

Steuersatz von 0,5% gilt (wozu die Freibeträge gem. § 6 VStG für Verheiratete in Höhe von 240 000 DM ab 1995 und Kinderfreibeträge pro Kind von 120 000 DM ab 1995 hinzukommen), beträgt der Steuersatz bei der GmbH 0,6% gem. § 10 Nr. 2 VStG[19]. Hierbei muß berücksichtigt werden, daß die aus dem Gewinn zu erwirtschaftende Vermögensteuerlast infolge ihrer Nichtabzugsfähigkeit zusätzlich noch mit Körperschaftsteuer in Höhe von 45% belastet ist. Die vermögensteuerliche Belastung der GmbH gegenüber der Personengesellschaft wird zusätzlich verschärft, wenn Grundstücke zum Betriebsvermögen der GmbH gehören. Bei der GmbH werden die Betriebsgrundstücke – genau wie bei der Personengesellschaft – mit 140% des Einheitswerts angesetzt (vgl. § 121a BewG). Bei der auf der Anteilseignerseite erhobenen Vermögensteuer, die vom Wert der Geschäftsanteile berechnet wird, werden nach den Grundsätzen des sog. Stuttgarter Verfahrens[20] dieselben Grundstücke mit ihrem Verkehrswert, mindestens aber mit dem Einheitswert ggfs. erhöht um einen Zuschlag herangezogen. Dabei ist hervorzuheben, daß bei der Bewertung der GmbH im Gegensatz zu Anteilen an einer Personengesellschaft auch der *Ertragswert* mit erfaßt wird. In diesem Sachzusammenhang wird sogar von einer *Dreifachbesteuerung* der GmbH und ihrer Anteilseigner gesprochen, was dazu führen kann, daß die Ausschüttungen durch die Vermögensteuer zum Teil oder ganz absorbiert werden[21]. Zudem kann eine vermögensteuerliche Mehrfachbelastung dadurch entstehen, wenn eine Kapitalgesellschaft ihrerseits Anteile hält. Derzeit wird diese Mehrfachbelastung durch das sog. *vermögensteuerliche Schachtelprivileg* bei Anteilsbesitzen ab 10% verhindert (§ 102 BewG).

Erbschaftsteuerlich ist die Beteiligung an einer GmbH ebenfalls gegenüber einer Beteiligung an einer Personengesellschaft benachteiligt. Der Grund hierfür liegt in der oben angeführten unterschiedlichen Bewertung der GmbH-Anteile gegenüber den Anteilen an Personengesellschaften. Die für die Vermögensteuer maßgeblichen Werte gelten gleichfalls als Bemessungsgrundlage für die Erbschaftsteuer[22].

---

[19] Bei Ausschüttung an die Gesellschafter wirkt sich diese Definitivbelastung mit steigendem Einkommensteuersatz infolge der verringerten Steuerbemessungsgrundlage mit abnehmender Höhe aus (vgl. Wagner, DStR 81, 243, 245); weitere Erläuterungen bei Zartmann, S. 25; gegen eine Überbewertung der „Schattenwirkung" Gehrig, GmbHR 83, 74 (81 und 84); zur Berechnung der vermögenssteuerlichen Doppelbelastung ab 1984 instruktiv Petzold, BB 84, 1737ff.
[20] Abschn. 6 Abs. 3 VStR 1993.
[21] Hierzu Barth, BB 76, 992 (993); Zartmann, S. 26.
[22] Zu den nachteiligen Auswirkungen durch den Ansatz des Ertragswerts bei der GmbH siehe Gehrig, GmbHR 83, 74 (83).

Die vermögen- und erbschaftsteuerliche Benachteiligung der GmbH kann bei einer Betriebsaufspaltung weitgehend vermieden werden. Einmal unterliegt das beim Besitzunternehmen verbleibende wertvolle Anlagevermögen (insbes. die Betriebsgrundstücke) nur einmal der Vermögensteuer, und zwar mit einem niedrigen Wertansatz, so daß die mit geringem Betriebsvermögen ausgestattete Betriebs-GmbH nur für einen geringen Teil des *gesamten* Unternehmensvermögens einer vermögensteuerlichen Doppelbelastung unterliegt. Um die Vermögensteuer zu minimieren, wird auch empfohlen, daß das Besitzunternehmen die Betriebs-GmbH möglichst mit Darlehen ausstatten soll, wobei hierbei aber der gewerbesteuerliche Doppelbelastungseffekt gegengerechnet werden muß[23]. Deshalb ist die Begründung eines typischen stillen Gesellschaftsverhältnisses vorzuziehen, weil dadurch die Doppelbelastung an Gewerbesteuer vermieden werden kann[24].

Ferner kann bei der Betriebsaufspaltung pro Unternehmen der vermögensteuerliche Freibetrag für das Betriebsvermögen in Höhe von 500000 DM beansprucht werden[25].

Die o. g. „Vermögensteuerprobleme" gelten selbstverständlich nicht für Steuerpflichtige, die bis zum 31. 12. 1990 bereits Wohnort oder Geschäftsleitung in den neuen Bundesländern begründet haben (vgl. § 24c VStG) oder Betriebsvermögen im Fördergebiet gem. § 136 BewG haben. Ihnen wird bis Ende 1995 eine „Steuerpause" gewährt

Hinsichtlich der Körperschaftsteuerbelastung ergeben sich infolge des Anrechnungsverfahrens grundsätzlich keine Unterschiede zwischen GmbH und Betriebsaufspaltung. Da der Gewinn der Betriebskapitalgesellschaft wegen der abzugsfähigen Pachtzinszahlungen ohnehin niedriger ist, dürften die Probleme der Ausschüttungspolitik und einer Reinvestition im Rahmen eines „Schütt-aus-Hol-zurück-Verfahrens" leichter zu lösen sein[26].

Bei der Gewerbesteuer ergeben sich insoweit keine Differenzen, als sowohl bei der GmbH als auch bei der Betriebsaufspaltung die Geschäftsführergehälter den Gewerbeertrag mindern. Hinsichtlich der Höhe der abzugsfähigen Geschäftsführergehälter dürften sich keine nennenswerten Abweichungen dadurch zu Lasten der Betriebsaufspaltung ergeben, daß die Betriebskapitalgesellschaft das Anlagevermögen nicht mitverwaltet[27].

---

[23] Hierzu Knoppe, S. 172; Zartmann, S. 27; Felix; in: Kölner Handbuch, Tz. 3 (3).
[24] Ebling, JbFfSt 79/80, 275 (277f.), Zartmann S. 58.
[25] Siehe bei Fn. 7.
[26] Siehe auch Fichtelmann, Rdn. 64; zur Problematik des „Schütt-aus-Hol-zurück-Verfahrens" siehe bei Fn. 2.
[27] Ebenso Fichtelmann, Rdn. 74.

### Attraktivität der Betriebsaufspaltung im Vergleich zu anderen Rechtsformen

Gegenüber der GmbH besitzt die Betriebsaufspaltung auch noch Vorteile hinsichtlich der zur Anwendung kommenden Freibeträge[28].

Darüber hinaus hat die Betriebsaufspaltung gegenüber der GmbH den Vorteil, daß das Besitzpersonenunternehmen die Investitionszulage steuerfrei an die natürlichen Personen auskehren kann, während die IZ bei der GmbH zwar ebenfalls steuerfrei in das $EK_{02}$ eingestellt werden kann, eine diesbezügliche spätere Ausschüttung jedoch zu einer steuerpflichtigen Dividende auf der Ebene des Anteilseigners führt[29].

Nach alledem ist die Betriebsaufspaltung gegenüber der GmbH in wirtschaftlicher und steuerlicher Hinsicht eindeutig vorteilhafter[30].

Es muß jedoch hervorgehoben werden, daß eine Betriebsaufspaltung bei kleineren Unternehmen wegen des hohen Kostenaufwands infolge der zweifach zu erstellenden Buchführung nebst getrennter Jahresabschlüsse und des zusätzlichen Aufwands für die komplizierte Vertragsgestaltung nicht lohnenswert ist. In solchen Fällen werden die rechtlichen und steuerlichen Vorteile durch die oben beschriebenen zusätzlichen Kosten überkompensiert. In solchen Fällen ist die GmbH bei risikobefangenen Unternehmensgegenständen letztlich doch vorteilhafter.

Als Grenze für den Beginn der Präferenz für die Betriebsaufspaltung gegenüber der GmbH können pauschal folgende Orientierungswerte angegeben werden[31]:
– Unternehmensgewinn vor Steuern und Bezügen 120 000,– DM
– Einheitswert des Betriebsvermögens über 200 000,– DM (sofern keine Grundstücke im Betriebsvermögen sind)

## 2.2 GmbH & Co. KG

Ein haftungsrechtlicher Nachteil der GmbH & Co. KG ist, daß das im Eigentum der KG stehende wertvolle Anlagevermögen dem Zugriff der Gläubiger offensteht. Es muß jedoch beachtet werden, daß auch bei einer Betriebsaufspaltung dieses im Eigentum der Besitzgesellschaft stehende Anlagevermögen für Kredite der Betriebsgesellschaft regelmäßig herangezogen wird. Dennoch wird

---

[28] Siehe nochmals bei 1.1.2.3.
[29] Weitere Einzelheiten bei Kaligin, Steuerlich optimale Gestaltungen bei Investitionen in den neuen Bundesländern, Rdn. 190/191.
[30] So auch Gehrig, GmbHR 83, 74 (75 u. 83).
[31] Zustimmend Brandmüller, Rdn. A 85; beachte auch die von Gehrig, GmbHR 83, 74 ff. angeführten Abgrenzungskriterien nebst Rechenbeispielen.

man nicht leugnen können, daß die Betriebsaufspaltung aus haftungsrechtlicher Sicht vorteilhafter als die GmbH & Co. KG ist.

Bei voller Ausschüttung des Gewinns der Kapitalgesellschaft entfällt durch das Anrechnungsverfahren die doppelte Belastung mit Einkommen- und Körperschaftsteuer mit der Folge, daß der bei der Betriebskapitalgesellschaft entstehende höhere Gewinn im Vergleich zur Komplementär-GmbH ohne konkrete Auswirkung wäre. Hierbei ist jedoch zu beachten, daß die notwendige Rückführung des Gewinns an die Betriebskapitalgesellschaft im Rahmen des „Schütt-aus-Hol-zurück-Verfahrens" auf Schwierigkeiten stoßen kann[32]. Folglich ist die Ausschüttungspolitik bzw. notwendige finanzielle Ausstattung des Unternehmens bei Inanspruchnahme eines ermäßigten Einkommensteuersatzes von nur noch max. 47% gem. § 32c EStG bei der GmbH & Co. KG problemloser durchzuführen[33].

Als ein „Vorteil" der Betriebsaufspaltung gegenüber der GmbH & Co. KG wird angeführt, daß bei der Betriebs-GmbH eine Gewinnbegrenzung bei der Beteiligung von Kindern – wie bei der Rechtsprechung zu den Familienpersonengesellschaften[34] – wegfällt[35]. Dem ist jedoch entgegenzuhalten, daß eine Beteiligung von Kindern an der Betriebskapitalgesellschaft nicht kalkulierbare Risiken enthält und deshalb nicht zu empfehlen ist[36].

Ein eindeutiger Vorteil der GmbH & Co. KG ist, daß bei der KG anfallende Verluste im Rahmen des Verlustausgleichs beim Gesellschafter nutzbar gemacht werden können, soweit kein negatives Kapitalkonto des Kommanditisten entsteht (ansonsten Verlustverrechnung nach § 15a EStG), während bei der Betriebs-GmbH die Verluste nur auf der Ebene der Kapitalgesellschaft vor- oder zurückgetragen werden können.

Als ein bedeutender und häufig auch durchschlagender Vorteil der Betriebsaufspaltung gegenüber der GmbH & Co. KG ist die Abzugsfähigkeit angemessener Gesellschafter-Geschäftsführerbezüge und Pensionsrückstellungen bei der Betriebs-GmbH anzusehen. Hingegen dürfen bei der GmbH & Co. KG die Gesellschafter-Geschäftsführergehälter sowie alle Sondervergütungen, die an Gesellschafter-Geschäftsführer gezahlt werden, die zugleich Kommanditisten sind und somit nach § 15 Abs. 1 Nr. 2 EStG als Vorausgewinn behandelt werden,

---

[32] Siehe nochmals bei Fn. 2.
[33] Hierzu eingehend Mannhold, Betriebsaufspaltung und GmbH & Co. KG als Rechtsformalternativen im körperschaftsteuerlichen Anrechnungsverfahren.
[34] Umfassende Rechtsprechungsnachweise in R 138a Abs. 5 EStR 1993.
[35] Schmidt, EStG, § 15 Anm. 139; Felix, in: Kölner Handbuch, Tz. 6; Priester, DB 77, 224 ff.
[36] So auch Knoppe, S. 174; siehe nochmals bei Fn. 4,5.

den Gewerbeertrag nicht mindern[37]. Außerdem können für diesen Personenkreis keine Rückstellungen für Pensionszusagen gebildet werden. Die Gewerbesteuerbelastung beträgt dann – je nach Hebesatz der Gemeinde – ca. 15 bis 25% der Sondervergütungen[38]. Dieser gewerbesteuerschädliche Effekt kann nur dadurch vermieden werden, wenn die Komplementär-GmbH Gehälter und sonstige Vergütungen an Geschäftsführer zahlt, die *nicht zugleich Kommanditisten sind*[39].

Da bei der Betriebsaufspaltung zwei Freibeträge beim Gewerbekapital in Anspruch genommen werden können und bei der GmbH & Co. KG nur ein Freibetrag von 120 000 DM gem. § 13 Abs. 1 Satz 3 GewStG in Betracht kommt, ergibt sich ein geringfügiger Steuervorteil zugunsten der Betriebsaufspaltung (2‰ v. 120 000 DM = 240,– DM Meßbetrag).

Jedoch kann mit der GmbH & Co. KG in geringem Umfange Vermögensteuer und Erbschaftsteuer gespart werden, da die Betriebs-GmbH in aller Regel über ein höheres Betriebskapital als eine bloße Komplementär-Verwaltungs-GmbH einer GmbH & Co. KG verfügen muß[40].

Die Betriebsaufspaltung hat jedoch den Vorteil, daß mindestens zwei vermögensteuerliche Freibeträge in Höhe von 500 000,– DM für das Betriebsvermögen beansprucht werden können[41].

## 2.3 GmbH & Still

Bei einer GmbH & Still beteiligen sich Gesellschafter einer GmbH zugleich als (a)typische stille Gesellschafter am Unternehmen der GmbH. Das Motiv, durch die GmbH & Still die ertragsteuerliche Doppelbelastung auszuschalten, ist seit der Körperschaftsteuerreform entfallen.

Zum einen muß hervorgehoben werden, daß sich bei der GmbH & Still beträchtliche *Finanzierungsprobleme* ergeben können. Eine laufende Ausschüttung der GmbH-Gewinne zwecks Senkung der Steuerbelastung im Rahmen des Anrechnungsverfahrens hat zur Konsequenz, daß die GmbH selbst keine nennenswerten Eigenmittel ansammeln kann und folglich das Betriebsvermögen weitgehend mit den Einlagen der typisch stillen Gesellschafter finanzieren muß.

---

[37] Tz. 81 ff. des Mitunternehmererlasses BMF Schr. v. 20. 12. 1977 IV B 2 – S 2241 – 231/77 BStBl. 78 I, 8 m. w. Nachw. aus der BFH-Rechtsprechung.
[38] Vgl. auch Zartmann, S. 33 m. w. Nachw.
[39] BFH Urt. v. 28. 1. 1986 – VIII R 335/82 BStBl. 86 II, 599; ferner Zartmann, S. 32 f.
[40] So Knoppe, S. 173; Fichtelmann, Rdn. 68.
[41] Nachw. bei 1.1.2.5.

Die Problematik besteht hier darin, daß sich das Kündigungsrecht des stillen Gesellschafters im Hinblick auf § 723 Abs. 3 BGB nicht ganz ausschließen läßt. Bei einer Kündigung durch die stillen Gesellschafter können daher kaum lösbare Finanzierungsprobleme eintreten[42].

Zum anderen ergeben sich erhebliche vermögen- und erbschaftsteuerliche Nachteile[43], die darauf beruhen, daß sich das wertvolle Anlagevermögen im Betriebsvermögen der GmbH befindet. Weiterhin kommt hinzu, daß die Beteiligungen der stillen Gesellschafter u. U. über dem Nominalwert anzusetzen sind, nämlich dann, wenn die Verzinsung der Einlage über 10% liegt und die Kündbarkeit der Einlage am Bewertungsstichtag für längere Zeit ausgeschlossen ist (Ertragswertverfahren)[44].

## 3. Fazit

Der Vergleich mit den anderen Rechtsformen dürfte deutlich gemacht haben, daß in aller Regel die Betriebsaufspaltung zur Zeit die optimale Unternehmensform darstellt. Mit ihr kann die Haftungsbeschränkung und die Minimierung des Einflusses der Arbeitnehmer auf die Unternehmensführung am besten erreicht werden. Gegenüber der GmbH sind die vermögen- und erbschaftsteuerlichen Vorteile unübersehbar. Hinsichtlich der GmbH & Co. KG dominiert die Abzugsfähigkeit der Gesellschafter-Geschäftsführergehälter und sonstiger Zuwendungen vom Gewerbeertrag. Die GmbH & Still weist Finanzierungsrisiken und vermögen- und erbschaftsteuerliche Nachteile auf.

Die Betriebsaufspaltung verbietet sich nur bei kleinen Betrieben, bei denen die zusätzlichen Aufwendungen für Verwaltungskosten und Steuerberatung die obig bezeichneten Vorteile übersteigen[45].

---

[42] Hierauf weisen ebenfalls Knoppe, S. 175 und Brandmüller, Rdn. A 83 hin.
[43] Zur *gewerbesteuerlichen* Diskriminierung der typischen stillen Gesellschaft im Vergleich zum Gesellschafterdarlehen durch das Haushaltsbegleitgesetz 1983 siehe Ch. Schmidt, DB 84, 424 ff.; o. V., DStR 85, 145; Brandmüller, Rdn. A 80; zur Vorteilhaftigkeit des partiarischen Darlehens Tillmann, GmbH 87, 329 (330).
[44] Abschn. 61 Abs. 1 VStR 1993; hierzu Schneider, BB 85, 1677 ff.; Hesse, BB 85, 2121 ff.
[45] So auch Buchwald/Tiefenbacher/Dernbach, Die zweckmäßige Gesellschaftsform, S. 66 f.; Knoppe, S. 65; Schmidt, EStG, § 15 Anm. 141 c.

# Literaturverzeichnis

## A. Bücher, Monographien, Kommentare

Baumbach, Adolf/Duden, Konrad/Hopt, Klaus J.: Handelsgesetzbuch, 28. Aufl., München 1989.
Baumbach, Adolf/Hueck, Alfred u. Götz: Aktiengesetz, 13. Aufl., München 1968.
Baumbach, Adolf/Hueck, Alfred: GmbH-Gesetz, 15. Aufl., München 1988.
Bentler, Helmut: Das Gesellschaftsrecht der Betriebsaufspaltung, Baden-Baden 1986.
Binz, Mark K.: Die GmbH & Co., 8. Aufl., München 1992.
Blümich, Walter: Einkommensteuergesetz, 11. Aufl., München (Stand: Juni 1994).
Brönner, Herbert: Die Besteuerung der Gesellschaften, 16. Aufl., Stuttgart 1988.
Brandmüller, Gerhard: Betriebsaufspaltung, Freiburg im Breisgau (Stand: Nov. 1994).
Brandmüller, Gerhard: Die Betriebsaufspaltung nach Handels- und Steuerrecht, 6. Aufl., Heidelberg 1994.
Buchwald/Tiefenbacher, Erhard/Dernbach, Jürgen: Die zweckmäßige Gesellschaftsform, 5. Aufl., Heidelberg 1981.
Bunjes, Johann/Geist, Reinhold: UStG, 2. Aufl., München 1985.
Dehmer, Hans: Die Betriebsaufspaltung, 2. Aufl., München 1987.
Donath, Roland: Die Betriebsaufspaltung, Heidelberg 1991.
Dornfeld: Die neuen Grundsätze für die Besteuerung von Personengesellschaften, Köln 1985.
Drygala, Tim: Der Gläubigerschutz bei der typischen Betriebsaufspaltung, Köln 1991.
Dürkes, Werner: Wertsicherungsklauseln, 10. Aufl., Heidelberg 1992.
Fabritius: Die Überlassung von Anlagegegenständen an die GmbH durch Gesellschafter, Heidelberg 1988.
Felix, Günther (Hrsg.): Kölner Handbuch der Betriebsaufspaltung und Betriebsverpachtung, 4. Aufl., Köln 1979.
Fichtelmann, Helmar: Betriebsaufspaltung im Steuerrecht, 8. Aufl., Heidelberg 1993.
Fischer, Robert/Lutter, Marcus/Hommelhoff, Peter: GmbH-Gesetz, Kommentar, 12. Aufl., Köln 1987.
Glade, Anton/Steinfeld, G.: Umwandlungssteuergesetz 1977, 3. Aufl., Herne–Berlin 1980.
Haarmann, Wilhelm (Hrsg.): Die beschränkte Steuerpflicht, Köln 1993.
Hachenburg, Max: Gesetz betreffend die Gesellschaften mit beschränkter Haftung (GmbHG), 7. Aufl., Berlin–New York 1975.
Handbuch der Bauinvestitionen und Immobilienkapitalanlagen, Heidelberg (Stand: November 1994).
Hartmann/Böttcher/Nissen/Bordewin: Kommentar zum Einkommensteuergesetz, Wiesbaden (Stand: September 1994).
Hegel, Heinrich: Die Betriebsaufspaltung, Wiesbaden 1989.
Heinsius, Ernst W.: Die Betriebsaufspaltung, 2. Aufl., Planegg/München 1986.
Herbert, Paul: Das Steuerrecht der Unternehmung, Materialsammlung für den praktischen Gebrauch, Lüdenscheid.
Herrmann, Carl/Heuer, Gerhard/Raupach, Arndt: Einkommen- und Körperschaftsteuergesetz mit Nebengesetzen, 19. Aufl., Köln 1950/82 (Stand: September 1994).
Hinke, Christian, W.: Neue Möglichkeiten der Steuerersparnis durch Betriebsaufspaltung, Kissing 1979.

Literaturverzeichnis

Holzwarth, Gabriele: Konzernrechtlicher Gläubigerschutz bei der klassischen Betriebsaufspaltung, Köln 1994.

Institut „Finanzen und Steuern" e.V.: Die Steuerbelastung bei Betriebsaufspaltung nach der Körperschaftsteuerreform im Vergleich zur Steuerbelastung bei der Personengesellschaft und der Kapitalgesellschaft (Heft 119), Bonn 1980.

Jacobs, Otto H./Brewi, Karl/Schubert, Rainer: Steueroptimale Rechtsform mittelständischer Unternehmen, München 1978.

Jasper, Lothar, Th.: Investitionszulagen zur Förderung der Beschäftigung nach § 4b InvZulG 1982, 2. Aufl., Köln 1983.

Kaligin, Thomas: Das neue Gepräge-Gesetz, Köln, 1986.

Kaligin, Thomas: Steuerlich optimale Gestaltungen bei Investitionen in den neuen Bundesländern, Heidelberg 1994.

Kalle, Michael: Steuerrechtliche Betriebsaufspaltung und das Recht der verbundenen Unternehmen, Frankfurt a.M., 1991.

Kern, Eberhard: Die Aufspaltung mittelständischer Unternehmen in ein Besitz- und Betriebsunternehmen, Bergisch-Gladbach/Köln 1987.

Knobbe-Keuk, Brigitte: Bilanz- und Unternehmenssteuerrecht, 9. Aufl., Köln 1993.

Knoppe, Helmut: Betriebsverpachtung, Betriebsaufspaltung, 7. Aufl., Düsseldorf 1985.

Kühn, Rolf/Kutter, Heinz/Hofmann, Ruth: Abgabenordnung-Finanzgerichtsordnung, 16. Aufl., Stuttgart 1990.

Lenski, Edgar/Steinberg, Wilhelm: Kommentar zum Gewerbesteuergesetz, 5. Aufl., Köln (Stand: August 1994).

Littmann, Eberhard/Bitz, Horst/Meincke, Jens Peter: Das Einkommensteuerrecht (Stand: September 1994).

Mannhold, Peter: Betriebsaufspaltung und GmbH & Co. KG als Rechtsformalternativen im körperschaftsteuerlichen Anrechnungsverfahren, Düsseldorf 1979.

Medicus, Dieter: Bürgerliches Recht, 16. Aufl., Köln–Berlin–München 1993.

Münchener Kommentar zum Bürgerlichen Gesetzbuch Band 3/1. Halbband (§§ 433–656), 2. Aufl., München 1988.

Palandt, Otto: Bürgerliches Gesetzbuch, 53. Aufl., München 1994.

Richter, Heinz/Winter, Willi: Gewinnübertragungen nach §§ 6b/6c EStG, 2. Aufl., Herne–Bielefeld 1979.

Rössler, Rudolf/Troll, Max: Bewertungsgesetz und Vermögensteuergesetz, 16. Aufl., München 1994.

Roth, Günther H.: Gesetz betreffend die Gesellschaften mit beschränkter Haftung (GmbHG), 2. Aufl., München 1987.

Schmidt, Ludwig: Einkommensteuergesetz, 13. Aufl., München 1994.

Scholz, Franz: Kommentar zum GmbH-Gesetz, 6. Aufl., Köln 1978/1983.

Staib, Otto: Betriebsaufspaltung – steuerrechtlich und haftungsrechtlich, insbesondere produkthaftungsrechtlich, Frankfurt a.M. u.a. 1988.

Streck, Michael: KStG, 3. Aufl., München 1991.

Walther, U., Besitzfirma – Betriebsfirma, Die Aufspaltung des Unternehmens in Besitz und Betrieb, 22. Aufl., Wiesbaden 1976.

Wehrheim, Michael: Die Betriebsaufspaltung in der Finanzrechtsprechung, Wiesbaden 1984.

Widmann, Siegfried/Mayer, Robert: Umwandlungsrecht, Bonn (Stand: August 1994).

Wolf, Michael/Hinke, Christian W.: Handbuch der Betriebsaufspaltung, Kissing (Stand: August 1994).

Zartmann, Hugo: Die Betriebsaufspaltung, Wiesbaden 1980.
Zartmann, Hugo/Litfin, Peter Martin: Unternehmensform nach Maß, 2. Aufl., Stuttgart –Wiesbaden 1977.
Ziegler, Klaus: Kapitalersetzende Gebrauchsüberlassungsverhältnisse und Konzernhaftung bei der GmbH. Unter besonderer Berücksichtigung der Betriebsaufspaltung, Baden-Baden 1989.

## B. Aufsätze

Ahmann, Karin-Renate: Der gespaltene Erfinder, DStR 1988, S. 595.
Ahrend, Peter/Förster, Wolfgang/Rössler, Norbert: Rückstellungen der Pensionszusagen an beherrschende Gesellschafter-Geschäftsführer von Kapitalgesellschaften, DB 1982, S. 2413.
Altehoefer, Klaus/Krebs, Hans-Joachim/Nolte, Jürgen/Roland, Detlef: Steuerentlastungsgesetz 1984, DStZ 1984, S. 4.
Altmeppen, Holger: Die systematische Einordnung der Rechtsprechung zum qualifiziert faktischen Konzern, DB 1994, S. 1912.
Autenrieth, Karlheinz: Ansatzpunkte für die „Beerdigung" der Betriebsaufspaltung, DStZ 1989, S. 99.
Autenrieth, Karlheinz: Die Gesetzesgrundlage der Betriebsaufspaltung, DStZ 1989, S. 280.
Bäcker, Roland M.: Die Vermietung von Betriebsmitteln an die GmbH durch einen Gesellschafter als kapitalersetzende Rechtshandlung gem. § 32a Abs. 3 GmbHG, ZIP 1989, S. 681.
Baer, Alfred: Pensionsrückstellungen für beherrschende Gesellschafter-Geschäftsführer von Kapitalgesellschaften, BB 1982, S. 2045.
Bärtels, Hans-Christian: Gewinnverlagerungen in der Betriebsaufspaltung als Frage des zugrundeliegenden Besteuerungskonzepts, BB 1991, S. 1539.
Barandt, Peter: Rückwirkung von Verträgen im Steuerrecht, BB 1983, S. 1293.
Barth, Kuno: Steuerliche Probleme der Betriebsaufspaltung, DB 1968, S. 814.
Barth, Kuno: Grundstückserträge bei der Gewerbeertragsteuer im Falle der Betriebsaufspaltung, DB 1968, S. 2101.
Barth, Kuno: Flucht in die GmbH nach der Körperschaftsteuerreform?, BB 1976, S. 992.
Barth, Kuno: Die Betriebsaufspaltung – ein klassisches Beispiel für die Grenzen der Rechtsprechung in Steuersachen, DB 1985, S. 510.
Barth, Kuno: Die Betriebsaufspaltung unter Beteiligung von Ehegatten und Kindern, BB 1985, S. 648.
Barth, Kuno: Anmerkung zu BFH Urt. v. 27. 11. 1985 – I R 115/85, BB 1986, 378.
Barth, Kuno: Anmerkung zu BFH Urt. v. 24. 7. 1986 – IV R 98 – 88/85, BB 1986, S. 2045.
Barth, Kuno: Das steuerliche Dilemma für Ehegatten im Zusammenhang mit der Betriebsaufspaltung, DStR 1987, S. 211.
Barth, Kuno: Die Publizitäts- und Prüfungspflicht der GmbH & Co. KG nach dem letzten Stand der Gesetzgebung, BB 1987, S. 1045.
Barth, Kuno: Die Einschränkung der Publizitätspflicht mittelständischer Kapitalgesellschaften ist nicht mehr auszuschließen, BB 1987, S. 2135.
Barth, Kuno: Publizitätspflicht für mittelständische Unternehmen und GmbH & Co. KG, BB 1988, S. 2343.
Bartl, Harald: 4 Jahre GmbH-Novelle, BB 1984, S. 2154.
Bauder, Wolfgang: Neue Haftungsrisiken im qualifizierten faktischen GmbH-Konzern, BB 1992, S. 1009.

Literaturverzeichnis

Bauder, Wolfgang: Neue Entwicklungen beim qualifizierten faktischen GmbH-Konzern?, BB 1992, S. 1797.
Bauder, Wolfgang: Anmerkung zu BGH Urt. v. 29. 3. 1993 – II ZR 265/91, BB 1993, S. 1103.
Bauer, Hubertus/Diller, Martin: Vorruhestand ohne § 128 AFG, BB 1994, S. 1085.
Beckermann/Jarosch: Schlußfolgerungen aus dem Grundsatzurteil des BFH zum Wegfall der Voraussetzungen einer Betriebsaufspaltung für verschiedene Fallgruppen, DB 1984, S. 2483.
Beckschäfer, Franz: Grenzbereiche bei Betriebsaufspaltungen, BB 1983, S. 630.
Beinert, Jörg: Überlegungen zur Unternehmensform nach der Körperschaftsteuerreform, StbJb 1976/1977, S. 221.
Beinert/Hennerkes/Binz: Kapitalersetzende Darlehen und GmbH-Novelle, GmbHR 1981, S. 10.
Belling, Detlev/Collas, Martin: Der Schutz der Arbeitnehmer vor den haftungsrechtlichen Folgen einer Betriebsaufspaltung, NJW 1991, S. 1919.
Beul, Herbert: Anmerkung zu BVerfG, Beschl. v. 12. 3. 1985 – 1 BvR 571/81, DStR 1985, S. 539.
Beyerle, Konrad: Herrschaftsbefugnisse in der fehlgeschlagenen Kommanditgesellschaft, BB 1973, S. 1376.
Biermeier, Alfons/Bongen, Wolfgang/Renaud, Werner: Informationsrechte der Gesellschafter bei Betriebsaufspaltungen, GmbHR 1988, S. 169.
Binz, Karlheinz/Rauser, Klaus-Dieter: Betriebliche Altersversorgung bei Betriebsaufspaltung, BB 1980, S. 897.
Binz, Mark K./Fraidenberg, Götz/Sorg, Martin: Die „wesentliche Betriebsgrundlage" im Ertragsteuerrecht, DStR 1993, S. 3.
Birk, Rolf: Arbeitsrechtliche Probleme der Betriebsaufspaltung, BB 1976, S. 1227.
Birk, Rolf: Betriebsaufspaltung und Änderung der Konzernorganisation im Arbeitsrecht, ZGR 1984, S. 23.
Birkholz, H.: Zur Verpachtung von Betriebsanlagen und Betrieben im Steuerrecht, BB 1965, S. 1390.
Birkholz, Hans: Die Betriebsaufspaltung im Steuerrecht, DStZ/A 1971, S. 158.
Birkholz, Hans: Noch einmal: Die Betriebsaufspaltung im Steuerrecht, DStZ/A 1972, S. 39.
Bise, Wilhelm: Die Betriebsaufspaltung in der Rechtsprechung des Bundesfinanzhofs, DB 1962, S. 416.
Bise, Wilhelm: Zur Betriebsaufspaltung, StbJb 1972/1973, S. 207.
Bitz, Horst: Schlußfolgerungen aus dem Grundsatzurteil des BFH zum Wegfall der Voraussetzungen einer Betriebsaufspaltung für verschiedene Fallgruppen, DB 1984, S. 1492; DB 1984, S. 2484.
Bitz, Horst, Mitunternehmerische Betriebsaufspaltung und Besteuerung der GbR nach dem BFH-Urteil vom 25. 4. 1985, DB 1985, S. 2021.
Bitz, Horst, Anmerkung zu BFH, Urt. v. 27. 11. 1985 – I R 115/85, DB 1986, S. 412.
Bitz, Horst: Betriebsaufspaltung: Sachliche Verflechtung bei verpachtetem Grundbesitz nach der neueren Rechtsprechung des BFH, FR 1991, S. 733.
Böttcher, Conrad: Zum Wirtschafts- und Steuerrecht der Familienunternehmen, StbJb 1953/1954, S. 239.
Böttcher, Conrad/Beinert, Jörg: Die Rechtsprechung zur Betriebsaufspaltung, DB 1966, S. 1782.
Bopp, Gerhard: Die Besteuerung von Betriebstätten, DStZ/A 1974, S. 91.
Bordewin, Arno: Steuerentlastungsgesetz 1984, FR 1984, S. 53.

Bordewin, Arno: Gewinnrealisierung bei Beendigung einer Betriebsaufspaltung, NWB, Fach 18, S. 2731.
Bordewin, Arno: Aufgabe der Gepräge-Rechtsprechung – Auswirkungen auf die Betriebsspaltung, die atypische GmbH & Still und die „gemischte" tätige GmbH & Co. KG?, FR 1985, S. 98.
Bordewin, Arno: Zum Entwurf eines Gesetzes zur vordringlichen Regelung von Fragen der Besteuerung von Personengesellschaften, BB 1985, S. 1548.
Bordewin, Arno: Investitionszulagen nach dem Investitionszulagengesetz und Betriebsaufspaltung, BB 1985, S. 1844.
Bork, Reinhard: Arbeitnehmerschutz bei der Betriebsaufspaltung, BB 1989, S. 2181.
Brandenberg, Bernwart: Investitionszulagen und Steuervergünstigungen in Fällen der Betriebsaufspaltung, NWB, Fach 3, S. 6233.
Brandes, Helmut: Die Behandlung von Nutzungsüberlassungen im Rahmen einer Betriebsaufspaltung unter Gesichtspunkten des Kapitalersatzes und der Kapitalerhaltung, ZGR 1989, S. 244.
Brandis, Peter: „Beherrschende Stellung" und Zurechnung von familieneigenen Anteilen, FR 1986, S. 9.
Brandmüller, Gerhard: Betreibt ein Besitzunternehmen noch ein Handelsgewerbe?, BB 1976, S. 641.
Brandmüller, Gerhard: Wiederentdeckung der Betriebsaufspaltung, BB 1979, S. 465.
Brandmüller, Gerhard: Investitionszulage: Vergleichsvolumen bei der Betriebsaufspaltung, BB 1982, S. 1413.
Braun, Eberhard: Kapitalersetzende Maßnahmen i. S. V. § 32a Abs. 3 GmbH durch Pachtverträge in der Betriebsaufspaltung?, ZIP 1983, S. 1175.
Braun, Rainer: Grundstücke im Rahmen der sachlichen Verflechtung bei der Betriebsaufspaltung – Rückblick und Ausblick, GmbHR 1994, S. 232.
Breitenbach, Eduard: Das Ende der umsatzsteuerlichen Unternehmereinheit als Verfahrensproblem, DB 1987, S. 306 u. S. 1511.
Bulla, Werner: Wertsicherungsklauseln in Miet- und Pachtverträgen, DB 1975, S. 965.
Bullinger, Michael: Investitionszulagen bei Betriebsaufspaltung der Organschaft, BB 1985, S. 2171.
Bullinger, Michael: Zonenrandvergünstigungen bei Betriebsaufspaltung und Organschaft, DB 1987, S. 836.
Bundesministerium der Justiz: Jahresabschlußpublizität der Kapitalgesellschaften, GmbHR 1994, S. 366.
Bundessteuerberaterkammer: Gegen Einbeziehung der GmbH & Co. KG – Für Erleichterungen für den Mittelstand, DStR 1990, S. 646.
Bundessteuerberaterkammer: Steuerberater gegen Pflichtprüfung und Offenlegungspflicht bei der GmbH & Co. KG, DB 1994, S. 1435.
Bundessteuerberaterkammer: Erhöhte Investitionszulage und § 5 Abs. 2 Nr. 2 InvZulG 1993 bei Betriebsaufspaltungen. DStR 1994, S. 1568.
Burgard, Ulrich: Die Tatbestandsmerkmale des qualifizierten faktischen GmbH-Konzerns und ihre Konkretisierung nach „TBB", WM 1993, S. 925.
Burhoff, Detlef: Betriebsüberlassungs- und Betriebsführungsvertrag, NWB, Fach 18, S. 2613.
Cossel, Kurt: Ist § 9 Ziff. 1 Satz 2 GewStG 1962 bei Betriebsaufspaltung auf die Mieterträge eines Besitzunternehmens anwendbar, das seine Tätigkeit darauf beschränkt, seinen Grundbesitz an die von ihm gegründete und beherrschte Betriebsgesellschaft zu vermieten?, DStR 1964, S. 542.

Literaturverzeichnis

Costede, Jürgen: Mitunternehmerschaft und Betriebsaufspaltung bei der GmbH & Still, StuW 1977, S. 208.

Decker, Rolf O. A.: Schütt-aus-hol-zurück-Politik bei mehreren Anteilseignern, DB 1992, S. 1001.

Diers, Fritz-Ulrich: Die Veräußerung von Betriebs- und Besitzgesellschaft im Rahmen einer Betriebsaufspaltung, DB 1991, S. 1299.

Diers, Fritz-Ulrich: Rückabwicklung einer Betriebsaufspaltung, DStR 1992, S. 90.

Döllerer, Georg: Die Rechtsprechung des Bundesfinanzhofs zum Steuerrecht der Unternehmen, ZGR 1985, S. 386.

Döllerer, Georg: Aus der neueren Rechtsprechung des Bundesfinanzhofs zur Betriebsaufspaltung, GmbH 1986, S. 165.

Döllerer, Georg: Die Rechtsprechung des Bundesfinanzhofs zum Steuerrecht der Unternehmen, ZGR 1987, S. 443.

Döllerer, Georg/Thurmayr, Georg: Beendigung der Betriebsaufspaltung – Konsequenzen für die Anteile an der Betriebskapitalgesellschaft, DStR 1993, S. 1465.

Dötsch, Ewald: Die Änderungen des Körperschaftsteuergesetzes durch das Steuerentlastungsgesetz 1984, DB 1984, S. 147.

Driesen, Werner: Vorschlag der EG-Kommission zur Änderung der Schwellenwerte der 4. EG-Bilanzrichtlinie, GmbHR 1993, R 90.

Driesen, Werner: Akutelle Entwicklung der GmbH-Rechnungslegung, GmbH-Report 1994, R 26.

Drygala, Tim: Die Rechtsfolgen eigenkapitalersetzender Nutzungsüberlassung, BB 1992, S. 80.

Drygala, Tim: Verhaltenshaftung im faktischen GmbH-Konzern, DStR 1993, S. 317.

Ebeling, Jürgen: Probleme bei der Koordinierung von Nachfolge- und Abfindungsklauseln im Rahmen einer Betriebsaufspaltung aus zivilrechtlicher und steuerrechtlicher Sicht, JbFfSt 1979/1980, S. 275.

Ebenroth, Carsten Thomas/Wilken, Oliver: Kapitalersatz und Betriebsaufspaltung, BB 1993, S. 305.

Ebert, Arnim: Die Besteuerung von verdeckten Gewinnausschüttungen bei der Gesellschaft und beim Anteilseigner, BB 1984, S. 1221.

Eckert, Michael: Auswirkungen des Widerspruchs eines Arbeitnehmers gegen eine Betriebsveräußerung auf sein Arbeitsverhältnis, DStR 1992, S. 1028.

Eckhardt, Walter: Betriebsaufspaltung, StbJb 1971/1972, S. 115.

Ehlers, Ernst-August: Vermeidung der Realisierung stiller Reserven bei Betriebsbeendigung – zugleich ein Beitrag zur Problematik sog. Auffangsgestaltungen, DStZ 1987, S. 557.

Ehlke, Michael: Konzerninduzierter Haftungsdurchgriff auf den GmbH-Gesellschafter?, DB 1986, S. 524.

Elsner von, Dietrich: Kapitalverkehrsteuerliche Probleme der Betriebsaufspaltung bei gewinnabhängigem Pachtzins, DB 1983, S. 2385.

Fabry, Peter: Rechtsprechungsänderungen des Bundesfinanzhofes aufgrund von Entscheidungen des Bundesverfassungsgerichts, DStZ 1990, S. 10.

Farrenkopf, Stefan: Die Rechtsprechung des BGH zu den sogenannten kapitalersetzenden Gesellschafterdarlehen bei der GmbH und §§ 30f. GmbH-Gesetz, Die AG 1983, S. 151.

Felix, Günther: Gesellschaftsteuerfreiheit bei Begründung einer Betriebsaufspaltung?, BB 1972, S. 652.

Felix, Günther: Keine Betriebsaufspaltung bei fehlender beidseitiger Ehegattenbeteiligung, GmbHR 1973, S. 184.

Felix, Günther: Grundsätzliches und Kritisches zur Beschäftigungsförderungszulage 1982 (§ 4b des Investitionszulagengesetzes neue Fassung), BB 1982, S. 1600.

Felix, Günther: Über eigene Auswirkungen der „GmbH & Co. KG-Beschlüsse 1984 des Großen Senats" auf das Rechtsinstitut der Betriebsaufspaltung, DStZ 1984, S. 575.

Felix, Günther: Inhalt und Auswirkungen des Beschlusses des Bundesverfassungsgerichts vom 12. März 1985 zu Ehegatten-Betriebsaufspaltung, KÖSDI 1985, S. 5976.

Felix, Günther: Zur Einkunftsqualifikation des Nur-Besitzgesellschafters, BB 1985, S. 1970.

Felix, Günther: Anmerkung zu BFH Urt. v. 8. 11. 1983 – I R 174/79, GmbHR 1986, S. 202.

Felix, Günther: Vermietungseinkünfte des Nur-Besitzgesellschafters durch Zwischenvermietung an die Doppelgesellschafter, DStZ 1986, S. 621.

Felix, Günther: Umsatztantieme als Teil der Tätigkeitsbezüge geschäftsführender GmbH-Gesellschafter, BB 1988, S. 277.

Felix, Günther: Steuervorteilhafte „Umwandlung" einer Familien-KG in eine Familien-Betriebsaufspaltung, DStZ 1988, S. 621.

Felix, Günther: Die Einmann-Betriebsaufspaltung sowie die Beteiligung an der Besitz-GmbH & Co. KG und der Betriebs-GmbH in der Erbauseinandersetzung, GmbHR 1990, S. 561.

Felix, Günther: Erwünschte Betriebsaufspaltung bei Einbringung von Einzelunternehmen unter Zurückbehaltung der Betriebsgrundstücke, DStZ 1992, S. 247.

Felix, Günther: Betriebsaufspaltung und vorweggenommene Erbfolge in der Einkommensteuer, GmbHR 1992, S. 517.

Felix, Günther/Korn, Klaus: Aktuelles zur Betriebsaufspaltung, DStR 1971, S. 135.

Felix, Günther/Stahl, Rudolf: Steuer- und zivilrechtliche Erwägungen zur Umgründung von Gesellschaften mbH in Personengesellschaften oder Einzelunternehmen, DStR 1986, Beihefte zu Heft 3.

Felix, Günther/Streck, Michael: „Schütt-aus-Hol-zurück"-Verfahren, DStR 1977, S. 42.

Fichtelmann, Helmar: Anm. z. BFH, Urt. v. 31. 3. 1971 – I R 111/69, FR 1971, S. 492.

Fichtelmann, Helmar: Anm. z. BFH, Urt. v. 15. 5. 1975 – IV R 89/73, StRK-Anm. R 323 zu § 2 Abs. 1 GewStG.

Fichtelmann, Helmar: Anm. z. BFH, Urt. v. 29. 7. 1976 – IV R 145/72, StRK-Anm. R 332 zu § 2 Abs. 1 GewStG.

Fichtelmann, Helmar: Betriebsaufspaltung im Steuerrecht, NWB, Fach 18, S. 2523.

Fichtelmann, Helmar: Betriebsaufspaltung zwischen zwei Personengesellschaften und der Grundsatz der Subsidiarität im Rahmen des § 15 Abs. 1 Nr. 2 EStG, FR 1980, S. 138.

Fichtelmann, Helmar: Zur Zulässigkeit einer Betriebsaufspaltung mit mehreren Besitzunternehmen, FR 1983, S. 78.

Fichtelmann, Helmar: Aktuelle Fragen der Betriebsaufspaltung, GmbHR 1984, S. 344.

Fichtelmann, Helmar: Die Bedeutung von Stimmrechtsvereinbarungen für die personelle Verflechtung bei der Betriebsaufspaltung, DStZ 1990, S.371.

Fichtelmann, Helmar: Das Erbbaurecht als wesentliche Betriebsgrundlage bei der Betriebsaufspaltung, DStZ 1991, S. 131.

Fichtelmann, Helmar: Probleme der Gewinnrealisierung bei der Betriebsaufspaltung, GmbHR 1991, S. 369 und 431.

Fichtelmann, Helmar: Beendigung der Betriebsaufspaltung durch Konkurs der Betriebskapitalgesellschaft?, GmbHR 1991, S. 527.

Fichtelmann, Helmar: Betriebsaufspaltung bei unentgeltlicher Nutzungsüberlassung durch das Besitzunternehmen, GmbHR 1992, S. 442.

Fichtelmann, Helmar: Die Erbauseinandersetzung bei der Betriebsaufspaltung im Zivil- und Steuerrecht, GmbHR 1994, S. 583.
Flämig, Christian: Gesellschaften und Steuerrecht, JuS 1979, S. 13.
Flume, Werner: Das Video-Urteil und das GmbH-Recht, DB 1992, S. 25.
Förster, Guido: Antrag auf rückwirkende Anwendung der geänderten §§ 27–29 KStG und Festsetzungsverjährung, DB 1986, S. 1606.
Freudling, Fritz: Betriebsaufspaltung und Doppelbesteuerungsabkommen, RIW/AWD 1975, S. 532.
Fuchs, Michael: Zum steuerlichen Erfordernis der Vereinbarung einer Verlustübernahme entsprechend § 302 AktG im Gewinnabführungsvertrag mit einer Organ-GmbH (§ 17 Nr. 2 KStG n. F.), WPg 1994, S. 755.
Gäbelein, Wolfgang: Die Unternehmensspaltung, BB 1989, S. 1420.
Gäbelein, Wolfgang: Ende der Haftungsgrenzen im Konzern? Video-Urteil des BGH vom 23. 9. 1991 – II ZR 135/90, GmbHR 1992, S. 273.
Garny, Michael: Zur Frage der Gewerbesteuerpflicht einer reinen Grundbesitz-Personengesellschaft im Rahmen der Betriebsaufspaltung, DStZ 1985, S. 515.
Gassner, Bruno: Betriebsaufspaltung über die Grenze, BB 1973, S. 1352.
Gebbers, Harald: Zur Besteuerung der internationalen Betriebsaufspaltung durch Grundstücksvermietung, RIW 1984, S. 711.
Gebel, Dieter: Schenkung von Anteilen an der Betriebskapitalgesellschaft im Zuge einer Betriebsaufspaltung, DStR 1992, S. 1341.
Geck, Reinhard: Haftung im faktischen Konzern, NWB, Fach 18, S. 3333.
Gehrig, Wilhelm: Belastungsvergleich: Reine GmbH/Betriebsaufspaltung, GmbHR 1983, S. 74.
Geiger, Peter: Verpachtung von wirtschaftlichen Geschäftsbetrieben bei Vereinen als Betriebsaufgabe oder Betriebsaufspaltung?, DB 1983, S. 2489.
George, Heinz: Anmerkung zu BayOblG, Beschl. v. 13. 11. 1984 – BReg. 3 Z 60/83 und BReg. 3 Z 119/83, BB 1985, S. 544.
Gerbig, Rolf I., Ein Modell für die Inanspruchnahme von Investitionszulagen bei Leasingobjekten, DB 1979, S. 1957.
Gerkan, v. Hartwin: Schwerpunkte und Entwicklungen im Recht der kapitalersetzenden Gesellschaftsleistungen, GmbHR 1986, S. 218.
Glade, Anton: Besondere Bilanzierungsfragen bei Betriebsaufspaltung, GmbHR 1981, S. 268.
GmbH-Centrale: Rückschau und Ausblick – Jahresbericht 1989/90, GmbHR 1990, S. 1.
GmbH-Centrale: EG-Bilanzrecht: Gemeinsame Standpunkte des EG-Ministerrats zur Mittelstands- und GmbH & Co.-Richtlinie, GmbHR 1990, S. 353.
GmbH-Centrale: Rückschau und Ausblick – Jahresbericht 1992/93, GmbHR 1993, S. 1
Gössner, Dieter: Kann bei einer Betriebsaufspaltung die Handelsregistereintragung der „Besitzfirma" erhalten werden?, BB 1967, S. 1274.
Goette, Wulf: Haftungsvoraussetzungen im qualifiziert faktischen Konzern, DStR 1993, S. 568.
Goette, Wulf: Anmerkung zu BGH, Urt. v. 13. 12. 1993 – II ZR 89/93, DStR 1994, S. 181.
Goette, Wulf: Anmerkung zu BGH, Urt. v. 11. 7. 1994 – II ZR 146/92, DStR 1994, S. 1658.
Goette, Wulf: Anmerkung zu BGH, Urt. v. 19. 9. 1994 – II ZR 237/93, DStR 1994, S. 1819.
Gosch, Dietmar: Neue Entwicklungen in der Rechtsprechung des BFH, WPg 1994, S. 73.
Greiffenhagen, Ulrich: Fragen zu Funktion und Nachweis des Rechnungswesens im Zusammenhang mit dem Haftungsdurchgriff im qualifizierten faktischen (GmbH-) Konzern nach dem „TBB"-Urteil des BGH, WPg 1993, S. 525.

Grieger, Rudolf: Zur steuerlichen Beurteilung von Rechtsverhältnissen zwischen der Kapitalgesellschaft und ihren Gesellschaftern, StbJb 1962/1963, S. 99.
Groh, Manfred: Das Steuerrecht als unerwünschte Quelle des Gesellschaftsrechts, BB 1984, S. 304.
Groh, Manfred: Die Betriebsaufspaltung in der Selbstauflösung, DB 1989, S. 748.
Günkel, Manfred/Kussel, Ulrich: Betriebsaufspaltung mit ausländischer Besitzgesellschaft, FR 1980, S. 553.
Hahn, Jürgen: EG-Bilanzrecht: Das „Aus" für GmbH & Co. KG und Mittelstand?, GmbH-Report, 1990, R 49.
Hahn, Jürgen: Europa '92 gegen den Mittelstand, GmbH-Report 1990, R 89.
Happ, Wilhelm: Kapitalerhöhung mit Sacheinlagen im GmbH-Recht und „Sacherhöhungsbericht, BB 1985, S. 1927.
Hartmann, Werner/Tavenrath, Jutta: Steuerliche Konsequenzen nach dem Wegfall der „mitunternehmerischen Betriebsaufspaltung" unter besonderer Berücksichtigung des § 15a EStG, FR 1987, S. 273.
Haug, Wolfgang: Gesellschafterdarlehen als verdeckte Nennkapital, DStZ 1987, S. 287.
Haun, Klaus/Rüd, Eberhard: Antragsbefugnis und Zulageberechtigung nach § 4b Abs. 6 InvZulG 1982, DB 1986, S. 1892.
Heidner, Hans-Herrmann: Grundzüge der Organschaft im Körperschaft-, Gewerbe- und Umsatzsteuerrecht, DStR 1988, S. 87.
Heidner, Hans-Herrmann: Stimmrechtsvereinbarungen bei der Betriebs-GmbH als Indiz für eine personelle Verflechtung im Rahmen einer Betriebsaufspaltung, DB 1990, S. 73.
Heinemann, Peter: Beratungsspezifische Fragen des GmbH-Rechts in der aktuellen Steuerpraxis, DStZ 1984, S. 37.
Heitmann, Helmut: Neue Rechtslage bei Pensionsrückstellungen für beherrschende Gesellschafter-Geschäftsführer von Kapitalgesellschaften, BB 1982, S. 1356.
Hemmelrath, Alexander: Bilanzierungsprobleme bei kapitalersetzender Nutzungsüberlassung, DStR 1991, S. 626.
Hennerkes, Brun-Hagen/Binz, Mark Karlheinz/Rauser, Klaus Dieter: Zur Übernahme von Ruhegeldverbindlichkeiten bei Unternehmensveräußerung und Betriebsaufspaltung, BB 1982, S. 930.
Hennerkes, Brun-H./Binz, Mark K.: Kapitalverkehrsteuerliche Probleme der Betriebsaufspaltung bei gewinnabhängigem Pachtzins, DB 1983, S. 580.
Hennerkes/Binz/Sorg: Die Betriebsaufspaltung im Zielkonflikt zwischen Gewerbesteuerfreiheit und Investitionszulage, BB 1984, S. 1995.
Henninger: Gleitklauseln auf verdeckte Gewinnausschüttungen, DB 1969, S. 195.
Henninger: Betriebsaufspaltung: Besteuerung von Besitzpersonenunternehmen, DB 1969, S. 637.
Henninger, Fritz: Erweiterte Gewerbeertragskürzung für Besitzunternehmen?, GmbHR 1969, S. 155.
Henninger, Fritz: Beteiligungsverhältnisse und Besitzunternehmen, FR 1970, S. 369.
Henninger: Erweiterte Gewerbeertragskürzung bei Besitzunternehmen, DB 1971, S. 844.
Herbert, Ulrich: Betriebsaufspaltung und Gemeinnützigkeit, FR 1989, S. 298.
Herzig, Norbert: Betriebsaufspaltung als Gestaltungsform im mittelständischen Bereich, Steuerberaterkongreßreport 1984, S. 319.
Herzig, Norbert: Ausgewählte Steuerfragen und Beendigung einer unternehmerischen Tätigkeit, BB 1985, S. 741.
Herzig, Norbert/Kessler, Wolfgang: Die begrenzte Steuerrechtsfähigkeit von Personenmehrheiten nach dem Beschluß des Großen Senats des BFH vom 25. 6. 1984 (Teil II), DB 1985, S. 2528.

Literaturverzeichnis

Herzig, Norbert/Kessler, Wolfgang: Neue Tendenzen der Betriebsaufspaltungs-Rechtsprechung, DB 1986, S. 2402.
Herzig, Norbert/Kessler, Wolfgang: Steuerfreie Entstrickung stiller Reserven, DB 1988, S. 15.
Herzig, Norbert/Kessler, Wolfgang: Steuerorientierte Wahl der Unternehmensform GmbH, OHG, GmbH & Co. und Betriebsaufspaltung – Ein EDV-gestützter Steuerbelastungsvergleich, GmbHR 1992, S. 232.
Herzig, Norbert/Kessler, Wolfgang: Steuerorientierte Wahl der Unternehmensrechtsform nach dem Standortsicherungsgesetz – Entlastung der Personenunternehmen und Diskriminierung der Kapitalgesellschaft, DStR 1994, S. 219 und 261.
Herzig, Norbert/Schiffers, Joachim: Rechtsformwahl unter Beachtung der laufenden Besteuerung und von aperiodischen Besteuerungstatbeständen, StuW 1994, S. 103.
Hesse, Wolf-Ekkehard: Das Ertragswertverfahren – ein geeignetes Verfahren zur Bewertung von stillen Beteiligungen, BB 1985, S. 2121.
Heuer: Verdeckte Gewinnausschüttung bei umgekehrter Betriebsaufspaltung?, DB 1961, S. 1373.
Höfer, Reinhold: Steuerliche Gestaltungsmöglichkeiten und Insolvenzsicherung bei Versorgungszusagen an beherrschende Gesellschafter-Geschäftsführer. Der Zinsfußwechsel bei Pensionsrückstellungen, StbJb 1982/1983, S. 255.
Hörger, Helmut: Wesentliche Betriebsgrundlagen und quantitative Betrachtungsweise, DB 1987, S. 349.
Hoffmann, Brigitte: Gewährung von Investitionszulagen nach der Investitionszulagenverordnung und nach dem Investitionszulagengesetz 1991, DB, Beilage 11 zu Heft 38, S. 1.
Hoffmann, Wolf-Dieter: Die Belastung der verdeckten Gewinnausschüttung mit Körperschaft- und Einkommensteuer bei maximaler Gewinnausschüttung, BB 1984, S. 909.
Hoffmann, Wolf-Dieter: Anmerkung zu BFH, Urt. v. 19. 2. 1991 – VIII R 106/87, DB 1991, S. 1302.
Hoffmann, Wolf-Dieter: Anmerkung zu BFH, Urt. v. 26. 3. 1992 – IV R 50/91, BB 1993, S. 119.
Hoffmann, Wolf-Dieter: Zum Zeitpunkt der Aktivierung von Dividendenansprüchen bei Betriebsaufspaltung, DStR 1993, S. 558.
Hofmann: Die Betriebsaufspaltung im Grundbuch, NJW 1974, S. 448.
Hommelhoff, Peter: Rechtliche Überlegungen zur Vorbereitung der GmbH auf das Bilanzrichtlinien-Gesetz, WPg 1984, S. 629.
Hommelhoff, Peter: Konzernpraxis nach „Video", DB 1992, S. 304.
Hommelhoff, Peter: Die qualifizierte faktische Unternehmensverbindung: ihre Tatbestandsmerkmale nach dem TBB-Urteil und deren rechtsdogmatisches Fundament, ZGR 1994, S. 395
Horn, Wilhelm: Faktische Mitunternehmerschaft, BB 1985, S. 2036.
von Hoyningen-Huene, Norbert: Verbundene Unternehmen im HGB bei der Betriebsaufspaltung, BB 1987, S. 999.
Huber, Ulrich: Betriebsführungsverträge zwischen konzernverbundenen Unternehmen, ZHR 1988, S. 1 und 123.
Hübel, Wolfgang: Zur Bedeutung der Änderungen der §§ 27–29 KStG für die Praxis der steuerlichen Betriebsprüfung StBp 1984, S. 222.
Hueck, Alfred: Schenkung von Beteiligungen an Handelsgesellschaften und Widerruf wegen groben Undanks, DB 1966, S. 1043.
Hueck, Götz: Die Behandlung von Nutzungsüberlassungen im Rahmen einer Betriebsaufspaltung als Gesellschafterdarlehen?, ZGR 1989, S. 216.

Hußmann, Theodor: Die Bedeutung der Konzernklausel für die Gewährung der Investitionszulage gemäß § 4 b InvZulG in Fällen der Betriebsaufspaltung, DB 1985, S. 574.
Irmler, H.: Erfindervergütungen im Falle der Betriebsaufspaltung, BB 1976, S. 1266.
Irmler, H.: Zur einkommen- und gewerbesteuerlichen Behandlung von Erfindervergütungen bei Betriebsaufspaltung, BB 1978, S. 397.
Irmler, Hermann: Erfindervergütungen bei Betriebsaufspaltung, BB 1980, S. 1468.
Irmler, Hermann: Auswirkungen der Aufgabe der Gepräger echtsprechung auf die gewerbesteuerliche Behandlung freier Erfindereinkünfte, BB 1985, S. 1127.
Jaeger, Georg: Die Betriebsaufspaltung durch Ausgliederung einzelner Betriebsteile als sozialplanpflichtige Betriebsänderung, BB 1988, S. 1036.
Janssen, Bernhard: Zur Gerechtigkeit in der Familienbesteuerung in Theorie und Praxis, DStR 1991, S. 13.
Jestädt, Gottfried: Sachliche Verflechtung bei Betriebsaufspaltung – Grundstück als wesentliche Betriebsgrundlage, DStR 1990, S. 223.
Jestädt, Gottfried: Haftung gemäß § 74 AO und Betriebsaufspaltung, DStR 1989, S. 243.
Jestädt, Gottfried: Sachliche Verflechtung bei Betriebsaufspaltung, BB 1992, S. 1189.
Jonas, Bernd: Steuerliche Anerkennung von Satzungsklauseln: Roma locuta – causa finita, FR 1985, S. 285.
Jost, Werner F./Bullinger, Michael: Ertragsteuerliche Vorteile bei wirtschaftlichen Engagements in Berlin, DB 1983, S. 2724.
Jost, Werner F./Bullinger, Michael: Zur Anwendbarkeit des § 24 Abs. 2 BerlinFG bei wirtschaftlichen Engagements in Berlin, insbesondere bei „Berlin-Töchtern" (Teil I), DB 1987, S. 857.
Jurkat, Werner: Zur körperschaft- und gewerbesteuerrechtlichen Organschaft, GmbHR 1972, S. 49.
Jurkat, Werner: Aktuelle Probleme zum Konzernsteuerrecht und zur Betriebsaufspaltung, JbFfSt 1972/1973, S. 1228.
Jurkat, Werner: Der Beschluß des Großen Senats des BFH vom 26. 6. 1984 (I), GmbHR 1985, S. 62.
Kaligin, Thomas: Steuerlich optimale Gestaltungen bei wirtschaftlichen Engagements in Berlin, DB 1983, S. 2168.
Kaligin, Thomas: Betriebsaufspaltung über die Grenze, WPg 1983, S. 457.
Kaligin, Thomas: Basisgesellschaften in Berlin?, BB 1984, S. 2250.
Kaligin, Thomas: Diffuse Erosionsprozesse beim Rechtsinstitut der Betriebsaufspaltung, DStZ 1986, S. 131.
Kaligin, Thomas: Steuerlich optimale Gestaltungen bei der Inanspruchnahme von Steuervergünstigungen nach dem Berlinförderungsgesetz (Teil III: Optimierung von Ertragsteuerpräferenzen), DStZ 1987, S. 426.
Kallmeyer, Harald, Die Rechtsfolgen der eigenkapitalersetzenden Gesellschafter-Nutzungsüberlassung im Recht der GmbH, GmbHR 1994, S. 290.
Kamprad, Balduin: Die Rechtsentwicklung kapitalersetzender Gesellschafterdarlehen seit dem Inkrafttreten der GmbH-Novelle vom 1. 1. 1981, GmbHR 1984, S. 339.
Kamprad, Balduin: Bilanz- und steuerrechtliche Folgen aus der Anwendung der §§ 32 a und 32 b GmbHG auf kapitalersetzende Gesellschafterkredite, GmbHR 1985, S. 352.
Kanzler, Hans-Joachim: Anmerkung zu BFH, Urt. v. 26. 3. 1992 – IV R 50/91, FR 1992, S. 591.
Kanzler, Hans-Joachim, Anmerkung zu BFH, Urt. v. 25. 8. 1993 – XI R 6/93, FR 1994, S. 21.

Literaturverzeichnis

Kapp, Thomas/Oltmanns, Michael/Bezler, Rudolf: Dauerschuldverbindlichkeiten bei Betriebsaufspaltung: Enthaftung nach § 26 HGB, BB 1988, S. 1897.

Keller, Thomas: Konzernierung mit Betriebsführungsmodellen, DB 1994, S. 2097.

Kempermann, Michael: Grundstücke als wesentliche Betriebsgrundlage in der neueren Rechtsprechung zur Betriebsaufspaltung, FR 1993, S. 593.

Keßler, Jürgen: Zivilrechtliche Haftungsrisiken der Betriebsaufspaltung, GmbHR 1993, S. 541.

Keuk, Brigitte: Gewerbesteuerpflicht des Besitzunternehmens bei Betriebsaufspaltung?, DB 1974, S. 205.

Kiethe, Kurt/Groeschke, Peer: Darlegungs- und Beweislast für die Haftung im qualifizierten faktischen Konzern, BB 1994, S. 2149.

Kiethe, Kurt/Irmbeck, Martin: Die Heilung verdeckter Sacheinlagen im GmbH-Recht, DStR 1994, S. 209.

Kindler, Peter: Gemeinschaftsrechtliche Grenzen der Konzernhaftung in der Einmann-GmbH, ZHR 1993, S. 1.

Kindler, Peter: Karlsruhe und das Europäische Gesellschaftsrecht – Kritisches zur Nichtannahme der Verfassungsbeschwerde gegen das Video-Urteil, NJW 1993, S. 3120.

Klaus, Hans: Die kapitalersetzende Nutzungsüberlassung aus ökonomischer Sicht, DStR 1994, S. 1059 und 1097.

Kleinadam, Hans-Jochen/Seutter, Klaus: Zur Angemessenheit der Entgeltvereinbarungen bei der Betriebsaufspaltung, StuW 1989, S. 250.

Klemm, Georg: Einkommensteuer und Erbauseinandersetzungen, DB 1984, Beilage 19 zu Heft 37.

Klempt, W./Winter, W.: Die ertragsteuerliche Behandlung der gewerblichen Grundstücksverwaltungsunternehmen, StBp 1971, S. 25.

Klempt, Walter: Betriebsaufspaltung und Organschaft, DStZ 1981, S. 188.

Klinzmann, Jochen: Aufspaltung einer Vermietungstätigkeit als Betriebsaufspaltung, DB 1981, S. 1360.

Knobbe-Keuk, Brigitte: Aktuelle Rechts- und Steuerprobleme des mittelständischen Unternehmens, StbJb 1983/1984, S. 73.

Knobbe-Keuk, Brigitte: Die Verpachtung von Anlagevermögen des Gesellschafters an die GmbH und § 32a GmbHG, BB 1984, S. 1.

Knobbe-Keuk, Brigitte: Aktuelle Rechts- und Steuerprobleme der mittelständischen Unternehmen, StbJb 1984/1985, S. 81.

Knobbe-Keuk, Brigitte: Zur Aufgabe der Geprägerechtsprechung, BB 1985, S. 473.

Knobbe-Keuk, Brigitte: Besteuerung stiller Reserven mit und ohne Gewinnrealisierung, DStR 1985, 494.

Knobbe-Keuk, Brigitte: Eigenkapitalersetzende Gebrauchsüberlassung bei Begründung der Betriebsaufspaltung, DStR 1992, S. 823.

Knobbe-Keuk, Brigitte: Zum Erdbeben „Video", DB 1992, S. 1461.

Köhler, Helmut: Fortbestand handelsrechtlicher Vollmachten bei Betriebsübergang?, BB 1979, S. 912.

Koewius, Rüdiger: Betriebsaufspaltung und abweichendes Wirtschaftsjahr, DB 1981, S. 1308.

Kohl, R.: Die TBB-Entscheidung – Entwarnung im faktischen GmbH-Konzern, MDR 1993, S. 715.

Korn, Klaus: Steuerschwerpunkte der Freiberufler-Sozietät und -GmbH (2. Teil), DStZ 1983, S. 16.

Kornblum, Udo: Die Auswirkungen der „gesetzlichen" Umwandlung einer Kommanditgesellschaft in eine BGB-Gesellschaft auf die Geschäftsführungs- und Vertretungsbefugnis der Gesellschafter, BB 1972, S. 1032.

Kort, Michael: Der „private" Großaktionär als Unternehmer?, DB 1986, S. 1913.

Kowalski, André: „TBB" – Rückkehr zu „Autokran"?, GmbHR 1993, S. 253.

Kraft, Cornelia/Kraft, Gerhard: Steuerliche Konsequenzen aus der Verlustausgleichsverpflichtung des beherrschenden GmbH-Gesellschafters, BB 1992, S. 2468.

Krebs, Hans-Joachim: Die Änderungen des Körperschaftsteuergesetzes durch das Parteienfinanzierungsgesetz und durch das Steuerentlastungsgesetz 1984, BB 1984, S. 1153.

Kress, Brigitte: Betriebsaufspaltung und andere steuerliche Probleme bei Erfindern, DB 1978, S. 610.

Krieger, Gerd: Kann die Praxis mit TBB leben?, ZGR 1994, S. 375.

Kröller, Gerhard: Anmerkung zum BdF Schr. v. 18. 11. 1986 – IV B 2 – S 2240 – 25/86 II, BB 1986, 2398.

Kropff, Bruno: Das TBB-Urteil und das Aktienkonzernrecht, Die AG 1993, S. 485.

Krüger, Dietrich: Zur Besteuerung von Kapitalgesellschaften bei Gesellschafter-Fremdfinanzierung, BB 1987, S. 1081.

Kübler, Friedrich: Gesellschaftsrecht im Spannungsfeld überlieferter Rechtsformen und moderner Regelungsproblematik, NJW 1984, S. 1857.

Kübler, Friedrich: Anmerkung zu BGH Urt. v. 29. 3. 1993 – II ZR 265/91, NJW 1993, S. 1204.

Kullmann, Hans Josef: Produzentenhaftung in der Rechtsprechung des Bundesgerichtshofes, BB 1976, S. 1085.

Kullmann, Hans Josef: Die Entwicklung der höchstrichterlichen Rechtsprechung zur deliktischen Warenherstellerhaftung, WM 1978, S. 210.

Kullmann, Hans Josef: Die neuere höchstrichterliche Rechtsprechung zur deliktischen Warenherstellerhaftung, WM 1981, S. 1322.

Labus, O.: Urteilsanmerkung zu BVerfG, Beschl. v. 14. 1. 1969 – 1 BvR 136/62, BB 1969, S. 351.

Lauber-Nöll, Achim/Schick, Werner: Neue gesellschafts- und arbeitsrechtliche Gesichtspunkte der Betriebsaufspaltung, GmbHR 1990, S. 333.

Lauer, Jörg: Einschränkung des grundpfandrechtlichen Haftungsverbandes bei kapitalersetzender Gebrauchsüberlassung?, WM 1990, S. 1693.

Lauer, Rudolf: Zur Neuregelung der Grundsätze der Betriebsaufspaltung, DB 1972, S. 1311.

Lehmann, Matthias: Die Sonderbetriebsvermögens-GbR, GmbHR 1986, S. 316 u. 358.

Lehmann, Matthias/Marx, Franz Jürgen: Das sanfte Ende der Betriebsaufspaltung, FR 1989, S. 506.

Leineweber, B.: Betriebsaufspaltung in der Form der sog. Null-Beteiligung zwischen Ehegatten, NWB, Fach 18, S. 2671.

Lemm, Wolfgang: Das ertragsteuerliche Schicksal der Anteile an der Betriebs-GmbH nach Wegfall von tatbestandlichen Voraussetzungen der Betriebsaufspaltung, DStR 1987, S. 218.

Lemm, Wolfgang: Zu Döllerer/Thurmayr, Beendigung der Betriebsaufspaltung – Konsequenzen für die Anteile an der Betriebskapitalgesellschaft (DStR 1993, S. 1465 ff.), DStR 1993, S. 1904.

Lempenau, Gerhard: Verwendungsfiktion bei verdeckten Gewinnausschüttungen und Vorabausschüttungen durch Steuerentlastungsgesetz 1984 rückwirkend geändert, BB 1984, S. 263.

Literaturverzeichnis

Lersch, Heinrich/Schaaf, Herbert: Kann auch die unentgeltliche Überlassung von Wirtschaftsgütern an eine Betriebs-GmbH zur Annahme eines Besitzunternehmens i. S. der Betriebsaufspaltung führen?, FR 1972, S. 440.
Limmer, Peter: Die Haftung im qualifiziert faktischen Personengesellschaftskonzern, GmbHR 1992, S. 265.
Limmer, Peter: Der qualifizierte faktische GmbH-Konzern nach „TBB"-Analyse und Folgerungen für die Praxis, DStR 1993, S. 765.
List, Heinrich: Probleme der Beschäftigungsinvestitionszulage, DStZ 1983, S. 111.
List, Heinrich: Betriebsaufspaltung im Wandel, GmbHR 1985, S. 401.
Littmann, E.: Zur Frage der Betriebsaufspaltung, Inf. 1972, S. 49.
Littmann, Eberhard: Auswirkungen der Rechtsprechung des Großen Senats des BFH zur Betriebsaufspaltung, DStR 1973, S. 391.
Löffler, Joachim: Betriebsführungsverträge mit Personengesellschaften, NJW 1983, S. 2920.
Lohse, W. Christian: Umsatzsteuerliche Organschaft bei Betriebsaufspaltung, DStR 1988, S. 567.
Lohse, Christian/Madle, Ulrich: Rechtsprechungsänderung des BFH bei Ertragsteuern und Umsatzsteuer, DStR 1990, Beihefter zu Heft 10, S. 1.
Lothmann, Werner: Steueroptimale Nutzungsüberlassung von Grundstücken an den eigenen Gewerbebetrieb bei mittelständischen Unternehmungen, DStR 1985, S. 135.
Lothmann, Werner: Die mehrere Bruchteilsgemeinschaften überlagernde Ehegatten-Innengesellschaft, BB 1987, S. 1014.
Lucas, Martin: Grundsätzliches zur sogenannten „faktischen Mitunternehmerschaft", FR 1983, S. 389.
Luckey, Günter: Gewinnrealisierung bei der Betriebsaufspaltung?, DB 1979, S. 997.
Lutter, Marcus/Hommelhoff, Peter: Nachrangiges Haftkapital und Unterkapitalisierung in der GmbH, ZGR 1979, S. 31.
Lutter, Marcus/Merten, Hans-Joachim/Ulmer, Peter: Die GmbH & Co. KG und das Bilanzrichtlinie-Gesetz, BB 1983, S. 1737 ff.
Maas, Ernst: Die Gewährung und Weiterleitung der Investitionszulage gemäß § 4 b InvZulG in Fällen der Betriebsaufspaltung, BB 1983, S. 1845.
Märkle, Rudi: Das Verhältnis zwischen der Vorschrift des § 15 Abs. 1 Nr. 2 des Einkommensteuergesetzes und der mitunternehmerischen Betriebsaufspaltung, BB 1985, S. 2104.
Märkle, Rudi: Die mittelbare Beteiligung an einer Personengesellschaft, WPg 1987, S. 68.
Märkle, Rudi: Neue Rechtsprechung zur Betriebsaufspaltung (Stand 1. 1. 1994), BB 1994, S. 831.
Märkle, Rudi/Kröller, Gerhard: Das Ende der Betriebsaufspaltung?, BB 1984, S. 2118.
Märkle, Rudi/Müller, Julius: Die faktische Mitunternehmerschaft, BB 1985, Beilage 1 zu Heft 1.
Mahrenholtz, Matthias: Gewerblich geprägte Betriebsaufspaltung?, FR 1987, S. 185.
Mank, Peter: Lohnt sich die Betriebsaufspaltung wirklich?, Blick durch die Wirtschaft Nr. 199 v. 14. 10. 1983, S. 3.
Mannhold, Peter: Die Betriebsaufspaltung als optimale Rechtsform auch für Familienunternehmen, BB 1979, S. 1813.
Mathiak, Walter: Der Umfang des Betriebsvermögens bei (betriebsfortführender) Unternehmensverpachtung, FR 1984, S. 129.
Mayer, Dieter: Kapitalersetzende Darlehen im GmbH-Recht aus handels- und konkursrechtlicher Sicht, BB 1990, S. 1935.

Mayer, Dieter: Die Haftung im qualifizierten und faktischen GmbH-Konzern unter besonderer Berücksichtigung des „Video-Urteils" des BGH vom 23. 9. 1991, DStR 1992, S. 756 und 791.
Mayer, Dieter: Der Einfluß der Rechtsprechung des BGH zur kapitalersetzenden Nutzungsüberlassung auf die Betriebsaufspaltung, DStR 1993, S. 206.
Meilicke, Wienand: Widerspruchsrecht des Arbeitnehmers bei Betriebsübergang – Wirkungen des Europarechts, DB 1991, S. 1326.
Meilicke, Wienand: Unvereinbarkeit der Video-Rechtsprechung mit EG-Recht, DB 1992, S. 1867.
Mertens, Hans-Joachim: Anmerkung zu BGH Urt. v. 23. 9. 1991 – II ZR 135/95, Die AG 1991, S. 434.
Meßmer, Kurt: Komplizierung des Steuerrechts durch die höchstrichterliche Rechtsprechung?, StuW 1988, S. 223.
Meyer-Arndt, Lüder: Die Mitwirkung von Teilzahlungsbanken bei Warenumsätzen, UStR 1966, S. 193.
Meyer-Arndt, Lüder: Keine Betriebsaufspaltung bei einfacher Vermögensverwaltung, BB 1987, S. 942.
Mienert, Karl: Überlassung eines Betriebsgrundstücks zur Verwaltung und Nutzung durch eine Kapitalgesellschaft, GmbHR 1974, S. 140.
Mittelbach, Rolf: Zweifelsfragen bei der unechten Betriebsaufspaltung, DStZ/A 1974, S. 361.
Mösbauer, Heinz: Haftung bei körperschaftsteuerlicher Organschaft, FR 1989, S. 473.
Mühl, Wolfgang/Alter, Rolf: Die neue Investitionszulage im Rahmen der Gemeinschaftsinitiative für Arbeitsplätze, Wachstum und Stabilität, BB 1982, Beilage 7 zu Heft 17, S. 1.
Mutter, S.: Das „TBB"-Urteil des BGH: Haftung im qualifizierten faktischen Konzern, JuS 1993, S. 999.
Nägele, Stefan: Anmerkung zu BAG, Urt. v. 6. 10. 1992 – 3 AZR 242/91, BB 1993, S. 2383.
Nelgen, Volker/Klug, Rainer: Investitionszulage und wirtschaftliches Eigentum, BB 1979, S. 1286.
Neufang, Bernd: Die – bisher – nicht erkannte Betriebsaufspaltung, StBp 1989, S. 277.
Neufang, Bernd: Umfang des Betriebsvermögens beim Besitzunternehmen einer Betriebsaufspaltung, GmbHR 1992, S. 358.
Nickel, Volker: Verdeckte Gewinnausschüttungen nach dem Steuerentlastungsgesetz 1984, NSt, Körperschaftsteuer, Verdeckte Gewinnausschüttungen, Darstellung 3.
Niemeyer, M.: Billigkeit gegen sich selbst?, BB 1989, S. 2452.
Offerhaus, Klaus: Anmerkung zu BFH, Urt. v. 26. 7. 1984 – IV R 11/81, StBp 1984, S. 262.
Oppenländer, Frank: Eigenkapitalersatz durch Gebrauchs- oder Nutzungsüberlassung an die GmbH, DStR 1993, S. 1523.
Orth, Bernhard: Haftung des herrschenden Gesellschafters im einfachen faktischen GmbH-Konzern, DStR 1994, S. 150.
Oser, Peter: Bilanzrechtliche Implikationen qualifiziert faktischer Konzernierung im Spiegel des „TBB"-Urteils des BGH, WPg 1994, S. 312.
Patt, Joachim: Errichtung einer Betriebsaufspaltung durch Umwandlung eines Einzelunternehmens, DStR 1994, S. 1382.
Paulus: Die steuerliche Behandlung des Leasing, BB 1984, Beilage 8 zu Heft 14, S. 7.
Paus, Bernhard: Zu den Voraussetzungen einer mitunternehmerischen Betriebsaufspaltung, FR 1982, S. 532.
Paus, Bernhard: Die sog. mitunternehmerische Betriebsaufspaltung, DStZ 1986, S. 319.

Literaturverzeichnis

Paus, Bernhard: Anmerkung zu BFH Urt. v. 12. 11. 1985 – VIII R 342/82, DStZ 1986, S. 591.
Paus, Bernhard: Einschalten einer gewerblich geprägten GmbH & Co. KG als Mißbrauch?, DStZ 1989, S. 434.
Paus, Bernhard: Beendigung einer Betriebsaufspaltung in Fällen der Lizenzvergabe, DStZ 1990, S. 193.
Pel, Uwe W.: Anmerkung zu BFH, Urt. v. 26. 4. 1989 – I R 152/84, GmbHR 1989, S. 528.
Pelka, Jürgen: Strategien gegen die Zwangsrealisierung von stillen Reserven, FR 1987, S. 321.
Petzold, Günter: Verminderung der vermögensteuerlichen Doppelbelastung ab 1984 bei der GmbH?, BB 1984, S. 1737.
Pfitzer, Norbert/Wirth, Michael: Die Änderungen des Handelsgesetzbuches, DB 1994, S. 1937.
Pickert, Gisela: Steuerbelastungsvergleich zwischen einer Kommanditgesellschaft mit einer Gesellschaft mit beschränkter Haftung unter Berücksichtigung des FKPG und des StandOG, DStR 1994, S. 473 und 516.
Piltz, Detlev Jürgen: Betriebsaufspaltung über die Grenze?, DB 1981, S. 2044.
Plagemann, Dirk: Unsicherheiten bei der Anwendung des Publizitätsgesetzes, BB 1986, S. 1122.
Plock, Theodor: Grenzen ertragsteuerlicher Vorteile beim Berlin-Engagement, BB 1986, S. 851.
Pollmann, Erika: Die wesentliche Betriebsgrundlage im Rahmen der Betriebsaufspaltung, DB 1988, S. 723.
Pollmann, Erika: Sachliche Verflechtung bei Betriebsaufspaltung, NWB, Fach 18, S. 3061.
Priester, Hans-Joachim: Gilt die Rechtsprechung zur Gewinnverteilung bei Familienpersonengesellschaften auch für eine GmbH?, DB 1977, S. 224.
Priester, Hans-Joachim: Körperschaftsteuerreform und Gewinnverwendung, ZGR 1977, S. 445.
Priester, Hans-Joachim: Unbeschränkte Konzernhaftung des GmbH-Gesellschafters, ZIP 1986, S. 137.
Rabald, Bernd: Die Änderungen der §§ 27–29 KStG durch das sog. Steuerentlastungsgesetz 1984, WPg 1984, S. 290.
Rabe, Arnim: Die erweiterte Gewerbeertragskürzung nach § 9 Nr. 1 Satz 2 GewStG für Besitzunternehmen, die durch Grundstücksverpachtung an die Betriebsgesellschaft gewerblich tätig werden, StBp 1973, S. 109.
Ranft, Eckart: Grenzfälle der Betriebsaufspaltung, DStZ 1988, S. 79.
Rauser, Klaus-Dieter/Wurzberger, Rainer: Pensionszusagen an beherrschende Gesellschafter-Geschäftsführer, DB 1983, S. 960.
Rehbinder, Eckard: Minderheiten und Gläubigerschutz im faktischen GmbH-Konzern, Die AG 1986, S. 85.
Reichhold, Hermann: § 26 HGB – Verjährungs- oder Enthaftungsnorm, ZIP 1988, S. 551.
Renaud, Werner/Markert, Thomas: Keine Enthaftung des Unternehmensveräußerers für Verbindlichkeiten aus Dauerschuldverhältnissen trotz Firmenfortführung durch den Unternehmenserwerber?, DB 1988, S. 2358.
Renaud, Werner/Markert, Thomas: Haftung für Verbindlichkeiten aus Dauerschuldverhältnissen bei Betriebsaufspaltung, BB 1988, S. 1060.
Richter, Heinz: Betriebsaufspaltung im mittelständischen Bereich, Steuerberaterkongreßreport 1984, S. 339.
Risse, Heinz: Betriebsaufspaltung und „einheitlicher" Organismus, GmbHR 1970, S. 178.

Robisch, Martin: Optimale Schütt-aus-hol-zurück-Poltik von Kapitalgesellschaften und Wandel der Tarifstruktur, DStR 1994, S. 334.
Römer, Emil: Zur Gewerbesteuerpflicht der Besitzgesellschaft bei Betriebsaufspaltung, BB 1959, S. 194.
Römer, Emil: Aktivierungszeitpunkt für Gewinnansprüche aus Betriebsaufspaltung, DB 1988, S. 2600.
Rosenau, Heinz: Veräußerung von Beteiligungen an Kapitalgesellschaften, die durch Betriebsaufspaltung entstanden sind, DB 1967, S. 833.
Rosenau, Heinz: Anmerkung zu BFH, Urt. v. 26. 5. 1971 – IV R 61/66, FR 1972, S. 89.
Roth, Günther H.: „Schütt-aus-hol-zurück" als verdeckte Sacheinlage, NJW 1991, S. 1913.
Sack, Gerhard: Betriebsaufspaltung in steuerlicher Sicht, GmbHR 1986, S. 352.
Sadrinna, Reinhard/Meier, Norbert: Betriebsaufspaltung und Gemeinnützigkeit, DStR 1988, S. 737.
Salje, Peter: Einstimmigkeitsprinzip als Gestaltungsmöglichkeit bei der Betriebsaufspaltung aus einkommen- und gewerbesteuerliche Sicht, GmbHR 1988, S. 196.
Sarrazin, Viktor: Die Änderungen des Körperschaftsteuergesetzes durch das Steuerentlastungsgesetz und das Parteienfinanzierungsgesetz, GmbHR 1983, S. 305.
Sarrazin, Viktor: Die Änderungen des KStG durch das Steuerentlastungsgesetz 1984, FR 1984, S. 105.
Sarrazin, Viktor: Das ertragsteuerliche Schicksal der Anteile an der Betriebs-GmbH nach Wegfall von tatbestandlichen Voraussetzungen der Betriebsaufspaltung, DStR 1987, S. 219.
Sauer: Kann die Steuervergünstigung des § 9 Nr. 1 Satz 2 GewStG – Minderung des Gewerbeertrags um die Ertragsteile, die auf die Verwaltung und Nutzung des eigenen Grundbesitzes entfallen – auch bei einer Betriebsaufspaltung vom Besitzunternehmen in Anspruch genommen werden?, StBp 1973, S. 42.
Schanze, Erich: Anmerkung zu BGH Urt. v. 29. 3. 1993 – II ZR 265/91, Die AG 1993, S. 376.
Scharf, Roland: Betriebsaufspaltung – Übertragung von Wirtschaftsgütern auf die Betriebsgesellschaft zum Bodenwert oder zum gemeinen Wert?, DB 1987, S. 607.
Schaub, Günter: Fragen zur Haftung bei Betriebs- und Unternehmensaufspaltung, NZA 1989, S. 5.
Schilling, Wolf Ulrich: Neuere Aspekte der Besteuerung des freien Erfinders, BB 1986, S. 1548.
Schmidt, Christian: Gewerbesteuerliche Diskriminierung der typischen stillen Gesellschaft durch das Haushaltsbegleitgesetz 1983, DB 1984, S. 424.
Schmidt, Karsten: Zur „Identität" von KG und Besitzgesellschaft, DB 1971, S. 2345.
Schmidt, Karsten: Geschäftsführungs- und Vertretungsbefugnis der Gesellschafter bei gesetzlicher Umwandlung einer Kommanditgesellschaft in eine BGB-Gesellschaft, BB 1973, S. 1612.
Schmidt, Karsten: Zum Haftungsdurchgriff wegen Sphärenvermischung und zur Haftungsverfasung im GmbH-Konzern, BB 1985, S. 2074.
Schmidt, Karsten: Zum gesellschaftsrechtlichen Status der Besitz bei der Betriebsaufspaltung, DB 1988, S. 897.
Schmidt, Karsten: Zum Stand des Konzernhaftungsrechts bei der GmbH, ZIP 1991, S. 1325.
Schmidt, Karsten: »Konzernhaftung« nach dem TBB-Urteil – Versuch einer Orientierung, ZIP 1993, S. 549.
Schmidt, Ludwig: Anmerkung zu BFH, Urt. v. 29. 1. 1976 – IV R 97/74, FR 1976, S. 260.

Literaturverzeichnis

Schmidt, Ludwig: Wahl zwischen Personengesellschaft und Kapitalgesellschaft unter besonderer Berücksichtigung des Sonderbetriebsvermögens (Koreferat zum Referat Dr. Ebeling), JbFfSt 1977/1978, S. 215.

Schmidt, Ludwig: In den Grenzbereichen von Betriebsaufgabe, Betriebsverpachtung, Betriebsaufspaltung, DStR 1979, S. 671 und S. 699.

Schmidt, Ludwig: Anmerkung zu BFH, Urt. v. 9. 11. 1983 – I R 174/79, FR 1984, S. 122.

Schmidt, Ludwig: Anmerkung zu BFH, Urt. v. 13. 12. 1983 – VIII R 90/81 FR 1984, S. 320.

Schmidt, Ludwig: Anmerkung zu BFH, Urt. v. 12. 11. 1985 – VIII R 342/82 FR 1986, S. 189.

Schmidt, Ludwig: Anmerkung zu BFH, Urt. v. 18. 2. 1986 – VIII R 125/85, FR 1986, S. 390.

Schmidt, Ludwig: Anmerkung zu BFH, Urt. v. 29. 10. 1987 – VIII R 5/87, FR 1988, S. 108.

Schmidt, Ludwig: Anmerkung zu BFH, Urt. v. 25. 10. 1988 – VIII R 339/82, FR 1989, S. 19.

Schmidt, Ludwig: Anmerkung zu BFH, Urt. v. 12. 10. 1988 – X R 5/86, FR 1989, S. 83.

Schmidt, Ludwig: Anmerkung zu BFH, Urt. v. 8. 3. 1989 – X R 9/86, FR 1989, S. 399.

Schmidt, Ludwig: Anmerkung zu BFH, Urt. v. 19. 2. 1991 – VIII R 106/87, DStR 1991, S. 839.

Schmidt-Salzer, Joachim: Anmerkung zu BGH, Urt. v. 3. 6. 1975 – VI ZR 192/73, BB 1975, S. 1032.

Schnädter, Helmut: Zur Abgrenzung des Rückgängigmachens einer verdeckten Gewinnausschüttung von einer Berichtigungsbuchung, GmbH-Report 1986, R 60.

Schneeloch, Dieter: Zur Vermeidung von Nachteilen nach dem Bilanzrichtlinien-Gesetz, DStR 1986, S. 807.

Schneeloch, Dieter: Verdecktes Nennkapital, DStR 1987, S. 458.

Schneeloch, Dieter: Betriebsaufspaltung – Voraussetzungen und Steuerfolgen, DStR 1991, S. 761 und 804.

Schneeloch, Dieter: Steuerplanerische Überlegungen zur Betriebsaufspaltung, DStR 1991, S. 955 und 990.

Schneider, Dieter: Ein Ertragswertverfahren als Ersatz fehlender Handelbarkeit stiller Beteiligungen?, BB 1985, S. 1677.

Schneider, Dieter: Hochsteuerland Deutschland 1994/95, DB 1994, S. 541.

Schneider, Uwe H.: Vertragsrechtliche, gesellschaftsrechtliche und arbeitsrechtliche Probleme von Betriebspachtverträgen, Betriebsüberlassungsverträgen und Betriebsführungsverträgen, JbFfSt 1982/1983, S. 387.

Schneider, Uwe H.: Neues zum qualifizierten faktischen GmbH-Konzern: Das „TBB"-Urteil, WM 1993, S. 782.

Schoor, Hans Walter: Betriebsaufspaltung ohne Gewerbesteuer der Besitzgesellschaft?, NSt, Betriebsaufspaltung, Einzelfragen 1, S. 1.

Schoor, Hans Walter: Veräußerung der GmbH-Anteile bei Betriebsaufspaltung, GmbHR 1986, S. 124.

Schoor, Hans-Walter: Steuerfolgen einer Anteilsübertragung bei Betriebsaufspaltung, DStZ 1992, S. 788.

Schoor, Hans-Walter: Verpächterwahlrecht bei Betriebsaufspaltung, FR 1994, S. 449.

Schüppen, Matthias: Haftung im qualifiziert faktischen GmbH-Konzern und 12. EG-Richtlinie, DB 1993, S. 969.

Schuhmann, Helmut: Die Betriebsaufspaltung im Blickwinkel der steuerlichen Außenprüfung, StBp 1981, S. 265.

Schuhmann, Helmut: Aktuelle Fragen aus der Praxis der Außenprüfung, StBp 1983, S. 14.

Schuhmann: Die mitunternehmerische Betriebsaufspaltung in der Rechtsprechung des BFH, StBp 1983, S. 206.

Schuhmann, Helmut: Betriebsaufspaltung und umsatzsteuerliche Organschaft, GmbHR 1989, S. 380.

Schultz, Florian: Auswirkungen des Standortsicherungsgesetzes und des Gesetzes zum föderalen Konsolidierungsprogramm auf die nationale und internationale Steuerplanung, DB 1993, S. 2193.

Schulze-Osterloh, Joachim: Gläubiger- und Minderheitenschutz bei der steuerlichen Betriebsaufspaltung, ZGR 1983, S. 123.

Schulze-Osterloh, Joachim: Vermeidung der Konzernhaftung nach dem TBB-Urteil, ZIP 1993, S. 1838.

Schulze zur Wiesche, Dieter: Betriebsaufspaltung und Mitunternehmerschaft im Ertragsteuerrecht, GmbHR 1982, S. 260.

Schulze zur Wiesche, Dieter: Betriebsführungsverträge aus handelsrechtlicher und steuerrechtlicher Sicht, BB 1983, S. 1026.

Schulze zur Wiesche, Dieter: Die mitunternehmerische Betriebsaufspaltung, StBp 1984, S. 140.

Schulze zur Wiesche, Dieter: Die Personengesellschaft nach dem Beschluß des Großen Senats vom 25. 6. 1984, WPg 1985, S. 65.

Schulze zur Wiesche, Dieter: Die umgekehrte Betriebsaufspaltung, BB 1985, S. 815.

Schulze zur Wiesche, Dieter: Voraussetzungen einer Betriebsaufspaltung weiterhin umstritten?, WPg 1985, S. 579.

Schulze zur Wiesche, Dieter: Neue Gestaltungsmöglichkeiten zwischen Ehegatten bei Gewerbebetrieben, DB 1986, S. 1090.

Schulze zur Wiesche, Dieter: Betriebsaufspaltung und Minderheitsgesellschafter, BB 1987, S. 1301.

Schulze zur Wiesche, Dieter: Die Betriebsaufspaltung, WPg 1989, S. 329.

Schulze zur Wiesche, Dieter: Betriebsveräußerung und Betriebsaufgabe aus der Sicht der neueren Rechtsprechung, DStZ 1989, S. 443.

Schulze zur Wiesche, Dieter: Verdeckte Gewinnausschüttung und Betriebsaufspaltung, DStR 1991, S. 137.

Schulze zur Wiesche, Dieter: Tantiemevereinbarungen mit beherrschenden Gesellschafter-Geschäftsführern einer GmbH, GmbHR 1993, S. 403.

Schulze zur Wiesche, Dieter: Betriebsaufspaltung und stille Beteiligung: DStR 1993, S. 1844.

Schulze zur Wiesche, Dieter: Die Betriebsaufspaltung in der BFH-Rechtsprechung der letzten beiden Jahre, GmbHR 1994, S. 98.

Schwarz, Hubertus/Fischer-Zernin, Justus: Bilanzielle und steuerliche Nachbeben des „Video-Urteils"?, DB 1992, S. 1742.

Schwichtenberg, Knut W.: Mitunternehmerschaft als Interpretationsaufgabe, DStZ 1987, S. 230.

Schwierz, Matthias: Einbeziehung der Kapitalgesellschaften & Co. in die 4. und 7. EG-Richtlinie, BB 1984, S. 703.

Seithel, Rolf: Einkommensteuerliche Tarifbegünstigung der freien Erfindertätigkeit bei Betriebsaufspaltung und Organschaft, FR 1967, S. 288.

Seithel, Rolf: Zweifelsfragen zur Betriebsaufspaltung, DStR 1971, S. 140.

Seithel, Rolf: Ertragsteuerliche Probleme der Auflösung von Doppelgesellschaften unter besonderer Berücksichtigung der Vorschriften des Umwandlungssteuergesetzes 1969, GmbHR 1971, S. 256.

Literaturverzeichnis

Seithel, Rolf: Betriebsaufspaltung zwischen Personengesellschaften oder Besteuerung der Mitunternehmer nach § 15 Abs. 1 Ziff. 2 EStG?, FR 1978, S. 157.
Seithel, Rolf: Neue Aspekte zur Betriebsaufspaltung durch das Mitbestimmungsgesetz, GmbHR 1979, S. 113.
Seithel, Rolf: Zur steuerlichen Liquidation der mitunternehmerischen Betriebsaufspaltung, DStR 1981, S. 158.
Söffing, Günter: Die faktische Betriebsaufspaltung, DStZ 1983, S. 443.
Söffing, Günter: Faktische Beherrschung bei Betriebsaufspaltung, NWB, Fach 18, S. 2841.
Söffing, Günter: Faktische Mitunternehmerschaft, NWB, Fach 18, S. 5971.
Söffing, Günter: Anmerkung zu BFH, Urt. v. 26. 7. 1984 – IV R 11/81, FR 1985, S. 24.
Söffing, Günter: Anmerkung zu BFH, Urt. v. 7. 11. 1985 – IV R 65/83, FR 1986, S. 214.
Söffing, Günter: Anmerkung zu BFH, Urt. v. 24. 7. 1986 – IV R 98 – 99/85, FR 1986, S. 598.
Söffing, Günter: Betriebsaufspaltung – Neue Fragen und neue Anwendungsmöglichkeiten, DStR 1988, S. 335.
Söffing, Günter: Stimmrechtsausschluß nach § 47 Abs. 4 GmbHG und Betriebsaufspaltung, FR 1989, S. 448.
Söffing, Günter: Anmerkung zu BFH, Urt. v. 24. 8. 1989 – IV R 135/86, FR 1990, S. 26.
Söffing, Günter: Die sachliche Verflechtung im Rahmen der Betriebsaufspaltung, DStR 1990, S. 503.
Söffing, Günter: Kein Durchgriff bei einer doppelstöckigen Personengesellschaft, FR 1991, S. 253.
Söffing, Günter: Anmerkung zu BFH, Urt. v. 5. 9. 1991 – IV R 113/90, FR 1992, S. 74.
Söffing, Günter: Anmerkung zu BFH, Urt. v. 12. 9. 1991 – IV R 8/90, FR 1992, S. 170.
Söffing, Günter: Mittelbare Beteiligung bei Personengesellschaften, FR 1992, S. 185.
Söffing, Günter: Umstrukturierung von Betriebsaufspaltungen, DStR 1992, S. 633.
Söffing, Günter: Anmerkung zu BFH, Urt. v. 26. 3. 1992 – IV R 50/91, FR 1992, S. 593.
Söffing, Günter: Anmerkung zu BFH, Urt. v. 27. 8. 1992 – IV R 13/91, FR 1993, S. 61.
Söffing, Günter: Dreijährige Bindungsvoraussetzung bei der Betriebsaufspaltung, NWB, Fach 3, S. 8739.
Söffing, Günter: Anmerkung zu BFH, Urt. v. 24. 2. 1994 – IV R 8–9/93, FR 1994, S. 470.
Söffing, Günter: Anmerkung zu BFH, Urt. v. 16. 6. 1994 – IV R 48/93, FR 1994, S. 752.
Sowka, Hans-Harald: Betriebsverfassungsrechtliche Probleme der Betriebsaufspaltung, DB 1988, S. 1318.
Stakemann, Hartwig: Rechtsschutz durch Steuerberater, DStZ 1985, S. 615.
Störzinger, Günther: Mitunternehmerische Betriebsaufspaltung und/oder Mitunternehmerschaft, FR 1981, S. 587.
Streck, Michael: Einige grundsätzliche Fragen zur Auslegung der Erfinderverordnung, StuW 1974, S. 126.
Streck, Michael: Betriebsaufspaltung in der Betriebsprüfung, FR 1980, S. 83.
Streck, Michael: Zwischenbilanz der Rechtsentwicklung nach dem Geprägebeschluß des Großen Senats, DStR 1986, S. 3.
Streck, Michael: Verdeckte Gewinnausschüttungen und verdeckte Einlagen in der Steuerpraxis, GmbHR 1987, S. 104.
Streck, Michael: Gestaltungen zur Vermeidung der Betriebsaufgabe, FR 1988, S. 57.
Streim, Hannes/Klaus, Hans: Zur Rechnungslegung, Prüfung und Publizität der GmbH & Co. KG, BB 1994, S. 1109.
Sturm, Friedrich: Das Steuerentlastungsgesetz 1984 – Gesetz zur Stärkung der Wettbewerbsfähigkeit der Wirtschaft und zur Einschränkung von steuerlichen Vorteilen, WM 1984, Sonderbeilage Nr. 3 zu Heft 13.

Tausend, Hermann: Zur Betriebsaufspaltung, BB 1969, S. 994.
Theil, Clemens: Anmerkung zu LG Heidelberg, Beschl. v. 28. 10. 1981 – T 3/81 KfH II, BB 1982, S. 142.
Theisen, Manuel R.: Neue Aspekte zur Betriebsaufspaltung durch das Mitbestimmungsgesetz?, GmbHR 1979, S. 186.
Tiedtke, Klaus/Gareiss, Thomas: Die Betriebsaufspaltung im Spiegel der neueren Rechtsprechung, GmbHR 1991, S. 202.
Tillmann, Bert: Vorweggenommene Erbfolge bei Betriebsaufspaltung, GmbHR 1973, S. 250.
Tillmann, Bert: Die Suche nach Beweisanzeichen, GmbH-Report 1985, R 83.
Tillmann, Bert: Kapitalausstattung der GmbH – zivil- und steuerrechtlich, GmbHR 1987, S. 329.
Tillmann, Bert: Geschäftswert bei Unternehmensänderung, GmbHR 1989, S. 41.
Tillmann, Bert: Betriebsaufspaltung und Beteiligung von Mitarbeitern, GmbHR 1992, S. 30.
Tillmann, Bert: Betriebsaufspaltung und Beteiligung von Mitarbeitern – Steuerliche Überlegungen, GmbHR 1992, S. 98.
Timm, Wolfram: Das neue GmbH-Recht in der Diskussion, GmbHR 1980, S. 286.
Timm, Wolfram: Das Recht der faktischen Unternehmensverbindungen im Umbruch, NJW 1992, S. 2185.
Timm, Wolfgang/Drygala, Tim: Nutzungsüberlassung als Eigenkapitalersatz – insbesondere bei der Betriebsaufspaltung, NWB, Fach 18, S. 3065.
Ulmer, Peter: Die GmbH und der Gläubigerschutz, GmbHR 1984, S. 256.
Ulmer, Peter: Umstrittene Fragen im Recht der Gesellschafterdarlehen (§ 32a GmbHG), ZIP 1984, S. 1163.
Ulmer, Peter: Gläubigerschutz im „qualifizierten" faktischen GmbH-Konzern, NJW 1986, S. 1588.
Unvericht, Willi: Beweisanzeichen für die Annahme einer personellen Verflechtung bei Eheleuten als Voraussetzung einer Betriebsaufspaltung, DB 1989, S. 995.
Urban, Norbert: Das Ende der umsatzsteuerlichen Unternehmereinheit als Verfahrensproblem, DB 1987, S. 1510.
Verbandsstellungnahme: EG-Bilanzrecht: Gemeinsame Resolution der Wirtschafts- und Beraterverbände für ein mittelstandsgerechtes Bilanzrecht, GmbH-Report 1990, R 73.
Versteegen, Peter: Das TBB-Urteil als Wegbereiter einer allgemeinen Intransparenzhaftung in der GmbH, DB 1993, S. 1225.
Volk, Gerrit: Publizitätspflicht der Kapitalgesellschaft & Co., BB 1987, S. 1638.
Wagner, Franz W.: Grundsätzliche Anmerkungen zu Irrtümern und Mängeln steuerlicher Rechtsformvergleiche, DStR 1981, S. 243.
Wassermeyer, Franz: Verdeckte Gewinnausschüttungen im Zusammenhang mit Gesellschafter-Geschäftsführern, DStR 1991, S. 1065.
Weber, Klaus: Finanzierungsmittel naher Angehöriger sowie die Gebrauchsüberlassung durch nahe Angehörige als Eigenkapitalersatz, GmbHR 1992, S. 354.
Weber-Grellet, Heinrich: Hinrichtung der Betriebsaufspaltung?, DStR 1984, S. 618.
Weilbach, Erich A., Die Betriebsaufspaltung – ein realökonomisches Erfordernis, BB 1990, S. 829.
Weilbach, Erich A.: Zivilrechtlicher Sündenfall bei der Betriebsaufspaltung: Kann Nutzungsüberlassung dem Eigentum gleichgestellt werden?, GmbHR 1991, S. 56.
Weilbach, Erich A.: Die Wirkungen der verfehlten Mittelstands- und GmbH & Co.-Richtlinie, BB 1992, S. 955.

Literaturverzeichnis

Weimar, Robert: Die typische Betriebsaufspaltung – ein Unterordnungskonzern, ZIP 1988, S. 1525.
Weimar, Robert/Alfes, Jochen: Arbeitsrechtliche Grundsatzfragen der Betriebsaufspaltung, BB 1993, S. 783.
Weissenborn/Schaaf: Kann das Besitzunternehmen im Falle der Betriebsaufspaltung § 9 Ziff. 1 Satz 2 GewStG in Anspruch nehmen?, GmbHR 1968, S. 148.
Wellkamp, Ludger: Die Einheit von Betriebs- und Besitzgesellschaft – Zu den Rechtsfolgen eigenkapitalersetzender Nutzungsüberlassung, DB 1993, S. 1759.
Wendt, Karl Friedrich: Die Betriebsaufspaltung im Steuerrecht nach neuestem Stand, GmbHR 1973, S. 33.
Wendt, Karl Friedrich: Betriebsaufspaltung, Steuerberaterkongreßreport 1978, S. 219.
Wendt, Karl Friedrich: Aktuelle Fragen zur Betriebsaufspaltung, GmbHR 1983, S. 20.
Wendt, Karl Friedrich: Mitunternehmerische Betriebsaufspaltung im Steuerrecht, GmbHR 1984, S. 19.
Wessel, Hanns-Heinz: Der Kaufmannsbegriff, BB 1977, S. 1226.
Westenberger, Wilhelm: Zweifelsfragen zu § 4b InvZulG 1982 – Investitionszulage zur Förderung der Beschäftigung –, StbJb 1982/1983, S. 315.
Westermann, Hans-Peter: Das TBB-Urteil – ein Neuansatz bei der Haftung wegen qualifizierter faktischer Konzernierung?, ZIP 1993, S. 554.
Westerfelhaus, Herwarth: Eingeschränkte Bilanzierungsfähigkeit des Substanzwerterhaltungsanspruchs beim Verpächter, DB 1992, S. 2365.
Welzel, Peter: Die Steuerschulden der GmbH im qualifizierten faktischen Konzern, DStZ 1994, S. 132.
Westphalen, Friedrich Graf von: Anmerkung zu BGH, Urt. v. 3. 6. 1975 – VI ZR 192/73, BB 1975, S. 1033.
Wiedemann, Herbert: Gesellschaftsrechtliche Probleme der Betriebsaufspaltung, ZIP 1986, S. 1293.
Wiedemann, Herbert: Entwicklungen im Kapitalgesellschaftsrecht, DB 1993, S. 141.
Wienands, Hans-Gerd: Anmerkungen zur kapitalistischen Betriebsaufspaltung, DStZ 1994, S. 623.
Winter, W.: Die individuelle Kürzung des Gewinns und der Hinzurechnungen bei Grundstücksunternehmen, StBp 1967, S. 248.
Winter, Willi: Die Ehegatten-Betriebsaufspaltung, GmbHR 1987, 281.
Winter, Willi: Beendigung der Betriebsaufspaltung, GmbHR 1994, S. 313.
Woerner, Lothar: Anmerkung zu BFH, Urt. v. 28. 7. 1982 – I R 196/79, RIW/AWD 1983, S. 73.
Woerner, Lothar, Anmerkung zu BFH, Urt. v. 13. 12. 1983 – VIII R 90/81 BB 1984, S. 1213.
Woerner, Lothar: Die Betriebsaufspaltung auf dem Prüfstand, BB 1985, S. 1609.
Woerner, Lothar: Anmerkung zu BFH, Beschl. v. 2. 9. 1985 – BB 1985, S. 2298.
Woerner, Lothar: Anmerkung zu BFH, Urt. v. 24. 7. 1986 – IV R 98 – 99/85, BB 1986, 2047.
Woerner, Lothar: Anmerkung zu BFH, Urt. v. 9. 9. 1986 – VIII R 198/84, BB 1986, S. 2322.
Woerner, Lothar: Neues zur Betriebsaufspaltung, DStR 1986, S. 735.
Woerner, Lothar: Anmerkung zu BFH, Urt. v. 15. 12. 1988 – IV R 36/84, BB 1989, S. 824.
Wolff-Diepenbrock, Johannes: Zur ertragsteuerlichen Behandlung der Personengesellschaften, StuW 1988, S. 379.
v. Wysocki, Klaus: Die GmbH & Co. KG und der Entwurf eines Bilanzrichtlinien-Gesetzes, GmbHR 1984, S. 284.

Zinken, Wolfgang: Erfindervergünstigung trotz Betriebsaufspaltung?, BB 1972, S. 1226.

Zintzen/Lüthgen: Auswirkungen der Organschaftslehre auf Vermögensverwaltungsunternehmen bei Betriebsaufspaltungen, BB 1957, S. 1177.

Zitzmann, Gerhard: Die Abschreibungsvergünstigungen auf Grund des Steuerentlastungsgesetzes 1984 (Teil I), DB 1984, S. 74.

Zitzmann, Gerhard: Verbleibensvoraussetzungen bei Sonderabschreibungen und Investitionszulagen im Fördergebiet, DB 1992, S. 1543.

o. V.: Zur Organschaft bei Betriebsaufspaltung, DB 1961, S. 724.

o. V.: Gemeiner Wert von GmbH-Anteilen bei Betriebsaufspaltung, GmbHR 1968, S. 214.

o. V.: Zum Übergang vom Besitzpersonenunternehmen zur Betriebsverpachtung, DB 1968, S. 1559.

o. V.: Betriebsaufspaltung: Übergang vom Besitzunternehmen zur Betriebsverpachtung, DB 1970, S. 276.

o. V.: Unterbeteiligungen und Besitzunternehmen, DB 1970, S. 1105.

o. V.: Besitzunternehmen und ruhende Betriebs-GmbH, DB 1971, S. 409.

o. V.: Gleitklauseln und Verstöße gegen das Nachzahlungsverbot, DB 1971, S. 1744.

o. V.: Mitvermieter als Besitzunternehmer, DB 1972, S. 2089.

o. V.: Testamentsvollstreckung und Besitz-Personenunternehmen, DB 1973, S. 28.

o. V.: Betriebsaufspaltung: Darlehensforderung gegen Betriebs-GmbH – Zugehörigkeit zum notwendigen Betriebsvermögen des Besitzunternehmens, DB 1973, S. 2373.

o. V.: Nachträgliche Erfassung von Besitzunternehmen und Eröffnungsbilanz, DB 1974, S. 503

o. V.: Besitzunternehmen und ruhende Betriebs-GmbH, DB 1974, S. 1793.

o. V.: Erneuerungsbeschaffung durch Mieterin-GmbH und verdeckte Gewinnausschüttung, DB 1975, S. 955.

o. V.: Zur Beendigung einer Betriebsaufspaltung, DB 1975, S. 2013

o. V.: Gewinnrealisierung bei Begründung einer Betriebsaufspaltung, DB 1975, S. 2059.

o. V.: Sachwertdarlehen und Pachtanlageerneuerung bei Betriebsaufspaltung, DB 1976, S. 699.

o. V.: Einschränkung des Nachzahlungsverbots für Zahlungen an Gesellschafter-Geschäftsführer, DB 1982, S. 2599.

o. V.: Pensionsrückstellungen für beherrschende Gesellschafter-Geschäftsführer und niedrigeres Pensionsalter, DB 1983, S. 1848.

o. V.: Angemessenheit der Bezüge eines Gesellschafter-Geschäftsführers – Mitberücksichtigung von Pensionszusagen, DB 1984, S. 20.

o. V.: Anmerkung zu BFH, Urt. v. 13. 10. 1983 – I R 187/79 FR 1984, S. 128.

o. V.: Betriebsprüfung und Treu und Glauben, DB 1984, S. 639.

o. V.: Nachzahlungsverbot und bürgerliches Recht, GmbHR 1984, S. 215.

o. V.: Beendigung der Betriebsaufspaltung, DStZ 1984, S. 408.

o. V.: Stille Beteiligung oder partiarisches Darlehen?, DStR 1985, S. 145.

o. V.: Anmerkung zu BFH Urt. v. 25. 4. 1985 – IV R 34/82, DStR 1985, S. 582.

o. V.: Betriebsaufspaltung – Konsequenzen aus dem Beschluß des BVerfG vom 12. 3. 1985 (GmbHR 1985, 232), GmbH-Report 1985, R 60.

o. V.: Umsatzabhängige Tantiemen für Gesellschafter-Geschäftsführer, GmbHR 1985, S. 346.

o. V.: Pensionsalter bei der betrieblichen Altersversorgung von Arbeitnehmer-Ehegatten, DB 1986, S. 817.

o. V.: Bürgschaften zwischen Gesellschafter-Geschäftsführern und Kapitalgesellschaften, DB 1986, S. 1258.

Literaturverzeichnis

o. V.: Vorsteuerabzug bei Betriebsaufspaltung, GmbH-Report 1986, R 29.
o. V.: Anmerkung zu BFH, Urt. v. 12. 11. 1985 – VIII R 240/81, DStR 1986, S. 308.
o. V.: Richtlinien-Vorschlag der EG-Kommission zur Einbeziehung der Kapitalgesellschaften & Co. in den Pflichtenkatalog der neuen Rechnungslegungs-Vorschriften, GmbHR 1986, S. 236.
o. V.: Anmerkung zu BFH, Urt. v. 9. 9. 1986 – VIII R 198/84, DStR 1986, S. 837.
o. V.: Der Geschäftswert bei Betriebsaufspaltung, GmbH-Report 1986, R 93.
o. V.: Nachzahlungsverbot bei Miet- bzw. Pachtverhältnis zwischen Kapitalgesellschaft und Gesellschafter, DB 1987, S. 814.
o. V.: Rechtsform bei Betriebsaufspaltung, GmbHR 1987, S. 327.
o. V.: Behandlung von Pachtzahlungen bei Auflösung einer Betriebsaufspaltung, GmbH-Report 1987, R 85.
o. V.: Betriebsänderung und Betriebsübergang, GmbH-Report 1987, R 87.
o. V.: Rechnungslegungspublizität für GmbH & Co. KG?, DB 1987, S. 2114.
o. V.: Anmerkung zu BFH Urt. v. 29. 10. 1987 – VIII R 5/87, DStR 1988, S. 211.
o. V.: Originärer Firmenwert bei Betriebsaufspaltung, GmbH-Report 1988, R 37.
o. V.: Umsatzabhängige Tantiemen für Gesellschafter-Geschäftsführer, GmbHR 1988, S. 85.
o. V.: Nachzahlungsverbot und bürgerliches Recht, DB 1988, S. 1354.
o. V.: Anmerkung zu BFH, Urt. v. 25. 10. 1988 – VIII R 339/82, DStR 1989, S. 41.
o. V.: Anmerkung zu BFH, Urt. v. 12. 10. 1988 – X R 5/86, DStR 1989, S. 78.
o. V.: Zurückbehaltung von Wirtschaftsgütern bei Betriebseinbringung in eine GmbH, GmbH-Report 1989, R 45.
o. V.: Veräußerung eines Mitunternehmeranteils unter Fortbestehen der Betriebsaufspaltung, GmbH-Report 1989, R 69.
o. V.: Darlehenshingabe bei Betriebsaufspaltung, GmbH-Report 1990, R 27.
o. V.: Ungewollte Beendigung des Betriebsaufspaltungsverhältnisses, GmbH-Report 1990, R 29.
o. V.: Keine verdeckte Gewinnausschüttung bei verspätetem Pachtzins, GmbH-Report 1990, R 69.
o. V.: EG-Standpunkte zur Publizitätspflicht, DB 1990, S. 1431.
o. V.: Betriebsverpachtung, GmbH-Report 1991, R 12.
o. V.: Rückübertragung von Anlagevermögen bei (teilweiser) Beendigung einer Betriebsaufspaltung, GmbH-Report 1991, R. 21.
o. V.: Pachtzins für Firmenwert bei Betriebsaufspaltung, GmbH-Report 1991, R 69.
o. V.: Vermietung eines Betriebsgebäudes auf fremdem Grund und Boden als Betriebsaufspaltung, GmbH-Report 1991, R 69.
o. V.: Anmerkung zu BFH, Urt. v. 24. 8. 1989 – IV R 135/86, DStR 1989, S. 775.
o. V.: Anmerkung zu BFH, Urt. v. 16. 4. 1991 – VIII R 63/87, DStR 1991, S. 1215.
o. V.: Anmerkung zu BFH, Urt. v. 6. 11. 1991 – XI R 12/87, DStR 1992, S. 354.
o. V.: Anmerkung zu BFH, Urt. v. 12. 2. 1992 – XI R 18/90, DStR 1992, S. 1129.
o. V.: Anmerkung zu BFH, Urt. v. 4. 11. 1992 – XI R 1/92, DStR 1993, S. 272.
o. V.: Die Betriebsaufspaltung auf dem Weg der Besserung?, DStR 1993, S. 429.
o. V.: Anmerkung zu BFH, Urt. v. 25. 8. 1993, DStR 1993, S. 781.
o. V.: Verzicht auf den Pachtzins im Rahmen einer Betriebsaufspaltung, GmbHR 1993, S. 575.
o. V.: Gewährung einer Investitionszulage in den neuen Bundesländern, GmbHR 1993, S. 733.
o. V.: Beteiligungsverhältnisse bei Betriebsaufspaltung, GmbHR 1994, S. 608.

# Sachregister

(Die angegebenen Zahlen bezeichnen die Seiten)

Abfärbetheorie 135
Abschnittsbesteuerung 116 ff.
Abweichendes Wirtschaftsjahr 57
Addition von Ehegattenanteilen 83 ff., 99, 101, 179, 191
Altfälle 88
Angehörige 41, 43, 54, 82 ff., 98, 102, 122, 132, 138, 179, 191
Anteilsbewertung 191
Apotheken 50
Arbeitnehmerüberlassung 68
Arbeitskräfte 67 ff.
Auskunftsrecht 52

Beherrschungskriterien 90 ff.
Beschränkte Steuerpflicht 172 ff.
Besitzunternehmen 19 f.
– Anteile am Betriebsunternehmen 133 ff., 135, 190 ff.
– Ausschüttungsanspruch 132
– Buchführungspflicht 125 ff.
– Darlehensgewährung 136
– Einbringung ins Betriebsunternehmen 184 f.
– Einheitswerte 190, 199 f.
– Einnahme-Überschußrechnung 128
– Erneuerungsverpflichtung 134
– Firmenwert 192
– Gewerbliche Einkünfte 128 ff.
– Gewinnanspruch 144
– GmbH & Co. KG 56
– Haftung für Betriebssteuern 42
– Handelsgewerbe 55 ff., 125 ff.
– Kapitalersetzende Gesellschafterdarlehen 23 ff.
– Kaufmannseigenschaft 55 f., 62, 70
– Lagergrundstück 26
– Pachtanlagenerneuerung 135
– Sachwertdarlehen 23 ff.
– Sonstiges Betriebsvermögen 134 ff.
– Steuerliche Behandlung 125 ff.
– Typisch stille Beteiligung 137

– Überlassung von Wirtschaftsgütern 137 f.
– Veräußerung 180 f.
– Verdeckte Einlage 133
– Vermögensverwaltendes 141
Beteiligungsidentität 77
Betriebsänderung (§ 111 BetrVG) 45 f.
Betriebsaufgabe 57, 172, 175 ff.
Betriebsaufspaltung
– Addition von Ehegattenanteilen 83 ff.
– Anerkennung 115 f.
– Angehörige 41, 82, 98 ff., 102 ff., 132, 138, 179, 191
– Beendigung 176 ff.
– Begründung 185 ff.
– Beherrschungskriterien 90 ff.
– Beteiligungsidentität 77
– Betriebserhaltungsmodell 28
– Betriebsführungsvertrag 74
– Betriebsverfassung 44 ff.
– Betriebsverpachtung 73 f., 87
– Bilanzielle Darstellung 125 ff.
– Definition 19
– Doppelgesellschaft 39
– Durchführung 118 ff.
– Echte 19 f., 88, 177
– Ehegatten 41, 83 ff., 96, 98 ff., 122, 179
– Einheitlicher geschäftlicher Betätigungswille 53, 77 ff.
– Einheitsbetriebsaufspaltung 39 ff.
– Erbgang 78 f.
– Erscheinungsformen 19 ff.
– Faktische Beherrschung 78, 95 ff., 100, 103
– Faktischer Konzern 23, 33 ff.
– Firmierung 54
– Geprägeeffekt 130
– Gesellschafterdarlehen 23 ff.
– Gestaltungsvarianten 98 ff.
– Gewerbesteuerpflicht 75 ff.
– Gewinnrealisierung 119 ff.
– GmbH & Co. KG 49

## Sachregister

- Großgläubigerstellung 93, 95 f.
- Gruppentheorie 78 f., 86 ff., 90, 97
- Haftungsbeschränkung 45 f.
- Interessengegensätze 82
- Internationales Steuerrecht 44, 171 ff., 207
- Investitionszulage 196 f.
- Investitionszuschüsse 197 ff.
- Kapitalersetzende Gesellschafterdarlehen 23 ff., 52, 164 ff., 194 f.
- Kapitalistische 22 f., 41, 150 ff., 198
- Kinder 83, 101 f.
- Körperschaftsteuerliche Organschaft 145 ff.
- Konträre Beteiligungsverhältnisse 81 ff., 104 f.
- Konzipierung 50 ff.
- Korrespondierende Bilanzierung 128, 142 ff., 154
- Lagergrundstück 26
- Mitbestimmung 44 f., 97
- Mittelbare Beherrschung 71, 80 f.
- Mitunternehmerische 21 f., 138 ff.
- Mitunternehmerschaft 71 ff., 80
- Nachteile 207 f., 213, 216
- Nachträgliche Erfassung 116 ff.
- Nichtanerkennung 115 f.
- Nießbrauch 93 f.
- Organschaft 42 f.
- Pacht- und Betriebsüberlassungsvertrag 57 ff.
- Pachtzins 159 ff., 167, 192
- Personelle Voraussetzung 76 ff., 115
- Produktionsgesellschaft 19 ff., 41 f., 45
- Produzentenhaftung 42
- Publizitätspflichten 46 ff.
- Rechtsmißbrauch 41, 103 f.
- Risiken 207 f.
- Rückwirkungsverbot 118 ff.
- Sachliche Voraussetzungen 76, 106 ff., 115, 179 ff.
- Steuerbelastungsvergleiche 208 ff.
- Steuerberatermodell 30
- Steuerliche Anerkennung 75 f.
- Steuerliche Behandlung 125 ff.
- Stille Gesellschaft 93 f.
- Stimmrechte 91 ff., 102 f.
- TBB-Rechtsprechung 36 ff.
- Testamentsvollstreckung 93, 95

- Umgekehrte 21, 124, 159, 163 f., 187
- Umsatzsteuerliche Organschaft 42
- Unechte 20, 88, 196
- Unterbeteiligung 93 f.
- Unternehmenskontinuität 43
- Vertriebsgesellschaft 19 ff., 41 f., 45, 119, 170 f.
- Video-Rechtsprechung 33 ff.
- Voraussetzungen 76 ff.
- Vorteile 203 ff., 214
- Wesentliche Betriebsgrundlage 106 ff.
- Wiesbadener Modell 32, 41, 88 ff.
- Zwischenschaltung juristischer Personen 80 f.

Betriebseinbringung 119, 123, 184
Betriebserhaltungsmodell 28
Betriebsführungsvertrag 74
Betriebsgesellschaft 19, 131 ff.
- AG 33, 46
- Bilanzierung 153 f.
- Einheitswert 193 f., 199 f.
- Firmierung 54
- Geschäftsführerbezüge 154 f., 158
- Gewinnausschüttungen 156 f.
- Gewinnrealisierung 133, 181 ff.
- Gründung 51 ff.
- Insolvenzrisiko 208
- Insolvenzsituation 181
- Körperschaftsteuer 153 ff.
- Organschaft 43
- Teilwertabschreibung 132
- Umwandlung auf Besitzunternehmen 183 f.
- Verpflichtungen 193 ff.

Betriebsstätte 172 ff.
Betriebssteuern 42
Betriebsübergang 67 ff.
Betriebsübernehmer 42
Betriebsverfassung 44 ff., 203
Betriebsverpachtung 73 f., 87, 98 ff., 105, 115, 123 f., 177 ff., 182 f.
Bewertungsgesetz 190 ff.
Bilanzrichtliniengesetz 21, 47
Billigkeitsmaßnahmen 178, 180
Bruchteilsgemeinschaft 93

Darlehensgewährung 136
Direktversicherung 206
Doppelgesellschaft 39

# Sachregister

Echte Betriebsaufspaltung 19 f., 88, 177
Ehegatten 41, 83 ff., 96, 98 ff., 122, 179, 191
Einbringungsgeborene Anteile 180, 182, 185
Einheitlicher geschäftlicher Betätigungswille 53, 77 f., 116, 120
- Angehörige 218 ff.
- Beherrschungskriterien 90 ff.
- Beteiligungsverhältnisse 77 ff.
- Ehegatten 83 ff.
- Faktische Beherrschung 95 f., 100, 103
- Großgläubigerstellung 93, 95 f.
- Kinder 101 f.
- Konträre Beteiligungsverhältnisse 81 f.
- Mitbestimmung 97
- Mittelbare Beherrschung 80
- Nießbrauch 93 f.
- Stille Gesellschaft 93 f.
- Stimmrechtsregelung 93 ff.
- Testamentsvollstreckung 93, 95
- Unterbeteiligung 93 f.
Einheitsbetriebsaufspaltung 39 ff.
Einstimmigkeit 91 f., 102 ff.
Erbauseinandersetzung 43
Erbgang 78 f., 179, 203, 205
Erbschaftsteuer 200 f., 215 f.
Erfindungen 59, 109, 112
Ergänzungspfleger 53, 83, 102
Erneuerungsinvestition 111
Erneuerungsverpflichtung 134
Ersatzbeschaffung 142
EWIV 50

Fabrikgrundstück 108, 112
Faktische Beherrschung 78, 95 ff., 100, 103, 199
Faktischer Konzern 23, 33 f.
- Auswirkung auf Betriebsaufspaltung 39 f.
- Herrschendes Unternehmen 36, 38
Familienunternehmen 43 f., 53 f., 91, 214
Firmenwert 59, 65 f., 123, 158, 163 f., 192 f.
Firmierung 54
Fördergebietsgesetz 199
Formvorschriften 154 f.

Gemeinnützigkeit 131
Geprägeeffekt 130
Geprägerechtsprechung 75 f.
Geschäftsführerbezüge 129, 154 f., 158, 206, 212, 214 ff.
Geschäftsveräußerung 185
Geschäftswert s. Firmenwert
Gesellschafterdarlehen 23 ff.
Gewerbesteuer 60, 73, 75 f., 84 f., 98, 105, 116, 141 f., 148 ff., 168 ff., 173, 177 f., 180, 183
- Dauerschulden 141, 168 ff., 206 f.
- Erweiterte Gewerbeertragskürzung 150 ff.
- Freibetrag 106, 141, 206, 213, 215
- Organschaft 148 ff.
- Schachtelprivileg 152 f.
- Unternehmenseinheit 149
- Verlustabzug 149
- Verlustübernahme 148
Gewerbesteuerliche Organschaft 148 ff., 187
Gewinnrealisierung 124, 133, 179 ff.
Gewinnverteilungsschlüssel 93
GmbH & Co. KG 49, 56, 138, 178, 189, 204, 209 ff., 213 ff.
GmbH & Still 215 f.
Großgläubigerstellung 93, 95 f.
Grunderwerbsteuer 195
Gruppentheorie 78 f., 86, 88, 90, 97
Gütergemeinschaft 87, 90
Güterkraftverkehr 51

Haftungsbeschränkung 21, 23 ff., 45 f., 56, 189, 203, 210, 216
Handelsgewerbe 55 ff., 125 ff.
Handelsregister 57
Handelsvertreter 69
Holding 146 f.
Hypothekenbanken 50

Immaterielle Wirtschaftsgüter 59, 64 ff., 109 f., 163, 170, 192 f., 196 f., 213
Industrie- und Handelskammer 51
Instandhaltungspflichten 60 ff.
Interessenkollision 82, 92, 179
Internationales Steuerrecht 44, 80, 171 ff., 207
Investitionen s. Neuinvestitionen
Investitionszulagen 196 ff.

243

## Sachregister

Investitionszuschüsse 197 ff.
Isolierende Betrachtungsweise 75, 172 f.

Kapitalbeschaffung 44
Kapitalersetzende Gesellschafterdarlehen 23 ff., 52, 137, 164 ff., 194 f.
– Rechtsfolgen 31 f.
– Überlassungsunwürdigkeit 96 f.
Kapitalistische Betriebsaufspaltung 22 f., 41, 150 ff.
Kaufmannseigenschaft 55 f., 62, 70
Kinder 83, 101 f., 179 f., 205, 214
Körperschaftsteuer 153 ff.
Körperschaftsteuerliche Organschaft 145 ff., 148
– Tatbestandsvoraussetzungen 145
– Verlustausgleich 148
– Wirtschaftliche Eingliederung 146 f.
Körperschaftsteuerreform 204 f., 215
Konzern 107
Korrespondierende Bilanzierung 128, 142 ff., 154 ff.
Korrespondierende Vermögensaufstellung 193
Kreditinstitute 50
Kündigungsschutzgesetz 45

Lagergrundstück 26
Land- und Forstwirtschaft 110, 130, 178
Leihe 107
Lohnfortzahlungsgesetz 45

Mehrstimmrechte 91
Minderjährige 53
Mitbestimmung 44 f., 97, 203
Mittelbare Beherrschung 71, 80 f.
Mittelstands-AfA 199 f.
Mitunternehmererlaß 138
Mitunternehmerische Betriebsaufspaltung 21 f., 138 ff.
Mitunternehmerschaft 21, 71 ff., 80, 138 ff., 149, 197

Nachhaftung 68 f.
Nachholungsverbot 66 f., 158 f.
Neue Bundesländer 196 ff.
Neuinvestitionen 61 f., 64
Nießbrauch 93 f.
Nutzungen 167 ff., 195

Organschaft 42 f., 145 ff., 148 ff., 187 ff., 191, 198
– Gewerbesteuer 148 ff., 187
– Körperschaftsteuerliche 145 ff.
– Umsatzsteuerliche 187 ff.
Pachtanlagenerneuerungspflicht 61 f., 64, 135, 143, 153 f., 169, 193 f.
Pacht- und Betriebsüberlassungsvertrag 19, 23 ff., 41 f., 57 f., 135, 142, 153, 163, 176
– Erneuerungspflichten 60 ff.
– Formvorschriften 58
– Instandhaltungspflichten 60 ff.
– Lastentragung 60 ff.
– Pachtzins 63 ff.
– Verkehrssicherungspflichten 62 f.
– Vertragseintritt 70
– Vertragsgegenstand 59 f.
– Wertsicherungsklausel 66 f.
Pachtzins 63 ff., 159 ff., 167, 192
– Angemessenheit 63 f.
– Aufwendungsersatz 64
– Immaterielle Wirtschaftsgüter 64 ff.
– Kapitalverzinsung 64
– Nachholungsverbot 66 f.
– Wertsicherungsklausel 66 f.
Pensionszusage 155, 159, 184, 206, 214
Personelle Voraussetzungen 76 ff., 115, 179 ff.
Pfleger s. Ergänzungspfleger
Produzentenhaftung 42
Publizitätspflichten 21 f., 45 ff., 203
– Schwellenwerte 47 f.
– Vermeidungsstrategien 48 ff.

Qualifiziert faktischer Konzern s. faktischer Konzern

Rechtsmißbrauch 41, 103, 141, 165 f., 171, 205
Rückkaufoption 180
Rücklage (§ 6 b EStG) 204 f.
Rückwirkungsverbot 118 f.

Sacheinlagen 185
Sachgründung 51 f., 123, 125
Sachliche Voraussetzung 76, 106 ff., 115, 178 f.

# Sachregister

Sachwertdarlehen 23 ff., 143, 169, 186
Schenkung 101
Schütt-aus-Hol-zurück-Verfahren 52, 205, 212, 214
Schwerbehindertengesetz 45
Schwestergesellschaften 80
Selbständige Arbeit 130
Sonderbetriebsvermögen 134 ff., 139, 199 f.
Sozialplan 45, 69, 210
Ständiger Vertreter 172 ff.
Standortfragen 44
Standortsicherungsgesetz 209
Steuerbelastungsvergleiche 208 f.
Steuerberatermodell 30
Steuerbilanz (Maßgeblichkeit) 193, 195
Steuerhinterziehung 105
Steuerklausel 162
Stiftung 49, 80
Stille Gesellschaft 93 f., 109, 144 f., 169, 215 f.
Stimmrechte 91 ff., 102 ff., 179
Stimmrechtsbindungsvertrag 87, 89 f., 98
Strukturwandel 178
Substanzerhaltungsrückstellung 55

Tantieme 72, 155
TBB-Rechtsprechung 36 ff.
Teilbetrieb 119 ff., 123, 129, 133, 164, 169, 180, 182
Testamentsvollstreckung 93, 95
Treuhandmodelle 105
Treu und Glauben 116
Typisch stille Beteiligung 137

Übergangsregelung 88, 139
Umgekehrte Betriebsaufspaltung 21, 124, 183 f., 187, 199
Umlaufvermögen 60, 134, 143, 170
Umsatzsteuer 185 ff.
– Befreiungstatbestände 185 ff., 189
– Leistungsaustausch 189 f.
– Vorsteuerabzug 186
– Warendarlehen 186

Umsatzsteuerliche Organschaft 42, 187 ff.
– Eingliederung 187 f.
Umsatzsteuerliche Unternehmereinheit 187
Umwandlung 50, 55, 119, 124 f., 152, 164, 183 f.
Unechte Betriebsaufspaltung 20, 88, 191, 196
Unterbeteiligung 93 f.
Unternehmenseinheit 149, 187
Unternehmenskontinuität 43, 203

Verdeckte Einlage 133, 164 ff.
Verdeckte Gewinnausschüttungen 66, 69, 128, 152 f., 155 ff., 166 f., 171, 190
Verdeckte Mitunternehmerschaft 72
Verdecktes Stammkapital 164 ff.
Verjährung 116
Verlustabzug 149
Verlustausgleich 148, 214
Verlustbegrenzung (§ 15 a EStG) 141, 214
Verlustübernahmevertrag 34, 36, 38, 148
Vermögensteuer 190, 194 f., 207, 210 f., 215 f.
Verschleierte Sachgründung 52, 123
Versorgungsansprüche 68 f.
Vertragseintritt 70
Vertrauensschutz 88
Vertriebsgesellschaft 41 f., 45, 119, 170 f.
Verweildauer 197 ff.
Video-Rechtsprechung 33 ff.
Vormundschaftsgericht 53

Wahlrecht 177, 179
Wertansätze 117
Wertsicherungsklausel 66 f.
Wesentliche Betriebsgrundlage 106 ff., 146, 177 f., 191
– Kriterienkatalog 108 ff., 111 ff., 115
Wiesbadener Modell 32, 41, 98 ff.
Wirtschaftsjahr 57, 124

Zuschüsse s. Investitionszuschüsse
Zwischenschaltung juristischer Personen 80 f.

# Umwandlung mittelständischer Unternehmen im Handels- und Steuerrecht

## Erläuterungen zum neuen UmwG und UmwStG mit Hinweisen zur Wahl der optimalen Rechtsform

von HANSJÜRGEN SCHWARZ, Vizepräsident des Finanzgerichts des Saarlandes

1995, 230 Seiten, DIN A 5, kartoniert, DM 59,80/öS 474,-/sfr. 62,50.
ISBN 3 503 03526 5

▎ **Das neue Umwandlungsrecht hat das Recht der Umstrukturierung von Unternehmen** durch Verschmelzung, Spaltung, Vermögensübertragung und Formwechsel **erstmals systematisiert und weiterentwickelt**. Teilweise werden entsprechende Maßnahmen für bestimmte Rechtsformen, insbesondere Personenhandelsgesellschaften, erstmalig zugelassen. **Für Überlegungen zum Wechsel der Unternehmensform eröffnen sich somit völlig neue Dimensionen.**

▎ Ziel dieses Werkes ist es, dem Rechtsanwender und -berater einen vertieften Einstieg in diese schwierige Materie zu bieten und die Regelungszusammenhänge zu verdeutlichen. Die Darstellung beschränkt sich nicht auf die Wiedergabe des Gesetzestextes und die Auswertung der Gesetzesbegründungen; vielmehr werden diese durch weitergehende Hinweise erläutert. Verweise auf frühere Regelungen, die für die Neufassung Modellcharakter hatten, ergänzen die Ausführungen und erlauben den Rückgriff auf weiterführende Kommentierungen.

**Als Grundlage für die unternehmensgerechte Entscheidungsfindung wird die Darstellung durch Hinweise zur optimalen Rechtsformwahl abgerundet.** Dieser Teil des Werkes eignet sich gleichzeitig dazu, sich einen **Überblick über die für mittelständische Unternehmen bedeutsamen Rechtsformen**, die jeweils mit ihren wesentlichen Kriterien vorgestellt werden, zu verschaffen.

*Bitte fordern Sie weitere Informationen an.*
*Postfach 10 24 51 • 33524 Bielefeld • Telefax (0521) 583 08 29*

ERICH SCHMIDT VERLAG
Berlin Bielefeld München

# Grundlagen und Praxis des Steuerrechts

## Die Besteuerung der Kapitalgesellschaften
### Ergebnissteuern/Substanzsteuern

von PROF. DR. WOLF-DIETER SCHÖNE, Steuerberater

Band 23, 3., völlig überarbeitete Auflage 1994, 232 Seiten,
DIN A 5, kartoniert, DM 58,60/öS 458,-/sfr. 60,40.
ISBN 3 503 03522 2

## Die Informationsquellen und -wege der Finanzverwaltung
### Wege und Methoden der Auskunftserlangung im In- und Ausland zum Zwecke der Besteuerung

von PETER BILSDORFER, Richter am Finanzgericht des Saarlandes

Band 26, 3., überarbeitete Auflage 1993, 130 Seiten,
DIN A 5, kartoniert, DM 36,-/öS 284,-/sfr. 38,-.
ISBN 3 503 02992 3

## Die Organschaft
### Körperschaftsteuer, Umsatzsteuer, Gewerbesteuer

von DR. HELMUT SCHUMANN, Steuerberater/Rechtsanwalt

Band 31, 1994, 192 Seiten, DIN A 5, kartoniert,
DM 49,80/öS 394,-/sfr. 52,-. ISBN 3 503 03504 4

*Bitte fordern Sie weitere Informationen an.*
Postfach 10 24 51 • 33524 Bielefeld • Telefax (0521) 583 08 29